百年中国记忆
BAINIAN ZHONGGUO JIYI

李宗仁回忆录

广西壮族自治区政协文史和学习委员会·编

李宗仁·口述

唐德刚·执笔

上卷

中国文史出版社

图书在版编目（ＣＩＰ）数据

李宗仁回忆录／广西壮族自治区政协文史和学习委
员会编. -- 北京：中国文史出版社，2018.9
（百年中国记忆）
ISBN 978-7-5205-0537-6

Ⅰ. ①李… Ⅱ. ①广… Ⅲ. ①李宗仁（1891-1969）
－回忆录 Ⅳ. ①K827=7

中国版本图书馆CIP数据核字（2018）第265118号

责任编辑：窦忠如

出版发行：**中国文史出版社**

社　　址：北京市海淀区西八里庄69号院　邮编：100142
电　　话：010-81136606　81136602　81136603（发行部）
传　　真：010-81136655
印　　装：廊坊市海涛印刷有限公司
经　　销：全国新华书店
开　　本：16开
印　　张：47.25　字数：614千字
版　　次：2019年1月北京第1版
印　　次：2023年11月第5次印刷
定　　价：118.00元（上、下册）

CONTENTS 目 录

上　卷

第一编　少年时期

第二编　陆军教育时期

第三编　初期军中生活

第四编　统一广西

第五编　从镇南关到山海关

再版说明

百年中国记忆，记录回忆的是近现代中国史上那些具有重大意义及深远影响的人物与事件，一九六五年原国民党政府代总统李宗仁先生自美归国，不能不记。

二十世纪六七十年代，政协广西壮族自治区委员会文史资料研究委员会巧借乡缘优势，历时十五年从李宗仁、李幼邻父子手中先后征得《李宗仁回忆录》英汉两部原稿，旋即依据中文稿本进行严谨翔实的增遗补缺，一经出版，反响强烈，洛阳纸贵。仅此可见，广西政协文史委在文史资料的征集出版过程中，堪称苦心孤诣、慧眼识珠。而今，全国政协文化文史和学习委员会与中国文史出版社联袂推出"百年中国记忆"丛书，旨在将中国近现史上那些有志之士的不凡之举，以及他们在宏阔时代背景下阐发的熠熠思想，采取专题化、系列化和系统化的图书形式呈现给广大读者。故此，我们在浩繁的文史资料中将其甄选出来，不仅对全部内容进行了细致的校订，也对部分章节中明显的错讹加以谨慎修正。即便如此，囿于我们编辑学识所限，其中舛误恐难全免，恳望文史工作同仁与读者不吝指谬。

作为文史资料中的一部经典著述，《李宗仁回忆录》面世近四十年来，从未淡出人们关注的视野，特别是其中洋溢出作者不可复制的亲历性、客观性与独特性，以及著名历史学家唐德刚先生作为整理者所显露出的敏锐性、可读性，都使这部文史著述感性不减、温度不退。仅此，我们不能不对李宗仁、李幼邻父子及唐德刚先生当初付出的心血表示由衷感谢，也不能不对广西政协文史工作者当初的努力表示真实的钦佩。

百年中国记忆编委会

2018年11月

出版说明

　　《李宗仁回忆录》是李宗仁先生寄居美国期间，于一九五八年至一九六二年写成的。我们得到两种稿本，一是李宗仁先生一九六五年带回的英译本；一是李宗仁先生的长子李幼邻先生一九七九年夏从海外回国时，送给本会的中文原稿。现在出版的《李宗仁回忆录》，就是采用这个中文稿。因原稿缺第六十七章，我们从英译本中把这一章补上。

　　《回忆录》全书五十六万多字，记述了李宗仁先生从童年时代起直至担任国民党政府代总统这数十年的亲身经历。反映了讨袁护国战争、北伐战争、十年内战、八年抗战和三年解放战争等重大历史事件和各种错综复杂的矛盾。这是一部有重要参考价值的史料。

　　我们对《回忆录》原稿进行了校订，对有明显错误的人名、地名、时间、部队番号和错别字，作了改正。但对其中一些不符史实的记述和错误的论点，为了保持原稿的本来面貌，未作改动，有的只加注说明。

　　李宗仁先生的一生，饱经沧桑，到了晚年，远适异国，看到社会主义祖国日益强盛，在党的政策感召下，激发了他的爱国热情。于是在一九六五年毅然离开美国，回到社会主义祖国的怀抱。回国后，他表示："期望追随我国人民之后，参加社会主义建设，并欲对一切有关爱国反帝事业有所贡献。""深冀我留台国民党军政同志凛于大义……毅然回到祖国怀抱，一致对外，为完成国家最后统一作出有用的贡献。"

为了让读者了解李宗仁先生的爱国热忱，特在《回忆录》中附上他回国后发表的声明和有关照片。

本书的出版，得到李幼邻先生的热情支持，在编审过程中还得到熟悉李宗仁先生历史情况的同志参加校订工作，在此一并致谢。

由于我们水平有限，加上编审时间仓促，难免有错误之处，欢迎读者批评指正。

政协广西壮族自治区委员会文史资料研究委员会
一九八〇年三月二十一日

第一编
少年时期

第一章　时代、故乡、家世

壹

近百年来的中国，实为中华民族五千年历史上前所未有的、最惨烈悲壮的一段。而逊清末叶内忧外患的情形，在这段史实中，比之其他时期，则尤为沉痛。

自清朝入主中原以后，经过两百年的专横统治，到嘉庆、道光时代，国势日衰。就在这衰势初起时期，新兴的外族遂乘机侵入。道光二十年（一八四〇年）的鸦片战争实开其端。由那时起，清朝的弱点全部暴露。外族嚣张，烟毒横流；国日贫、民日弱，遂至于不可收拾。

正当这外患日趋严重的时候，国内由于长期腐化统治的结果，官逼民反，在道光三十年（一八五〇年）爆发了洪杨革命。时历十余年，祸延十余省，伏尸千余万，形成我国历史上少有的浩劫①。从此，国家元气大伤，外祸乃益发猖獗。其后，不特西方列强纷起谋我，即新兴的日本也接踵效尤。同治、

---

①　洪杨革命，即洪秀全、杨秀清领导的太平天国农民革命运动。这个革命运动沉重地打击了中国的封建专制制度，坚决地抗击了穷凶极恶的外国资本主义侵略势力，在中国历史上留下了光辉的一页。

光绪时，我国四周藩篱尽撤，中华本土，也早晚有被瓜分的恐惧。数千年锦绣河山，至是竟沦为列强共有的殖民地。我华族只是苟延国脉于列强均势之下而已。

国是危险万分了，而清廷的昏聩反有增无已。朝廷中竟有"宁赠友邦，不予家奴"的荒谬言论；而地方官吏更是贿赂公行，横征暴敛，以致饥民遍野，盗匪如毛。加以外货倾销，国民经济彻底崩溃，人民的贫困，举世罕有其匹。因而有远见的士大夫，和富于民族思想的秘密会党，遂纷起图谋挽救。有主张变法维新的；有主张申张王权，扶清灭洋的；而图谋揭竿起义，实行民族革命的，更遍地皆是。

广西地邻边陲，对外族侵凌本有切肤之痛。又是洪杨革命的策源地，一般人民的民族思想极为浓厚，对专制、腐化统治所发生的反抗情绪，尤为炽烈。因此在这种时代背景中出生和成长的血性男子，极易受革命风气及抗暴精神的感召，而发为慷慨悲歌的言行。

先祖如玺公、先父春荣公都生活在这国脉民命不绝如缕的时代。对外族的横蛮侵凌，清吏的贪婪苛虐，都曾亲身体验，耳熟能详。平时抑郁之余，也每以叹息悲愤的语调，和家人亲友痛论时事。因此，我家的孩子还未启蒙，便有机会在众人中，旁听乡国沉沦的各种惨痛故事，油然而生革命抗暴的心理。我便是在这种时代背景和家庭环境中，于清朝光绪十七年辛卯阴历七月初九日（公元一八九一年八月十三日）出生于广西省临桂县西乡的。

贰

广西当年的政治区划分为十一府和若干直属州、厅。桂林府原居十一府之首，而临桂县则是桂林府的首县。所以临桂县治便是桂林府的府城，同时也是广西省的省会，为清代广西巡抚驻节的地方。

桂林府位于广西的东北境，和湖南毗邻。府内共包括七个县、两个州和一个厅。全境是一片山环水绕，川谷交错的区域。地当南岭干脉的南边，五岭中有名的越城岭居其北，都庞岭在其东，五岭支脉却盘旋境内。桂林的山多系沙岩和石灰岩所构成，久经风雨侵蚀，峰峦耸峭，岩穴深邃。所以在一片原野中，往往平地风波，异峰突起，秀丽无匹。而岩石下边，石灰质为地下水所浸，也往往蚀成奇穴，深不可测，钟乳倒悬，蔚为奇观。如桂林城东门外的七星岩、月牙山；北门内的风洞山、叠綵山；丽泽门外的老君洞；城中心的独秀峰；南门外的象鼻山，都是名闻海内的名胜。

就在这山野间，自北而南，穿桂林府全境蜿蜒而过的，便是西江支流、桂江上游的漓水。溯漓水而上，到兴安县城的东侧，可通湖南的湘江。这便是我国地理上有名的"湘、漓同源"。据史书所载，湘、漓原不相通。秦始皇统一中国后，为便利漕运，曾遣史禄入桂林郡掘湉河以沟通二水。自此两水相通，而水流则背道而下，同源相离，可能便是湘、漓二水得名的由来。在这湘、漓分流处，河床和两岸俱系用重数吨的方块大石砌成，经两千年未尝稍损，工程的浩大，实可称为奇迹，足与四川的都江堰媲美。

由漓水上游顺流而下（桂林以下曰桂江），至苍梧与西江会合处，又名鸳鸯江（因两水一清一浊得名），东向直达广东。溯漓水而上转入湘水，再顺流而下，可经长沙入洞庭而通长江。所以在我国古代，桂林可说是四达之区，蔚为中国西南部军事、政治的重心。

这湘、漓二水都蜿蜒于奇峰原野间，平时江水碧清见底，游鱼可数。有时水流缓慢，山光水影，一平如镜，显得秀美绝伦。偶逢峰回江转，顷刻间又波翻湍啸，水陡滩高——自桂林到梧州号称三百六十五滩——却又显得雄峻险绝。木船通行其中，两岸猿啼，江山如绘，真使人如置身画图中，所以就风景来说，桂林府的全境都可说是山明水秀，而省会所在地的桂林城区，更是自古就以"桂林山水甲天下"一语而闻名海内。

以前游桂林的人更有许多特别欣赏阳朔县的风景的，因而又有"阳朔山水甲桂林"的佳话。其实桂林城郊和阳朔的风景远较我乡为逊色。因为阳朔山水固称奇特美丽，可是峰峦过于密集，而乏阡陌桑田，及纵横河流的陪衬，正如一个少女生得五官毕聚，纵然明眸皓齿，也难免美中不足。所以就风景幽美而论，桂林、阳朔均不如临桂县西乡的纤浓适度，只可惜该处地非要津，旅客少到，不为外人所知，所以就不如桂林、阳朔的享盛名了。

在临桂县的西乡，离桂林城约六十里处，有一小镇曰两江圩。圩内约有数百户居民。再由此小镇向西行七里便是我们李姓聚居的槲（读浪）头村。两江圩周围二三十里，土壤膏腴，人口稠密，村庄棋布，鸡犬之声相闻。举目展望，远近都是一片良田。就在这平旷的田野中，小山峰稀疏罗列，峻峭秀美，姿态各异，胜过一幅美丽的画图。这些村落各有其不同的村名。或因其地势风景得名；或别有其命名的历史渊源。如白洞村和白崖村即因其村旁有白色的崖洞得名；如大浪坪却以其地势平坦而得名；中宝村相传其村侧的岩洞中贮有宝藏；军营村则为古代军屯的遗址。我家祖居村子名曰槲头村。"槲"字原义为树木茂盛下垂貌，因以树木茂盛得名。我外公刘家所住的古定村，也曾为古代屯军的地方。

就在我们这座村落西边约二十里，便是平地崛起高耸入云的一系列崇山峻岭。其中柴草、野生花果和山猪、麇鹿之属是取之不尽的。这是我们附近一带数十村庄居民的公产，为居民们农隙时采樵畋猎的处所。

我乡的农业出产以谷米为大宗，桐油、茶叶次之，各项药材又次之，居民颇能安居乐业。然平时除至戚近邻外，彼此间却大有老死不相往来的光景。

虽然当时我乡农民未受教育的多至百分之六十，然多数男子在童年都曾启蒙识字，少的数月，多的三年五载不等。惟女子除少数富户外都无识字机会，这是由于传统习俗重男轻女的缘故。所以大致说来，我乡居民多数是半耕半读、自给自足的自耕农，贫富悬殊不大。大地主可说绝无仅有，小地主也为数不多。历来民风淳朴，逊清一代，文风极盛，雍正年间的陈宏谋，便以进士及第，历任巡抚、总督，拜东阁大学士，为朝野所称羡，其后代也有名儒，科甲鼎盛。所以在科举时代，我们广西有句谚语说："广西考桂林，桂林考两江。"意思是科举考试中，桂林实为全省第一；而两江又为桂林第一。所谓两江，即是我的故乡两江圩一带。

我国自古以农立国，这些仕宦之家，原多来自农村，深知民隐，因此，贤官良吏颇能下体民情，知所兴革。据说陈宏谋即是厨司出身，后为某塾师所赏识，蓄意栽培，才使他直步青云的。不过这些官宦之家，一旦发迹以后，便逐渐和农村群众脱离了。因为他们做了官，为着生活享受，都迁入城里居住，衣锦食肉，对家乡的民间疾苦，便忘得一干二净了。

我乡正因为文风极盛，故一般习俗比较重文轻武。这种现象亦有其历史渊源。我国专制时代的传统政策，原即重文轻武。其重要缘故，是因为文人长期伏案，每每形成手无缚鸡之力、弱不禁风的白面书生，易于驾驭；而武人却恃强好斗，容易造反。故俗谚有云："秀才造反，三年不成。"而刘项从来不读书，反可横行天下。所以我国专制帝王特厚咿唔诵读，而薄好勇斗狠。再就我乡的情形来说，人民想从武事求上进也很不易。因为专制时代，武人出身只有两途可循：其一系科甲出身，从武童生考武秀才，然后逐步上进，以至于武举人，武进士，甚至于武状元。但是这种考试实非一般乡民的财力所能胜任。武考不比文考，应武考要练刀、弓、石，习骑射，制装备，吃补品，这种种均非清贫农家所能负担。不若"三更灯火五更鸡"式的苦读较为易办。

武人的另一种出身便是行伍。但行伍却要离乡别井，冒险犯难。而我乡农民多半能温饱自给，故亦不愿出此。太平天国时代，洪杨围攻桂林不下，屯兵我乡，居民为其裹胁者虽多，然终乘机逃亡，卒无一人随洪杨远征以至建功发迹的。因此，我乡一向就没有当兵吃粮的风气。在我本人以前，我乡未尝出过一个知名的武将。而我本人的厕身戎旅，却系军校出身，和上述两种方式都有不同，故也另当别论。

叁

我们在榔头村聚居的李姓族人，男女约有二百丁口。相传我们祖先原是陇西人。历经朝代，迁徙数千里才定居在广西的。最早的传说是说我们的先人是秦时南迁的。始皇凿漇河以通湘漓时，随史禄而来的，据说有李姓将军二人。这二人便是我们南迁的始祖。秦辟广西为桂林郡，我们的远祖便在这新辟的桂林郡落户了。另一传说则谓我们的远祖最初自陇西迁入关东（即今河南省），再迁湖南，三迁而入广西定居的。至其年代，一说在汉朝，一说在唐朝，或者即是历经汉唐二代才迁入广西亦未可知。总之，我们李姓聚居在桂林的两江圩榔头村，其最初迁来的年份虽谱牒无考，然至少也有将近千年甚或千年以上的历史了。经千余年的繁衍，由于农村经济的破产，历代兵灾匪祸的浩劫，以及若干族人迁往外乡谋生，所以人丁迄今仍只有二百余人。

至于我家这一房，则自高曾以上，历代均是单传。至先祖如玺公才生二子——先父春荣公（字培英）和先叔春华公——其后丁口始盛。我家是所谓耕读传家的，历代都是半耕半读。先祖以上，我家尚称小康，加以几代单传，故生活颇为优裕。到了咸丰初年，洪杨围攻桂林很久，故乡迭遭兵燹，于是盗贼蜂起，我家故宅致被焚毁，曾祖又曾被绑票勒赎，因此家道中落，房屋也无力重建。后来故宅的废墟被辟为菜圃，而四周的墙基犹存。忆我幼时，在菜圃内玩耍，曾在这些墙基上，爬上爬下，于今记忆犹新。

我家既是且耕且读，所以历代先人都具有农村社会中诚实慈祥的美德。

加以几代单传，时虞绝嗣，所以先人更加乐善好施，希望广积阴功，为子孙祈福，因而颇为乡里所称道。所以我们历代都可说是积善之家。

先祖如玺公不但乐善好施，而且豪侠好义，专喜结交各方豪杰。中年时曾往四方游历。下三湘、渡洞庭，远至武汉访察长江形势，中原民俗。后又越南岭下广州，在珠海流连。晚年研究医术，精于小儿科。其时因我家尚称宽裕，不靠行医过活，所以先祖为人治病都是义务性质，为我乡的一位知名的儒医。

先祖少年时，曾被过境的清兵拉夫，中途急智逃脱，几为追者所获，所以他毕生对清朝的苛政，和军队的扰民，最为痛恨。加以目睹乡间土豪劣绅的鱼肉小民，使他头脑里充满了抗暴的思想。在他的晚年正值清廷最弱，外祸最烈的时期，中法之战，中日之战，八国联军，日俄之战接踵而来。越南原为我藩属，与广西唇齿相依，当光绪十年（公元一八八四年）法人侵占越南时，广西全省震动。先祖耳闻目睹，至为真切。因之，他对清廷的颠顶，洋人的猖獗，深为痛心疾首。他老人家晚年吸食鸦片，这或许是因为他无从发泄他的愤懑，故借此以吐胸中积愤。烟毒在中国为害已久，同治、光绪之间，为祸尤烈。因当时清廷连年用兵，军饷无着，竟公然将鸦片弛禁，以烟税充军饷。云贵一带本是盛产鸦片区域，故烟毒在广西流传更深。

吸鸦片的人多半喜清谈，好宾客。烟枪在手，亲朋满座，谈风便愈健。我祖父也常在烟榻上把他当年的遭遇以及所见所闻令人愤慨的故事，说给客人和我们孩子们听。因为这些都是实人实事，说来感人极深。我小时乃至我的一生，受这些故事的影响极大，至今不忘。

第二章　父母之教与童年生活

壹

先父培英公生我兄弟姊妹共十一人。早夭的三人，成长的有五男三女。我家祖产本甚有限，祖父晚年析产时共有田地六十多亩。祖父母保留十余亩为养老之资，我父与春华叔各得二十余亩。我们这一房十口之家的生活费便全靠这二十余亩的田地，家用自感十分拮据。幸赖我母克勤克俭，抚养我兄妹八人至于成立，劬劳之情，有笔难宣。

培英公承先祖家教，也是一位个性倔强、任侠好义的人。先父不但豪爽，同时也极端勤勉好学。他生在文风极盛的临桂西乡，耳濡目染已足胜人一筹，而他又投拜于名师门下，进步自更不待言。

先父的老师李小甫先生，与我们同姓不同宗，也是当时的奇士。他是我乡的一位名举人，然自中举后，即无意科场，隐居故乡，终身不仕。他的同寅中有官至高位的，曾保荐他做知县，而小甫先生力拒不受。或问其故，他说他不愿为腐败无能的清廷做鹰犬，更不愿与捐班出身的贪婪官吏为伍，其友人也不能相强。小甫先生因此以高风亮节闻名乡里。先父慕其名而义其行，遂拜小甫先生为师，就读门下。其一生为人行事，都以小甫先生作模范，淡泊名利，无心仕途，都是受小甫先生的影响。

小甫先生不但无心功名，其思想也极为新颖。在家乡竭力破除迷信，主张兴学堂，办实业，为地方兴利除弊。他因深知科举制度当废，乃亲自将其四子中行二、行三的送往上海进教会学堂。其后行三的德晋考取官费留学美国，学习土木工程，和中国最早的著名铁路工程师詹天佑先后同学。这位早期留美的李老师的儿子，有件趣事值得一提：李君赴美以后，受到西洋文化的洗礼，对中国盲婚的习俗起了反抗的心理。他写信回家，要求和他才三四岁时因父母之命、媒妁之言而订下的未婚妻解约。女家父母却认为无故退婚，有辱门楣，乃严词拒绝。这事闹得满城风雨，远近皆知，乡民不知真相，传说纷纭。有的甚至说李君在美国已被彼邦巫医，为取睾丸配制药丸，将其阉割，致失去性机能，不得已而要求退亲云云。辗转相传，似乎煞有介事。由此可见当时新旧习俗是如何地格格不入，以及民众排外情绪的炽烈了。李举人既是位名儒，先父又极勤勉好学，所以先父在当时科第中，很有前途。然他老人家原不以功名为意。一试未酬之后，又值先祖母和先祖父去世，前后丁忧六年，因守制下场，遂未再试。从此也就无心仕途，以其余生在家设馆授徒。

在先父壮年时期的中国，已与祖父当年迥然不同。清廷腐败日甚，外患有增无已，瓜分大祸迫在眉睫。这时革命热流已极澎湃，戊戌前后的维新思潮，尤风靡一时。在这种风气激荡之下，培英公也成为我乡革命派激烈分子领袖之一。尤其是他的破除迷信，毁庙宇、兴学堂的主张，引起了当地守旧派的剧烈反对。那种主张在当时是件很不平凡的事。旧时代的农村社会原极迷信，更加以统治者的提倡，欲使人民易于就范。于是人民不但认为富贵荣华是由神鬼在冥冥中做主，而疾病荒歉，也由于魑魅从中作祟。平时求神拜佛，烧香还愿，都习以为常。若逢祈雨驱鬼等大事，且由专业此道的道士主持。这种道士，有事相召时即来设坛作求神、驱鬼等各种法事，无事时彼等也另有职业。为首的虽或以道士为专业，但其门徒却都系普通农民。

这种道士有时亦确有些巫术。我乡的道士有时为病人驱鬼时所表演的巫术亦颇足惊人。有些道士在地下挖一长坑，在坑内烧炭，当炭火熊熊时，渠即喃喃念咒语，然后将农家所畜的鸭一只，驱其踏火而过，而羽毛足爪毫无损伤。他更能策病人全家踏火而过不被灼伤。这或系一种魔术，然而乡村愚夫愚妇便以为道士确是法力无边了。故在专制时代，朝廷严禁和尚、道士入场考试，以示其人格在社会上低人一等。为的是怕他们凭借邪术，煽惑民心，与统治者争夺天下。

我乡还有许多其他迷信，也很可笑。如祈雨游行时，不许人戴草帽，或持洋伞。"洋伞"为东洋舶来品，因"洋""阳"同音，故被认为有触禁忌。过路行人，如有犯的，常被群众追逐、殴打。必至将伞帽撕毁才罢手。所以每当祈雨行列经过时，行人都要在骄阳下把草帽洋伞收藏起来，而观者更四处寻觅追逐戴草帽、持洋伞的人以为笑乐。然戴斗笠、持纸雨伞的则不在此例，因斗笠和雨伞都是下雨的象征。

先母也信鬼神。某次我父病势危急时，她也请了道士来家"驱鬼"，但不让父亲知道。当父亲在病榻上听到外面的嘈杂声，问是什么事，我们都设题骗他。若他知道了，是要大发雷霆的。

我们邻近各村，每年秋收以后，或逢农历新年，农民们都要演戏酬神。若不演真人戏，便演木偶戏，也十分热闹，但是我父从不参加，他对迷信总归是深恶痛绝的。他这种态度的养成，可能是受小甫先生和当时维新风气的影响。不过他对于求雨一道似不如对他项迷信反对的激烈。求雨时，各村每家至少出一人参加游行，我有时要求前去参与热闹，我父并不加以阻止。

培英公在乡间，因为思想较新，加以为人正直，所以常受到地方上恶势力的攻击，而先父对他们亦不稍让。我乡当时土豪劣绅、贪官污吏和散兵游勇鱼肉人民的情形，随时都有，而先父和他们冲突的情形，我今日回忆起来，犹历历如见。这对我童年心理的影响，决定了我后来统兵治政的整个作风。我本人是曾经身受其中痛苦的人，所以"己所不欲，勿施于人"，是我后来约束官兵、告诫部曲的一句重要格言。同时希望使我幼年间耳闻目睹的事，永不复现于中国。

培英公是一位能力甚强，富于冒险精神的人，不甘以一位三家村的塾师终其身，因而他时时想远走高飞，创立一番事业。光绪三十年（一九〇四年）时，他忽然听说洋人在香港招募华工出洋工作，认为这是一个机会，可以到海外游历，闯闯世界。于是他就结束了教馆生涯，不顾家人的劝阻，毅然去香港应募，当了华工，随即出洋到了马来亚。培英公想出洋的目的，多少受了些海客谈瀛的影响，以为海外，浪阔天高，大可振翅翱翔，一展平生抱负。谁知一到马来亚，始发现为洋人所骗。华工的生活惨于牛马，而洋人的虐待工人，更是触目惊心。不久便发生了当地华工团结抗暴的运动。先父因为是个读书人，所以被推举为华工代表，与资方的英国人实行斗争。经过年余的奋斗和交涉，被资方解雇，遣回香港，乃结束了他的一场海外历险记。因此他后来一提到英国资本家便咬牙切齿，痛恨入骨。

先父体格素健，但他毕竟是个书生，体力劳动非其所长。他在马来亚作工时，多半时间也是以他的文墨工作——如替人写家信，或其他笔札方面的事——和他人交换体力劳动。在家乡时，他也因为终日教馆，无暇下田工作。

我家所有的田地，都由我们自己耕种。我父既少下田，一切劳动遂由我母担任，我们弟兄不过从旁协助而已。农忙时我们偶尔也雇请短工，但那是极少的例外。提起我乡妇女的勤劳，举世实罕有其匹。广西妇女多不缠足。举凡男人能做的劳动，如上山采樵、下田割禾等，妇女都和男子一样地操作，从无稍异。然男子日出而作，日入而息，工作有定时。妇女则不然，白天她们和丈夫、儿子一同下田耕作；入晚回家，她们还要煮饭、洗涤、纺织、缝纫和哺乳幼儿，工作倍于男子。生活的痛苦劳瘁，实非常人所能想象。我的母亲刘太夫人就是这样一位勤劳的妇女，更因父亲教馆，不能操作，母亲难免分外辛劳。

当我七岁时，我家便已析产分居。而我房人口逐渐增多，食之者众，生之者寡，家庭经济总是入不敷出。每年都要借债，甚或卖去一两亩田地。那时我们唯一可以借贷的地方，便是我外祖父刘家。

我外祖父家亦系克勤克俭以兴家的。每年都有余粮，以高利贷出营利（这时乡村贷款的利率，有时高至百分之百）。因而每年青黄不接时，母亲便去外家借贷。我外公和两位舅舅为人甚为宽厚，外公尤其是忠厚长者，对我们极愿帮助。无奈我外婆，虽然聪明干练，但生性极为吝啬，自不愿常把粮食无利贷与我们。我幼时常跟随母亲挑了担子去外婆家借贷，有时借得少许，有时甚至红着眼睛，空担而回。

记得有一年粮食歉收，新谷登场尚需月余，而家里谷仓颗粒无存，米坛子又已见底，情形严重极了。于是母亲要我也挑了箩筐和她同去外婆家借谷。去后，外公外婆留我们午餐，却故意装作不知来意的样子。饭后，我们应该回家了，母亲才不得已说出想借粮食的事。外婆脸上顿时就有不愉快的表情，并埋怨我们不该常来借贷。她说现在市上利息很高，借给我们的，当然不好意思要息，不过损失未免太大了。母亲却说，每年不够吃，实因食口太多，非好吃懒做所致。外婆和母亲因为是亲生母女，说话当然不太避忌，互不相让，遂吵起嘴来。母亲一气之下，便流着眼泪，索性不借了。我们母子两人挑着空担子回家，当时母亲心头的辛酸，实无法形容。在路上，她勉励我长大后必须努力做事，不可依赖别人。她说自己亲生爹娘尚且不能借贷济急，何况他人？言下实有无限的感慨。这年，我们终于典掉两亩田，才把难关度过。计当时一担（一百二十斤）谷子，价值不过两块毫洋，而且有借有还，竟弄得母女反目，真可一叹。

当时我们的家庭经济虽全靠母亲一人操心维持，但她总能辛辛苦苦地使我们兄弟姊妹有衣有食，不虞冻馁。母亲虽未受过什么教育，但是宽厚仁慈，能忍能让。当我家析产时，祖父母所给资财，由我父和春华叔两房平分。祖父母因体念我房小孩众多，故特地多分给木凳数条，给我们孩子们使用，但母亲竟婉辞不收。因她知道春华婶嘴尖心狭，看到我房多得几条板凳，心头将有不快，所以母亲不愿收这几件额外的家具，以安春华婶的心。

还有一事也可表现母亲的为人。有一年秋收时，母亲带了我们在田内割禾，我们已将谷子打好装入箩筐。时已黄昏，遂逐筐向家中搬运，这块田离我家约半里路，往返需时。当我们搬了一转回来时，发现留在田中尚未运走的箩筐，每筐谷子都浅了数寸。显然是邻近同在收禾的人，趁我们离开时，将每筐偷了些去。我们兄妹们发现谷子被窃，自然大嚷起来。母亲立刻制止我们，并说："算了，算了，值不了多少。"她的意思是嚷也无益，使人听了，徒增邻人的难堪而招致怨恨。以后我们对那家偷窃的邻人仍谈笑如恒，相处怡然。诸如此类，母亲对人处世的贤良宽厚，我想都是生性使然，后天的教育和环境似居其次。

嗣后我们兄弟都长大了，我供职军旅，有薪饷可以接济家庭，母亲才稍释重负。她晚年乡居，附近老幼残疾都络绎于门乞求救济，凡真正是鳏寡孤独，残废无依的，母亲总是经常帮助他们。若是少壮贫困的，母亲济其急外，并勉励他们努力工作，以图温饱。凡有向母亲借贷的，她总说："你将来如有了便还我，如还不出，就算了吧。……我知道穷人借贷的日子是不好过的。"母亲直至晚年，生活仍极勤俭。在我后来统一广西，完成北伐，参加抗日战争，率数十万众，身经百战，而全国知名时，乡里邻人对我家自亦难免另眼相看，而母亲居处简朴，谦诚和蔼，与往日初无稍异。我弟兄幼时，母亲只勉励我们勤耕苦读，做个诚实忠厚，自食其力的人，决无心要我们为将为相。后来她老人家年老了，亦决不因为有儿子为将为相而稍易她简朴忠厚的家风。某次，我回家省亲，我的三个胞妹向我说："哥哥，你做了这样大的官，而我们仍旧耕田种地，你不怕邻里耻笑你吗？"我回答说："在劳工神圣的今日，耕田种地是可骄傲的。"母亲也很以为然。

其后，我因职务关系长住通都大邑，每思迎养，而母亲总不肯离开乡间，情愿过其极简朴的农村生活。而我乡的老弱残疾则因之得其周济。所以母亲暮年时，善名播于四方。到她老人家于民国三十一年寿终时，远近乡人多有泣不成声的。我今日回想我家从前衣食的艰难，以及母亲抚育我兄弟姊妹的辛劳，真是"欲报之德，昊天冈极"。

贰

我是我父母的第三子。然因长兄早天，所以我实行二。惟据族谱凡属本房男性，我又列行九。至村上邻里的人多喊我为老九，而不称呼名号，骤听虽不大顺耳，但老字的涵意已属尊称，例如：老夫子、老先生、老兄等。今年逾七十，家中侄辈尚喊九叔，倒觉亲切不以为忤。哥哥德明长我两岁，我之下还有三个弟弟——文卿、德辉、松龄——和三个妹妹。在我七岁以前，我们过的是大家庭生活，和祖父母及春华叔婶都住在一起。祖父十分好客，所以我家那时常常宾客满堂。祖父尤喜堪舆之学，朋友中很多是看风水的专家。我们弟兄幼时即常在祖父烟榻旁听他们讲故事。

我家既是历代务农，所以我兄弟们都是地道的农家子弟。我学步未久，就跟着母亲下田去玩。经常与日光和新鲜空气接触。虽然晒得皮肤黝黑，但是身体却十分健壮。我们因为经常要下田工作，所以除在书房和过年外，我们都喜欢赤足。纵在碎石锋利的山路上，因习惯成自然，亦如履平地，不觉刺痛。

我们因是农家子弟，长辈虽也要我们"开蒙"读书，但是他们的意思无非要我们稍知诗书，明白事理，将来能承继且耕且读的家风，做一个诚朴纯良的农民而已，绝无意要我们以诗书作进身之阶。母亲偶然也喜欢念几句《幼学诗》上的话给我们听，如"将相本无种，男儿当自强。""丹桂有根，独长诗书门第；黄金无种，偏生勤俭人家"一类的话。但她的意思亦只是勉励我们而已，并非真希望我们能折丹桂，积黄金。

记得我幼时，有一次在田里帮助拔黄豆，母亲问我和德明二哥，将来长大了，希望做什么。二哥说他要做个米贩子。我们农村里唯一大宗出产的便是谷子。有些农人利用农暇，买了谷子回家，碾成白米，挑到市场上去卖。这样可以赚得些微利息，碾米而得的米糠又可饲养家畜，这种人叫做米贩子。二哥羡慕他们长年有猪宰杀，所以他长大了也要做个米贩子。

母亲问我呢，我说我要做个"养鸭的"。我乡养鸭的人，的确对我们孩子们的引诱很大。养鸭也在农忙之后，那时各处田内收获后所掉下的谷子，正是饲鸭的最好食料。一个养鸭的可养二三百只鸭子。鸭子在四处田塘河沟内觅食，故不需太大的本钱。在我们小孩子想来，鸭生蛋，蛋变鸭，十分可羡。所以我说我长大了做个养鸭的汉子罢。当时母亲很满意我们的志向和想法，可见我们自幼就只希望将来做个诚朴的农夫，胼手胝足，以求温饱。及后稍长，我们就帮助母亲做一切田间工作和家里杂务。诸凡插秧、割稻、打柴、喂猪、切猪菜、舂米、织草席等等无所不做。孔子说："吾少也贱，故多能鄙事。"大概孔子少时，也能做这类粗重的事。

但是我家既然历代不曾废读，祖父和父亲对我们兄弟的教育，当然也不会忽视。因此在我六岁那年父亲就让我开蒙了。所谓"开蒙"，就是举行一个小小的祭孔仪式，让孩子们正式开始上学读书。在满清时代，开蒙是一个家庭内的大事，仪式甚为隆重。我记得在我开蒙那一天，家中备了三牲——猪、鸡、鸭——和一些水果，为我祭告孔子。我那时什么都不懂，只觉得很好玩，向那个红纸做的"先师"牌位叩头，却不知是什么东西。

开蒙后，我就正式入塾读书了。我的塾师，就是我的父亲。我最初的学业是认方块字，并学习写字。写字的最初步骤是"描红"。即先生写了红字，我们用墨笔跟着在上面"描"，这就叫做"描红"。在我识了一千多个字以后，我就正式开始读书了。我最早的课本是《三字经》、《百家姓》和《幼学诗》；接着便开始读《四书》和《五经》。那时我国的教育方法，不知由浅入深，一开始便是很艰深的课业。经书不必说了，即使《三字经》也不是启蒙年龄的儿童所能了解。我读书的天资本是平平，没有太高的悟性，故读起来就颇觉吃力。

那时的私塾，今日想起来也是十分奇特的。每一私塾约有二十来个学童。大家挤在一间斗室里，每两个共用一张长方书桌，先生却独用一张方桌，放在最易监视全体学生动静的位置。塾师多半戴着深度的近视眼镜，样子十分严肃。他们大多数丝毫不懂儿童的心理，对学生管理的严格，实非现在的人所能想象。教授法也极笨拙，往往不替学生讲解书义，只叫学生死命地念，以能背得滚瓜烂熟为度。先生规定某部书从第几章起逐日背诵，自一本积至十余本，都要从头背诵下去。学生如背诵欠熟，先生就将整叠的书甩到地上，待读熟后再一一从头背起。至于书中的意义，学生是不甚了解的。

先生的桌上必备有一块长方形木板，叫做"戒方"。学生如不守规矩，或背书不出，先生就用戒方打头或手心，打破打肿，都是司空见惯的事。有时，先生的桌子旁边甚至放着一根丈把长的竹竿。如果学生妄言妄动，先生不须离开座位，就可拿起竹竿，当头打去。屋子小而竹竿长，所以书房内每个学生的头，他都鞭长可及。

从前学生的家长们都有个错误的观念，认为严师出好徒。先生愈严，学生的进步愈快，因而做先生的也以做严师自豪。于是学生对老师，怕和恨之外，简直无情感之可言。这种教法，自今日眼光看来，不特不能启发学生的智慧，适足以得相反的结果。卒至一般学生都视书房为畏途，提起老师，都是谈虎色变的。我们的私塾也不能例外，我父亲尤其是秉性刚直，责任心切。同学中被斥责、被罚跪，事极寻常。我那时也宁愿上山打柴，不愿在书房内受苦。

学生们被关在书房里念书，每日多至十余小时。唯一可以溜出书房，闲散片刻的机会，便是借口小便或出恭。这是先生无法管束的。因而书房内，出去"小便"与"出恭"的学生总是川流不息的。造成公开欺骗的习惯，影响儿童心理很大。今日回想当年的情形，实属幼稚可笑之极。

我在父亲的私塾内读了约三年的书，父亲便不教了。我乃转入另一私塾，随塾师龙均时先生又读了两年。嗣后，父亲受外婆的聘，到她家古定村设馆，我才又回到父亲的私塾内在外婆家继续读书。那时我乡私塾设立的惯例，是由一位比较富有的人家出面请师设塾，课其子弟。左右邻舍的学童也来入塾读书。这位塾师的薪金（其时尊称曰"束脩"）都是由学生的家长分别以米或银钱付给的。而教请塾师的"东家"，在束脩外，并供给书房、塾师的住房以及日常所用的油盐和柴炭。这次外婆既是我父的"东家"，她循例要供给这些日用品，我也常奉父命往外婆处领取。外婆生性勤俭吝啬，平时与乡人买卖东西，总是锱铢必较，从不稍让。我那时虽才十一二岁，却已深知外婆的个性，所以我每次向外婆领取油盐时，总是踌躇不敢放胆前去。有一天放学之后，父亲在厨房内预备炒菜吃晚餐，锅子已烧着火，才发觉没有半滴油，父亲便急忙叫我到下屋外婆处索取。我执着油壶三跃两跳已看见外婆坐在厨房那一副冷酷的面孔，便有点胆怯，停止在厨房外的墙边，徘徊不敢进去。这时父亲因为烧红了锅子也不见我回来，就走来找我。他看我不声不响地靠在外婆厨房门口——父亲是个急性人，又因等了许久——不由得火上心头，一把将油壶从我手中夺去，狠命地打了我两巴掌。外婆见了，才对父亲说她看见我拿着油壶站在外边，不知是来做什么的。父亲取了油就回头走，我在后面跟着，想哭也不敢哭。那时我虽然年纪小，但是知道外婆分明晓得我来取油的，只是父亲不明白我站着不进去的原因，冤枉地打了我一顿，使我感到有冤无处申诉，又不便说破外婆吝啬的情形。这也是我在外婆家读书时的一件趣事。

父亲私塾内的学生，都是农家子弟，所以都是半耕半读的。农忙时节私塾便放假，让学生们回家帮父母操作。记得有一次我跟随村上几个成年人上远处的山中打柴，那时我大概十三四岁的光景，当夕阳西下准备回家时，看他们都装满一大担，我是初生之犊不畏虎，心情非常好胜，觉得一担柴百把斤重，他们既然做得到，我又怕什么？所以我也装上一大担，和成年人几乎一样多。最初挑来似乎不甚重，谁知"长路无轻担"，愈挑愈重，渐渐我就落伍了。最后竟至五步一停，十步一歇，实在挑不动了。而这时和众人相去已远，且时近黄昏，四顾茫茫，我不禁嚎啕大哭起来。但是我一面哭，一面仍勉强挑着柴担蹒跚前走。幸而母亲预料我挑不动，远道来接，才结束了我这场悲壮的场面。

我在父亲的私塾内又读了两年，四书五经，粗可理解，父亲便应募往南洋去了。母亲不愿我辍学，乃让我跟一位名叫李庆廷的先生读书。这位李先生是一位廪生，和父亲为莫逆之交。后来他要到桂林进新办的法政学堂。我得了母亲的同意，也跟李先生上省城，进了新创立的临桂县立两等小学，日里上课，夜间温习功课，受李先生的指导。那时正值庚子八国联军之后，清廷正在废科举、兴学堂、办新政，我们的临桂县当时就办了这所小学。所教的除了国文之外，还有许多新式的学科，如数学、博物、英文等。我是私塾出来的，从未学过这些，而又插入高年级，当然对这些学科一无所知。因而在学期终了时，我在榜上"坐了红椅子"。那时出榜的通例，榜末要用红笔一勾。因为那一勾正在最末一名的下面，所以考最后一名的叫做"坐红椅子"。而这次校里的一年两学期期终考试，"坐红椅子"的就是我。加以我又是乡下初来，体质尚称结实，而衣着不甚入时，举止言行，都带几分乡土气，因此城里的同学们，都讥笑我是"乡下的傻瓜"。现在考试又坐两次红椅子，使我分外觉得难为情，所以我在这小学里读了两个学期，就辍学不去了。这便结束我在文科学堂的教育。

我离开了临桂县立两等小学，父母无力使我继续升学，家中可以耕种的田地又不多，我这个壮健的孩子，也到了觅取一项正当谋生职业的时候了。读书上进，就我们那时家中的环境说来，可说已经绝望。

这时候，各省正在试办"新政"，广西省新设奖励工商业的"劝业道"，并在桂林城内设立"省立公费纺织习艺厂"，招收二百学徒，学习纺织。此时父亲方自南洋回来，也觉得这项新兴的行业很有前途，因此送我进习艺厂做学徒，希望我在半年肄业期满后，回家改良我乡的织布手工业。这习艺厂是由桂林城内原有的"考棚"改建的。建厂的目的是训练一班学徒用新式方法来改良旧式的木机织布。这在当时算是新式的工厂，规模很大，厂长似由劝业道道台自兼，训练也还认真。我们的厂长既是一位大官兼的，厂内自然也有些官场应酬。我记得厂中当局有时在厂内请客，规模极大。我们学徒只可从远处看去，那一派灯光人影，呼奴唤婢的场面，真是十分煊赫。

我在这厂内一共学了半年关于纺织的初步技术——从下水浆纱，到上机织布，我都学到了。光绪三十三年（一九〇七年）春初，我十六岁时，学习告一段落，我便回家了。政府设厂的初意，原为改良农村手工业，增加农民副业生产，我回家之后，大家都欢喜，就买了一部新式木机，从事织布。才过半年，由于家人对织布一事，无太大兴趣，也就算了。这时父亲又已应聘到姑丈家教馆，我便又跟着父亲到姑丈家读书。而姑丈对织布倒颇有兴趣，他在桂林买了一部木机，要我教表姐们织布。谁知我在"习艺厂"所学的，仅是一些皮毛，故浆纱时，把纱浆焦了，一旦上机，随织随断，弄得十分尴尬。后来我又曾应聘到别村李姓家里教织布，可是均告失败。深叹任何行业从业的不易。我在姑丈家这次认真地读了二年多的书，便得了机会考入陆军小学，从此遂成了一名职业军人。

第二编

陆军教育时期

第三章　陆军小学的教育

壹

我之能够进广西陆军小学，实出于一个很偶然的机会；而这个机会的促成，却不能不归功于先父的挚友——湖南邵阳人李植甫先生。先父和李先生订交，也有一段传奇式的故事：

我乡农民都喜欢练武术。各个农村往往请了拳师主持教练。我村近邻的西岭村，在光绪末季也请了一位拳师。这位拳师名唐四标，湖南人，教武术之外，兼卖跌打损伤膏药。他生得十分健壮，打得一手好"花拳"，除了在西岭村教拳，也挑了他的膏药担子到两江圩上叫卖。他在卖膏药前，往往先表演一套拳术，以吸引观众，然后又作江湖上的自我宣传，大有"拳打三山好汉，脚踢五岳英雄"的气概。因为他生得身材魁梧，又练得一副蛮劲，故虽盛气凌人，而无人敢与较量比武。有一次在两江圩上，唐四标表演拳术之后，正在自吹自夸之时，观众中忽然站出一位读书人模样，约摸四十岁上下的中年人，长得很结实，也操着湖南口音，向唐四标说道："听你老兄的口音，我知道你也是外路人。作客异乡的人，总应该谦虚礼貌一点，不应该在当地人的面前夸下偌大海口，目空一切……"他还未说完，唐四标已恼怒了起来，捏起拳头，朝这人脸上一晃，说："你是何等人，也敢来教训我！"

他接着更提高了嗓子，大声喝道："你是过路的人，不该干涉别人的私事，难道你要打破我的饭碗吗，有胆量就过来比个高低，死伤各听天命。"于是那人也脱了长衫，在众人围观拍掌之下，和唐四标交起手来。彼此拳来脚去打了不多几个回合，已见唐四标渐渐不支，最后被逼到墙脚下，无可再退了。这人举起拳头，告诉唐四标说："老弟，你现在该要说话了，否则我怕你要受伤！"唐四标至此觉得实在无法反击了，只得说："好汉住手"，才结束了这一场拳斗。

唐四标被击败后，自觉没趣，乃收拾了膏药担子，径头丧气，径自去了。然而这场拳斗的新闻却立刻不胫而走，轰动了全市赶圩的人。西岭村当然也得到了这消息，唐四标既不辞而行，遂决定请这位新英雄来递补唐的遗缺，他也就答应了，就此在西岭村住下。这位击败唐四标的新拳师便是李植甫先生。李先生也是一位性喜结交的人。他在西岭村住下了，便打听当地豪侠好义之士。他听到先父培英公的名字，特来登门拜访。先父与他一见如故，谈得极为投契。

李先生不但武功好，而且写得一手好字，能诗能词，风格的豪迈，略似石达开。因与先父时相唱和，酒酣耳热，每有慷慨悲歌之作，彼此都有相见恨晚之感。从此，植甫先生经常是我家的座上客。

植甫先生曾秘密告诉先父，他是一名犯了杀人罪，曾为湖南官厅缉捕的要犯。他原是湖南邵阳县的一名秀才。某次进长沙省城作客，听说城内有一位恶少，是某大官的儿子，仗着父亲的权势，无恶不作，时人莫敢如何。植甫听了心抱不平，便决心要碰他一下。后来他打听出这位少爷在某妓院内有一位宠妓，视若禁脔，不许任何人染指。一日，植甫到那妓院，指名叫那妓女陪侍。未几这位贵公子来了，他故意不让开，因此和这位少爷的保镖打起架来。保镖不敌，这位恶少乃亲自上前呵叱，不意被植甫三拳两脚打死了。植甫既闯下大祸，乃化名易姓，逃出长沙。但是官厅追捕甚急，湖南无法存身，又逃到桂林。因顾虑城里耳目众多，遂下乡躲避于两江圩。

植甫在西岭村教了些时，我村也把他请来，教馆半年。我便是奉先父之命，泡茶拿烟，洒扫炊煮，专门招待他的人。而他对我这个结实爽快的小伙计，也着实爱护备至。

当时广西兵备处总办是蔡锷，总办以下，乃至陆军小学里的各级办事人员，多半是湖南人，植甫先生的同乡。所以他对该校的情形非常清楚。因此在我从习艺厂毕业回家，无适当职业的时候，植甫先生便力劝先父，送我去应考新成立的陆军小学。

关于投考陆军小学，我母亲并不热心。她认为像我这样一个勤劳的青年，与其去投考那不可知的陆军小学，倒不如留在家里，帮忙操作为佳。后来因为植甫先生一再劝告，先父才决意要我认真的准备功课，以便应考。所以当父亲应聘到姑父家设塾时，仍携我同往。他那时便认真督责我的课业，不让我轻易离开书房，做其他事务。经过充分的准备，我乃于光绪三十三年（一九〇七年）冬季，进城参加陆军小学第二期的招生考试。

贰

广西陆军小学是推行"新政"的设施之一。清廷自庚子八国联军之后，维新派人士策动推行新政，预备立宪，同时停止科举，兴办学堂。广西遂也在这风气下实行起新政来。那时的广西巡抚张鸣岐，是一位年轻有为、好大喜功的人。他锐意延揽新政人才，推广新政。为此，当时政府行政部门中也添了些新机构，如管教育的提学使，司警政的巡警道，管工商的劝业道。为训练新军，又设立督练公所，下分兵备、参谋、教练三处。

在这些新的机构之下，又先后成立了各种新式的学堂，如法政学堂，典狱学堂，农林学堂，优级师范，普通中小学，警察学堂，警察督练所，陆军小学堂，陆军干部学堂，陆军测量学堂。宣统元年（一九〇九年）又成立了谘议局，为省级民意机关。

为了充实这些新成立的机构，巡抚张鸣岐又四处张罗新政人才，一时讲时务而富有革命思想的人物如庄蕴宽、钮永建、王孝缜、李书城、孙孟戟、蔡锷、尹昌衡、耿毅等，以及留日返国的学生如孔庚、赵恒惕、蒋尊簋、雷寿荣等都先后到了桂林，分担各项职位。如成立最早的兵备处，即由庄蕴宽任总办，钮永建任帮办。至光绪三十四年（一九〇八年），庄、钮因与张鸣岐不洽，自请外调，张鸣岐乃调南宁讲武堂总办蔡锷接替庄氏。

广西陆军小学堂直辖于兵备处，乃清末军制上一种全国性的设施。这是模仿当时德国和日本的军制。由各省办陆军小学，就基本学术科训练三年，毕业后升入陆军预备中学；两年后毕业，再行送入国立保定军官学堂分科受训二年；毕业后派充各军下级干部。这三级学堂内部的组织和设备，均极完善，而训练和管教的严格与认真，实为民国以后的中央或各省军官学校所望尘莫及的。

广西陆军小学堂成立于光绪三十二年（一九〇六年），堂址在桂林南门外大较场的旧营房。是年招收第一期新生。由兵备处总办蔡锷任陆小总办，雷飙任监督（也就是后来的教育长）。其后蔡离职，蒋尊簋（伯器）继任总办。宣统元年（一九〇九年）蒋调任参谋处总办，陆小总办改由钮永建继任。

我参加陆军小学的第二届招生考试时，桂林文昌门外的陆小新校舍正在建筑中，第一期学生在南门外大较场的兵营内上课，第二期的招考地点则在城内的旧考棚。陆小因为是新创办的官费学堂，待遇甚优。学生除供膳食、服装、靴鞋、书籍、文具外，每月尚有津贴以供零用。加以将来升学就业都有保障，所以投考的青年极为踊跃。报名的不下千余人，而录取的名额只有一百三四十人，竞争性是极大的。

考试完毕，已近岁暮，我就回家了。托了邻村经常去桂林贩卖货物的商人代为看榜。一天我正自山上砍完柴挑了回家，路上遇见一位"赶圩"回来的邻村人，他告诉我说陆小第二期招生已发榜了，正取共一百三十名，备取十名，我是第一名备取，准可入学无疑。这也可算是"金榜题名"吧，我立刻敏感到当时压在肩膀上的扁担，今后可以甩掉了，实有说不出的高兴。

在学堂规定报到的日期，我辞别父母，挑了简单的行李，便到桂林去上学了。那时乡下人是不常进城的，有时逢年过节，偶尔应城内亲友之约，去看舞龙跳狮，才进城住三数天。所以进城对我们原是件不寻常的事。我们平时为着工作方便，都是短衣赤足的，要进城，首先就要预备一套干净的长衫和鞋袜，打了个包袱，背在背上。走到离城约数里的地方，才在河边洗了脚，把鞋袜穿好，换上长衫，然后摇摇摆摆学了假斯文，走进城去。穿鞋袜和长衫，对我们原都不大习惯，一旦换上新服装，走起路来，觉得周身受着拘束，异常的不舒服。加上我们那副面目黧黑，粗手粗脚的样子，和白嫩斯文的城里人比起来，自然如驴入羊群，显而易见。临时雇了一名挑夫，替我挑了行李，然后进城。先在西门内大街上找个伙铺，将行李安顿好，才到陆小去报到。谁知事出意外，校方拒绝我报到，理由是我迟到了十来分钟，报到时限已过。那时陆小重要负责人都是刚自日本回国的留学生，办事认真，执法如山。而乡间出来的青年，既无钟表，对时间的观念自甚模糊。于是我就以十分钟之差，失去了入学的资格。垂头丧气的情形，不言可喻。不过校方负责人勉励我下期再来投考，并说我录取的希望很大，因为我这次体格检查被列入甲等，这在应考的青年中是不多的。

叁

我怅然归来之后，父亲命我继续随他到黄姓姑丈家去读书，准备来年再试。于是我又在姑丈家用功的读了一年。至翌年（光绪三十四年，一九〇八年）冬季，陆小招考第三期学生时，我再度前往投考。这一次投考生增至三千余人，而录取名额仍只百余人。榜发，我竟被录入正取。按时报到，因而我进了广西陆军小学堂的第三期。

这时陆小在文昌门外的新校舍已全部竣工。全校有新式楼房十余幢，另有礼堂一所。学生的宿舍和课堂分建在大操场的两侧，学堂办公厅和礼堂则建于操场的两端。十分庄严宽敞。当时校方的教官和各部门主持人，多半是新自日本士官学校毕业回国的留学生。他们都穿着非常整洁鲜明、绣有金色花纹的蓝呢制服。足上穿着长统皮靴，光可鉴人。腰间更挂着一柄明亮的指挥刀，在校内走动时，这柄刀总是拖在地上。因而他们走起路来，刀声靴声，铿锵悦耳，威风凛凛，使我们刚自乡下出来的农家子弟看到了真是羡慕万分。我们的总办蔡锷将军有时来校视察，我们对他更是敬若神明。蔡氏那时不过三十岁左右，可称文武双全，仪表堂堂。他骑马时，不一定自马的侧面攀鞍而上。他常喜欢用皮鞭向马身一扬，当马跑出十数步时，蔡氏始从马后飞步追上，两脚在地上一蹬，两手向前按着马臀，一纵而上。这匹昂首大马，看来已够威风，而蔡氏纵身而上的轻松矫捷，尤足惊人。我们当时仰看马上的蔡将军，真有"人中吕布，马中赤兔"之感。所以我能够当陆小学生，已经十分满意。只希望将来毕业后，能当一名中上尉阶级的队附和队长，平生之愿已足。至于像蔡锷那样飞将军式的人物和地位，我是做梦也没有想过。

后来我读古今名人传记，时常看到"自幼异于群儿"、"少有大志"、"以天下为己任"一类的话，总觉得这些或是作者杜撰的话。我幼年时，智力才能，不过中人。知足常乐，随遇而安，向无恓恓惶惶急功好利之心，只是平时对人处事，诚恳笃实，有所为亦有所不为而已。

陆小的训练，分学、术两科，完全是摹仿日本式的，十分严格。学科的程度相当于旧制中学，除国文史地外，还有各门科学和外国语，教学都很认真。即就国文一科来说，我们的国文教师都是些举人或秀才出身，国学造诣极深，而同学中也不乏文人学士。当宣统元年，广西举行最后一次拔贡考试时，我们学堂里面两位第一期同学，竟暗中报名投考为人枪替而被列入优等。拔贡在清代考试制度上是高出秀才一等的，能枪替考拔贡而被列入优等，其国学程度，亦可想而知了。

就各门科学来说，陆小对数理特别注重。当我进入第三年度时，我们的数学已学到小代数的二次方程式了。

至于外国语则为选修科，于日语、法语、英语、德语、俄语中任择其一。因广西和法属安南接壤，法语被认为比较重要，所以我就选修了法语，教师是位法国人，名白利。可是我的个性和语言一道不大接近，同时我知道一旦离校便无进修的机会，也没有应用的机会，日久就会全部忘记。因此我在课堂上学习，也只是应付考试，图个及格而已。所以我跟那位法国教师学了三年法文，至今已一句不会说了，把所学的，全部还给了先生。同班中虽不乏孜孜研读外国文的同学，成绩极好，但是毕业后，果如我所料，也于几年之内忘得一干二净。

我们的术科课程并不十分注重，每天只有一小时的时间，初期训练包括徒手与持枪的制式教练，逐渐到班、排、连的密集队伍教练。此外尚有器械体操和劈刺等课目。

我当时身体非常健壮，锻炼又勤，所以器械操中的双杠、单杠、木马等有风险的玩意儿，都可做极精彩的表演，一般同学跟我比起来，实逊色多了。至于劈刺，尤为我的拿手本领。在比赛中，许多比我高大而结实的同学，都非我的敌手。第一是因我的技巧纯熟，以前李植甫先生在我村教武术时，我虽未正式学过，但平时观摹所得，亦颇能得其三昧。第二则是我的动作敏捷勇猛，一交手就取攻势，每使对方胆怯，因此我在同学中有个诨名叫做"李猛仔"，这就由劈刺比赛得来。

陆小既是个军事学校，所以我们的日常生活极有规律。早起晚睡，出操上课等，都有极严格的规定，动作确切而敏捷。稍有不慎，便要受警告或处罚。处罚的方式有立正、禁闭，或假期"禁足"（不许外出）等等。我在陆小三年，幸未受过处罚，所以校内上下对我印象极佳。

学生中也有托病请假，不出操或不上讲堂的。因为一个学生如经医生证明有病，便可请准"半休"（不出操）或"全休"的假期。那时的医学知识和设备都很简陋，不易查出一个人是否真正生病，所以请假比较容易。然而我在陆小三年，连一次"半休"也未请过。足以证明我身体的健壮。

陆军小学教育因为是国家陆军军官训练的基础，所以在创办之初，便十分认真。经费也比较充足。我们一日三餐，都是八人一桌，每桌四菜一汤。四菜之中有三荤一素。我们的制服全是呢料子，还有一套哔叽的。冬季则有呢大衣。每人每学期发两双皮鞋，后来经费稍感困难，然每人每年仍可领到三双。当时我们的服饰是十分别致的，学生多数拖着一条长辫子，却穿着现代式的陆军制服和皮鞋。今日回想起来，虽有不调和之感，但在那时是觉得十分神气美观的。我们的留日返国的教官，以及少数得风气之先的梧州籍同学，间或有将辫子剪去的。也有少数将后脑剃光或剪短，把前面的头发编成辫子，再把辫子盘成一个饼，贴在头顶上，然后戴上军帽的。但他们在寝室内或操场上脱掉军帽时，却倍觉难看。

衣食之外，每人每月尚发有零用钱。一年级新生每月领八钱银子的补助金。成绩优异的可增至一两。考上最优等的可得一两二钱。二年级生每月例发零用银一两。成绩优秀的可得一两二钱。最上等的可得一两四钱。三年级生每月例发一两二钱。成绩优异的可增至一两四钱，乃至一两八钱。当时桂林物价极低，所以这些零用钱是每月都有剩余的。我记得那时一两银子，至少可兑换制钱一千四五百文，而一碗叉烧面不过制钱十文，物价之廉，由此可以类推了。

清朝末年，广西在一些新人物的励精图治之下，颇有朝气勃勃的现象。在这种风气影响下的陆小学生，尤其表现得年轻有为。陆小的校风是极为严肃笃实的，全校上下可说绝无狎娼、赌博情事发生。学生日常言谈行动，都表现得极有纪律。即使星期假日在街上行走，也都是挺胸阔步，绝少顾盼嬉笑，行动失仪的事。甚至学生在校外提取行李等物，校方亦规定不许负荷太多，以免有失青年军人的仪表。当然也难免有犯规或行为失检的学生，然究属例外。学生在这种风气笼罩之下，学术训练和德性熏陶的进步，可说是一日千里，非一般文科学堂所能及。不幸在我入校后第二年，校内一连发生了两次风潮，学风遂渐不如前。辛亥之后，陆小改为陆军速成学堂，学风更是每况愈下了。

肆

陆小的两次风潮，一是"驱蔡"，一是"倒蒋"。"驱蔡"是驱逐蔡锷（松坡）离桂。"倒蒋"则是和蒋尊簋（伯器）为难。

蔡锷原为南宁讲武堂总办。由张鸣岐调来桂林，任兵备处总办，后又兼任参谋处总办，统率所有新军及训练新军的机构，权倾一时。但是蔡锷是湖南人。在逊清末叶，湘人居桂的极多，湖南因为交通比较方便，一般人——

尤其是寄居广西的湖南人的文化水准，平均较广西人为高。这样本已招广西人的嫉忌。加以他们人多势大，又盘踞要津，也难免有跋扈情事，再加上我国人特有的畛域之见，遂更易闹事。再者，办新政的新人物中间，也不无派别、省界之分。甚至同为同盟会员，亦往往因工作秘密，声气不通而自相倾轧。蔡锷原为同盟会员，和当时革命领袖黄兴、赵声等，都有秘密往还。但是蔡锷或许因为时机尚未成熟，不愿暴露身份，所以和桂林极为活动的同盟会会员没有联络。因而风潮一起，连同盟会会员也群起参加驱蔡运动了。遂使这风潮带着浓厚的革命气氛。

驱蔡的风潮最初发源于"干部学堂"。原来广西在清末训练新军时，拟编练一镇一协，所以为培养这一镇一协新军的军官而设的干部学堂，招收了二百余名新生，其中湘桂籍均有。因那时下级干部缺乏，需材孔急。后因经费不敷，新军只编一混成协。如此则干部学堂所培养的二百余名军官亦嫌太多。蔡锷时为兵备处总办，乃令干部学堂举行甄别考试，以期裁减该校学生，并以国文程度为取舍标准。当时湘籍学生的国文水准一般地较桂籍学生为高。因而甄别结果，获留校的一百二十人中，湘籍的占九十多人，而淘汰出校的则几乎全是广西学生。于是桂人大哗，认为蔡锷袒护同乡，有失公允，遂群起作驱蔡运动。而同盟会分子对蔡也有严重的误会，驱蔡尤为积极。

干部学堂驱蔡运动一发生，瞬即波及校外各机关。湘桂交恶已久，此次乘机发作。作为民意机关的谘议局也被卷入。始则若干议员为袒护其本省籍被淘汰的学生而弹劾蔡氏，继则全会一致驱蔡。于是在谘议局的掩护下，风潮日益扩大，甚至全省罢市罢课，要求蔡锷离桂。

在这风潮扩大时，陆军小学也全体参加，学生整队到抚台衙门请愿，集合在抚台衙门外照壁墙前，守住不去。抚台派人来温言抚慰，要我们回校，我们不理。最后他又派了一个文案之类的职员出来威胁众人说，如果不服从命令，大家都有杀头的危险。当他提到"杀头"两字时，我们队伍中忽有人领导大呼："不怕"，众人也跟着乱嚷一阵。今日回想起来，实在觉得当时的无知与可笑。

在广西各界胁迫之下，蔡锷终于被迫离桂赴滇，谁知这一调动对蔡氏正是塞翁失马。因为云南政治局面比较单纯，蔡氏很快的便脱颖而出，至辛亥革命时遂被举为云南都督。后来又因云南讲武堂出身的滇军将校都是蔡氏的旧属或学生，使滇军成为蔡氏的子弟兵。袁世凯称帝时，蔡氏微服出京到云南，振臂一呼而全国景从。袁氏被迫取消帝制，蔡氏竟因云南起义的首功，获再造民国的盛誉。如其留在广西，蔡锷或不致如是功业彪炳而名垂青史吧。

在蔡锷被迫离桂后不久，我校又发生了倒蒋的风潮。陆小学生的国文程度很高，而校方的教学也以学科为主，术科为辅。但是任管理人员及术科教练等工作的助教们，却多半是弁目训练班一类出身，略识之无的老粗。学生难免有些瞧不起他们，然而他们是管理人员，学生的日常生活由他们来管理，请假等事也由他们来批示决定。他们因为受教育有限，批出来的文字，往往别字连篇。有一次就因为学生讥笑他们的批示而起了纠纷。作"批"的助教，或许是老羞成怒；而触犯他的学生也不肯低头认错。正在两造纠缠难解难分时，一部分旁观学生一阵喊打，把事情闹大了，直闹到总办蒋尊簋那里。蒋氏为维持军风纪，养成学生服从习惯，乃下令将闹事学生开除，学生当然不服，风潮便扩大了。

陆小在驱蔡运动之后，人事本已有些变动，学风亦渐不如前，此次风潮中尤表现得十分嚣张。有些人竟以为那炙手可热的蔡锷将军尚且被赶走，何况蒋尊簋。大家要求总办收回成命，并惩罚侮辱学生的助教，但是校方不允许，双方坚持甚久。学生又设法把风潮扩大到校外去，然一般人士对这风潮极少同情。因而到最后还是学生屈服，肇事的学生卒被开除，而风潮平息。

陆小既经两次风潮，学风遂有江河日下之势。到宣统三年（一九一一年），离我毕业之期只有三个月了。武昌城内一声炮响，发生了辛亥革命。广西响应之后，一部分学生组织敢死队，从军北伐，学校无形停闭，遂结束了我三年的陆军小学的教育。

第四章　广西青年与辛亥革命

壹

我在陆小的最后两年时，革命的爆发已有山雨欲来之势。各地的革命党人都在密谋起事。革命领袖如黄兴等都盘桓于香港、安南之间，与内地党员声气相通。两广地处边陲，遂成为革命志士聚集的区域。

革命党在广西的活动本有悠久的历史。因广西是洪杨起义的故乡，人民的民族意识极为浓厚，更兼民风强悍，富于冒险犯难的精神。所以革命党人的注重广西，自因其具有特殊背景的缘故。而当时广西的新机构，如陆军小学、干部学堂、学兵营等，都是革命党人所盘踞的机关。

在张鸣岐抚桂的初期，革命党人的活动，可说是肆无忌惮，有时简直可以说是嚣张。张鸣岐当时以新人物自命。同时为了禄位着想，他更不敢滥事镇压革命党，以免激成大变。洪杨故事不远，张氏是聪明人，自不愿再蹈覆辙，所以他对革命党的活动装聋作哑，曲予优容。因此广西同盟会的活动，简直成了公开的秘密。在上的领导人，最先有庄蕴宽、钮永建等。后来庄、钮自请外调，然同盟会的人数已多，基础已固。所以同盟会分子如王孝缜（勇公）、何遂、尹昌衡、耿毅、冷遹等都极为活跃。某次张氏宴客，尹昌衡酒醉之后，竟宣称清廷不能存在。同时王勇公闹酒，竟以张氏所佩手枪，自室内向外射击，致击碎窗上玻璃。由此可见当时青年革命志士气焰的一般。后来张氏深恐同盟会势大不可收拾，乃设法压抑。不过张鸣岐不久即调升两广总督赴粤，遗缺由沈秉堃继任，于是革命的风气复振。同盟会广西支部乃于宣统二年正式成立，并发行《南报》（后改为《南风报》），以鼓吹民族革命。

陆军小学在创办之初即为革命党人的巢穴。它虽是清廷的陆军基干训练机关，但校内平时极少提到"忠君"一类的话。有之，则为敷衍远道前来视察校务的钦差而说的。同盟会支部成立之后，我校革命空气遂益形浓厚，成为广西同盟会活动的中心。会中干部并在陆小附近租屋成立"军事指针社"，专门在陆小学生中吸收同志。他们所选择的对象当然是成绩优异而有血性的青年。因此他们就来吸收我加入同盟会。

同盟会是一个秘密的革命机关，它要听命于海外总部而随时发难。在清朝时代，搞革命的都被目为"叛逆"，随时可以有杀身之祸。为表示死而无悔的革命精神，入会时都要填具志愿书，歃血为誓，示无反悔。我校入会的三期学生共有五十余人，并租有民房三间，每月聚会两次。记得我们在该处入会，用钢针在指头上戳血作誓。我只把针向手指上一戳，血便出来了，并不觉得痛。而胆小的同学，不敢遽戳，把针在指头上挑来挑去，挑得痛极了，仍然没有血出来，颇令人发笑。这也是一件趣事。

贰

大约在我加入同盟会之后半年光景，广州便发生了七十二烈士进攻督署失败而壮烈成仁的大事。当时我们都跃跃欲试，唯以事出仓促，未及响应。再过半年，武昌起义便在旧历八月十九日爆发了。首义的分子便是驻在武昌城内的"新军"和陆军第三预备中学的学生。消息传来，人心振奋。就在广西的新军（混成协）和陆小学生预备起事之时，桂抚沈秉堃和藩台王芝祥等见清廷大势已去，乃与谘议局议长等合议响应武昌起义。广西遂于宣统三年农历九月十七日（公历十一月七日）宣布独立。同时由谘议局推举沈秉堃为广西都督，王芝祥和时任广西提督的陆荣廷为副都督。革命的地方政府乃正式成立，并定期开庆祝光复大会。谁知就在这庆祝会中，发生了一部分巡防营"旧军"叛变的怪事。

广西的"新军"与"陆小"初成立时，已为"旧军"巡防营所嫉视。这新旧两派军人，因思想、作风的不同和利害的冲突，早有水火之势。而旧军恃其资格老，历史深，对这一新兴力量的成长，尤视为眼中钉。加以新军和陆小在当时都被看成革命党，我们自己也以革命党自居，今番革命成功，又难免趾高气扬；而一向反对新军和反对革命的旧军，对这一变革，更不愿附和。因而在开庆祝大会这一天，一部分巡防营旧军乃发动叛变，目的是抢劫政府金银、现钞所在的"藩库"和银行。

庆祝会是决定下午八时在桂林皇城内谘议局前面的广场上举行的。这天下午七时，我们陆小学生每人提了一个写着庆祝标语的灯笼，整队进城参加大会，并预备在会后提灯游行。所以整个队伍都是徒手的。当我们的队伍自文昌门入城，转入南门大街到鼓楼底时，驻在鼓楼上的巡防营上兵，突然向与会群众开枪，一时枪声噼啪，秩序大乱。我们的队伍乃掉调转头来准备冲出文昌门去。这时人声鼎沸，步伍杂沓，各人所持灯笼，互相撞击，发出勃勃之声，使本已慌乱的场面，益增紧张空气。当我们队伍只有一半逃出文昌门时，驻城楼上的巡防营突然将城门关闭，一部分同学乃陷在城内。我们逃回学堂，喘息方定，听见城内只有稀疏的枪声，仍不知真情实况，大家猜想是巡防营兵变。

这天因为是假期，学堂各级长官早已出去观看热闹，只留两位队长各自率领两期同学进城。所以我们逃回学堂之后，成为群龙无首的状态。幸而不久总值日官爬城脱险回来，集合全体讲话，并问学生关于应付这一事变的意见。当时大家一致认为我们和旧军早已有隙，现在旧军叛变，一定要向我们进攻无疑，我们应准备自卫。于是，总值日官打开弹药库，将我们平时打靶用的子弹分给众人，每人各得子弹十颗。这时局势紧张，我们人数既不足，子弹又不多，若巡防营真来进攻，恐不足以抵御。大家乃决议开往新军混成协的驻地李家村，以便和新军一致行动。李家村距我校有二十里路，这时已是深夜，夜间警戒行军，必须搜索前进。在讨论这问题时，同学中有人大呼："请调李猛仔当前卫搜索组组长！"在大家呼喊下，我也当仁不让地站了出来。总值日官因在大队中又挑选了数名身强力壮而有胆量的同学来辅助我。我便带着这几位同学，荷枪实弹，在夜色茫茫中，走在大队的前面，担任搜索，向李家村进发。

这是我们第一次战备行军，大家知道这不是演习，所以都难免有点紧张。我们几个担任搜索的同学，自然更为警惕。当我们出门不远，前面忽然有一个黑影跃起，跳入路旁草丛里。有一个胆小的同学，一时沉不住气，举起枪来，便向那黑影连发两响。这一支没有作战经验的队伍，不知发生了什么事，一时颇为慌张。迨真相弄明白了，才知道那黑影是一只狗，见到大队人群走来，向草中逃避而已。大家这才安心继续前进。因夜间警戒行军行动缓慢，将近天亮，才抵达了李家村。

当我们到达就地休息之时，混成协的新军正在鸣号集合，整顿器械马匹，准备出发桂林，进剿叛军。我们这一百多名陆小学生的到来，甚出他们意料之外。他们对于剿灭叛军，似有成竹在胸，不须我们参加，双方磋商之后，我们的总值日官和他们的负责官长向我们表示，凡愿留在新军营盘内的，可以暂住营内；家在附近，可暂时回家的，不妨暂时返家，到叛乱平息后，再回校归队。我就决定回家暂避。

李家村在桂林之南，我家榔头村在桂林之西，两地相去百余里，步行要一天多才可以到。我既决定回家，便带了自己的六八步枪，自李家村向两江圩走去。边走边问，路虽不熟，但是方向是不错的。走了半天之后，饥肠辘辘，想找点食物充饥，途中经过一大村庄，我便停下来休息。但是这村庄上却没有卖食物的店铺。最后有一间小店内的几位壮年人答应替我去买几个鸡蛋，要我稍等一下。我等了一阵，未见他们回来，而其他留下的几个人则交头接耳，神色有异。我顿时觉得有点奇怪，提起枪来，就继续上路。刚走出村庄一两百码，忽然发现后面有人赶将上来，其中有人竟拿着鸟枪和刀棒。他们追近了我，便吆喝："站着！"我度其来意不善，也连忙将刺刀装上，问他何事，他们便支吾其辞，但是仍向我走来。我便警告他们不许接近，否则我要开枪了。他们知我有备，同时他们的武器也远没有我的钢枪厉害，所以他们只得懊丧地退回去了。我也急忙赶路回家。

其后，陆小附近一家餐馆内，有位和我很熟的工友黄老二，他告诉我一个故事。黄老二便是上述那村里的人。他说有一个陆小学生携枪经过他的村庄时，被村里的几个匪徒看见。这些匪徒专做打劫行旅、杀人越货的勾当。他们一见这位陆小学生有支钢枪，立生杀机，想乘其不备把他杀了，夺取他的枪支，然后把尸骸用猪笼装着，沉入河底灭迹。幸而这位学生机警，乘机离去，未遭毒手，好不危险云云。我听了不禁毛骨悚然，说道："那位陆小学生就是我！"黄老二大惊失色，连声说我"福气大"！这也是我在辛亥革命期中一件插曲。

在我遇险之后，天色渐黑，四顾苍茫。其时我乡有狼患，常有行人被狼咬伤或咬死。我深恐为狼群所袭击，乃横持着枪，两边摆动，使野兽有所畏惧，不敢偷袭。离两江圩渐近时，见沿途村落中，人影浮动，有的打着火把，挑着行李，似乎是上山躲难的样子。途经单桥村，我便走了进去，见一家大门洞开，正在忙着搬什物，忽然看见我士兵装束，提着钢枪，登堂入室，顿时惊慌失措，相顾愕然。好在我立刻说明原委，他们才化惊为喜。原来他们也听到城内兵变，恐被波及，所以纷纷逃难。他们听说我刚从城里来，都来问长问短。我也略说城中叛乱情形，唯后来只闻稀疏枪声，至实情则无从知悉。这时我已饥饿不堪，想向他们买点食物。那家主人说，这年头还分什么彼此，有鸡尽管杀好了。说着，他们就杀了两只肥鸡，招待我大嚼一顿。乡人知道实情不至恶化，相谈甚欢。他们并招待我住宿一宵，翌日我才回到自己家里。

我在家里住了半个月，听说城里兵变已经平息，陆小可能复课，所以我又回到桂林。到省城之后，才知道兵变情形并不严重。藩库因有备，未遭抢劫，城内除富家略有被掠的外，别无其他杀伤和焚燹情事。变兵瞬即被镇压缴械。不过此时广西政局却有了极大的转变。都督沈秉堃，因自觉非广西人，不足以表率群伦，已经辞职，由副都督陆荣廷继任都督。

叁

这位后来统治广西十年，威震西南数省，号称"南中国第一人"的陆荣廷，亦是一位传奇式的人物。陆是广西武缘县（后改武鸣县）人。咸丰八年（一八五八年）出生于一个无赖的家庭。其父不务正业，沦为小偷，被其族人拘入祠堂吊死。其母因贫病交加，不久又去世。这时陆荣廷才十四五岁，无处藏身，遂流浪到南宁，在鸦片烟馆及赌场里向人乞怜讨钱过活。稍长之后，在龙州县署内当差。龙州地邻安南，故该地法籍天主教传教士的势力极大。其时正是庚子之后，中国政府畏洋人如虎，而传教士亦借其本国政府声势，横行一方，莫敢谁何。这时龙州有一位法籍传教士，畜有警犬一头，十分凶猛，附近妇孺，时有被咬伤情事。因官民畏惧教士，均不敢告诉，然私下愤恨之心，与日俱增。一日，这位教士往访龙州州官，把狗系在衙门头进大堂的柱上。荣廷因事走过，该犬狺狺相向，陆氏一怒之下，用木棍将狗打死了。这一死不打紧，教士就向中国官厅要狗。地方官恐开罪洋人，乃缉捕陆氏。荣廷一时藏身无处，不得已，逃入盗薮，落草为寇。陆氏本是一位重义气、有领导天才的人物，逼上梁山之后不久就成为盗魁。率领喽啰百数十人，打家劫舍，出没于中法边境。不过陆氏做强盗却专以抢法国人和安南人为务，而中、法两国官兵对他竟无可如何。据说，有一次官居"七划"（所谓"七划"，是法国军官袖口上所绣金色条纹的数目，中国乡民遂以此来称呼他们。）的法军指挥官亲自出马，来剿陆氏，追到崎岖的山路中，忽见树干上贴着一字条，原来是陆氏所留，上说："如你不停止前进，将有杀身之祸。今先一试小技，射你的右臂而不伤骨。"这"七划"方将条子看完，忽然山林内一声枪响，"七划"果然受伤如条子所写，丝毫不差。"七划"大惊失色，遂不敢再向山中搜索，沮丧而返。这故事的真实性可能很小，但陆氏的枪法，确实非常准确，后来他身为广西都督时，偶施小技，也足使市民咋舌称叹。

陆氏在中、越边境横行数年，法方无技可施。最后，驻越南法督恃强逼迫中国官厅限期剿灭。驻龙州提督苏元春宫保不得已，乃改剿为抚，许陆以高位。荣廷乃率其党羽就抚，任管带之职。嗣后以剿匪有功，逐年升迁，至辛亥年，已官至广西提督。广西独立时，为谘议局公推和王芝祥同为副都督，到沈秉堃、王芝祥去桂，乃继任都督，是为陆荣廷统治广西的开始。陆氏由南宁来到桂林时全城各学堂、机关和人民团体一齐赴南门外将军桥欢迎，军乐与鞭炮之声不绝，场面的热闹，实为前所罕见。

我回到陆小，见校中并未复课。留校同学中的一部分，正在组织学生军，预备随军北伐。因这时武昌的革命军和清军正相持不下，故檄调各地的革命军增援。这时广西的新军和旧军仍时生摩擦，所以沈秉堃、王芝祥均力主调新军北伐。一可消弭新、旧军间的冲突，二可减轻广西的负担，三可增加北伐的声势，实属一举数得。沈自愿以湘、桂联军总司令名义亲自统率先行北上。王芝祥待陆荣廷将到桂林时，也率旧军六大队赴鄂。沈、王的原意，除调协两军的冲突外，亦欲乘机离桂以自保。是为广西北伐军的由来。

广西学生所组之北伐敢死队除陆小学生外，文科学堂学生参加的也非常踊跃。全队共约百余人，由前陆小"学长"梁史（润轩）任队长，克日北上参战。

我回陆小之日，正是学生敢死队组织就绪之时，我立刻前往报名参加，谁知为时已晚。因为经费和弹械所限，仅能容纳一百余人，后来的都被婉拒。那时抱向隅之叹的青年，正不知有数十百人，我也只有徒呼负负了。

第五章　从陆军速成学堂到将校讲习所

壹

在北伐军离桂之后，陆小遂正式改为陆军速成学堂（后改"堂"为"校"），林秉彝为监督。林氏出身南宁讲武堂，系陆荣廷的参谋长林绍斐（号竹筠）的长子。竹筠初为陆氏办文案，荣廷逐年升迁，竹督也随着水涨船高，累迁至广西都督府参谋长，也是当时的风云人物。林秉彝原无资历，因其父关系出任陆军速成学堂监督。

速成学堂成立时有学生三百余人，其中大半数为自陆小改编而来的；另一小半则系另招的新生。速成学堂于辛亥年底筹备成立，民元壬子（一九一二年）乃正式开学上课。从前陆军小学的教学，以学科为主，术科方面的军事操等每天只有一小时。至速成学堂则完全不同，因它是一所纯粹的军事教育机构，故其训练以术科为主。教授法与进度约与保定军官学校相等。我们一进学校便开始分科教练。三百名学生分为三队。第一队半数为炮科。我属于第二队，步科。最初的三个月是士兵个别教练。第四月起则受军士班教练。其后按级递进，由排教练而连教练，最后到一个营、团的战斗教练。这时在操场上的制式教练和野外演习俱极认真。此外马术、器械操、劈刺等技术训练亦极严格。我们的教官多半是南宁讲武堂一类的中国军事学堂出身，极少留学生，但总教官中村孝文则是日本人。他毕业于日本士官学校，日俄战争时曾任大尉连长，立有战功。陆荣廷聘他来任陆氏总顾问和速成学堂总教练兼战术教官。他并娶了一位广西女子为妻。其人做事认真，毫不马虎，颇为学生所敬重。因他不谙华语，教练时由一浙江籍译员翻译。

我们在讲堂里的学科，都是与军事有关的科目。至一般的学科如国文、史地、外国语等一概豁免。军事学科包括步兵操典、野外勤务、四大教程和其他几门与军事有关的科目。我在陆小时最感头痛的便是外国文。现在外国文没有了，而各门学科都是我所喜欢的，所以我非常用功，每次考试总在前三数名之内。在速成学校两年和在陆小三年一样，我从未请过一次假。这颇能助长我做事认真，不苟且、不偷懒的习惯，而为师友所推重。同时，我和教官同学间相处亦极融洽，极少龃龉。古人说："师克在和"，我在速成学校两年，很能体会袍泽间融和合作的乐趣。

就一般生活和教育情形来说，速成学校的管教远不若陆小的严肃，学风也不若陆小的淳朴。例如我们在陆小时代，全校上下可说绝无"吃花酒"或狎妓情事。可是速成学校内却常有教官前往桂林的"花区"所在地訾洲的妓院内宴客和"吃花酒"。俗话说得好，"上梁不正下梁歪。"于是同学中也有于假期内易服狎游的。这种现象固然是由于办学的人的作风不同，但也是因整个政治社会风气的颓废。当清末厉行新政时，朝廷中一部分大员和各省少数封疆大吏，可能是敷衍门面，缓和舆情；然下级办新政的人物，都是受过新式教育的人，的确生气勃勃，有一番新气象。不意在革命之后，这种欣欣向荣的气象反而消失。以前的所谓新人物，现在大半变成旧官僚；以前的新政机构，现在又都变成敷衍公事的衙门。加以革命后崛起的人物如陆荣廷等，究竟新知识有限，对于革新之道懂得不多，因而造成江河日下的现象。速成学校和陆小学风的迥异，仅是这种普遍存在的颓风中的一环而已。

贰

按照陆军速成学校的规定，训练期本为一年半，然我们陆小留下来的学生，实际上受教育两年。因为我们在新生入学前已开始上课，迨新生正式开课时，我们已上课数月了。我是在宣统三年（一九一一年）岁暮入校，民国二年秋季毕业的。毕业后，速成学校即告结束，并把校里的一切设备，移交给新开办的"将校讲习所"应用，因陆荣廷自民国元年继任广西都督（民国三年改称将军）以后，深感广西旧军有整顿的必要。而旧军将校大半是行伍出身，或者也同他本人一样是绿林出身的。这些将校，积习极深。平时扰民有余，而对现代化的军事训练则完全是门外汉。所以陆氏要办一个"将校讲习所"，把旧军中各级将领分期调到所里来施以短期的现代化的军事教育。所长即由前速成学校监督林秉彝充任。所内的低级军官则由速成学校毕业的优秀学生中选任。这样我就获选为将校讲习所的准尉见习官。

将校讲习所设在南宁东门外大较场（又名标营）。南宁是广西的新省会。广西省会的迁治，早在宣统年间即有人提起。因为桂林偏处广西东北部，对全省省政的处理，不若南宁的适中和方便；加以陆氏的家乡又近南宁，所以力促其实现，乃于民国元年秋正式自桂林迁往南宁。我们速成学校毕业生，被派往将校讲习所的，自然也随省治西迁。我们一行数十人，由校方雇大号民船十余艘，满载器械装备，由桂林顺桂江下至梧州。在梧州另雇数艘小汽轮拖曳，溯浔江而上，直达南宁。

在这筹备迁移期间，我们仍住在速成学校内。这时校内有马数十匹。我性喜驰骋，闲来无事，便以练习骑马为乐。我们在速成学校肄业期间，本有马术一科，我因身体健壮，胆大敏捷，所以在同学中，我的马术实首屈一指。我能够当马疾驰时，据鞍跃下跃上，往复十余次而不倦。这一项马术，全凭身体灵活，臂力过人，才能胜任。当我做这种表演时，师友均叹为观止，我亦颇以此自豪。

这时速成学校内有好马数十匹，而其中有一匹"马头"，高大雄壮，确是名驹，但一向没有人敢骑。所谓"马头"，也是一桩很有趣的故事。我们南方的军用马，多购自内、外蒙古或西北各省。在这成群买来的数百匹乃至一千匹里，经常有两三匹马头随行。马头事实上就是群马的领袖。它生得特别高大雄壮，遍体乃至腿的下部，生满长毛。这种马头，力可敌虎。它有管理马群的天赋能力。当草原上万马奔腾时，如有少数马匹偶然落伍或离群，这马头会疾驰而去，把它们赶回队伍里来。因而每次当政府在蒙古购买大批的马时，总少不了有马头随之俱来。那时养在我们校内的便有这样一匹马头。这马头除专门饲养它的饲养兵外，别人亲近不得，更不要说骑了。走近了，它就乱踢乱咬，而它又力大无比，无人可以制服。它原为前混成协所有，因它不服驾驭，才交我校饲养。

一日，我为好奇心所驱使，要求管它的饲养头目，替它扎起马鞍子来，让我试骑一下。最初，他们都有难色，说："老爷（马夫叫学生为老爷），马头是骑不得的！"然而我一再地要求，并且他们也知道我的马术超人一等，所以答应让我试试。次日，他们在马栏内慢慢设法把鞍子扎好，由三个饲养兵牵了出来。我隐蔽在操场正面学校办公厅后走廊边的大柱子之后，居高临下，等他们把马头拉近大柱旁边时，我纵身跃上马背，提过缰绳，准备它跳跃。谁知它一动也不动，若无其事地向前走数十公尺。我正有点诧异时，它突然把头和身子向操场左边一摆一窜，势如疾风暴雨，那三个牵着它的饲养兵，未及叫喊便被摔倒在地；它再纵身一跳，三个人便被拖成一团，全都撒了手。这时，马头便疯狂地跳跃起来，我用尽平生之力也勒它不住。它最后一跃跃上走廊，当它两前足踏到走廊边缘长方石块上时，这石块被压翻了下去，因此它虽冲上走廊，却失去了重心，也随之倒下。我见情势危急，连忙把右腿提上马背，跟它倒下，被摔在一边。这时马又跃起，冲向一小门，门狭马大，用力过猛，竟将新的皮马鞍撞毁脱落。它然后逃回马房里去了。这时旁观的群众都捏着把汗围拢来看我，发现我并未受重伤，只是擦破了手背，而地上则鲜血淋漓，原来马头撞掉了一颗牙齿，还落在地上。大家不免埋怨我不该冒此大险，并赞叹我马术好，福气大。因为这马如不把石块踏翻跌倒，把我摔开，我一定在门上撞死。如果马跌倒时，我未能沉着应付，或动作稍欠敏捷，我的右腿一定被马身压断。又如果我两脚夹着马身不够紧，或未将身子贴在马背上，我一定被摔在墙根上，弄得脑浆迸裂。我那时真是生死间不容发，不特旁观的同学夫役等怪我鲁莽轻生，我现在想来也觉那时太年轻气盛，视生命如儿戏了。这也是我五年军事教育结束时一件惊险的轶事。

后来速成学校结束，一切设备器械及马匹等，都运往南宁移交给新办的将校讲习所。那时这匹马头已不知去向。当时桂林人嗜食马肉，马肉米粉为一道著名小食，这马头可能已入马肉米粉铺，也未可知。

<h1 style="text-align:center">叁</h1>

我在南宁广西将校讲习所报到，是民国二年（一九一三年）的秋冬之交。我被派为准尉见习，事实上即是队上的助教，月薪十四元。开学后，任少尉队附，事实上即是排长，月薪三十二元，未几又晋升中尉。这是我生平第一个军职。讲习所内的学生都是旧军里的中、下级带兵官，年龄大约在五十岁以上，官阶高的有位至统领的上校乃至少将。有臃肿的大胖子，也有瘦削的矮子；有礼貌周到的君子，也有抽鸦片、逛妓寮的腐败分子。至于他们出身

的复杂，更不必提了。有一部分固然出身于武考或行伍，然不少是由绿林招安而来的。因为广西在清末，是盗匪如毛，而全省皆山，剿平不易，所以当时有"无处无山，无山无洞，无洞无匪"的谚语。

这种匪风的养成，据说是由于道光年间的官吏纵盗养奸所致。洪、杨以后，盗风更炽，官吏怕事，不敢认真剿除，相反地，却以高位重赏来招抚匪首。这样一来，许多不安分的野心分子，都视作贼为进身之阶。由匪首可一跃而为哨官或管带（约等于尉官、校官的阶级），如想从行伍升迁，恐毕生也无此希望。这种化匪为官的风气，在清末盛极一时。远如官至提督、因追剿太平军战死在南京城外、清廷赐谥"忠武"的张国梁，近如广西都督陆荣廷，都是由匪变官的最显明的例子。这种风气当然不止广西一省，北方的张作霖、张作相、张宗昌等也都是绿林出身。所以我们讲习所内，也有若干人是土匪头目起家的，习惯恶劣，不守纪律。他们都保持着原有的官阶和厚禄，拖家带眷前来受训，当然不把我们这些小队附们放在眼里。故此驾驭他们，也像试骑马头，殊非易易。

我们的第二队一百三四十人中，便有位至少将统领的高景纯君在内。我管教他们的态度是公私分明，不卑不亢。在开学后不久，他们也开始对我表示好感和敬畏。我逐渐以新式的军事知识灌输他们，使他们的兴趣提高而乐于接受。那大胖子高景纯统领和其他素无训练的军官，有时在出操时体力不支，我就叫他们站在一边，看同学操练，而我自己则丝毫不苟且。他们在我以身作则的感化之下，也都自愿前来练习、操演，一反他们旧军本来散漫和不振作的习气。后来也颇能觉今是而昨非，完全服从新学术的教导，使全体上下和睦，精神焕发。等到一年受训期满毕业时，他们对我都有依依不舍之情，并联合起来送了我一件很名贵的纪念品，使我深为感动。

讲习所于试办一年之后，本拟扩大组织，继续更番调训各级旧式军官，故省方派所长林秉彝携带巨款前往上海购置新式装备。谁知林氏爱好排场，喜欢应酬，到了那十里洋场，为声色犬马所诱惑，乃大肆挥霍。不数月，所携公帑被用一空之后，他又打电报回省，诳称款项不足，要求补汇。于是陆荣廷左右不满林氏父子的人，乃大肆攻击林秉彝浪费公帑，主张停办将校讲习所。这时省府亦确实不愿再汇巨金给林秉彝，遂明令把讲习所停办。我们这些教职员，文的被遣散，武的则只有在南宁听候派遣工作了。

第三编

初期军中生活

第六章　护国军中的青年军官

壹

在将校讲习所停办之后，我们这批无职军官，奉令听候另派工作。明知等来等去总不会有结果的，因旧军各有其系统，门户之见甚深，我们不易插足，且我们新式军人也不愿置身其间。而新军究属有限，更无余额可以容纳我们。所以当我的同事们纷纷搬进城里住下候差时，我就不愿浪费时间和金钱，决定返乡务农了。我家原是耕读之家，因此我觉得在外无职，回家务农是很正当的事，就在民国三年的秋季，回到临桂县的祖籍。

我对于稼穑是个熟手，体力又强，所以我和一般农夫做着完全一样的工作。而他们对我则有些诧异，认为我是一个读书人，在外面求学的洋学生，居然也能和他们一起下田工作。有些不明大体的人则认为我在外面做事无出路，被迫返乡种田，难免有絮絮闲言。我听了也处之泰然，并不介意。本以为可在家乡长期务农，谁知我在桂林的一些朋友认为我在家种田太可惜了，于是便约我到桂林去教书。

桂林许多新式学校，教授的都是新式课程，因而师资便有供不应求之势，而其中最感缺乏的便是军事和体育教员。我国的传统，读书人都文弱不堪，手无缚鸡之力。一旦要找一个能担任各种军事教育和体育运动的人，实非易事。这些学校虽先后请过几位军训和体操教员，结果不是他们的学术科不行，为学生所不满，就是教导无方，或人缘不好，而自动或被迫离职，故各校当局为这项课程，颇感头痛。所以当我的朋友们知道我赋闲乡居时，他们便认为我是这项职务最适当的人选，而向各校推荐。民国四年的春天，省立模范小学首先送来了聘书，我当然也乐于接受，就摒挡一切，到了桂林，做了省立小学高级班的军训教官兼体操教员。军训是我的本行，器械操更是我的拿手本领，时常在操场上做惊险的表演给学生们看。他们对我那种马戏班式的技术，佩服得五体投地。加以我的人缘一向是好的，校方同事对我均极推重。所以我就职不久，便声誉雀起，全桂林的学校都知道了。不久，县立桂山中学也送来了聘书，要我去兼课，我推辞不了，也就兼了。所幸这两校距离不远，而同事和学生都对我极好。学生们敬我如父兄，学校当局则视我若瑰宝，优礼有加。合计两校给我的薪金，比上尉官俸还多四十元，在那时确实是个很可观的数目。我因而有余钱接济家用，剩余的尚购置些田地。精神上与物质上的生活都很惬意。

不过我终究是个职业军人，教文科学堂自非我的素志。所以我时时在想重返军界。就在我在桂林任教将满一年时，我的一位朋友冼伯平君是我将校讲习所早期的同事。他现在滇军张开儒第三师，已任至营长。承他的器重，邀我到他那里去当连长。因为这时正值袁世凯称帝，西南政要群起兴师讨袁。滇、桂各军都在扩充，号称护国军，干部需要人，像我这样一个经过长期训练的青年职业军人，自然就在他们罗致之列。我当然也乐于应召。所以我就向学校当局辞职，以应冼君之约，加入护国军讨袁。

贰

冼营长翰熙（伯平）是广西宁明人，广西干部学堂步科毕业。我们在将校讲习所共事时，他是第三队的队长，我是第二队的队附。冼君在当时同事中是一位年轻而佼佼不群的新军人。衣履非常整洁，随身有自备的帆布行军床，日常生活极有规律，而且注意卫生。总之，他一切都很洋化，和普通军官迥然有别。其后，他加入滇军，当李烈钧的护国军由蒙自开到南宁时，冼伯平正任滇军第三师张开儒部三十一团第二营营长。当时的第三十一团团长便是在抗日时期曾任江西省主席的曹浩森。

冼君对我的邀请，可以说正合我心。因此我就复电冼君，表示接受新职。谁知道我向学校辞职的消息一出，两校师生一致挽留。终因我去意甚坚，他们也不好过分勉强。在我临行之时，学校当局一再表示惋惜，并谓值此动乱时代，各方职位变动甚多，现在姑且请人为我代课，如果我觉得在外边不妥，他们随时都欢迎我返校任教。几番惜别，互道珍重之后，我才离开了桂林。

这时正值暮春季节，风和日暖，我自桂林顺漓江而下，直达梧州。梧州本是西江上游的大城市，这时更值护国军兴，运输频繁。各军都在向肇庆集中。时滇军第四师方声涛部适开抵梧州，故沿江码头附近设有第四师的招待所。当我乘的船靠岸时，只见码头上下，军民杂沓，熙熙攘攘。我正预备上岸找旅馆，再候船去南宁，忽然在人丛中瞥见前陆小第一期同学朱良祺、梁伯山和谢绍安。梁、谢二君且是我两江小同乡。旧雨相逢，惊喜交集。互道别后之情，才知道朱良祺现任滇军第四师步兵第三十四团第一营营长。梁为该营营附，谢为第一连连长。当朱知道我正打算去南宁担任连长时，便决意留我在他本营充当连长。我告诉他说曾与冼君有约在先，未便失信。良祺说，大家同属一军，分什么彼此。不容分说，便招呼勤务兵，把我的行李搬到第四师招待所安置下来。并立刻呈请委派我为第一营第三连连长。在良祺的强制执行之下，我无法脱身，只好写信给冼君请辞，并陈述不得已的苦衷。

这时第四师的兵额尚不足，正在梧州一带加紧招募。我们在梧州住了十多天，我的委任状由上峰批了下来，所报连长不准，但准以中尉排长任用。这对我当然是一个小小的挫折，不过我也并不介意。于是我就在第四师内当了一名排长，随军开拔到护国军都司令部所在地肇庆。谁知道这时滇军第三师也开抵肇庆。我忽然间又碰到了冼营长。他因责我为何爽约，未去南宁？原来因为戎马倥偬，我在梧州所寄的信，他没有收到。当我解释清楚被朱良祺等挽留的经过，以及现在当排长的情况，冼君大为不平。因为他已替我请准了当连长，我不到差，却在良祺这里"炒排骨"（那时军队中把当排长叫做"炒排骨"，连长叫做"莲子羹"）。他要我回第三师去。我觉得此事很难开口，所以没有答应他。不意有一天营长们在一起吃花酒，我也奉陪末座，大家又提起了关于我的事。因为大家都是老朋友，伯平便责备良祺不该把我中途拉夫抢了过去。伯平说："你把他抢了过去也罢了，但是你没有机会让他当连长，却叫他在你那儿'炒排骨'。"两人说到最后竟吵了起来，再加上几分酒意，彼此甚至拔出手枪来。这事一下闹大了。我夹在中间觉得非常为难，为免使朋友们因我而伤感情，我想还是辞职不干的好。承朋友们推爱，觉得我李某人为做事诚实可靠，都要来争取我。我现在只有两边都不做，方可维持朋友间的感情。于是我就决心辞职搬到端州旅馆暂住。

这端州旅馆是肇庆当时最大的旅馆，里面住的客人极为复杂，但多半是与反对帝制运动有相当关系的，或在候差，或是有事与都司令部接洽。我在端州旅馆也遇到几位以前将校讲习所的学生。他们知道我赋闲无事，曾有意介绍我去参加他们的朋友所编的地方民军。他们说如果我肯去，他们可以推荐我以校官阶级任用。因为这时各地都在成立民军，或是收编土匪，纷纷请求都司令部给以番号，官阶极为混杂。"关内侯，烂羊头"，故校官也可随便委派。我自思是一个正式军校出身的军官，殊不应与这些乌合之众的民军为伍，所以他们的好意我都一概谢绝了。但是长期赋闲，也不是办法。正在进退维谷之时，我忽然发现了前陆军小学同学李其昭。

其昭毕业于陆军小学第二期，后又转入干部学堂，他且是我临桂县的小同乡，平时过从极密。他这时是护国军第六军总司令部林虎的部属——步兵第七旅第十三团第二营的连长。他一见到我便问我现隶何部？我当然据实以告。其昭便说如果我不嫌弃的话，何妨到他的连里去"炒炒排骨"呢？我说反正是闲着，如果他那里有缺，我当然很愿意追随。其昭说，等他向他的上峰报告一声，我就可以搬到他部队里去了。

其昭的上司第十三团团长周毅夫和第二营营长黄勉都是广西人，广西干部学堂毕业的，和冼伯平、朱良祺都很熟。第二天，其昭带我去见黄营长，黄一见面便翘起大拇指，说我是"大大有名的"！原来他早已知道冼、朱两营长为我而拔枪相见的故事了。他一再地说："欢迎！欢迎！"这样，我在当天便搬入林军第二营，当了一名中尉排长。这就是我参加护国军终于隶属于林虎先生部下的经过。

第七章　讨龙之役与初次负伤

壹

　　林虎先生，别字隐青，广西陆川人。毕业于江西武备学堂。岑春煊任两广总督时，林仅二十岁。初任哨官，驻桂林。旋位至管带（校官阶级）入粤驻防钦、廉。辛亥武昌起义，升为团长，率所部参加北伐，进驻南京。民国二年二次革命时，江西都督李烈钧起义独立，林氏时为李的混成旅旅长，据守马当、湖口、九江等要塞地区。袁世凯派李纯统率大军南下，进击李、林等部，久攻不克，后来绕至上游，由武穴偷渡长江，经南昌截断南浔铁路，才将林部重重包围。悬赏以缉林虎，生死不拘。此时，南昌省垣忽生兵变，李烈钧微服出走，大势已去。林氏乃率部突出重围，到达湖南醴陵县。自动解除武装，将枪械弹药送予素与革命党人有默契的谭都督延闿。林氏本人则潜逃海外，度其亡命生活。时人曾誉之为彪虎将军。

　　到袁世凯阴谋称帝之时，林氏即潜回广西，策动广西耀武上将军陆荣廷揭橥义旗，响应云南独立，而护国战役中南北优劣之局，因此顿形改观。此举实为洪宪帝制覆亡，护国运动胜利的关键。因此当时为讨袁而设的军务院中诸领袖如岑春煊、陆荣廷等对林虎先生极为器重，故特畀予护国军第六军总司令的要职。我幸能投到他的麾下充当一名排长，虽位卑人微，无关轻重，但每思飞鸟尚知择木而栖，人固宜择善而事，私衷亦颇欣慰。至于林虎先生的勇敢善战，出处磊落光明，廉洁自守，用人不疑，此种作风感人尤深，影响我一生做人处事，实至巨大。可惜当时中国政治未能进入法治常规，内战频仍，致使他常陷逆境，为时代的牺牲者，然吾人固亦不宜以成败来论英雄。林先生晚年曾于柳州经营一小农场。中共席卷大陆后，尚未听说他遭受清算，而被推为人民政协委员。亦不幸中之大幸。

本团团长周毅夫先生，广西恭城县人，也系早期同盟会革命党人。营长黄勉，连长李其昭以及全团上尉以上官佐，十之八九出身干部学堂，士兵则概由广西各县招募而来，所以皆系本省人民。我至连上到差时，他们在肇庆集中徒手训练了还不到两个月，新兵基本教育尚未完成，也无枪械。在我报到后五天，才由日本运到一批六五口径的村田枪，发给士兵，方开始实施持枪教练，这批枪支在日本人心目中早已成为过时的废物，不堪用来作战了。唯当时中国军队获得此项武器，确已心满意足。不意当我军正在积极训练，秣马厉兵，准备北伐讨袁时，袁世凯忽于六月五日暴卒。袁氏既死，副总统黎元洪正式"接任"总统，以段祺瑞为内阁总理，通电全国息兵，这样护国军也失去了作战目标。军务院和都司令部乃准备解散，所辖各军也听候编遣。谁知袁氏死后，北洋军阀的重心随之解纽，逐渐形成各系——皖系、直系、奉系——军阀割据之局。南方各省的军事领袖如云南的唐继尧，广西的陆荣廷与广东的龙济光也互不相让。因此袁氏死后南北大战的危机虽可避免，而各区域争权夺利的小内战反因此加剧。就南方来说，首先变成各方讨伐的对象便是粤督龙济光。

龙济光是云南土著的彝人，原为土司，后以襄赞清廷剿灭云南彝乱有功，逐步升迁，光绪末季，由岑春煊荐为广西右江道。光绪三十四年（一九○八年）署广西提督。宣统元年真除。辛亥革命前数月，率军入粤为镇抚使。至民国二年，二次革命解体后，广东都督胡汉民被迫去职，龙氏因效忠袁世凯，受任为粤督。民国三年六月，都督府裁撤，济光乃以振武上将军名义，督理广东军务。袁氏称帝时，曾封龙为一等公，旋加郡王衔。

至民国五年四月，西南各省以兵威胁，龙氏宣布独立，并按护国军例改回民元旧制，称广东都督。但是龙氏参加军务院而为抚军之一，不特非其本意，且处处与护国军为难，阻挠滇、桂军假道广东北上。那时滇军护国第二军总司令李烈钧，都司令岑春煊和广西都督陆荣廷（时陆已率师入湘），都急于北伐，不愿与其破裂，而虚与委蛇。几经交涉，济光始允李烈钧部滇军假道，自三水趋粤汉路，经韶关，袁世凯忽然病故，都司令乃令李氏暂停北进，就地待命。

孰意袁氏病故后四日，龙济光未得军务院同意，单独取消广东独立，宣布听命中央。这当然引起护国各军的不满，加以滇军假道广东北进时，龙氏曾令地方官不与过境军队合作，甚至多方留难。当李烈钧屯兵韶关待命时，韶州镇守使朱福全竟关闭城门，并断绝商民贩卖食品，以困滇军。滇军在城外露宿数宵，适值大雨，全军困乏，商之于朱，朱仍闭门不纳，两军遂于六月十九日发生冲突，城上龙军竟发炮向滇军轰击，大战遂起。广东各地的龙军（时称济军）与护国军随之皆有接触。一时各地枪声噼啪，函电纷飞，莫衷一是，是为粤中讨龙战争的序幕。

贰

讨龙战争发生后，我们的护国第六军在粤汉路南段沿线一带与龙军也发生接触。这时我们的第十三团正在肇庆训练，村田枪刚才发下，士兵持枪各个教练的基本训练都还没有完成。但是前方战况紧急，我们遂奉令向前方增援。全团自肇庆乘船出发，到芦包上岸，步行兼程前进。第十三团的士兵训练很差，如何作战呢？唯一补救的办法只有在行军休息的时候，练习一些基本动作，如射击、卧倒、利用地形、地物等等。我连的士兵中亦间有持枪、瞄准熟练的，我起初很诧异，后来由他们的伙伴说出，原来这些人都是当过土匪的，其中有三个班长且做过土匪小头目，后来受招抚才改邪归正的。因此我就特别注意他们的生活和行动。出乎我的意料，我发现他们每次战斗，不只勇敢善战，而且极重义气，毫无欺善怕恶的习气，较其他的士兵反而容易管教，古语说："盗亦有道"，这确是我宝贵的经验。

我们一路经炭步向高塘火车站进发，望见粤汉路上的火车南北疾驰，听到车声辘辘，心情顿觉开敞。一个生长在山国的人，从未越出省门一步，此次因投入军队，方远行至珠江下游，见轮船火车往来行驶，热闹非常，虽则离乡背井，不无思乡之苦，但也因见到新的天地而异常兴奋。军行抵高塘车站，略事休息，并各自整理队伍。此地距战地约三十里，前线战事正紧，催我军开去增援，于是立即整队开拔，用快步前进。我连士兵除极少数出身绿林，与官兵打过游击战外，其他都未上过战场，内心不免感觉紧张。走了十余里，隆隆的炮声和犹如鞭炮的枪声，响彻云霄。我当然未便询问别人此时的感觉如何，但我自己内心忐忑，神经紧张，脚步轻浮，呼吸有上气不接下气的模样。我深信我的爱国热忱与人无殊，而视死如归、不避艰险的胆量，尤不在他人之下，何以一听到枪炮声，情绪就如此紧张，连自己也莫名其妙。反观路旁耕种的农民，反而神态自若，令我暗中吃惊，惭愧万分。原来此地民风强悍，族与族或村与村之间，每因争夺牧场和水利灌溉而发生械斗，情况的激烈，有如两军对阵，必须政府派军队弹压，方才停止，所以他们视战争等于家常便饭。

我们的部队赶到前线时，已近黄昏。这时火线上枪声正密。我以为战场上一定死伤枕藉，血肉模糊。谁知在我们进入总预备队阵地之后，枪炮声便寂静下来，我们发现并无太大的死伤。此时天已全黑，为调整各营连位置，我团担任左翼，派步哨及联络兵搜索前进。黑夜之中，部队缺乏训练，自不易确实掌握，因之指挥失灵，弄得方向不辨，敌我不分。一时枪声大作，混战了一番之后，才发现原无敌人，而是自己的部队在互相射击。今日思之，实觉得当时部队的荒唐和作战的儿戏。

经过半夜的紧张和恐怖，我们的连长李其昭，开始有点胆怯，他不等向营长报告及批准，假托腹痛须返后方休息，便擅自将他的连长职权，委托予我，他就退到后方去了。我便代理连长职务，指挥部队。次日拂晓，我们便向左翼延伸，加入前线作战，发现敌军正向我方前进，开始其拂晓攻击。我们尚未挖掘壕沟，仅仅凭借地形，与敌人遥相射击。经过数十分钟的战斗，在敌人冲锋之下，我们的阵地开始有动摇迹象。这时我想，我们如果不能立即将敌人的攻势阻截，全军很快便会溃不成军。根据军事学，要阻止敌人进攻，必须向他们逆袭。这时我们和各方都已失去联系，营长也不知去向。我只好命令掌旗兵，举起我们的连旗，准备着随我冲锋。我随即大声号令全连官兵，冲向前去。这时，一则因为部队训练不够，命令不易贯彻，再则因为枪声正急，我呼喊的命令未为全连官兵所听到。所以当我向前冲了约二三百公尺时，回顾士兵随我而来的，零零落落，为数不多。这时枪弹横飞，已颇有伤亡，我正预备转身督促部队前进，而右侧树林已为敌人所占据，正向我们所前进的部队射击。在一阵密集的枪声中，我突觉头壳猛震了一下，立刻右腮上血如泉涌，满嘴都是碎牙。我马上把牙齿吐出，用手在右颊一摸，方知道子弹自我右颊射入上腭骨。我再一摸左颊，则并无伤痕，我想子弹一定停留在上腭。这时血流如注，头昏目眩，我知道不能继续指挥，乃招呼一排长代行我连长职权。我告诉他，我暂时退下包扎，如情形不太严重，我仍当回来继续指挥。我连本有勤务兵三人，但是因为李连长带走了一人，余二人又未可分身。我本可带一二枪兵，以备使唤，然深恐因此减少我连的战斗力，所以便独自一人退出阵地。步行未几，遇着了一个挂着红十字的军医。他在为我略事检验之后，便说："恭喜！恭喜！子弹并没有留在你的头部，它已从左鼻孔出去了。"大概这颗子弹受了皮帽勒和我的上腭骨牙根的阻力，转了个弯，自左鼻孔出去了。

听了军医的话，我深自庆幸。因为子弹如留在面部，必须开刀才可取出。且不说开刀的危险，即使能顺利地将子弹取出，面部破了相，岂不难看。我正在伤脑筋时，经他这一说，心中颇为宽慰。他替我稍事包扎后，我便继续前行。将近黄昏时候，我走到了高塘镇的临时后方医院。这医院设在一所祠堂里面，伤兵充塞，满地呻吟而无人过问。

这时我已困乏之至，想找一点食物和一席安身之地而不可得。厨房里空空如也，水浆全无。最后实在因为困乏太甚，我自外面捡了两块砖头，在伤兵群中找得一席空地，将砖作枕，躺了下来。头方落枕，便朦胧睡去。一觉醒来，已是午夜，饥饿不堪，而口渴尤甚。乃起来走到厨房，想找点食物充饥，但是厨房里非但无半碗冷饭，甚至滴水全无。这时我实在口渴难熬，遍找之下，竟发现一只木盆，靠在厨房的墙角里，里面还剩有些没有泼完的水。这水可能是洗菜剩下的，也可能是洗脚剩下的。我也管不得许多了，弯下身去，一饮而尽。琼浆玉液，稍润枯喉。喝完之后，我又回去睡下，虽然饥肠辘辘，仍旧闭眼睡去。

睡下不久，医院里忽然骚动起来，把我惊醒。据说是前方战事失利，敌人追兵已近。龙济光军在那时是有名的不守纪律和残酷的部队，不但虐待俘虏，就是俘获的受伤官兵也无幸免；有的伤兵甚至被活活烧死。因此前线失利的消息一出，后方，尤其是伤兵医院内，更是惊慌失措，大家匆忙逃走。那些伤残不能行动的士兵，尤感恐慌，哀号乞助之声，惨绝人寰，但在兵荒马乱之时，各人逃命还不及，谁能相顾？

我们自医院仓皇出走，向北撤退。这时高塘全镇居民也都为兵败消息所惊醒，扶老携幼，纷纷向北逃避。一时军民杂沓，势如潮涌，真是风声鹤唳，草木皆兵。我夹在人群中，循铁路线向后方走去。面部伤口肿痛，十分难受。但心中却自庆为不幸中之大幸，假如我伤在别处，不能走动，被追兵捕获，岂不可悲。约两分钟，瞭望东方即呈现一片白色和红霞，一轮火红太阳顷刻东升，天已大亮。

我沿着铁路线走了约二十余华里，便到了新街车站。此地有一设备较好的后方医院，我就住了进去。其中医生护士照拂俱甚周到。这时方知道前方战事已趋稳定，我方并未失利，龙军更没有追来，前次慌乱，只是一场虚惊。所以我就在这所医院中，静心养伤。翌日，我的部队中又派来了勤务兵一名，供我使唤，并将我的日用品送来，因此生活颇为安适。

这所新街后方医院是设在一座大庙里面，院子里有葵叶搭成的遮阳天棚，在夏日炎炎时，而庙内仍是清风习习，凉爽之至。庙前广场上有大榕树两株，枝干参天，绿荫如盖。广场前面是一条小河，泉声潺潺，水清见底。日长无事，坐在榕树下的石凳上纳凉，遥看河畔洗衣妇女，燕瘦环肥，各有风韵。因此，一些负轻伤的官佐，便整日徜徉于榕树底下，评头论足，颇为逍遥自在。

我入院之初，伤势颇重，脸部肿如皮球，十分痛苦，尚无此闲情逸致。后来伤势渐减，也时常参加榕树下的"谈论会"。伤兵见有官长在此，都悄悄离开，不来扰闹。我们几个下级军官坐谈树下，无忧无虑，清闲得有世外桃源之感。就在这宜人的环境之中，我一下便住了四十余日。

叁

我住入新街后方医院不久，讨龙战争便结束了。我军已自石马战地开往仁和圩附近的鸭湖整训。我进医院后尚不足二十天，伤势稍退，营长黄勉已两度派营附唐隶生来催我早日出院归队。原因是我连的李其昭连长临阵畏缩，为士兵所轻，到停战后回到连上已无法约束士兵，业经请准辞职，遗缺由我递补，要我早日接任。我又住了二十天左右，正式接任本连连长。

我连是驻在鸭湖的一所祠堂之内，时常给养不继，军纪松弛，处境万般困苦。回顾本人统兵数十年，而鸭湖整训这一段时期，实是我所见军队生活中最艰苦的。当护国战役初起之时，各地民军蜂起，各有其盘踞的地盘。经都司令部给予番号之后，均于当地税捐中，扣除军饷，自行维持。我们护国军第六军是直属于都司令部的正规军，并无地盘可据，军费薪饷来源，全凭上级发放。最初由都司令部核发，都司令部撤销后，我军改隶于广东督军陆荣廷，我们的薪饷遂由督军署核发。然此时战事初定，省级经费也十分困难，我军欠薪欠饷，自不待言。有时不特薪饷全无，甚至伙食亦无法维持。有时全军竟日枵腹，饿至深夜，才有少许糙米送来，沙石稗壳掺杂其间，煮熟亦难下咽。

至于士兵的服装，则更不堪一提。我军在肇庆建军时，曾发下质料窳劣的军服，每人一套。经过一场战争和数月褥暑天气，已经朽烂。士兵不特无衣可以换洗，简直是衣不蔽体，褴褛不堪。有的士兵，衣裤破烂至遮着无计时，竟用草茎将破处扎起，更显得狼狈不堪。这时正是盛夏，炎热难当，而蚊虫之多，尤不堪想象。每当黄昏或拂晓，蚊虫活动最剧之时，嗡嗡之声令人心烦，随处用手一挥，即可扑落数只。我连士兵又全无蚊帐，我和三位排长虽各有一顶，然为与士兵共甘苦，我劝告各排长，一律藏而不用。入晚之后，我们的血肉之躯不堪蚊虫吮啄，均不能入睡，但闻蕉扇驱蚊发出拍拍之声，通宵达旦。士卒生活如此之苦，当然谈不到训练。幸而我团士兵多系新募乡农，对长官尚知敬畏。加以我们官长，以身作则，和士兵寝食相同，甘苦与共，士兵也颇为感动。以此我的命令尚无人敢违抗，纪律差可维持。平时虽不常出操，却时常集合作"精神讲话"。我军原为反袁护国而成立，精神讲话的题材，自以维护民国、反对帝制为主。不过我们那时对民主、议会政治这一套，自己也很茫然，士兵当然更莫名其妙。所以我们的精神讲话，言者既不谆谆，听者更是藐藐。官长训话时，有些士兵交头接耳，有些随便嬉笑，我们官长也只好装聋作哑。幸好士兵之中，绝少"兵油子"，否则纪律更不易维持了。

这时我团内官长们的生活虽较士兵略胜一筹，仍然很苦。薪饷累欠不发，制服又无着落。我们军校出身的军官多穿旧日校中发给的制服，有的甚至穿起当时广东夏季盛行的香云纱便服来。偶尔，我们也三五成群至倌湖镇上茶楼内，啜茗聊天。但是我们都是宦囊久空，既不能吃大鱼大肉，一杯清茶，久坐不去，自然不为堂倌们所欢迎。他们常以怠工来作消极抗议。他们每见我们来了，都窃窃私议说"电灯胆"又来了。"电灯胆"的意思是不通气。不通气者，即不知体察他人脸色之谓也。我们也佯作不知，来去如恒。

所以此时我军和当地居民间的感情，可以说是极不融洽。此地居民习于械斗，对我们这样衣不蔽体的部队，当然不放在眼里，而身穿二尺五的士兵们，亦不愿向老百姓低头，因而军民之间的小冲突时常发生。加以仁和圩上私赌之风甚炽，有少数好事士兵，前去抓赌，偶有被殴伤情事。全团士兵积怨在心，时思借机报复，更有好事者暗中煽动。某日中午，全团士兵忽然哄动起来。我为喧哗声所惊动，忙问何事，有些士兵便说"连长，我们要上仁和圩里去报仇，那里的人欺人大甚了"。我喝道"不许胡闹！"但是他们和其他各连士兵早已暗中决定一致行动，已不听我的命令了。当时全团士兵千余人，一哄而起，冲向仁和圩去。此时团长周毅夫、营长黄勉俱在省城未回，第一、三两营营长和我们各连连长也无法制止形同哗变的士兵。幸而我们的驻地和仁和圩距离三四华里，且有一小河相隔，商民闻变，立把船只全部靠到对岸去。士兵无船可渡，乃隔岸鼓噪，声震田野。更有士兵，乱放冷枪，使事态更形严重。仁和圩的居民亦惊惶莫知所措。当地绅商，乃派人过河来说好话，赔不是，我们连长们也乘机向士兵劝说。最初他们坚持不从，必欲摧毁仁和圩而后快。

我对本连士兵如哄小孩子一般，苦口婆心的劝说。第一，我说，你们这种举动形同兵变，为军法所不容，坚持不回营，上级一定要调兵前来弹压，结果将不堪设想。再者，纵使你们真的成为兵变，变了亦无处可去。本团士兵多系广西人，客居广东，如零星逃亡，必为广东民团个别捕杀无疑。况此地民风强悍，民团器械精良，纵使我们整团兵变，也有弹尽援绝之时，何况零星逃散，大家如果认真哗变，前途是不堪想象的。其他各连连长亦以同样方式向士兵劝慰。最后，士兵们总算答应让仁和圩的商民放爆竹赔礼。于是，仁和圩的商会购了整箩筐的爆竹，一筐又一筐的在对岸燃放，士兵嫌少。商民便遵命多放。爆竹响处，士兵隔河欢呼胜利，拍手跳跃，声闻远近，热闹非凡。商民赔礼毕，士兵才纷纷返营，结束了这一幕喜剧。

这鸭湖镇一带的居民是十分强悍的。不特男子对驻军不稍戒惧，纵是青年女子，对军队亦初无回避、畏怯之心。一日上午，我在驻地的祠堂门前闲眺，偶见门前左侧大路上，有一青年女子姗姗而来，当她渐渐走近祠堂时，我因身为长官，未便注视一过路女子，乃掉身回归房内。未几，忽闻士兵嘈杂，和一女子喧嚷怒骂之声。我忙走出去一看究竟。原来这喧嚷的女子已闯进祠堂里来，正是我刚才所见的。她一见我出来，知道我是位官长，便立刻向我叫起来。

她说："你们这里的士兵，太不规矩，为什么调戏过路女子？"

我说："少奶奶，我的士兵怎样冒犯你了，我查出一定重办！"

她说："我从你们祠堂旁边经过，有两个士兵跑到我身边，动手动脚！"

我说："少奶奶，你能不能认出这两个士兵呢？"说着，我便自衣袋里取出哨子，吹了几下，全连士兵闻声便在院子里集合起来，请她指认。

最初她很自信，以为可以立刻指出。谁知她对这一百多人注视了一会，她的自信心开始动摇了。这一百多位都是一样年轻力壮的穿着二尺五的丘八，她也认不出究竟是哪两个刚才摸了她一把。认了半天，她勉强指出两位来，而这两个士兵却坚决否认。

我因而告诉她说："少奶奶，请你务必当心，不能冤枉人家啦。调戏妇女，按军法报上去，可能枪毙的。事关人命，请你千万不要认错了人！"我这么一说，她更觉怀疑，便在士兵中又指认了两人，一共四人。

我说："少奶奶，刚才调戏你是两人，现在为何变成四人啦？"

她说："就是这四人中的两人。"究竟是哪两人，她仍无法判明，我自亦未便乱加处罚。为免使她下不去，我便当她面，将全连士兵训诫一番。她也觉得很够面子了，才向我道谢而去。

事后，我询问这四个士兵，是否真有不规矩行动，四人均矢口否认。大家猜想，可能有两位调皮士兵，见她姿色动人，私下打赌，看谁敢摸她一下，其中一位真的大胆地向她上身摸了一把，谁知竟被她追到连部里来。至于谁是真正调戏她的人，她也没有看清楚，所以指认不出。但是她当时那副激昂气概不让须眉，言谈清脆和态度逼人的样子，使我今日想起，仍觉事如昨日，余音在耳。我带兵数十年，地历十余省，鲜见有如此只身闯入军营喧嚷的青年女子，这也是鸭湖一带特有的情形。

第八章　护法战争

壹

我们在鸭湖驻扎不久，粤局已获适当解决。南北虽因黎元洪继任总统的法律根据问题，尚在争辩，大规模的战争终于避免了。黎氏上任后，仍以段祺瑞为内阁总理。七月六日北京政府明令改革地方军政制度。独立时期的军务院、都督府等固然取消了，即旧有的将军和巡按使制度也一律废止。各省统军的长官改称各省督军，民政最高长官仍称省长。理论上是实行军政分治的。为统军方便计，督军之上，又视各地情形分设巡阅使。例如在两广有两广巡阅使，在华中则有长江巡阅使，在北方则有直鲁豫巡阅使等。

督军之下，按地方情形置护军使或镇守使，以统驭驻军兼以维持地方治安。民国五年七月十四日，军务院正式结束。当时北京政府拟派岑春煊为广东督军，而岑氏因有"袁死，己即引退"的诺言在先，谦辞不就，乃改派陆荣廷督粤。龙济光被调往琼州（海南岛）任矿务督办，率军离广州。陆氏部将陈炳焜（陈原为苏元春的差官，陆荣廷就抚时，和陆结为兄弟，其后一直为陆氏的左右手）却奉派督桂。到民国六年四月十日，陆氏升任两广巡阅使，遂荐其部将陈炳焜、谭浩明（谭系陆氏妻弟）分督粤、桂，自此以后，两广遂成陆氏的地盘。与云南督军唐继尧，贵州督军刘显世形成粤、桂、滇、黔犄角之势，而和正在分裂中的北方皖、直、奉各系军阀相抗衡。

龙去陆来之后，我们前护国军林虎的总司令部乃奉调入广州。我们十三团移防广三铁路的西南。林虎旋即受命为高雷镇守使，率所部前往高雷驻防，清剿当地土匪。我们全军乃又自黄埔搭海轮分途开往高雷。这是我第一次乘海轮。我们广西是遍地皆山的，很少看到平原。当我顺西江东下，地势逐渐平旷，已觉眼界不同，至此初入大海，浪阔天高，一望无际，心胸更觉十分舒畅。

雷州位于广东省西南部雷州半岛之上，隔海与海南岛对峙。此地居民多系讲黎话的汉人，所说黎话和广州话完全不同。其风俗极端保守，时已民国五年，全国各地男子都已剪去辫发，而雷州男人仍留着辫子，使我们初到的人感觉惊异。雷州人多务农为业，然因地邻海滨，土壤中盐质极重，不宜耕种，故人民生活极苦，文化水平也较广东其他各地为低。然雷州民风强悍，勇敢善战。

我们部队开抵雷州的海康县时，正是中秋前后，秋高气爽，这时驻在高雷一带的部队车驾龙部，是临时招募的地方民军和土匪，纪律极坏。

车驾龙（号云六），广东茂名县人，日本士官学校毕业，当护国军初起时在高雷一带招募了大批民军，经呈准都司令部编为第六师，以车氏为师长兼高雷镇守使。迨都司令部撤销，第六师原应遣散，讵车驾龙拒不受命，所以林虎在广州受命为高雷镇守使时，即奉有密令，就地解决车驾龙。等我们部队开到海康县部署就绪，林虎的高雷镇守使任命才由广州明令发表。于是，林虎假名交替，设宴招待车氏。这是一场鸿门宴。事先由林氏秘密计划当酒酣耳热之时，发炮为号，即席逮捕车氏，并缴其部的枪械。我这一连因为原已部置进驻海康县，故奉命收缴县里的武器。海康是雷州的首县，县长兼任车部军职，有军队二三百人，实力似在我连之上，如措置不慎，则危险之至。

因此我决定擒贼先擒王，精选敢死队数十人，听到一声炮响，即率队直冲县长办公室，将县长逮捕。

这位县长似乎是位文人，当我持着驳壳枪冲入他的办公室时，他似乎很惶恐。我说："我现在奉命来缴你们的枪，希望你不要抵抗，否则玉石俱焚！"这县长乃连忙招呼他的左右，不许抵抗，说："我们公事公办，不许抵抗。"于是我们草木不惊地便把县署内的枪支缴了。车驾龙同时亦被逮捕，未作抵抗。解决车部之后，我们在雷州住了二十多天，便开往高州剿匪。高州与广西接壤。我们在高州过了年，在粤、桂边境剿了半年多匪。这时南北政要又发生了所谓"护法"的争端，内战再起，段祺瑞派兵入湘窥粤，南方各省乃组"军政府"与"护法军"，以桂督谭浩明为总司令，北上援湘。我们这一团中先后被抽调两营北上，任护法军右翼，入湘作战。因此我们在民国六年秋季，遂由高州防地调回省城，然后奉命北上参加护法战争。

贰

谭浩明为广西龙州人，农家出身，系陆荣廷的内弟。相传陆氏某次搭乘谭浩明的父亲的篷船赴龙州，因而认识了谭浩明的姐姐，两人竟私订终身，约为夫妇。其后，陆氏被迫为匪，而谭浩明之姐矢志不嫁以待陆。迨陆氏受抚，此一对情人始成眷属，所以陆谭的姻娅关系实非泛泛的。护法之战既起，陆氏以两广巡阅使身份坐镇南宁，而谭氏则以总司令身份统率粤桂军分三路入湘增援，并相机北伐。军政府特派老革命党人钮永建为联军总司令部参谋长。

我们的中路约万余人，由谭浩明直接指挥，自桂入湘，攻长沙，窥岳州。左翼主力为湘军，约两万余人，由程潜、刘建藩、赵恒惕等指挥，自宝庆北上。右翼约六七千人，为广东护国第一军，归马济指挥，由广州经曲江入湖南的郴州，北指醴陵，为中路军的侧翼，并可东窥江西。马部人数不多，因马和林虎为莫逆之交，故调我们第十三团第一、二两营归其节制。

我们的团长原为周毅夫。到达醴陵后，不知何故被免职，由中校团附何文圻升任团长。营长原为黄勉，于团长更换后自请调差，乃由中校团附冼伯平调任营长。冼氏原在滇军任营长，都司令部改组时，冼乃脱离滇军，到我们第二军任团附，至是，又调任营长，成为我的直接上司。

我们北上时正值秋冬之交，自省城乘粤汉路火车至韶州（曲江），然后步行经乐昌到湘粤交界的坪石。这一带正是骑田岭的主脉所在，我们在崇山峻岭之中前进，所行俱系羊肠小道，然风景绝佳。山中常有小溪，水清见底，路的左侧，有河流一道，蜿蜒而东，和广东的北江会合。乡民用两头翘起的小船做交通工具，顺流而下，行驶如飞。

坪石镇位于湘粤交界处，一半属湘，一半属粤。过此便入湘东平原。这是我生平第一次入湘。湘粤两省虽属毗邻，然我们一入湘境，便觉别有天地。就气候说，古人所谓岭南的梅因向阳而先开，岭北的梅却因春到较迟而后开，就是说明岭南的广东和岭北的湖南气候的差异。就风土人情来说，湘粤也有显著的不同。在我们到坪石之前，所见两广妇女概是天足，操作勤劳，与男子等同。但一过坪石，妇女都缠足，脚细如笋，行动婀娜，凡田野间及家庭中的笨重工作，悉由男子担任。其他差异之处很多，不暇细述。

我们部队自坪石北上，经宜章、郴州、永兴、安仁、攸县，直趋醴陵。除在攸县城外二十里处的黄土岭和北军小有接触外，未发生其他战事。

过攸县后，便进入湘江流域富庶之区，人民比较安乐，妇女的服装和打扮尤为入时，男女的交际很是开通。沿途所见所闻，对我们都很新奇。自坪石至醴陵约五百余里，也多趣事可述。这一段商旅频繁，沿途都有小客栈，当地人叫"伙铺"，大小可容数人或数十人不等。逆旅主人为招徕顾客计，往往雇用青年姑娘们，盛装坐在门前做针线。来往客商常为她们的美色所引诱而入店投宿。其实她们都是农村的良家妇女，由伙铺主人雇来点缀门面的，入晚以后，她们就收拾起针线，各自回家去了。她们并不害怕军队，与他省习俗大有差别。

我们于十一月中旬克复醴陵，中、左两路军亦于同月底攻占长沙。段系的湖南督军傅良佐弃城而逃。北军在湘的主力——王汝贤的第八师和范国璋的第二十师，都不曾力战即撤退。我军复于民国七年（一九一八年）一月二十七日攻占岳州，主力前进至羊楼司，进窥武汉。一时护法军声威大振，举国为之震动。

这次我军能迅速推进的主因，还是北方政府的内讧——冯段失和。总统冯国璋主张与西南和平解决，乃于民国六年十一月二十日将国务总理段祺瑞免职。到了湘鄂战争失利，段系军人如安徽省长倪嗣冲，鲁督张怀芝等于十二月三日在天津集会，力主对西南用兵。岳州易手后，鄂督王占元也感受威胁，遂附和段系。冯氏不得已，乃屈从用兵之议。于民国七年二月中派直督曹锟为两湖宣抚使，鲁督张怀芝为湘赣检阅使，张敬尧为攻击前敌总司令，率劲旅吴佩孚等所部再度入湘。三月二十三日复起用段祺瑞为国务总理，湘鄂战事乃急转直下。

张怀芝所部自湖北通城反攻，与我中、右两路军激战于湘、鄂边境，不分胜负。北军主力第三师吴佩孚部则循粤汉路及洞庭湖水道南下，我湘军即受挫于羊楼司。三月十七日，我军被迫退出岳州。三月二十六日，吴佩孚又破我长沙，四月二十日吴部复攻占衡山，我军乃退守湘南衡宝、耒阳、永兴之线。

叁

在湘中战争开始逆转于我不利之前，我们这一团最初曾奉令自醴陵北上岳州，作前线右翼军的总预备队。当我们将入湖北通城县境时，忽闻吴佩孚率其精锐第三师南下，水陆并进，武长路正面我方战事失利，岳州危在旦夕。且敌人的长江舰队企图由洞庭湖溯湘江而上，直捣长沙以断我军的后路，我们乃奉命火速撤退。三月二十六日长沙失守，我们中路军向衡阳撤退，右路军亦自醴陵南撤至茶陵、攸县之线，旋再退至安仁县城以北约二十里的绿田圩，阻止敌人南进。这时张怀芝部节节进逼，正面也发生激战。我营于安仁县城奉令开赴前线，准备参加战斗。到达绿田圩时，前线战况已见和缓，唯据探报，敌人有大队向我阵地右翼移动迹象，我营乃受命即向阵地的最右翼延伸增援，以备万一。冼营长乃率领本营由绿田圩北进，经过一座大石桥，再行约二里，然后向我主阵地的后方向右前方进发。到达目的地后，一面派侦探搜索敌情，一面派哨兵担任警戒。此时全线枪炮声已归沉寂，我营正面亦无敌人。忽然，冼营长发起烧来，不能支持，必须回后方治疗，故即命我代理营长指挥作战任务。于是我就召集其他三位连长研究攻防作战方针。我先发言说："安仁县城至绿田圩之间，无一较好的阵地可资防守。我军现选择此一丘陵地带为攻势防御阵地，其优点在于前面开敞，可以瞰射敌人。唯其间亦有不少荫蔽之地，使敌人容易潜伏，接近我们的阵地。而阵地后约五里直至绿田圩却是一片水田，并有不能徒涉的小河横亘其间，这是名副其实的背水阵，是为其最大的弱点，万一战事失利，我们只有向前冲杀，死里求生，绝不可向后撤退，自取灭亡。

请各位同仁提高警觉。"

是晚平静无事。翌晨拂晓之后，枪炮声渐密。当我们士兵用早膳时，阵地前后落下的炮弹有数十枚之多，幸未伤人。早餐刚毕，我军全线战斗已渐入猛烈阶段。敌人屡向本营猛扑均不得逞。我为明了敌人的动态计，乃跑到散兵线上，观察敌我双方战斗状况，即见一部分敌军利用地形，逼近我方火线。和我前线位置相距尚不到三百公尺，五官面貌几可辨认。散兵线后敌人炮兵阵地有炮八门之多，距离不足三千公尺，正向我散兵线盲目轰击。同时又发现我军正面似已被敌人中央突破，友军已纷纷向绿田圩大道溃退。此时战况危急万分，我立即令营部号兵吹冲锋号，向敌逆袭，以遏止敌人的攻势。不料竟无一兵一官向前跃进，我急忙拿起营旗，跃出战壕，大声喊杀，冲上前去。全营士兵见我身先士卒，乃亦蜂拥而前，枪炮声与喊杀声震天动地。我举着旗子正向斜坡冲下去时，忽见前面一丈多远，有黑影一闪，泥土纷飞，溅得我满头满脸。我用手将脸上泥土抹去，仍继续挥兵反击。顷刻间即将当面之敌击退而占领其阵地。这时正值黄梅季节，下着小雨，岭上泥土甚松，刚才那黑影原是一颗炮弹，似乎没有爆炸，只把泥土掀起，溅了我一身。

经本营一阵冲锋之后，敌人全线攻势果然被我们堵住。这战场是一个丘陵地带，长着不少松木和茶油树。当我们抢占敌人阵地时，他们大部分退走，小部分仍利用荫蔽地形，一面退却，一面逐段抵抗。我蹲在一株茶油树之后，只听得敌人枪声不绝，却不见机枪的位置，我只得将身体略略站起，以资观察，忽然一排机枪射来，正打入我胯下。我觉得大腿的肌肉振动了一下，俯视即见血流如注。立刻伏在地上，但仍大呼冲锋，并说，夺得敌人大炮一门的，赏洋五百元。于是全营蚁附而上，杀声震天，敌人竟弃山炮四门而逃。我军全线遂尾跟敌人追击。此时，两名勤务兵才扶我退出战场。我发现自己身中四弹，然其中只有一弹射入大腿，其他三弹只打穿了裤子，未伤及肌肉。

如果我提高身体迟了一二秒钟，则此四颗子弹必将射入腹部，那就不堪设想了，真是险极！

我自战场退出后，行走不到一里，伤口疼痛难当，便倒了下来。勤务兵乃自附近农家找了一只梯子，把我抬到安仁县城。说来奇怪，大军作战，城里竟无治疗伤兵的设备。不得已，只好请县政府代雇本地的草药郎中来医治。这位年近古稀的老先生随身带了药物前来，一到之后，先把带来的生草药捣得稀烂，然后将紧缠伤口的绑腿布解下，检视一番，开口说道："恭喜！恭喜！腿骨幸未折断，子弹从骨膜之左侧穿过，敷药之后，约十天即可痊愈走动了。"我听了将信将疑，唯恐他在说大话。这大夫随即叫人端上一碗清水，他左手接碗，以右手食指指向碗中作写字画符模样，一面口中念念有词，我也不懂他念些什么。只见他从碗里吸了一口清水，喷在我的伤口上，然后把捣烂了的草药敷上，另拿一块干净白布包扎起来。说也奇怪，我的右腿受伤已六七小时之久，红肿充血，疼痛异常，而一敷草药之后，痛楚立止。他因我不能在县城久留，另给我一包药，以备替换。我送了他两块银元，这是相当大的酬谢，他一再谦辞，始肯收下。据说此草药郎中是当地跌打损伤的权威，果然名不虚传。我即日雇了一乘轿子，向后方的永兴县进发，当晚宿在途中一伙铺里。铺主人有一年方二八的掌上珠，她听说我的勇敢，转败为胜，乃自动替我包扎、烧水、泡茶，百般抚慰，殷勤备至。当我翌日离去之时，她似乎颇有依依不舍之情，令我感激难忘。湘女多情，英雄气短，这也是受伤后一段颇值得回味的韵事。

到达永兴之后，得悉我军已收复攸县和茶陵两县城，所获战利品有：沪厂造七生的五山炮四门，步枪二百余支，机关枪数挺。不意，数日后忽传衡阳失守，北军分兵向祁阳、耒阳挺进。我右翼军左侧后大受威胁，正向永兴、耒阳之线撤退。我遂退到郴州休养了半个月，创口渐痊愈，行动无碍。

此时敌方前敌指挥吴佩孚，忽暗中与我军通款言和。战事乃进入停顿状态。本营乃奉令驻防高亭司，马济的总司令部则设于郴州、耒阳大道上的栖凤渡。至五月中旬，乃有冼营长奉调回粤，遗缺由我接充的消息。

第九章　护法归来

壹

自我接任营长之后，战局入于停顿状态。吴佩孚按兵不进，我军亦未反攻。我营遂驻于耒阳县的高亭司训练。唯此时我发现本营处境十分困难。因我营系自林虎将军所部暂时调归马济指挥，由于系统不同，难免遭受歧视。寄人篱下，远戍湘省，真如大海中的孤舟，四顾茫茫，官兵都有惶惑之感。加以入湘以来未及一载，而已撤换团长一员，更换营长两员，自然影响军心。我升任营长之后，除第二连原为我所统率，不成问题之外，其余第一、三、四各连连长都因本营处境困难，前途渺茫，故乘更动营长的机会，先后辞职回粤，另谋高就，影响士气尤巨。

再者，此时战争胶着于湘南，我方陷于失利状态。而政治上，孙中山所领导的军政府和陆荣廷所领导的实力派，又有水火不相容之势。初由政治见解的分歧，演变成两粤地方主义的斗争。原来中山开府广州时，所招募的军政府卫队，难免良莠不齐。其中有数名官兵被督军莫荣新部下指为土匪，而遭逮捕。军政府数次派员交涉，也无结果。此数名官兵终被枪决，致使中山忍无可忍，乃于民国七年一月三日亲登军舰，指挥官兵，对观音山督军署开炮轰击，一时炮声隆隆，全城震惊。幸而炮弹只掠过山头，并无死伤，山上炮台也未还击，一场风波，旋即平息。嗣后，中山张贴布告，晓谕军民，申斥莫荣新藐视法纪，故特炮击，以示薄惩云云。中山先生素富革命热情，并善于词令，每对群众演说，口若悬河，故有"孙大炮"之称。此次怒轰观音山，名实相符，全国一时传为趣谈。至二月二十六日，接近中山的海军部长程璧光，又被奸人刺杀于海珠码头，形势对中山殊为不利。中山先生乃毅然向非常国会辞去大元帅职，赴沪从事三民主义的著述。其后，军政府大元帅制虽经改为七总裁制，也不能消弭政客派系与地方主义权利的斗争，更因此而招致前退驻琼崖两广矿务督办龙济光的异动。龙济光受段祺瑞的怂恿，乘隙进攻南路的高州、电白及两阳，其势甚为凶猛。林虎奉命率所部进剿，鏖战两月，不分胜负，后等李根源率滇军增援，方将龙部击溃，退回琼州。然龙济光仍不能立足。乃率残部二三千人乘船逃往天津。此一勾结袁氏，鼎鼎大名的济军遂消灭于无形。

值此讨龙战事紧张阶段，军粮浩繁，各单位饷项时虞不继，本营又远驻湖南，更难相顾，饷项积欠尤多。兼以团长何文圻诚朴有余，干练不足，遇事因循，累积各种因素，影响本营军纪，致使管教困难。是年秋冬之交，北风凛冽，寒气袭人，不独饷项无着，即御寒服装亦渺无音信。士兵饥寒交迫，怨言丛生，每向各连长质问，亦只空口安慰，无补实际。十月二十日下午一点，全营士兵事前似已互通声气，各连自动集合，声言齐赴团部要求团长发饷。我和各连官长，忽闻警耗，仓皇驰赴队伍中，竭力告诫阻止，但无效果。只得跟随士兵齐到团部，请何团长当面对士兵解释一番。其中有若干士兵盛气向团长质问，来势汹汹，虽迹近聚众要挟，唯困难确属实情，亦情有可原。何团长听士兵报告完毕后，便多方解释，最后甚至诉苦说，就是把我身上的皮剥下，天上也不会掉下银子的，情词极为凄惨。于是我和各连官长，一面向士兵劝导，一面拉拉扯扯，好不容易才把几连士兵带回宿营地去。

孰知本团闹饷的消息，不胫而走，竟轰动了附近的驻军。俗语说得好，"好事不出门，坏事传千里"，更有人难免画蛇添足，以讹传讹，甚至说何团长被打伤。消息不久传到广州，林虎、马济二人俱甚震怒，尤以马氏为甚。因马济治军，素称号令森严，尤喜沽名钓誉，故力主严办，以肃军纪。林氏虽秉性浑厚，胸襟豁达，但因对马氏情谊甚笃，不便因循不加追究，故即面派参谋长梁史，拟具惩治办法，以便实施。当时有主张就地缴械遣散的，也有主张撤换营、连长以警告的，议论纷纷，莫衷一是。我们全营官兵闻耗，大起恐慌，然亦未敢申辩，只得听天由命，凄凉景况，难以尽述。幸梁参谋长办事精细公允，他查出总司令部的确拖欠本营饷银数月之多，而本营转战粤湘，战绩卓著，不无微劳，此次虽有越轨之嫌，尚属不无可原。且我们第二军自南路讨龙之后，聚众索饷，以及其他不法情事亦时有所闻，均未究办，如对本营矫枉过正，未免有失公道。乃签呈意见，略谓湘局已等于休战状态，应将本营调粤，归还建制，以便就近考察实际情形，再定夺法办云云。于是一场惊险风波，竟得平安渡过，可说是万分的侥幸了。

民国八年二月，本营奉令开拔回粤，官兵无不喜出望外。营部暨各连笨重行李，概由宜章县城落船下驶，沿途山高水急，舟行如飞，不到两天已抵曲江车站，转乘火车而达广州的东堤，暂宿营于珠江水面的花舫中。各连的官兵仍循民国六年北征时的道路，越过崎岖的骑田岭，走了七天光景，才到曲江，转乘火车而与营部会合。当我们离去高亭司时，附近诚朴可爱的乡民，以本营官兵生活十分清苦，都能维持军民合作，军民杂处将近一年，绝无强卖强买，或调戏妇女等情事，故纷纷购买鞭炮燃放，以尽地主欢送之谊，情况很为热烈。归粤途中，进入湘粤交界的乐昌县时，陡见妇女完全天足，在山上和田野中工作，有的挑着担子，在路上横冲直撞，类皆面目黧黑，汗流浃背；以视湘省妇女的白皙细嫩，举止斯文，真有霄壤之别。骤看之下，颇不顺眼。可见社会一切习俗，甚至眼帘的审美观念，也不觉由习惯而成自然了。

我们在花舫中住下，稍事休息。一面请领服装，一面请发欠饷，俾官兵购买鞋袜什物，全营焕然一新。

我于高亭司开拔前，屡次剀切告诫官兵，恪守军纪，爱惜军誉，以破灭外间的流言蜚语。时东堤岸上，高楼巨厦，酒馆林立，俯瞰珠江水面，花舫如云，都为军政显要与富商巨贾的应酬娱乐场所。每届黄昏，灯光照耀，恍如白昼，笙歌达旦，繁华为全省之冠。我们住在花舫中，距离这些热闹地区不过数百码。早晚按时到郊外出操，队伍整齐，市民啧啧称赞。一入夜间，官兵即已在沉沉酣睡，鸦雀无声，并不为外界的声色所诱惑。据说，林虎曾数度在晚上到本营附近，微服暗访。他发现我营上下官兵号令贯彻，纪律森严，实为全军之冠，乃大为诧异赞叹，这才一洗外间诬蔑的耻辱。

贰

我们在天字码头附近的花舫上驻了五六天，便奉令开拔往新会县城驻防。按照一般部队的习惯来说，驻防新会是挣钱的难得机会。因新会县是侨乡富庶之区，舟车辐辏。驻防部队官长，在当时政治污浊气氛中，违犯禁令，包烟包赌，习以为常。包庇奸商，偷关漏税，更是司空见惯。以前驻此的部队长官，无一不腰缠万贯，满载而归。上峰是否有意派我到此，以示酬庸，实未敢臆断。我率队到后，当地绅商即以往时惯例待我。派人来说项疏通，并饵以重利。我自思系一受新时代教育的青年，岂可贪图分外金钱，自损人格，故即严词拒绝。他们见我不为所动，仍不肯罢休，一再托人来说，一切不要我负责，只要我遇事佯作不知，不认真执行法令，仍可不劳而获，暗中分肥。但我仍不为所动，并声明公事公办，绝不丝毫通融，违法的当按律惩罚不贷。我这种破例的作风，颇为当地一般人所不解，因他们历来尚未见过任何驻扎此地的军官有此"傻劲"，视黄金如粪土，宁开罪于地方的不法绅商，而不愿苟取一介。但我驻防新会将近一年，除为少数劣绅与市侩埋怨外，一般人民及正当绅商，均对我称颂备至，亦颇足使我私衷欣慰。

当我到新会驻防之时，广东政局已是动荡不定的状态，省长一席，尤为明争暗斗的焦点。结果省长李耀汉被逐，翟汪宣布上台。因此，李对支持翟汪上台的陆荣廷和莫荣新怀恨在心，并想利用他在任省长期间扶植起来的势力，策划谋反。他收买土匪，运动民团，实行暴动，捣乱政局，以泄私忿。在我驻防新会之后不久，正李氏准备移交之时，渠即先委其死党何瑞珊署理新会县长。当时，李耀汉的死党企图暴动的谣言四起，人心惶惶。

何县长湘籍，约五十上下年纪，行伍出身，曾随李耀汉任军职多年，老于世故，为人极端圆滑，是一位老官僚。渠上任之初，即专程来访我，我亦循例到县政府回拜。过了一个月光景，时在七月上旬，我忽接本军驻江门第一游击队统领黄业兴密函，叫我即日赴江门，有要事相商。我猜度可能与政局有关。唯本营系直接受总司令部管辖，并不属黄氏指挥。不过在系统上，同是护国第二军，他是少将统领阶级，我只一少校营长，有事当然受其指挥。即乘新宁铁路火车前往江门，晋谒黄氏。他屏退左右，把房门关好，然后说道，他昨晚才由省城赶回，政府获得确切密报，前省长李耀汉，现住香港，派人四出收买土匪，策动各县地方团队，密谋举事，捣乱粤局。其重点系在阳江、阳春、新兴、罗定、云浮与四邑等县份，上峰决意先下手为强，分头派兵驰赴各县镇压，以弭乱源。并查得新会何县长是策动四邑的主要负责人，着我明天即将其逮捕。我问逮捕之后，如何处置，是否递解来统领部？他说："不必，不必，千万不要送来。"我说："那么送到哪里去呢？"黄说："就地崩掉吧！"意思是就地枪决，"崩"的一声，将他打死算了。我听了他的吩咐，心中愕然，自忖未经审讯，竟如此处决，未免儿戏。他见我半晌不语，便郑重说道："这是上峰当面交代的办法呢！"我乃无言退出。当晚回到营部，立即召集四位连长秘密会议，决定部署进行。次日清晨约六时光景，用两连士兵，把县政府包围得水泄不通。我亲自率领其他两连，冲进县政府去，先把县警队官兵制服，命令他们不得擅自行动，并申明是奉命来捕何县长的，与县府职员及官兵无涉。当时见一扫地的夫役，即强迫他带路进入上房，于县长卧室门外呼叫开门。一个女佣人不知何事，便把房门打开，陡见一群官兵闯进来，吓得面如土色。此时何县长和他的年轻的太太尚在甜蜜沉睡中，邱连长乃一手把他抓起来说，我们营长有要事，请县长到营部去。何县长两眼朦胧，半睡半醒地说，什么事如此急迫，可否稍缓，等到中午，我亲到营部会见你们营长呢？但是此时哪有他说话的余地，各官兵叫他赶快穿上长衫和皮鞋，半推半拉地把他拖出房门之外。斯时何太太吓得面无人色，跪在地上嚎啕痛哭，哀求勿伤害她的丈夫，景况很为凄惨。

　　人总是感情的动物，我与何县长曾有一面之缘，政治派系斗争，与我又无切肤之痛，且不甚了解双方斗争的症结所在，只知服从为军人的天职。我已预料到这场面的惨绝人寰，内心实在感觉不安，但为慎重达成任务起见，又不能不亲自出马，故自始至终，只是站在官兵群中，竭力避免与何氏见面。我们的营部在东门外约一里地的陈侯祠内。何氏认为到了营部，见我之后，总不会有多大问题的，所以一路上尚称镇定。再者他即使负有密谋暴动的使命，然并无举事的证据，所以他判断或不至于死。谁知一出东门，距营部不远，路旁有一运动场，官兵即推他进入此一空地。此时，他才知道不妙，乃大吼如雷，说："唤我到营部，为何又要进入运动场？"顿时挣扎，不愿前进。他个子高大，威武有力，又颇具武艺根底，在此生死关头，他企图死里逃生，乃向围绕着他的数十名官兵拳足交加，恰似一头疯了的黄牛，秩序顿时混乱起来，唤打叫杀，叫成一片。官兵又怕误伤袍泽，不敢向他射击。幸而我事先已料到可能有此一幕，特精选一群善于搏斗的官兵，故际此场合，尚能应付裕如，纠缠不到一分钟，何氏便被按倒在地，"崩"的一声，结果了他的性命。

此一具戏剧性的搏斗，和西班牙武士斗牛一般惊心动魄，使我终身难忘。每念中国内忧外患，杀伐频仍，成则为王，败则为寇，人权毫无保障，像何县长的不知多少，说来痛心。我旋将办理此案的经过呈报上峰，出乎我的意料，竟得一道嘉奖的指令，文中有"处置有方，草木不惊"的官样文章。并另有一电令，在新县长未到任之前，着我暂代县长。但我并不引以为荣，反有啼笑皆非之感。

在驻防新会期间，还有一件趣事：广东民风，有两姓械斗的旧习，因此民间储备枪械甚多，匪风猖獗，此亦为原因之一。其械斗的原因，有为争山场或水利，也有为争阳宅（房屋）或阴宅（坟地）而起的。每遇械斗，辄纠集千数百人，对垒厮杀，如临大敌，非有大队官兵驰至弹压，不肯罢休。当我们在新会驻防时，有古井乡李姓父老，想和我拉上宗亲关系，免遭别族欺凌，乃托人说项，请我到该乡认宗亲，拜祠堂。申明于祠产存款项下，有利市封包酬谢，少则三五千元，多则可能逾万。我因顾虑地方人士误会我有偏袒李姓之嫌，乃一再谢却。

叁

我在新会驻防九个月，又奉命开往肇罗阳镇守使署所在地的肇庆。肇庆古名端州，为西江下游的重镇。地当粤、桂交通的要冲。

这时我们的护国第二军总司令兼肇罗阳镇守使林虎即驻节于此。林虎所部各师部队也分驻在城郊一带。我的营部便设在东门外李家祠堂。此一三进大厦系前省长李耀汉发起建筑，完成不久。雕梁画栋，颇为堂皇富丽。

我军初到肇庆驻下，总司令林虎便着我们前往察看肇庆一带形势。林氏并开始在城外要隘构筑钢筋水泥工事。其假想敌系来自广州方面，因之我们的工事上，炮口都指向广州。当时我们都不明白其用意。广州是省会所在地，焉有敌人自那个方向来进犯之理。不过既是总司令的命令，我们亦未便多问。

我军除每日照例出操和作精神讲话之外，长日无事，倒颇觉清闲。一日，我在营部内忽闻街上有群众喧哗声音，极为热闹，我营士兵也多在旁呐喊助兴。我为好奇，出街一看，才知是当地人民"抢亲"。肇庆习俗，结婚间有采取"抢亲"的方式。抢亲就是男家聚众前往女家"抢夺"新娘。女家也集合亲友邻舍，贮积大堆碎石以抵御来抢亲的队伍，而男方来抢的均备斗笠等物做盾牌，以防御投来的碎石。当入侵队伍接近女家时，男方指挥便发令将斗笠预备好，一声呐喊冲向女家。女家防守部队也呐喊抵御，并以所贮碎石向男方投掷。迨两军短兵相接时，砖头瓦砾，纷如雨下，冲锋呐喊笑闹之声乱作一团，好不热闹。双方搏战良久，女方阵线卒被男方冲破，乃由男方所派健壮妇女数人冲入小姐绣房，将新人架走，于是双方遂由两军对垒，转为儿女联姻。化干戈为玉帛，各以酒肉享客。曲突徙薪，焦头烂额，并为上客，皆大欢喜。

当抢亲正在热烈进行时，我们的士兵也从旁呐喊助兴。迨男方已抢得新人，双方战将与旁观群众仍旧喜洋洋，大有与新郎同乐之概。其欢乐、热闹与滑稽，较今日文明结婚够味多了。这也是我所目击的肇庆奇异风俗的一种。后来我曾有一机会与曾于抗战时任第七战区司令长官余汉谋谈及此事。余氏便是肇庆人。他说"抢亲"是肇庆的土俗，相沿成习，已不知有几千百年了。

我们住在肇庆时，还曾发生一件极滑稽的事。那便是我们护国第二军第五旅第一团团长苏世安的住宅里忽然发生了"闹鬼"的怪剧。据他说家中的用具每每自动腾空飞起，瓦砾沙石，常常凌空而下，声势惊人。虽无人受伤，然阖家被闹得鸡犬不宁。有人乃建议说，鬼怕印。苏氏乃将他团部用的官印，盖了许多，贴在门上，但是毫无效果。苏氏又往镇守使公署借来了镇守使的大印，盖了十数通，并在印侧写了些镇压鬼怪的话，贴在各处门上，说也奇怪，"鬼"竟然被印吓住了。从此苏府始再见太平。这也是驻防肇庆时，一段有关迷信的小插曲。

至民国九年二三月间，李耀汉终于在两阳、新兴各县收买土匪，运动民团，发动叛乱，抢劫烧杀，四境骚然，本营奉命协助友军，由南江口经罗定向新兴进剿。新兴县是李耀汉的故乡，土地富饶，盛产烟草。境内群山环抱中有两区平地，田土丰美，当地人呼之为"内外天堂"。李家便住在"外天堂"。李氏及其亲故并以历年所积财富，在"天堂"里建筑了不少壮丽的中西合璧的房屋，绿窗红瓦，殊为"天堂"生色不少。此地因人民富庶，所以民团的组织与装备，都不在正规军之下。

当我率领本营行抵离"外天堂"五十里的大道上，遥见前面官兵，纷纷溃退下来，民团漫山遍野，打着红白旗号，正在喊杀，追赶溃兵。我旋于乱军之中，发现一员青年军官，骑在马上，频频扬鞭，似欲阻止士兵的溃退。我立即传令本营，就原地散开，准备参加战斗，然后策马驰向那位青年军官，拦住了他，询问匪情、战况。互通姓名之后，知道他是本军游击队帮统杨鼎中部下的一员营长，名叫陈铭枢。陈济棠当时也在该帮统部下任上尉副官。蔡廷锴在陈铭枢营里充当排长。沧海桑田，驹光如矢，孰能料到十年后，这几位竟为中国近代史上的一时风云人物。

这一年的秋天，陈炯明在漳州誓师回粤，两广政权易手，陈铭枢部未及追随林虎退入广西，遂为粤军第一师师长邓铿所收编，陈氏即升任第一师第四团团长；是时李济深为邓铿的参谋长。民国十四年冬，广东完成统一时，第一师扩充改编为国民革命军第四军，由陈铭枢任第十一师师长。其后出师北伐，驰骋大江南北，战绩卓著。这是后话。

当时陈铭枢看到我，知道援军已至，喜出望外。他对我说："前线情况不好，溃了，溃了！"他希望我立即指挥所部前进，向匪军冲击，以挫其锋。我说："我既然来了，一定负责把这一群暴民击散，以保地方安宁。"故即挥军反攻。反叛团队和土匪究系乌合之众，不堪一击，纷纷作鸟兽散，我们乃跟踪追击三十余里，游击队统领黄业兴，帮统蒋琦，各率所部分进合击，先后攻至"外天堂"的边缘。时已黄昏，不敢冒险进入，乃就地宿营。翌日拂晓，乃翻山越岭，涌入李耀汉的家乡。此一地区广阔十余里，有河道可行木船，经罗定，下驶南江口而入珠江，货物吐纳，殊为便利。

我们派兵向四处搜索，不独匪踪毫无，即村民亦逃一空。牛、羊、猪、犬、鸡鸭游荡在田野里，无人照顾。不注意军纪的友军官兵，认为是千载难逢的机会，大宰牲口，以餍口腹之欲。古语说"大军过，篱笆破"，非身历其境，难以洞悉个中凄惨的景况。天堂圩上烟草堆积如山，由统领黄业兴分别以逆产充公，本营亦分配到一小部，约值千元的烟草，用以犒赏官兵。此次平乱，本营官兵无一伤亡。在天堂住了五天，即开拔回肇庆原防。善后事宜，由友军协助新兴县政府办理。此后不久，我军乃又卷入粤桂战争。

第十章　第一次粤桂战争

壹

粤桂战争发生于民国九年八月。那时一部分广东首领，主张粤人治粤，企图将桂人陆荣廷的势力赶出广东。因自袁世凯帝制失败，龙济光被逐离粤后，广东军政大权悉操于两广巡阅使陆荣廷手上，以其部将谭浩明、陈炳焜分督桂、粤。护法战起，孙中山率海军回粤组军政府时，陆荣廷、陈炳焜虽阳示欢迎，而实际上颇不愿军政府有实权，故迭与中山龃龉。经中山数度和陆荣廷磋商，陆才把陈炳焜调开。而以另一部属莫荣新继任，并将原由前省长朱庆澜拨给的二十营省防军，交陈炯明指挥，号为"援闽军"，由陈氏率领赴闽，以避免和桂军冲突。这是陈炯明驻兵漳州的由来。

这时中山与陆、莫等龃龉日深，陆荣廷和唐继尧都早已不就军政府的元帅职。到翌年五月，乃索性将军政府改组，废除大元帅制，改用总裁制。选岑春煊、陆荣廷、唐继尧、孙中山、唐绍仪、伍廷芳、林葆怿等七人为总裁。不久，更选岑春煊为主席总裁。中山不得已，乃向非常国会辞去大元帅职，飘然去沪。广东政权遂完全落到陆、莫实力派手中，和政学系政客杨永泰等朋比为奸，盘踞地方，剥削人民，兵骄将惰。当年劲旅，偷安数年，已成师老兵疲状态。陈炯明（时称粤军第一军）陈兵漳州，久有回广州之意。到民国九年八月，见时机成熟，遂和许崇智的粤军第二军会师漳州，声称"粤人治粤"，挥戈西指，进攻潮、梅，其势甚锐。陆荣廷、莫荣新仓皇发兵阻截，所谓"粤桂战争"于是爆发。

当战事未起之时，粤中将领间早有摩擦不协调的现象，加以督军莫荣新久戍粤东，与其上司两广巡阅使陆荣廷，因各为左右亲信所影响也不无隔阂。这时驻防省会的粤军护国第一军总司令马济，为陆氏的心腹大将，兼任督军署参谋长，自视甚高，与莫氏的股肱沈鸿英、刘志陆、刘达庆等时相摩擦。唯护国军第二军总司令林虎和驻琼崖镇守使李根源的滇军，却采取中立态度。到了战争发生，乃成各自为战的局面。

当时莫督军鉴于潮梅镇守使刘志陆已被陈炯明击破，乃檄调琼崖李根源的滇军到河源布防。滇军的左翼为沈鸿英军，右翼为马济和惠州警备司令刘达庆两部。我们第二军林虎所部，则由肇、罗、阳地区抽调约一万五千人，东进接连马、刘两军的右翼，伸到海岸线上。前线总兵力不下五六万人，以逸待劳，采取防御攻势的姿态。

我率本营自肇庆开往三水，乘火车到广州河南的石围塘渡河，经长堤，再乘广九路火车到樟木头，即向淡水方面前进。不料粤军洪兆麟部已乘虚占领淡水圩。我军先遣部队黄业兴部正在围攻中。旋将洪部击溃，本营并未加入战斗，唯跟踪追击，经白芒花，向稔山前进。而敌军的杨坤如部增援，据守稔山，向我军反扑。杨氏为陈炯明心腹健将之一，异常剽悍。敌人得此生力军，战斗力大为提高。激战终日，不分胜负。最后，作为总预备队的本营也奉命加入战斗，乃获大胜。敌人溃不成军，我军乃衔尾穷追，直到七泥、八泥地区，已进入陈炯明家乡的海丰县境，如果再继续追击五十里，海丰县城即可唾手而得。惠州方面战况也很顺利，破平山，克复三多祝，和本军能做到齐头并进。不意正在此时，左翼河源方面的沈鸿英、李根源两军，忽告失利，节节败退。这消息对我们无异冷水浇背。当时且有谣言，广州警察厅长兼江防司令魏邦平，河南地方军李福林，以及虎门三角洲等处要塞和炮台，早已联成一气，暗中勾结陈炯明。到前线战事失利，这谣言遂成为事实。魏邦平等通电吁请莫督军下野，以避免兵燹而维护地方安宁。于是人民团体也纷纷通电响应。民心既去，大局急转直下，遂成无可挽回的局势。林虎为避免本军被消灭起见，下令星夜向肇庆撤退。旦夕之间胜败殊途，官兵心情怨恚，可以想见。

当时全国各地军队，因连年内战，任意扩充，既不注意训练，又缺乏饷糈，以致军纪废弛，本军自亦不能例外。有的将领甚至鼓励士兵抢掠以提高士气。我曾亲眼看到统领黄业兴的部队，包围淡水，正在对战激烈时，一部分官兵已勇敢地冲锋到圩场的边缘，另一部分尚伏在子弹打不到的荫蔽地方。黄氏乃走向前去，用自由棍轻轻地逐一撩着士兵的屁股说："丢那妈，你们还不前去，东西被人抢光啦！"士兵们果然笑嘻嘻地弯着身子，向前跃进了。我才恍然大悟，原来旧式行伍出身的军官，以这种卑鄙的手段来为自己开辟升官发财的捷径，思之真不寒而栗。黄业兴的部队攻破淡水之后，不顾虑敌人反攻，只一味搜括商民财物，捆载出圩外拍卖，该地不旋踵已成为一个热闹的临时市场，无知乡民，趋之若鹜。我曾碰见一位中级军官，从口袋里掏出一对翡翠手镯，碧绿晶莹，光彩夺目。他喜洋洋地告诉旁人说，得之于一士兵之手，价值甚廉，说时洋洋得意而不以为可耻。我心中自思，这种军队若不消灭，实无天理！

我们退到樟木头时，广九铁路已不通车。形势险恶，达于极点。乃徒步过石龙，行抵石滩，才知道广州方面的实际情况。莫督军已循人民团体的请求，允诺不把广州市作战场，以商会筹五十万元作各军的开拔费为条件（原要求一百万元）。莫氏即宣布下野，赴香港。同时取消广东独立，军政府也自动解散。原来拱卫省垣的广东第一师陈坤培所部（该部系讨龙济光时入粤，扩编成立）和平退出广州，向西江上游撤退。李福林、魏邦平已宣告独立，维持市面秩序。我们大军如向广州撤退，恐易发生误会，不得已，由石滩绕出增城，经从化、花县，越过粤汉路沿线的军田、清远、四会等县而向肇庆进发。我军在石角渡过北江后，在清远境内，不知为何，和马济第一军及韩彩凤等友军共约三四万人会合，挤在同一道路上，向同一目的地进发，争先恐后，行军序列颇为混乱。

大概上峰认为我营的军纪和战斗力，在本军内均属上选，故自七泥开始撤退时，即令我部担任后卫的责任，掩护本军安全退却，并制止落伍士兵骚扰人民。这种命令，真是所谓"平时不烧香，临时抱佛脚"，哪里会有效果？记得当时彻夜急行军，某一午夜，在增城、从化之间，大军已穿过一小镇，有百数十名狡黠士兵，故意落伍停留下来，到民房前拍门叫喊，本营适于此时赶到，把他们驱逐走了。我带了三名士兵，稍事停留，不到十分钟，忽从一间铺里发出妇女惨叫声音，我偕随从士兵赶过去，叫喊开门。里面的士兵把门开了，女人呻吟之声，惨不忍闻。我站在门口，向他们叱道，"你们何故不跟队伍，在此骚扰人民，干犯军纪？"在油灯的微光下，看见里面有约摸六七人。他们见我们人少，并不害怕，竟反唇相讥道："你是什么人？敢来管闲事！"我的随从士兵答道："是我们李营长。"他们便咆哮起来："直属官长也管不了，你偏来管闲事。"马上，叫打声、扳机枪声，乱成一团。我忖度这些士兵已不可理喻，好汉不吃眼前亏，只得忍气吞声，避了开去，任由他们无法无天，发泄兽欲。迄今想起当时情况如在目前，我一直认为此事是终身的奇耻大辱。

再说大军浩浩荡荡向肇庆进发，道窄人多，拥挤不堪。一日，黄昏之后，进入一条长约三十里的隘路，两侧山岭连亘不绝，险峻异常。出隘路后约五里，有一镇叫莲塘圩，故隘路出口处就叫莲塘口。有一夫当关、万夫莫闯之势。我进入隘路之后再向前走，便隐约听到枪炮声。我即策马急进，只见我们大军壅塞隘路，山野之间，人马杂沓，秩序乱得难以形容。原来莲塘口是四会和肇庆间唯一的通道。而此通道已为敌军李福林、魏邦平所部，自广州乘火车赶来，先行占领，堵截我军去路。本日上午，我军先头部队到达时，即开始向敌猛攻，不下。后各路大军汇集，马济、林虎两总司令也亲赴前线督战，激战终日，仍无法将通路打开。不幸这时又逢连宵大雨，大军数万人陈兵路侧，一筹莫展。幸而此时后无追兵，否则情形便不堪设想了。

当晚，我折回本营所在地，派出连哨，严加戒备。时大雨如注，人困马乏，疲惫不堪，士兵想觅地避雨固不可得，即我们营部想觅一席之地，也不可能。最后勤务兵在田野间，找到一个上有草篷，旁有泥墙的大粪坑。他们建议说，如果找得到十来根木头，架在粪坑之上，再铺上稻草，虽然臭气逼人，也未尝不可暂避豪雨。我说，不妨试试看。不久，把木头架上，稻草铺好，十多人挤卧其上，酣睡一宵。翌晨雨止，我走到司令部所在地，只见林、马两总司令都在一起，相对无策。我向林总司令敬了一个鞠躬礼，他把我介绍给马济。在护法战争时，我在湖南曾做过马济部下，但马氏迄未召见过我，也不认识我。然而他对我在绿田圩一役负伤，并缴夺敌方山炮数门的事，尚能记忆，并十分赞赏。

我当时报告林总司令，想到前方去看看，立蒙应允。在前线我看见莲塘口附近的地形，确实十分险峻。所谓莲塘口，确是在两列高山中露出的唯一"出口"，宽约二三百米突。口的两侧则为高耸的山峰。敌人在这两侧的山坡上，以及正面的峡谷中，都筑有工事，架设机枪，居高临下，以逸待劳。我军如从正面进攻，正在敌人火网密集的交叉扫射点上，如从两侧仰攻，则不但目标暴露，且须爬上山顶，尤非易易。不过此处敌军为李福林、魏邦平所部，既乏平时训练，也乏战斗经验，倘用先声夺人之势，向莲塘口作正面撞击，定能将敌人防线冲破。舍此之外，实别无他途可循。各友军显然见不及此，故毫无进展。我回到司令部时，乃将上述意见陈明，林虎和马济倾听之后，似均有难色。因为在一峡谷之中，大队向前突击，敌人居高临下，三面夹攻，势必聚歼无遗。但是他们也知道，中央突破是唯一的希望，现在已是最后关头，为免全军被俘，纵知其不可，也只有一试。林虎因问我能否把我原是后卫的这一营调作前锋，担任这项暴虎冯河的任务？在这情况下，我自不便推诿，只得说："让我试试看吧！"他两人闻言大喜，并允许另调帮统蒋琦率一营，为我的接应。

我回到营部之后，立即召集部下四位连长训话。我告诉他们这项进攻任务是十分艰巨的，战况势必万分惨烈，但事已至此，死里求生，义无反顾。这次抢关，势在必得，否则只有全军缴械。说毕，四位连长皆表示服从命令。我便令全营进发。当我们迫近莲塘口阵地时，我命令全营五百余人，就峡口前面附近散开。我自己带着掌旗兵和号兵走在前面。当我们快进入敌人射程之内时，敌方的机关枪和步枪遂密集向我们发射。我们沉着前进，走到适当距离时，我命令号兵一齐吹冲锋号，一声喊杀，全营蜂拥而上。敌人三面炮火，向我队集中射击，地上烟雾弥漫，血肉迷糊。我指挥全营，冒死冲向前去，竟将敌人正面阵地一举突破，敌方全线乃开始动摇，我便挥军追击，并扑向两翼山坡，敌人不及退走的，纷纷缴械投降。一阵厮杀，整个莲塘口的敌人遂被肃清。作为我后援的蒋琦营尚未及参战，敌人已被我击溃。天险既下，峡口人开，全军数万人循序平安通过，欢声震天。战事甫定，我检点残部，发现本营伤亡一百数十人，为全营人数三分之一以上。我随身的一名掌旗兵阵亡，二名号兵，一死一伤，两名卫兵也伤了一个，战况的激烈可见。莲塘口一役之后，我的声名随之大噪，竟以勇敢善战，闻名两粤。

过了莲塘口，便一望无际，再无山地，全军遂顺利开到肇庆。当林虎做肇庆镇守使时，曾在肇庆城外筑有强固工事，似早预料会有今天的变局。我们回到肇庆后，曾数度视察这些工事，本有固守之意。嗣因广东大势已去，乃继续撤退。我们奉到命令之后，亦颇有轻松之感。

贰

在我军继续撤退途中，总司令部高级官员马济、林虎等，均乘船西上。我们最后撤退的部队则循西江北岸江边的小道，向梧州撤退。除我们林军之外，尚有韩彩凤部、马晓军第二团，以及其他番号的部队，共约三四万人，自肇庆出发。我们的第一站目的地是离肇庆约七十里的悦城。

不意我们大军尚未抵达悦城，粤军追兵已到。杨坤如部由四会经石狗突然占领了江畔的禄步圩，把大军切为两段，使我们首尾不能相顾。当时退却的部队都归心似箭，已经过去的部队都不愿回头夹击敌人，而我们未通过的部队，遂被阻于禄步圩江畔。这时江中粤军小炮艇也溯江西上助战，以四生的小炮向我军轰击。我军被困江边，受水陆两路夹攻。统领黄业兴乃率我部与友军游击司令韩彩凤部和马晓军的第二团，向江边和山上的敌人反攻，自晨至暮，战况胶着，毫无进展。这次我仍担任后卫，当我抵达禄步圩附近江畔时，黄业兴便要我营参加战斗。这次战况也很激烈，我营与马晓军团为邻，数度向敌人猛扑，俱被其火力压制。直到黄昏时候，敌人阵地才被我突破，溃败而逃。然我营又伤亡百余人，第四连邱连长明熙亦阵亡。在这场战役中，我第一次遇见了白崇禧和黄绍竑，他们都在马晓军部下任连长。

禄步圩为一小镇，约有二三百户人家。一二万大军同时开进，一时秩序大乱。少数不肖官兵，索米索食，甚至抢掠纵火，乱成一团。当邱连长阵亡之后，我派士兵觅得一具大棺材入殓，拟随军搬运。谁知圩上数处起火燃烧，军队拥挤，棺材太重，无法抬运，后竟为村民抛入江中。当时如不用棺材，则邱君尸体或不致遗失，至今思之，犹引以为憾。

过禄步圩后，我军不再沿江西进，另由他路到梧州。这时粤军追兵已远。粤人治粤，桂人治桂，暂时相安无事。我营在梧州稍住些时，便奉令开往玉林驻防。

第十一章 中山援桂之战

壹

我军退回梧州之后，粤桂战争已暂告一段落。这时，广东护国第二军番号取消，改称粤桂第一路边防军。林虎到桂后，即辞去军职，间关赴港去沪。所部由黄业兴统率，黄氏即由统领升任边防军第一路司令。

我营到了梧州，因大军云集，水陆壅塞，一时不易开赴指定地区，乃奉命开到梧州对岸下游七八里地的沙洲露营。在此期间，一日午餐时，有一排长忽然神经错乱，鬼话连篇。自称是第四连连长邱明熙，说他在禄步圩阵亡之后，我们不该遗弃其尸体而去，这是不仁不义之举。大叫大闹起来。该连特务长仓皇到营部来向我报告，我听了非常诧异，立刻过去一看究竟。只见许多官兵正围着他在看热闹。我走上前去，厉声说道："胡言乱语，捣乱吓人！"我说了几句后，那位排长情绪紧张，面色赤红，抬起头来看了我一眼，便低下头去，不再作声，不久便清醒了。有人问他"刚才你说了些什么话？"他竟毫不知情。时军民大众，把此事说成咄咄奇谈。其实这在现代心理学和生理学上也许可以得到解释。该排长或许一时受良心谴责，神经紧张起来，至头脑昏迷，想到邱连长阵亡的情形而情不自禁地说出些怪诞的话来。

我们在沙洲住了一个星期，便奉命坐船上驶经藤县到武林登岸，徒步到玉林。随后我营又分防到兴业县属的一个小镇叫做城隆圩驻扎。这一带是当时著名的六万大山匪穴的边缘。当地民团常有被土匪袭击缴械情事，我们来此亦负有剿匪的任务。

此时边防军司令部设在玉林，我因公常到玉林城去。有一次，我和司令部里几位高级军官出去逛街。据他们说，这里有一位姓崔的星相家。我们的袍泽中有请他看过相或算过命的，都说他十分灵验，所以他们意欲前去一访，请他看看相。我们原是无事逛街，因此一行六七人便一同去了。没有请他看过相的人都请他看相。我因我父亲是最反对迷信的人，故此素不相信星相。等到大家都看完了，这位星相家早已对我频频注意，至是才说，要替我看一看。我因顾虑人家说我迷信，不甚愿意。他说，看你的相，比他们都好，看看不妨，并不收相金。加上朋友们的怂恿，我就让他看了。他首先就说："我看你先生的相，比你同来的朋友们都好多了！"他这话说得相当大胆，因为我们同去的都是司令部和本军里的几位高级军官。有位至少将的，我当时是少校，官阶最低。

我说："在这里，我是阶级最低的啊！"

"没关系，"他说："按相上来说，你明年要连升三级！"

我说："那除非明年这里发瘟疫，把我这批朋友都害死了，我才有这机会连升三级！"大家哄堂一笑。

"我不知道啊，"他说："但是相上是应该如此的。"

别人又接着问他："连升三级以后又怎样呢？"

他说："鹏程万里，前途无疆。"

他又说了许多奉承的话，最后他真的不收相金。在当时我仅以渠为一江湖术士，信口恭维人，讨几文相金而已，根本未加注意。谁知翌年粤桂战争又起，我竟由营长而帮统，而统领，最后升任边防军司令，一年之内恰恰连升三级。民国十三年夏，我通电吁请陆荣廷下野息兵，亲率大军，直捣南宁。

中山先生委我为广西绥靖督办时，这位崔某特地远道来南宁访我。当督办公署的总值日官、副官处长周祖晃向我报告说，我的一位朋友崔某来拜访。我接了名片一看，心中愕然，并不认识这位贵客，因我已经把这件事忘记了。总值日官见我发怔，便说："他说他在玉林替你看过相，说你要连升三级，故此特来道喜。"我这才仿佛想起有这件事，同时心中也觉得奇怪，何以如此碰巧。但是为避免议论说我们革命军人提倡迷信起见，我没有亲自接见他，只下了一张条子，叫军需处送他五百元，庶几使其不虚此行。我今日回思，仍觉此事奇怪，因为崔某所说我将来的事，如子息二人，父亲早死，母亲高寿等等，一一应验，诚属不可思议。

我在城隍圩驻防时，还有一件与迷信有关的趣事。我是民国九年年底到玉林，在城隆圩过年的。当地人民于农历新年，带了酒、肉、爆竹来我们营部劳军。营部是设在一所祠堂内，屋宇非常高大，四合围的天井之上，尚架着竹编的遮阳天棚。贺年的商民就在天井里燃放爆竹，一不小心，火花忽然把天棚烧着了。所幸人手众多，抢救迅速，故未成灾，只是把天棚正中烧了一个大圆洞。阳光下照，院落中反而显得明朗了。事后，我营的医官李庆廷，忽然来向我道贺。李庆廷便是我前章说过的教师。因为他精研中医，我在当了营长之后，聘请不到西医，便把他请来做医官。这时他已六十以上的年纪，深信阴阳灾异之说。因为我是他的上司，所以他叫我"先生"。他拱了手对我说："德邻先生，恭贺！恭贺！自今以后，必逐年高升！"

"李先生，何以见得呢？"我问他。因为他是我父亲的莫逆之交，又曾是我的老师，所以我也称他"先生"而不叫名。李先生说，根据他几十年来的经验，这事是一件难逢的好兆头。天棚烧了一个大洞，上见天日，如果燃烧成灾，当然就不好了。起火而无灾，正是上通霄汉，光照万里，大吉大利。而且又发生在大年初一，所以他要向我郑重道贺。这种迷信，在中国旧社会里，原是不足惊异的，我当然也未加注意。

贰

我在城隍圩住了五个月，已经中断的粤桂战争，旧火复燃，我们边防军再度奉命向广东进攻。原来在粤桂初期战后，陈炯明回粤，桂军回桂，本可相安无事。不意桂军败退回桂后，广西督军谭浩明取消自主，接受北京政府命令；而中山回粤之后，也把军政府招牌重新挂起，自任大元帅，以陈炯明为陆军部长兼广东省长，有统一两广之志。加以北京政府利用两广间的矛盾，进行离间挑拨，委前广东督军陈炳焜为梧州护军使，伺机窥粤，有卷土重来之意。这样一来，粤桂战事的延续已不可避免。到民国十年六月，战火终于爆发了。

这时广东方面以陈炯明为总司令，分兵三路入桂，广西方面，陆荣廷也分三路堵截。中路由陈炳焜指挥，在梧州对岸的大坡山布防，采取攻势防御姿态。主力军则置于两翼：左翼北路由沈鸿英指挥，由贺县、怀集东进，攻北江；右翼南路由谭督军浩明坐镇玉林，指挥攻高雷。

不久，左翼沈鸿英军入广东境，占领连山、阳山，颇有进展。右翼军亦迭获胜利，占领钦、廉、防城。我们第一路边防军于六月间自玉林出发，未几即攻克化县，而将高州合围。粤方高雷镇守使胡汉卿为湖南人，原系林虎部属，和我本是熟人。后因战局不利，胡氏率部向陈炯明投靠，被派为高雷镇守使，驻节高州。我们将高州合围时，胡氏未及逃遁，遂被困于城内。是日黄昏之际，我营首先爬城攻入高州。或许因为胡部军纪不佳，所以当我们攻入城内时，即有商民报告，说胡镇守使仍在城里，可能藏匿于外国天主教堂之内。我闻报后，即率卫兵向教堂搜索。在一个传教士的卧室角落里，我发现有一只大衣柜。我亲自将衣柜打开一看，果见胡氏躲在其中，满面胡须，低着头，状极觳觫。我对他说："胡汉卿先生，请你出来吧。"胡氏举首看我，浑身发抖，讨饶说："请你叫他们不要打死我啊！我们以前还是同事啊……"我说："请你放心，我不会伤害你的。我们朋友还是朋友。请你出来，请你出来……"

我随即把他送到司令部去，司令黄业兴和他也相熟，所以对他很优待。后来我军退却，就把他释放了。

我们攻占化县和高州之后，敌人因未遭受重大损失，旋即向我军反扑。其先遣部队约千余人，占领了高州通化县道上约三十里的石鼓圩，将我军后路补给线截断。上峰命蒋琦和我指挥步兵两营附炮四门，驱逐该敌，以维持后方交通。谁知该圩为防御土匪而筑有极坚固的石围墙，并有碉楼数座，无异一座要塞，短期内实难攻破。足见本军黄司令暨参谋人员疏于防范，致令此一重要据点落入敌人手中，而陷本军于不利的形势，殊可惋惜。这两营官兵以屡战皆捷的余威，数次冲锋，都为敌人火力所压制，无法冲入圩中。蒋琦乃和我计议，以为进攻之道，首在摧毁敌人的碉楼和围墙，碉楼和围墙一毁，则敌人瞰射的火力大减，我军便容易迫近，突入圩内。这些碉楼和围墙既是十分坚固，摧毁它一定要用山炮轰击，但现在炮兵放列阵地距目标过远，很难命中。蒋帮统和我乃决定将炮兵阵地推进接近圩场。又因间接地段很多，不能直接瞄准目标。不得已，只好推进距离该圩约一千五百米的土冈上，将四门山炮放列轰击。这时蒋帮统和我都站在山炮的侧翼六七公尺处，观察弹着点。因我们的目标过于暴露，又在敌人步枪射程之内，忽然枪弹横飞，密如雨点，官兵即纷纷躲避于阵地棱线之后，我和蒋琦身为指挥官，为官兵的表率，彼此鼓着傻劲，不肯随部属躲避，以示懦怯。不知为何，我当时有一种直觉，老是感到蒋氏处境甚为危险，而未想到我自己正处在同一危险境界之中。这感觉的产生，是因我忽然想起蒋氏和他的夫人曾屡次说过，他俩游遍大江南北，所遇算命看相的术士，都说蒋氏"过不了四十岁"。他自己也深信此说，因此放荡不羁，花天酒地的过日子。不巧，今年他正是四十岁。而去年在玉林崔某替我看相时，却说我遇险时能逢凶化吉。故当流弹鸣叫横飞之时，我就向蒋氏建议，此处目标太大，应向炮兵阵地左侧移动二三百公尺，以避开敌人火力。蒋氏同意，乃向左移动了约三百公尺。他站在我的左侧不到一公尺，我们两人正在用望远镜窥测炮兵发炮的弹着点，他忽然蹲下去，坐在土丘棱线之上，拿着望远镜继续观测。他蹲下还不到两分钟，我发现他身后突然尘土飞扬，蒋氏随即慢慢地仰卧下去。我立刻把他扶住，只见他两眼一眨，似"死鱼眼"一般。但他马上恢复正常，对我说，他受了伤。我和卫士将他扶离原地几公尺，在棱线后，以保安全。随即解衣检视，见他的小腹左下侧，为枪弹贯穿一小孔，流血并不多。蒋对我说："我现在受伤了，要去城里包扎一下再回来，这两营兵即请你指挥吧。"担架兵便把他抬走了。翌日，我便听说，他因子弹击中小腹，贯穿数层肠子，腹部发炎，不治身死了。倘当时我们不移动位置，或他不蹲下来，可能不致中弹。是则人之生死，殊未可逆料。后来见到蒋的夫人，她也说她丈夫的阵亡，恐怕是命里注定的。

直到第二天黄昏时候，我们仍仅包围该圩场，后更因炮弹用尽，补充不上，终未能达成任务。而粤军的援军又到，我乃奉命退守高州城。旋接密电，我们中路军陈炳焜部，已被粤军攻破，梧州失守。敌人分水陆两路猛进，一部在武林登陆，向玉林挺进，我军后路有被切断而陷于包围的危险。不得已，乃决定放弃高州，回师迎击粤军。时我被升为帮统，继蒋氏的遗缺。

这时粤军正在节节进逼，向高州合围。我军约七八千人，即就高州城郊抵抗，同时赶紧架设浮桥，俾便撤退。时值初夏，河水高涨，好不容易才把浮桥草草架成，先将辎重和炮兵撤退。敌人料到我军已成瓮中之鳖，进攻愈急。不幸阵地忽然被敌人突破，全线动摇，顿成混乱状态。大队都向高州城退却，群集河岸，争过浮桥，人马杂沓，混乱不堪。江涛汹涌，水流湍急，架设浮桥的材料，又只是些木板绳索。大军蜂拥过桥，桥弱人多，全军半渡，浮桥突断，而岸上不知，仍向前力挤。桥滑水急，桥上人纷纷被挤落水中。一时呼号之声，惨不忍闻。

当桥断时，我正在桥上，也被挤落水。在水中忽又被同溺的二人抱住双腿，三人一同沉入江底。幸而我这时神志尚清，先把右腿挣脱，然后用右腿猛踢抱我左脚的人的头部，那人才松了手，我乃脱身浮出水面。抬头一看，只见江面上人头攒动，马匹行李，逐浪翻腾，人号马嘶，哀叫呼救。溺者四处乱抓，万一被抓住，势必同归于尽。所幸我身体强壮，泳术不弱，躲开人群，抢游到对岸，虽自庆更生，但见袍泽逃生无术的，都纷纷逐波而去，此情此景，真惨不忍言。此外，随我有年、转战湘粤的那匹爱马，也被冲失，使我惋惜不止。后闻该马为前入湘护法曾认识的张韬所掳获，但不知确实否耳。

浮桥既断，未及渡过的部队只好沿江岸西行，和敌人且战且走，终亦渡到河的对岸，向玉林会合。后来听说河中溺死的并不多，可称不幸之中大幸。

过河之后，经信宜向广西北流县，到隆盛圩稍事休息。闻玉林已被围困，谭浩明不知去向。围攻玉林的系陈炯明之弟陈炯光所部，我们遂回师解玉林之围。敌人在玉林逐村固守，我们也逐村肃清，敌人不支，向北流、容县退去。我们孤军不明全盘情况，未敢远追。到防守玉林城的第一师陆裕光（荣廷长子）部向贵县撤退时，我军也退回玉林。在玉林住了两三天，我又被升为统领。这次由帮统升统领，为时不过十数日而已。

第十二章　六万大山去来

壹

在玉林勾留约六七天，因大势已去，我军又开始向横县退却。黄业兴仍派我为后卫。这时各方情况既不明，更是兵败之后，军纪废弛，士无斗志，沿途骚扰焚掠。我因担任后卫，有时看见落伍士兵，在抢掠或强奸，我总是上前去斥责一番。有的士兵看见官长，悄悄逃走，然持枪反抗的也大有人在。黑夜之中，我随从的卫士又不多，也无法管束。统兵者治军无方，为害百姓，罪大恶极，实难尽言。

我们从玉林撤退，途中总是每十五里或二十里一小休息，三四十里一大休息，每逢休息时，我总到司令部所在地去问究竟。我们的参谋长梁史是我陆小时代的学长（等于今日的队附或排长），他和我有师生之谊，可尽所欲言。一天晚间在路上休息，我便问梁参谋长前途开往何处。梁说："按计划，我们应开往南宁待命。不过现在陆荣廷等已通电下野（七月十六日），桂局全非，恐怕开往南宁也非上策。"

我问："那究竟怎么办呢？"

梁说："黄司令可能要把部队开往钦、廉、防城一带待机，将来免不了要受粤军收编的。黄司令是广东钦县人，所部官兵也是钦、廉人，所以他要开到那里去……"

我说："我统率的这两营，多半是广西人，与其开往钦、廉去受收编或遣散，倒不如就在广西被收编或遣散，离家乡还近些。……万一我部下的官兵不愿随大军向钦、廉撤退，则如何呢？"

梁说："如果你的部下不愿随大军远去，你又掌握不住，我看你只有自己酌裁了。我也没有什么意见。"

我回到我的部队里后，部下的官长都纷纷来探问究竟。有的就提议说，黄司令现在带兵去钦、廉，我们广西籍官兵，与其到钦、廉受编遣，还不如留在广西。我说我正在考虑此事，诸位意见如何？有人即主张将部队开入粤、桂边境的六万大山之中，暂避一下，再作决定。总之，钦、廉是去不得的。我说："我正有此意，我们就这样决定吧。"

天明之后，我们已走近六万大山边缘，傍午时分，我军已抵达城隍圩附近。我借口休息，命令所部停止前进，并召集各部队长官商议，大家一致赞同暂时将部队开入山区。六万大山本是有名的匪巢，为免士兵误会我们带他们上山落草，我命令各部队长官向士兵解释，我们只是到山中暂避，并非去当土匪。部署既定，我便命令各军掉转队伍，直接开进山区里去。直属司令部的炮兵一连，机关枪一连，都愿跟随我入六万大山。

前进部队见我部久未跟来，黄业兴顿生疑窦，因询问参谋长梁史。梁说："李统领因所部都系广西人，恐不愿随军去钦、廉，所以中途停下了。"黄司令即派一参谋赶来劝我，我只好以实情相告。黄业兴闻报后，其部下有主张派兵回来强迫我一同前进的，但是梁史暨黄本人都不以为然。他们深恐派兵来追，引起自家火并，反为不美。现在大局已起急剧变化，不如各奔前程为是。

黄司令统率大军开走之后，我部约千余人遂在六万大山住了下来。六万大山本就险峻荒凉，加以历年为土匪盘踞和官兵清剿，山内庐舍为墟，耕地荒芜。我们开入后，只得就地露宿。山中极少平地，部队只好化整为零，由各小单位觅地住宿。有帐篷的便架设帐篷，无帐篷的便结草为庐。

我们边防军本自护国军改编而来，在讨龙、护法诸役中，都立有战功，蔚为广西一支劲旅。今日兵败之余，遁入高山，形同落草，景象全非。全军千余人，露宿荒野，各项学、术训练，因无操场课堂，一时俱废。官兵心理上都有异样感觉。无知士兵以为我们真的落草，上山来称王扎寨的。官长中也竟有提议"出去打几趟生意"的。我有时出巡视察各宿营地，但见平时赌禁森严的我军，竟有席地呼卢喝雉，摆摊摸牌的。也有哼小调，讲笑话，练拳腿的……各行其是，其乐融融，也别有一番天地。

我们露宿了一宵，翌晨发现俞作柏营长所属两连官兵于黑夜潜逃出山。这两连官兵多半是钦、廉人，不愿留在六万大山，所以乘夜逃去。当时，有人主张派兵去追的，我竭力反对。当初我们留下，黄业兴不来追，今日他们离去，我也主张由他们去罢，何必强留。

我们在山中住了不久，忽然发现另有部队数百人开入山来。最初我们以为是敌人前来搜索，后来看见不像准备作战的模样，派人前去查询，才知是友军，也来山中躲避的。他们一共有四连官兵，枪械齐全，由营长陆超率领。陆部原为莫荣新系统下的部队，莫氏败走，他们未及退却，遂为粤军所收编，开来粤、桂边境作战。因为我军初期胜利，他们又叛离粤军，不料我军旋即再度败绩，他们无处容身，乃避入六万大山，躲一躲再说。他们对我李某人原都知道的，听说我已先期入山，他们极愿前来"合伙"，我当然把他们收容下来。

再过两天，我们又发现有部队入山，约有两连之众，经过情形和陆部大致相同。由一位姓徐的营长率领，也愿归编我军。后来徐君因见我无适当名位安插他，便独自离去了。两连官兵即拨归俞作柏节制。截至此时，在我指挥下，驻在山中的部队共十余连，约两千人，据险自保，声势相当浩大。我驻了一个星期，军粮饷项渐感拮据。所幸离此地不远的城隍圩，便是我以前的防地，人事很熟，当地耆绅以前对我都很推许，其中也颇多富户。故这次军中缺粮，我便派员分头去拜访绅商，请求接济。当地绅士即组织起来，为我筹划一切，军粮遂有了着落。

百事粗有头绪之后，才知粤军溯西江而上，已占据南宁。中山先生也准备由漓江赴桂林，并委马君武为省长。广西部队除少数受改编外，大部分都潜伏各县农村，进行游击，对抗粤军。其中武鸣、都安、那马及左、右两江的势力尤为雄厚。故粤军尚在源源开入广西，由玉林经城隍圩往南宁的部队，络绎不绝于途。那时企图收编我军以扩充实力的，大有人在。首先派人前来接洽的便是陈炯明之弟陈炯光，次为钟司令景棠。我因深知他们的用意，所以他们的收编计划我全未接受，相反地，我向粤军当局提出了收编的条件。我的条件是：（一）不受任何单位部队的收编。我要直属于粤军总部，成一独立单位。（二）我要一职兼两省的头衔，不愿直属于任何一省。我这些条件原为防止有被乱行调动，而被无故缴械的危险。谁知出人意外，陈炯明对我的条件完全接受了。因此我部遂受编为"粤桂边防军第三路"，我被派为本军司令，由陈炯明下令，开往横县"点名"。

贰

陈炯明所以能完全接受我提的条件，后来我才知道，原来桂军各地残部仍在抵抗。且在南宁西部实行反攻，并迭获胜利。我部在林虎军中向以能战闻名，陈炯明深恐我部和其他桂军合流，对他实行夹击，所以他急于收编我，而接受我所提出的一切条件。可是在收编后，却不发粮饷，仅命我将部队带往横县，听候"点名"。

陈氏这命令，使我身为主帅的人，颇感进退维谷。一则陈氏意不可测，开往横县甚或开往南宁，有随时被缴械遣散的可能。再则，我部久困穷山，军纪难免废弛，本已不易掌握，加以士兵衣履破烂不堪，今大军开拔，竟无开拔费，士兵赤足行军，连草鞋都买不起。在这种情况下，军令自更不易贯彻。所幸士兵一向知道我军需公开，身无余财，并未克扣粮饷，所以尚肯服我。而我这时也只能以劝告方式，有时甚至亲自去拉他们前进。大军至此，直如一群淘气的孩子，且行且止，口中牢骚不绝。他们自知身无长物，唯肩上的一杆钢枪和腰间的百余发子弹是一笔财产。当时地方团队购枪，每杆值二百余元，子弹每粒二角。一个士兵如将其武器卖去，逃回乡里，可数年不愁衣食；而随军前进，却衣履不全，口腹不饱。在这种情况之下，我们部队的长官，只有苦口婆心，百般劝慰，才勉强将大军开出山区，走上通横县的大道。

　　这时粤桂边境，大兵之后，遍野荒凉，途经小镇，俱不见商民。因此时粤军方才过境，沿途奸掳焚杀，以致人民逃避一空。我们离六万大山后，向西进发，当日宿营于一小镇名叫寨圩，属广东合浦县。寨圩原有商民三四百户，有当铺数家，都筑有碉楼，平时也算是一繁荣的圩场。不过此次在过境军队焚掠之后，全市寂无一人。我们的士兵也有到已被掳掠一空的废墟中，寻找残剩衣物。有时我亲自上前阳止，士兵中有较为顽皮的，竟笑着向我说："司令，没有什么了，我们也只是来看看罢了！"

　　在寨圩宿了一宵，翌日我们便进入广西属的横县。横县民风强悍，地方团队组织尤为强固。我军入横县境后，沿路看见军人的尸体零零落落横于道左。也有若干人民的尸体杂在其间。经检查这里被杀军人的番号，发现都是粤军。后来听说，粤军过境时，纪律不好，为人民所仇恨，到大军过后，地方团队遂击杀零星落伍的军人，军队也还击，所以军民的尸体，杂陈田中，触目惊心。因此，每当我军中途休息时，我便指粤军遗尸为例，告诫全军，务必秋毫无犯，免蹈粤军覆辙，自毁令誉。当晚在横县境内百合圩宿营时，我便集合全军训话，三令五申：（一）本军不许占住民房。（二）本军对商民买卖公平，严禁强买强卖。百合为一极大圩场，有商民千余户，贸易很盛。为防士兵肇事，我特另组军风纪检查队沿街巡逻，以防意外。谁知第二天在街上，竟然有一士兵和一老太婆发生纠缠，被检查队所发觉。原来这老太婆有衣服一件被窃，她便怀疑是我部士兵所为。正好她在街上碰见这位士兵，提着一个普通老百姓的包袱。老太婆疑窦顿起，以为包袱内一定是她的失物，要打开检查，两人遂纠缠起来。检查人员排解不了，便命令该士兵将包袱打开，其中果有便衣一套，虽是旧衣，尚完整清洁。检查人员就问这老太婆，是否即渠遗失之物。老太婆似乎不敢承认，吞吞吐吐，不愿说出。检查人员以其不能决定，遂没有把赃物判交老太婆，而把这有偷窃嫌疑的士兵拘到司令部来，向我报告。

我问那士兵："你为什么偷人家东西？"

"报告司令"，士兵回答，"这些衣物不是偷来的！"

"哪里来的呢？"

"是前天晚上在寨圩的街上捡来的。"

这时我已决心整饬风纪，拟重办一二犯法士兵，以儆效尤。所以我说："不论你的东西是哪里来的，总是从民间非法取来的。非法掳掠民财，我要重办你！"

那士兵闻言，当然发慌，哀泣认错。我说："认错是不算数的，按军法还是要办。"最后他更哀求说，他是我临桂县两江圩的小同乡，冀求分外宽容。我见他用同乡之谊来请求宽恕，我更要以同乡之名加以重办，庶几大公无私，军威可立。治军之道，原要恩威并济，如今军纪颓废已极，不立威不足以挽颓风，我乃决定牺牲这名士兵，以整饬军纪。

计划已定，我便命令号兵吹紧急集合号。瞬息之间，全军两千余人已在圩前的方场中集合，围成一四方圈。圈中置一方桌，我遂将犯兵押到桌前，我自己则站在桌上向全军训话。略谓，我军是一有光荣传统的部队，参加护国、护法诸役，俱立有辉煌的战绩，功在民国。今日行军至此，愧未能保国卫民，反而骚扰百姓，殊为我军人之羞。现在这个士兵违反纪律，偷窃民财，人证物证俱在，然渠竟以为是本司令的小同乡，冀图幸免。实属罪无可逭，当按军法议处，就地枪决。嗣后，如有任何违法官兵，干犯纪律，也必按律重办，决不宽恕云云。语毕，遂命令将该士兵就地枪决。

这时全军寂静无声，四面围观的民众，也暗自咋舌，赞叹我军军令如山，纪律严明，为历年过往军队所未见。自这番整顿之后，全军顿形严肃。令行禁止，秋毫无犯。所过之处，军民都彼此相安。

但是，我每想起这件事，即感内疚。这名士兵劫取民财，有物证而无人证，罪不至死。且我事后调查，那套衣服确是从寨圩废墟中捡来的，而他也确是我两江圩的小同乡，他家与我家，相去仅七里。他那时如不说是我的小同乡，我或不至将他处死，正因为他说是我的同乡，我才决定牺牲其性命以整饬军纪。虽然那时军纪废弛，非如此不足以挽颓风，然这士兵本人多少有点冤枉。我之杀他实是一种权术的运用，而非治以应得之罪。我的一生最不喜用权术，而生平只用这一次，竟用得如此残酷。虽当时情况使然，实非得已，数十年来，我每为此事耿耿于怀。

叁

本军在百合圩住宿一宵后，翌日再向横县进发。过乐民圩再渡过邕江便是横县。当我们军次乐民圩，离横县约十余里之地，陈炯明忽派点验小组一行数人前来。说陈总司令现正在横县，命令我军即刻停止前进，不得渡河，就地点验竣事，即刻回师，到北流县驻防。陈氏此令是何用意，我当时不得而知，但我本人不愿孤军去横县，恐陈氏心怀叵测。现在他忽然命令停止前进，对我说来，实是"阿弥陀佛"，求之不得。

奉令之后，我们就在乐民圩驻下，听候点验。这时我军共有人马约二千左右。步枪一千零四支，德国克鲁伯厂制水凉重机枪（俗称"水机关枪"）六挺；广东兵工厂制气凉重机枪（俗称"旱机关枪"）四挺。另有德国克鲁伯厂制七生的五退管山炮四门。我军的编制是：司令之下辖两个"支队"。支队设支队司令。第一支队司令为李石愚，第二支队司令为何武。每支队下辖二营，每营直辖四连，每连辖三排。每连有步枪九十支。所以按编制，我的第三路边防军的两个支队共计四营，凡十六连（内有直辖炮兵一连），轻重武器俱全，军力可说是相当强盛。

点验既毕，粤桂联军总司令部乃发给我军二十天伙食费。计士兵每人每天伙食银二角，官长加倍。发散既毕，总司令部即命令开往桂东北流整训。这时陈炯明正驻节横县，我想一探粤军虚实，暨打听战事发生情形，乃假名采购，派徒手官兵十余人，随点验小组去横县一行。小组负责人最初严拒我方人员同行，说为何不在百合圩一带采买，何必去横县。我们的理由则是，大兵之后，百合圩一带商民逃散一空，已无物可购，势非随小组往横县不可。

听了"采买"人员回来后的报告，才知道自百合圩到横县沿途和邕江渡口两岸，戒备森严，如临大敌。因陈炯明深恐我伪装收编，阴图异动。我所派去的"采买"人员，虽是徒手，沿途也横遭阻挠，若非有点验小组同行，断难通过。他们到了横县，消息才豁然开朗。我们自入六万大山之后，几与外界消息完全隔绝。因为当时既无无线电，也无电报电话可资联络，甚至报纸也是早几个月前的旧报，消息全失时效。他们到横县后，才知道桂省当局虽已下野，而散在各处的桂军仍在游击抵抗，粤军追击焚掠很惨，而桂军的抵抗也变本加厉。最近武鸣一役，粤军惨败，南宁震动，所以陈炯明亲自赶往南宁坐镇。他刚到横县，即闻我军师次百合，他深恐我响应武鸣桂军向彼夹击，所以命令我停止前进，折回东部驻防，免与桂西各残部合流。这时我才恍然大悟陈炯明所以戒备森严的道理。

于是，我军遵令东开北流。北流在玉林之东，也是玉林五属的一县，尚称丰腴。到北流后，陈即派来上校参谋和中校参议各一人，长期住在我的司令部里。名为联络参谋，实是监军，防我心怀异志。我在北流将本军十六连分驻城郊训练，并随时剿匪，因玉林五属向以匪多出名。

我在北流住下不久，陈炯明忽又派高雷镇守使胡汉卿率兵数千驻于玉林城内。其意或在就近监视我的行动。胡氏就是前在高州为我所俘，后将他释放的。谁知事隔不到三月，他又以我的监视者身份出现。

我对胡氏的驻兵玉林，虽未十分注意，而胡氏对我则颇感惶恐。胡氏因非将才，加以所部人械有限，益发胆小。渠所率三数千士兵，悉数蜗缩玉林城内，不敢外出。平时将城门紧闭，因北流在玉林之东六十里，所以胡氏只开玉林西门，阖城商旅概由西门出入，其他三门则白日长扃。初闻传言，我尚不信，后为酬酢，赴玉林拜访胡氏，也由接待人员导从西门进城，才知传言无误。加以所见玉林城乡胡兵戒备的情形，遂深知胡氏奉命驻军玉林的用意。

胡氏性喜聚敛，胆小无大志。全军都在城内，占住民房，强买强卖，弄得阖城骚然，里巷啧有烦言。陈炯明回粤初期，颇思有所作为，凡渠号令所及之地，烟、赌一概严禁，很有一番新气象。可是胡汉卿屯兵玉林时，公开包赌抽捐，革新空气荡然无存，而绅商路谤却与日俱增。于是他在玉林驻了些时，见我并无异志，遂请调回高雷去了。

我驻兵北流时的作风则正与胡氏相反。不住民房，不派捐税，严禁烟赌，公平买卖。士兵与当地商民相处，宛如亲人。与玉林对照，判若霄壤，所以我军颇受当地人民拥护。但是正因为如此，我军的饷糈遂日益艰难。总司令部所发的，只是些微的伙食钱，绝难维持全军的费用。按往昔驻军通例，总是就地取材，派捐包赌，甚至无理勒索，随意苛求，居民也不以为异。然我驻军北流，决心不随例出此下策。在紧急关头，我曾将司令部内所存伤病官兵缴回的闲枪中拨出一百支，每支配子弹二百发，折价每支一百五十元，售予当地防匪的地方团队，得洋一万五千元，终于未取民间一芥而将难关渡过。

就在我们军饷十分困难之时，南宁的粤桂联军司令部不特饷金欠发，陈炯明反而下令要我军将山炮四门交出。他的理由是，我的第三路原是步兵，不必有炮。缴炮的命令一到，两位联络参谋就时时来催。我即行文总司令部婉拒。我的理由则是，玉林五属，盗匪如毛，且此地随处皆有碉楼，万一为匪所盘踞，官兵如无山炮，绝难攻坚。为清剿土匪，此四门山炮断难交出。陈氏见我词意坚决，知不可动，遂未坚持。

但是他随即又电召我去南宁报告。这原是一个难题。当我在司令部集会讨论此事时，部下官佐，都认为我既未遵命交炮，陈总司令疑虑已久，如贸然前去，恐遭不测，因此都不主张我去南宁。而我本人则期期以为不可。我如不去南宁，是自示携贰之心，故违军令，反为不美。所以我便告诉他们说："我去南宁设有不测，那时诸君可自作决策。如总司令意在缴械遣散部队，而诸位认为可行且系应该，则诸君可不必以我为虑，径自遵命缴枪便可。如诸君以缴枪、遣散为不可，则高举义旗抵抗可也。我军转战千余里，大小十余战，声名赫赫，谅亦不致任人轻取。总之，诸君见机行事，千万不必为我而投鼠忌器……"商酌部署既定，我便自北流到贵县，乘船溯江到南宁。

肆

到南宁后，陈炯明就在总司令部召见我。这是我第一次见到那时声势煊赫，后来竟因背叛中山先生，终至声名狼藉的陈炯明。他召见我的地方是在总司令部的客厅里，这客厅十分宽敞。陈氏高高上坐，离我很远，双方都须大声说话，才能听得清楚。

陈炯明身材魁梧，一表非凡。但是他有一个最大的缺点，便是他总不正眼看人。和我谈话时，他远远地目光斜视，殊欠正派。孟子说"胸中不正则眸子眊焉"，大概便是如此。这或许也因为他是近视眼的关系。我们用广东话交谈了几句，未着要领，他就叫我出来了。

照例，高级长官召见远道而来的部下，总要垂询一些军中情形，随机慰勉训示，甚或设宴招待，以示慰劳激励之意，庶可使部曲畏威怀德，上下归心。但是陈炯明召见我则不然，三言两语之后，遂无下文，或许他是很忙，也没约我吃饭。关于缴炮的事，他也没有向我说及，百事就这样不了了之。

陈氏当时在西南是煊赫一时的风云人物，位居粤桂联军总司令，连战皆捷，所向披靡。再加以革命为号召，敢作敢为，作风新颖，为人廉洁，颇为物望所归。可惜他究系文人，将兵非其所长，更兼性多猜忌，气量褊狭，除亲友故旧以及潮、梅同乡之外，对一般袍泽以及赴义来归的官兵，都视为外人，难于兼容并包。此实系陈氏不治之疾，非因此丧志辱身不止。陈氏后来叛孙失败，蛰居香港有年，住于罗便臣道九十二号。我在民国十八年中原战争失利后赴港，也曾住于该宅。同年，李任潮（济深）被禁闭于汤山，民国二十年获释来港，也赁居于是。我们三人都是在大陆政争失败后来港，才居住其中的，实是一桩趣事。此屋后为李任潮所购得，任潮附共后，为响应中共抗美援朝捐款，闻已将该屋售去了。我在民国十八年住于其中时，陈炯明曾想来看我，为我所婉拒。由于一般国民党人因其背叛中山，目为党的叛徒。我当时虽与蒋先生政见相左，然此是我二人私人闲事，我本身则始终未曾脱党。为免党内同志们误会，我拒绝了陈氏的访问。所以我平生只在南宁见过陈氏一面。

在南宁我还去拜访过当时中山所委的广西省长马君武。马氏也是临桂县人，和我更多一层乡谊。他是欧洲留学生，精通英、法语。年方四十开外，风度翩翩，谈风甚健，为人亦和蔼可亲。他一见到我就发牢骚，说他虽为省长，但号令不出郭门，全省各地都为驻军盘踞，无人约束。他并告诉我，关于军饷弹械，不能倚靠他云云。同时我也以乡谊请他向总司令缓颊，不要再追缴我的四门山炮，马氏也一口承诺。我们在南宁过从五六次，厮混得很熟，我对他的印象极好。

马氏是留学生，目击西方物质建设的进步，自然十分心折，一旦身为省长，殊思有所兴革。他首先注意的便是交通建设，截至此时，广西尚无公路。陆荣廷当政十年，只修了一条马路，自南宁通到他祖居的武鸣故乡，为他一人的方便，其他一概无有。马氏仍决定修公路，但费尽九牛二虎之力，只修了五里路，无功而罢。

我在南宁住了十来天，也没有多少公事可办，除有少数同学故人来访外，和军政各界的接触并不多。而招待我最殷勤的，却是当时桂军第一师师长刘震寰。刘氏是一位极富戏剧性的人物。他原是广西桂林师范学生，柳州马平（今柳江）县人，清末时加入同盟会搞革命，联络绿林是其所长。因陈炳焜和他同乡，陈任梧州护军使时，援引他为统领，率领他收编的土匪两三百驻守梧州左侧背的木双。中山援桂时，刘向粤军通款，放粤军由

116

木双击梧州背后，陈炳焜因此放弃梧州而逃。刘便于民国十年六月二十一日率部进入梧州，通电附义，自称桂军第一师师长。电文中力数陆、谭等罪行，语极尖刻。当时广西人士对陆、谭虽无好感，然亦不直刘震寰之所为。他的师长名义大约是粤军前方指挥临时给予的。陈炯明接到这份通电，颇为诧异，在桂军宿将中，刘震寰之名不见经传，何来此"第一师师长"？因电令前敌总指挥叶举逮捕刘某，就地枪决。叶举因粤军其时正多方号召桂军赴义，故认为杀降之举为不智，再三为其说项，才为陈炯明所优容。这次我到南宁，刘震寰竭力拉拢我，其目的是想收编我部，委我为他的"第一师"中的旅长。但我对刘的观感：第一，刘氏非军人出身，原不知兵，我雅不欲为一外行军人的部属。再者，刘氏原无基本部队，一时荣显，全仗其投机取巧得来，收编一些乌合之众，不堪一击。而最重要的一点，还是他的为人。他临阵通敌，已非军人本色，而通电过度诋毁原来长官以取媚于新主人，尤属可耻。所以他虽派员与我殷勤周旋，我始终无动于衷，没有上他的圈套。

第四编

统一广西

第十三章　孙陈失和与自治军成立的经过

壹

我在南宁见过了陈炯明，住了十来天后转回北流原防。在南宁时我已微闻粤军内部发生龃龉，两粤政局又有山雨欲来之势。当时因消息不灵，不知其事本末，事隔多年，我才知道其基本原因在于孙、陈失和。中山先生是民国十年四月在广州由"非常国会"选为大总统，而陈炯明则经中山一再提拔而任为粤军总司令。他二人如不能合作，则两粤政局必然会起极大的纷争。

原来粤军入桂打倒了陆、谭，陈炯明为彻底消灭桂军残部，乃溯江西上，驻节南宁，志在从事改革两广政治，然后缓图发展，原亦未可厚非。但中山统一两广之后，适逢直、奉酝酿大战，奉张向中山求援以夹击直军，中山亦认为北方军阀中势力最大最强横的是曹锟与吴佩孚。"擒贼先擒王。"要铲除军阀，必先从直系下手，奉系既来通款曲，则暂时与之合作，亦为革命党政略上应有的措施。中山乃决定乘机北伐，即在桂林组织大本营，意图假道湖南北上，而窥长江。这时中山除原有的粤军许崇智、李福林所部之外，游散各地前护国、护法各军，如朱培德所部的滇军，彭程万所部的赣军，和谷正伦所部的黔军，也纷纷入桂附义，声势颇大。民国十一年春，一部分北伐军且已进入湖南边境。然此时一则因孙、陈的主张相左益甚，陈氏不但不支援北伐，并百计阻挠其实现；二则因湖南省长赵恒惕为巩固地盘计，不愿卷入南北政争的旋涡，借联省自治之名，发动民意机关吁请中山体念湘省历年兵燹之苦，万勿假道湖南，以苏民困。中山见内受陈炯明的掣肘，外受赵恒惕的阻挠，乃于民国十一年三月二十六日在桂林大本营开会，决计变更计划，调在桂林亲信各部回粤。四月十六日，中山师次梧州，电召陈氏至梧会晤，陈不敢应召，一面急电坐镇南宁的前敌总指挥叶举班师回粤，一面呈请辞去本兼各职，作为消极的抵制。四月十九日，中山颁令准陈氏辞去广东省长暨粤军总司令的兼职。陈氏本人却退往惠州。中山见陈非大患，即按照原定计划，取道韶关，入赣北伐。出师未捷，在后方的陈炯明忽令部将叶举率师回省。中山闻讯，仓促赶回广州坐镇，六月十五日终于发生叛军炮轰总统府情事，中山因此离粤，粤事遂益发不可收拾。

所以孙、陈失和，以及国民党的内讧，实是两广政局转变的一大关键。然孙、陈失和的主因，实系两人政见的不同，非纯然为意气之争。中山先生自矢志革命之时，即以全国为对象，不愿局促于一隅。以故中山力主北伐的动机，原系孤注一掷，胜负殊未可必。但是把握时机，不计个人成败，原为革命家的本分。加以先生气魄雄伟，敢作敢为，尤非常人所能及。故不辞冒险，期达目的。

至于陈炯明，其平生抱负，任事作风，处人态度，都恰恰和中山相反。陈炯明自始就没有问鼎中原的大志，加以其时联省自治之说正风靡一时，陈氏及其部曲，均心向往之。他们认为中山的北伐，绝无成功的希望，与其以两粤的精华，作孤注一掷，倒不如切实整顿两广，待羽毛丰满，再相机北进。其所见亦未始非稳健之策。所以他叛变之后，北方的知识分子如胡适之等，竟公然同情陈氏，甚至有说陈炯明叛变为"革命"的。然陈氏最大的错误，在于其为人有欠光明磊落。他身为革命党员，受中山的厚托，揽军政大权于一身，如以中山北伐计划为不可行，大可剀切陈词，力辩此计划的非计。如中山不纳，也大可洁身引退，以见一己的坦诚无私。做一个革命党人，原应以国家民族为重，不能盲从领袖。而陈炯明既不敢公开提出自己的主张，对中山的计划又口是而心非。到了最后关头，竟至唆使部曲叛变，不论公谊私交，陈氏都不应出此下策，沦为叛逆，实不可恕。

我由南宁回到北流不久，驻在玉林的胡汉卿部于民国十年十二月十日撤往高州，我部遂接防玉林。到翌年四月下旬，粤军向广东仓促撤退。玉林地处粤、桂交通中枢，陈炯明电调我驻防贵县，将玉林五属移交陈炯光接防，以预防我乘机袭其后。嗣后，我曾赴郊外迎接陈炯光，陈氏随他的大队人马向北流而去，并未入城停留，只和我应酬了三言两语，说罗统领即将到玉林驻扎，嘱我稍候，以便接洽。我因恐粤军恃众围缴我部枪械，故特令部队避开大道，从小路先行开拔。我自己则带了特务营一连，等候罗统领到来。继而自思，既已和陈炯光见了面，何必再敷衍罗统领呢？遂不再等他，即刻上道。不料走了才十余里路，忽有粤军军官两人率士兵十余人跟踪赶来，说罗统领有事须和我商量，请我折回玉林。我说，已和陈司令接头过了，现须赶路，无暇和罗统领见面了。两军官苦苦要求，无奈我意志很为坚决，他们只得掉转头回去了。旋于途中，得当地人民报告说，我的部队曾在离兴业县城二十余里某隘口两侧设伏，袭击粤军。罗统领亲率官佐三数人殿后，坐了轿子，杂于队伍行列中，缓缓向东行进，毫无防备。骤遭袭击，手足无措，遗弃轿子，落荒而走。我军掳获械弹辎重不少。我到兴业县城后，查明确有此事，系俞作柏营长所为，他料我在玉林不会逗留多久，忽出此一举，几乎陷我于不测。罗氏初被袭击时，以为是土匪或民团企图劫取枪械和财物。但旋即觉得土匪和民团不会有如此沉着的作战经验和强烈的火力，乃怀疑是我军有计划的行动，所以派员追来，要我折回玉林，问个明白。幸好我认为他们既班师回粤，已无再和他们周旋的必要，不肯折回玉林。否则，后果不堪设想。事后思之，此一机运关系我个人的安危实在不小啊！

我在行进中在兴业县城和桥圩住宿了两宵，第三日到达贵县。不料贵县刚发生了一桩不幸事件。当中山放弃桂林，班师回粤时，特派广西第一师师长刘震寰为广西善后督办，驻节南宁。省长马君武见两粤政局突然发生变化，龙州、百色、左右两江地区，以及南宁附近各县，因粤军撤退，散军土匪遂蜂拥而起。省会竟呈现风声鹤唳的状况，乃决计率省府一部分重要职员和卫队一营，分乘轮船数艘，迁往梧州办公。当他们到达贵县时，正值春夏之交，水小河浅，轮船不能夜航，遂在县城下游约一里的罗泊湾对岸停泊过夜。适我军第一支队司令李石愚率领俞作柏及陆超各一营先马省长一日抵达贵县。俞营长以警戒为名，于午夜派兵潜至泊船地附近，鸣枪呼喊缴械。一时枪声大作，马氏等宿在船上，无处躲避。马氏身边随侍的爱妾深恐马氏受伤，乃伏于马氏身上以作掩护，不幸竟被子弹射中要害身死。马氏的卫队营卒被缴械。翌日，我于途次闻报，连忙赶到贵县，即赴船上向马省长慰问道歉。马氏大发雷霆，说如要缴械，只消说一声，便可唾手而得，何须开火，以致酿成惨案呢？我处此场合，异常尴尬，只有自承约束部曲不严，致发生此不幸事件，连声赔不是。值此混乱时期，马氏亦深知我不在贵县，对俞部实不易约束。事已如此，夫复何言！乃愤然命令开船下驶，行抵梧州，遂力辞省长之职，由省府财政厅长杨愿公暂代[1]，广西由此而入无政府状态。于是，散军、土匪、恶霸，更无忌惮，一时全省鼎沸，形成前所未有的混乱状态。

---

　　① 据梁烈亚写的《改造广西同志会的成立及其斗争》一文中说，杨愿公是政务厅长。（见《广西文史资料选辑》第六辑，第180页）

贰

我军在贵县驻扎不及半月，玉林五属的粤军早已悉数退出。地方官吏暨人民团体纷纷来电，请我回师坐镇玉林五属，以维持地方安宁。我军驻该区日久，较之粤军军纪严明，军民感情融洽。今日既然地方无主，官民一致请我回师驻防，我也觉得义不容辞。于是，除留一部分队伍在贵县维持治安外，其他的即于十一年五月上旬开回玉林五属。这时广西全省骚然，治安殊不易维持，本军枪支不足一千，只得勉力为之。旋容县亦请我派兵驻防，一共七个县份。我四处张贴布告，严申军纪，并禁止外县散军窜入我防地的范围。在全省干戈扰攘之际，我一面整军经武，一面修明地方吏治，使人民能安居乐业，成为当时广西仅有的一片干净土。孰料此即我日后披荆斩棘，削平群雄，统一广西，参与北伐，使八桂子弟足迹远达山海关的起点。

就在我军返驻玉林期间，广西已成无政府状态。刘震寰虽有人、枪七八千，仍感势孤，全军畏缩于南宁附近，不敢远离。各地军政体系遂无形瓦解。前陆、谭流散部属有二三万人，其中有经粤军收编，现已与粤军脱离关系的；也有在陆、谭败后，暂时隐匿而志图规复的。他们遍布广西全境，各不相属。人枪较多的，自封为"自治军总司令"，或师长、旅长。人枪较少的，则自称为司令、帮统、营长不等，各视本身势力而定。割据一方，派县长，设关卡，征钱粮，各行其是。

那时势力较大的，首推刘日福、陆云高、陆福祥、蒙仁潜、林俊廷、陈天泰、张春如、梁华堂诸人。刘日福原为桂军宿将，粤军克南宁后，刘率部三四千人退入云、贵边界的百色，和粤军相持。粤军退后，刘收拾残部，自称"广西自治军第一路总司令"。次为陆云高，他原为陆荣廷所部广西陆军第一师第一旅旅长。第一师师长为陆荣廷的长子陆裕光，故该部装备极为精良，为陆氏部队中的精华所在。粤军占领期中，陆云高部驻于宾阳、上林、都安一带。至是，陆也自称广西陆军第一师师长。另一支有力部队则为陆福祥，自称广西陆军第一独立旅旅长。有人枪三千，驻于武鸣、那马一带。粤军退后，即图规复南宁的，就是该旅。等而下之，则有蒙仁潜，有人枪二千余，自称边防军司令，驻在隆山、忻城附近。在桂林则有赌徒梁华堂，亦纠众二千余，自称"桂林自治军总司令"①。驻于龙州、靖西、边关一带的，则有李绍英，有人枪二千，自称"龙州边防司令"。柳江方面，融县有何中权，来宾有韦肇隆，武宣有陈天泰，桂平有刘权中，平南有张春如，各有两三千人不等。谭浩明之弟浩澄、浩清也各有人枪千余。这些自封的将军们大半系行伍出身。其中地位较高的为林俊廷，曾任镇守使，唯此时仅有人枪千余，驻于黔桂边区。总之，这时群雄蜂起，各自称霸称王，互不相属，远交近攻，以大吞小，闹得一团乌烟瘴气。

这时广东孙、陈之间已成水火，无暇顾及广西，而刘日福自称"广西自治军第一路总司令"的通电已经到来。刘日福、陆云高、陆福祥正进军南宁，企图驱逐"反骨仔"刘震寰，其他各处也都各自独立，我们和陈炯明的关系也无形中断。于是，我部下的官长和五属绅商乃一致建议我取消"粤桂边防军第三路"的番号，改称"广西自治军第二路"。我就在五属绅商和本军袍泽一致拥戴之下，于五月下旬通电就职为"广西自治军第二路总司令"②。

① 据虞世熙写的《桂东地区自治军活动状况及地方纷乱情形》一文中说，梁华堂自称"广西公民自治军总司令"。（见《广西文史资料选辑》第三辑，第167页）

② 据黄绍竑写的《新桂系之崛起与两广统一及大革命北伐》一文中说，李宗仁是"广西自治军第二军总司令"。（见《广西文史资料选辑》第六辑，第21页）

我们成立自治军的用意是多少有些排外性的。因此次粤军援桂，极尽焚掠的能事。其原因则是桂人治粤甚久，粤人颇感不平，一旦有了机会，即大事报复。例如粤军魏邦平所部在平南时，曾因细故烧毁村落数十之多，惨不忍闻。又如粤军在桂滥发钞票，强迫商民十足通用，这种钞票限用于广西境内，一旦粤军离境，即成废纸。故此次粤军入桂后，桂人对一切客军都深恶痛绝，一闻粤军离桂消息，即纷纷成立"自治军"。"自治"也者，免为他人所治之谓也。而五属人士之所以拥戴我为"自治第二路"，更有不受其他自治军控制之意存乎其间。

五月二十二日，南宁刘震寰部七八千人为当地自治军击溃，逃入广东钦、廉一带。省会遂入桂军的掌握。此时，在南宁的各自治军首领，颇觉有重设省政府，统一广西军政的必要。六月初，刘日福、陆福祥、陆云高和蒙仁潜乃联电约我去南宁商讨桂局善后事宜。我当然义不容辞，应邀前往开会。这是我初次和他们会面。他们四人都是五十开外的老年人，除蒙仁潜系秀才出身外，其他三人仅略识之无，而我则是不足三十岁，受过完备的教育的青年，和他们在一起，显得十分不调和。

至于他们的所谓"开会"，也是不成其为"会"的。大家约好了每日开会一次，便在原来的督军署的会客室内谈起来，既无主席，也无记录。坐得不耐烦了，就趴到桌子上去。说起话来，也非常粗鄙。饿了便招呼勤务兵去买几大碗米粉来，在会客室内围桌大嚼，实不成体统。

他们四人之中，以刘日福最为老实，赳赳武夫，毫无心计。陆福祥则豪爽痛快，虽识字不多，却是极诚朴的好人。因此我们所谓开会，实在都是陆云高和蒙仁潜的主意。他们两人是极狡猾而有野心的人物。最后，他们搬出两颗用黄缎包裹的大印，一为广西省长的印，另一为财政厅长的印。蒙氏发言说，现在广西无主，理应有一位综理全省政务的省长，一位管理税收的财政厅长，和一位统率全省自治军的总司令。我们正在讨论省长人选时，蒙仁潜忽然站起来，把省长大印抢了过去，说："我是秀才出身，省长应该由我来做"。蒙说完之后，陆云高也手忙脚乱地站起来，把财政厅长的大印抱了过去，说："财政厅长由我来当吧！"

蒙仁潜问我道："德邻先生，有什么意见吗？"

我说："凡是诸位的决定，我一概无成见！"他们再问陆福祥，陆说："我管他娘什么省长，什么财政厅长，老子没有了饷，只知道向财政厅长要饷啊！"

刘日福是老实人，没说什么不平的话。陆福祥说刘的防地好，有黑货（鸦片）经过，军饷不成问题。他们又主张联名拍一电报给林俊廷，推戴他为全省自治军总司令，因林氏曾任镇守使，地位较高，所以请他来当此职。林氏当时避居在黔桂边境，久未回电，所以总司令一职也就算了。林俊廷也是一有趣人物，他虽官至镇守使，却一字不识。一次，他责骂他的秘书们，为什么有客来访而不报告他知道，只留下一张名片。随从的秘书解释道，这原是你老人家自己的名片。林又骂道，何人敢把我的名片倒放在桌子上，好大胆啊！我在南宁住了一星期便回到玉林防次。蒙仁潜虽然做了省长，仍旧号令不出郭门。陆云高的财政厅长，也只能在南宁一带收收税罢了。这时既然全省骚然，军政无主，我回到玉林后，也只有尽一己绵力，在可能范围之内，使防区内的人民安居乐业。

叁

我身为广西自治军第二路总司令，驻防于玉林等七县之内，无形中成为这七县之内唯一的军政首长，因而对辖区内军政民政的处理也义不容辞。为承当此项意外的职务，我只好将自治军总司令部扩大组织，军政之外，兼管民政。总司令之下设秘书处长一人，特自南宁请来黄钟岳君担任。黄君前清秀才出身，为人廉洁而干练。陆、谭主政时，曾在民厅及财厅任科长，也曾任县长，颇有政声。承他日夜辛劳，多方匡我不逮，深庆辅翼得人。黄君后来曾任广西财政厅长很久。大陆易手后，寄居香港，贫病交加。民国四十一年逝世时，竟至棺椁无着。追思共事三十余年，劳瘁过人，狷介自守之情，骤闻长逝，实不胜其凄恻耳。

至于本军参谋长则由黄旭初君担任。黄君老成练达，与我有同窗之雅，并曾入陆军大学深造，谨小慎微，应对如流，全军赖其辅导，上下归心。嗣后我军竟能戡平八桂，问鼎中原，渠早年主持戎幕，为本军打下良好基础之功，实不可没。黄君其后主持广西省政达十九年，泽被桑梓，亦非幸致。

秘书处长之外，并设民政、教育、财政各科，分掌辖区内各项行政事务。务使各项政务照旧施行，不因战乱而稍受影响。然军政大权的决策，均操之于我一人，职责极其繁重。

我那时虽尚不足三十岁，所幸我生平治事谨慎，自奉甚俭，一切为当地人民和本军上下官兵的福利着想，所以颇为各县军民拥戴。当地绅商各界都称赞我为人少年老成，而诚心服从我的领导。本军官兵因我大公无私，赏罚严明，所以生活虽苦，亦无怨言，并且上下协力，颇有朝气蓬勃的现象。

我军上下的生活相当艰苦，全军仅有伙食费可发，别无薪饷。士兵每人每日领伙食费小洋二角，官长不分阶级，每员每日四角。此外，各级官长视官阶的高低酌发"公费"若干，为数也极有限。但是因为我对财政绝对公开，收支情形，不特全军上下，乃至各界人士俱可一览无余。是以军民能合作，全军上下尤能一德一心，为救乡救国而奋斗。

不过这时两广军队，俱尚不能全脱旧军积习。按新时代的军人生活和各种训练的要求来看，都不够水准；我军自亦不能例外。为增强战斗力和整饬军纪，我在玉林办了一所"玉林干部教练所"，调本军行伍出身的下级军官前往受训。并招收一些中学毕业的有志青年，前来入学，毕业后充任下级军官。另外并附设"教导大队"，调本军班长及遴选足以充任班长的上等兵前来受训，以充实本军的基层干部。这种训练极为有效，其后我们第七军的战斗力多得力于这时训练出来的下级干部。因为我们作风新颖，风声所播，各方有志青年及部队来归，如水之就下，玉林顿时成为广西革新运动的中心。

我在治军之外，还要兼管七县的民政、财政。省政府的政令既不出郭门，县长的委任均由我做主遴选。在粤军初退之时，所有前省长马君武所委县长愿继续服务的，都予留任。但他们都系粤人，原为粤军各部向马省长所推荐的。粤军退后，他们也无心久留，逐一辞职返粤。在七县县长出缺时，最初我决定实行地方自治，民选县长。但是初行之时，即深感此路不通。因乡中有资望的人士对政治都抱消极态度，不愿担任县政。一旦选出，都力辞不就。即使勉强担任，也尸位素餐而已，但求无过，不求有功。其他二三流的当选者，则又物望不孚，难任艰巨。这种现象的发生，其理由也很简单。因服务桑梓，原非易事。生于斯，长于斯，人事关系牵连太多，容易招怨。尤其是值此动乱时期，盗匪如毛，其时县长又并管司法，一有盗案，如因循不办，则有违功令；如按律行事，则公事化为私仇，顾虑尤多。在此贤人不愿为，坏人不能为的情况下，使我处理各县县政，殊感棘手。最后，我想出一民选县长互调的办法，即将甲县所选的县长，调往乙县任职。这样一来，行政效率大为增强。因当选者任事远方，无人事牵制，遇事能秉公处理。有此一番周折后，我才领悟到"离乡五百里之内不得为官"的古制，实有其特殊意义存在的。

我对于七县财政税收的处理，以不加捐增税为原则。使当地人民除额定赋税外，别无其他负担。我所辖六县（贵县旋移交陆云高治理，故不计在内）的税收，每年约有正额钱粮十七八万元，其他各项杂税，如统税、盐税、屠宰税、烟酒税等，合计也在二十五万元上下。后因收支不能平衡，乃另征所谓"防务经费"，即赌捐。两粤人士嗜赌成风，官方寓禁于征，抽取巨额"防务经费"已相沿成习。陈炯明返粤时曾禁赌，然未几即解禁。玉林赌禁原为胡汉卿所取消，遂未复禁。其他各县后来也恢复旧制。六县每年可抽赌捐约二十余万元。以故我防区之内，每年税收总额约在七八十万元左右。军政机关樽节开支，尚可维持。

这七县经过了一番整顿，贪污绝少，土匪敛迹，现出一片升平气象。以之与广西其他各地土匪如毛，贪官污吏及不法军队鱼肉人民的情形相对照，这七县算是一块乐土。广西各县乃至广东边区避乱人士都纷纷迁来寄住。

第十四章　两广革命武力之初步合作

壹

黄绍竑字季宽，容县山嘴村人。生于书香之家，天资敏慧，为人干练，并富冒险精神。他原是我的陆小同学，他是第四期，低我一班。辛亥革命时，他随学生军北上到南京。嗣后在武昌进第二陆军预备学校，毕业后，又入保定军官学校。民国五年冬毕业回广西，正是护国军事结束之后，陈炳焜任广西督军之时。绍竑遂在当时号称新军的广西陆军第一师内任见习官。民六夏季广西当局创办陆军模范营，由马晓军任营长，黄旭初等任连长，绍竑与若干陆小同学如白崇禧、夏威、陈雄等都在该营任连附。

是年秋季护法战起，模范营曾奉调入湘，改编为湘粤桂联军总司令谭浩明的卫队营。护法战事结束，卫队营于民国八年冬间改编入广西陆军第一师步兵第二团，马晓军任团长。黄旭初升为团附，黄绍竑、白崇禧俱升任该团连长。当民国九年我们进攻新兴李耀汉所部时，该团因训练有素，军纪较佳，被调来肇庆接防。粤桂战争，桂军失败，该团也由广州西撤。我们退却时被追军截成两段的禄步圩之役，该团任我军右翼，协同将粤军击退。

民国十年粤军援桂战争发生，绍竑等正随第二团驻防百色。陆、谭政权崩溃后，马晓军受马君武省长收编为田南警备司令，下辖五营，黄绍竑、白崇禧俱升任营长。马晓军所部驻百色，旋陆、谭残部为刘日福所缴械，马、黄、白诸人幸得脱险。其后马收集残部，并收编民团合编为六营，以黄绍竑、白崇禧为统领，各统三营，和当地散军继续作战。白崇禧因腿部跌伤去广州治疗。粤军东下回粤时，马部被调回驻南宁。马部到邕，而广西绥靖督办刘震寰被散军及民团围攻，放弃南宁，向广东钦、廉撤退。马也率所部千余人退向钦、廉。行抵灵山县，马以军食无着，前途渺茫，把部队交黄绍竑统率，他自己便经北海往香港去了。

我听说黄绍竑这一支人马正在流离失所，他既是我陆小同学，军中作风自非其他流散部队所能比拟，便有心请其率部来玉林合作。他的四哥黄天泽于辛亥革命时曾随学生军北伐，自我军移驻玉林后，和我常有接触。我便委托天泽在往廉江路上等候乃弟，请其来玉林合作。

天泽此去果然一说即合，绍竑随即率所部千余人开入我的防区。于是衣食有了着落，又可避免被人并吞的危险，因此官兵异常欢腾。我即委黄绍竑为第三支队司令，并指定其故乡容县为其防地。绍竑来归之后，我军实力大增，由两个支队增为三个支队。其时编制如下：

广西自治军第二路总司令　李宗仁

　第一支队司令　李石愚

　　第一统领　俞作柏

　　　第一营营长　李明瑞

　　　第二营营长　林竹舫

　　第二统领　钟祖培

　　　第一营营长　钟祖培（兼）

　　　第二营营长　刘志忠

　第二支队司令　何　武

第一统领　伍廷飏

　　第一营营长　伍廷飏（兼）

　　第二营营长　尹承纲

第二统领　陆　超

　　第一营营长　陆　超（兼）

　　第二营营长　（姓名不详）

第三支队司令　黄绍竑

　　第一营营长　夏　威

　　第二营营长　陆　炎（华甫）

　　第三营营长　韦云淞

炮兵连

机关枪连

贰

　　民国十一年夏，两粤政局又起急剧的变化。因陈炯明叛变，中山先生在沪檄调滇、桂各军东下讨陈。当时首先接受中山委任率部进攻广州的为沈鸿英。沈氏系泥水匠出身，后沦为盗匪。辛亥革命柳州宣布独立时出受招安，遂扶摇直上，成为莫荣新的心腹大将。民国十年粤军援桂时，鸿英担任桂军左翼军总指挥。及桂军中路为粤军突破，桂局瓦解，沈氏竟通电诋毁陆荣廷，促其下野。此举颇为桂人所不齿，粤军也疑他为诈降。沈氏自讨没趣，率所部万余人避入湖南的平江、浏阳，因此引起湘军对他的围剿；经北京政府的斡旋，沈部乃移驻江西的赣州。民国十一年十一月，沈军乃乘桂林空虚，窜回桂北一带，实力增至两万余人。这时正值群雄蜂起，八桂无主，沈鸿英怀有囊括广西全省的野心，故派说客四出，企图收编各处的自治军。

首先引起沈氏注意的，便是我部三千多人、枪和六七县地盘。沈氏因遣其子沈荣光偕另一代表刘某前来玉林作说客。沈荣光曾肄业南宁将校讲习所，是我教过的学生。这次衔父命而来想收编我作他父亲部下的师长。我因鸿英曾当土匪所部风纪荡然，上下全凭绿林豪杰式的义气相维系，实不足以言军旅，所以我自始即有轻视鸿英之心。加以他反复无常，早为两粤人士所不齿，我如何肯听他收编？因此当荣光提及乃父之意时，我便认真地教训他一顿说："如果你们再不长进，仍旧胡作非为，将来说不定我还有收编你们的一日呢！"说得荣光垂头丧气而去。这时论实力，沈鸿英当然强我十倍，不过他在桂林，我在玉林，他鞭长莫及，莫奈我何。

沈鸿英向我勾搭虽未得手，然不久，他奉中山密令东下讨伐陈炯明却一帆风顺。民国十一年十二月沈和滇军杨希闵、桂军刘震寰由梧州、贺县分进合击，竟将陈炯明逐出广州。这时各路讨陈军实以沈部为最强。一月中旬陈炯明通电下野后，沈军盘踞广州，威风一时。随后，北京政府竟委沈鸿英为"广东军务督理"，沈也首鼠两端，居之不疑。到二月初，中山先生自沪返粤，组织大元帅府，许崇智也率军自闽边返粤，沈氏才被迫退出广州。那时东江虽有陈炯明部盘踞，然西、北两江仍属沈氏势力范围，声势颇为煊赫。沈氏之外另一位向我们玉林方面注意的便是东山再起的陆荣廷。陆氏于民国十一年九月乘广西混乱时，从越南回到龙州，纠合旧部数千人，意图重整旗鼓，掌握全省政权。时蒙仁潜在南宁自称省长，林俊廷也已到南宁任自治军总司令，北京政府即顺水推舟，委林氏为"广西绥靖督办"。陆荣廷回广西后，北京政府又加委陆氏为"广西边防督办"，另委张其锽为广西省长。此项委令自然引起蒙、林诸人的不快。

陆荣廷以边防督办名义不便指挥全省，旋授意部队和人民团体推他为"广西全省善后督办"，他便由龙州移驻南宁。到了南宁，意欲整顿全省军队，故发布命令，改编各部队的番号。但是广西经过这番大变乱后，人事全非，即使陆氏往日的心腹也多面从心违，不复听他调度。原驻南宁一带自称第一师师长的陆云高，和自治军的蒙仁潜等，在陆荣廷回邕后，深恐为其控制，都纷纷撤离南宁。陆云高部沿江东下，并派人来玉林向我商借贵县暂时驻扎。我明知他借了不会归还，但为避免冲突保存实力起见，我遂将所部撤出贵县，让陆部驻扎。

在此时期，全省自治军名目暂时取消，由广西善后督办陆荣廷另颁番号及委任状。我的"第二路自治军"的番号亦由陆氏明令改为"广西陆军第五独立旅"，我任旅长。下辖三团，由三个支队司令李石愚、何武、黄绍竑分任团长。当时我因实力有限，未便与陆氏龃龉，故对其委任既未正式接受，亦未正式拒绝。为了此事，我在本军司令部召集了高级官长商议。各司令都不愿改变番号，劝我"不要理会那个老头子"。因为我们如果接受陆氏所给予的番号，那我部下各"司令"都须改为团长。团长究不及可大可小的司令来得光辉。商议结果，只将我的"自治军第二路总司令"名义取消，并改总司令部为旅部，其他一概如旧，以改头而不换面了之。

民国十一年年底，陆荣廷来电邀我赴武鸣一行。武鸣是陆的家乡。陆在彼筑有华丽住宅，并修了专用公路，自武鸣直通南宁，是为当时广西独一无二的汽车路。我到了南宁，陆氏派他专用小汽车来接我往武鸣。这是我第一次乘坐汽车。

在武鸣，陆荣廷对我十分礼遇，招待我在他家里住宿一宵。陆氏在闲谈之中，大为抱怨粤军的焚杀。他说他治粤时，待粤人不薄。胡展堂（汉民）等常来武鸣访问，渠均盛意招待。湖南的谭延闿在其本省失败时，也曾到武鸣访陆。陆说他曾一次送谭氏大洋二十万元。当时广西省内只用小洋和纸币，渠因使谭氏便于出省使用，故以大洋赠送。陆氏说："我对广东这一批人都不坏呀，但是他们此次入境，竟将我宁武庄住宅全行烧毁。你看，我现在住的是以前当差们住的；粤军烧剩下的……"言下无限愤怒。

我在宁武庄住了一天。陆氏所说的概属人情应酬话，并未涉及本省的军政大事。我就告辞，乘汽车到南宁，盘桓了两三天，探访亲友，仍回玉林。

那时，陆氏并令各地自治军将名册呈报，以便统筹整编。但令下后如石沉大海，各地军事首领都不愿受陆氏节制。我军在民国五年成立时即和陆氏无甚历史渊源，自更不愿受他节制。广西全省因而形成了王纲解纽，诸侯割据的局面。而野心的地方领袖却又纷图兼并，以扩充一己的势力。这时我的第三团团长黄绍竑，已在容县休息了七八个月，久静思动，目睹两粤政局纷乱如麻，急欲乘机向外发展，因而有出师梧州之举。

叁

黄绍竑出师梧州的全盘计划，是我和他秘密商量后改订的。他原来的计划是应沈鸿英密召，前去广州。因沈鸿英的收编各军计划，虽在我处碰壁，却转而利诱分化我的部属，驻在容县的黄绍竑遂成为他秘密活动的对象。

因为黄绍竑有一堂兄黄绍恩，在沈氏总司令部任秘书，沈鸿英曾命黄绍恩秘密作媒介，予黄绍竑以桂军第八旅旅长名义，嘱其速率所部去广州。黄绍竑因困居容县，发展不易，遂为其煽惑，跃跃欲动。但他究竟是我的部属，并感我收编扶植的情谊，如不辞而去，就迹同背叛，乃于民国十二年二月间自容县来玉林，秘密向我陈述衷曲。他说，我们久困玉林五属，终非办法，应该乘两粤政局动荡的时机，图谋发展，方为上策。遂将沈鸿英如何向他活动，以及他自己也有赴广东之意，告诉给我听；希望我对他有所箴规。

我听后，思忖黄氏是个不受羁縻的干才，挽留不易，不如成全他向外发展的志向，异日或能收到表里为用之功。但我却指出几点请他注意。第一，目前两广局势如此动乱，随时都有机会让我们发展，只看我们的出处和主张是否正确，实力是否充沛。我们驻扎此地，并非终老此乡，只是养精蓄锐，待机大举。我军除中级以上官佐为正式军校出身者外，下级干部多系行伍出身。我们现在急需训练一批青年干部，将本军练成一支有纪律的劲旅，等时机一到，我们才能攻无不克。

再有，照我的观察，沈鸿英目前在广州极为嚣张，四处树敌，最后必然失败无疑。若不揣时度势，而徒以五六百支枪的小部队去依附沈氏，何能发生作用？一旦沈军崩溃，则覆巢之下，安有完卵？况沈的为人，机警狡诈，反复无常，早为粤桂人士所不齿。所以依附沈氏以求发展，不特如探虎穴，凶多吉少，且与同流合污，势将终身洗刷不净。如别人赋予名义，尚可考虑接受，唯沈鸿英赋予的名义，决不可轻易承当。

绍竑听了我的分析后，说他志在假借一个名义东下以图发展，并非真诚附骥沈氏。至出处和危险一层，他是不十分重视的。我说，冒险犯难固是青年革命军人的本色，至向外进取的原则，我更是绝对赞成的。不过自中山回广州再度组织革命政府后，对沈鸿英的骄横跋扈已严加制裁，相信不久必定爆发战争。此时只可与沈氏及其左右虚与委蛇，一俟战争白热化，沈军不支之时，即率所部潜入苍梧境内，乘虚袭取梧州，断其归路，而与大元帅府所辖的粤军相呼应，借以沟通粤桂的革命势力。然区区一团人，恐不能完成这一伟大的革命使命，待时机来临，我必派遣一支有力部队，和你一致行动。

绍竑听了，深以为然，并衷心地感激我为他的策划和忠告。而我也颇以黄氏能坦白相告为慰，此实为以后我们统一八桂，团结无间的因素。黄氏回容县后，便按照我的忠告，放弃去广东的计划。到三月二十日北京政府果然正式任命沈鸿英为广东军务督理。四月十日沈以移防为名，将军队集中新街开秘密会议。到十六日，便在新街就任北京政府的广东军务督理职，通电请中山离开广东，战祸遂启。沈军虽得北军方本仁开入北江助战，仍节节败退。到了四月下旬，沈军已全线崩溃，分水陆两路向广西撤退。当粤中战事发动时，黄氏即急电我，报告正率所部向苍梧挺进，请派队伍跟进支援。我即令李石愚率俞作柏、林竹舫、刘志忠等营前往。到六月初，黄将部队集中于梧州上游的戎圩和新地圩。黄氏为探明粤中战况起见，特亲到梧州向邓瑞征请领饷弹。恰巧此时在广州疗养的白崇禧和另一保定同学陈雄，也秘密赶回梧州，并携来大元帅孙中山委黄绍竑为"广西讨贼军总指挥"的命令。黄和白、陈会面于他的胞兄仲庵家里，绍竑乃知沈鸿英失利，正在总退却中。现据守肇庆城的沈部黄振邦一旅，已被大元帅府陆、海两军所包围。绍竑知袭击梧州的时机已到，唯实力尚嫌单薄。那时他已骗得饷若干，答应转回戎滚圩防地，即通电就第八旅旅长新职。陈雄仍返广州。黄氏偕白崇禧返抵防次后，即亲笔函我，派白崇禧和李石愚两人星夜送到玉林。信中说为预防万一起见，请我再派两营前往，以增强战斗力，完成此一有重大意义的任务。我也认为用兵之道，不可患得患失，逡巡不前，只要认定时机成熟，必须以雷霆万钧之力，以争取最后胜利。乃令伍廷飏率所部一营，兼程向梧州进发。这是我和白崇禧初次详谈，他身穿整洁的西服，谈吐彬彬有礼，头脑清楚，见解卓越。他对中山备极推崇，而对大元帅府所属的粤、桂、滇各军则都有不满的批评。唯对梁鸿楷第一军中的第一师李济深所部，却认为人才济济，作风新颖，可引为将来革命的伙伴。我和他彻夜开诚倾谈，论列当前两粤全盘局势。我认为此番袭取梧州，已如探囊取物，毋须费多大气力，此后彼此应佯作分道扬镳，以免树大招风，遭人妒忌。并希望他们在梧州方面尽力联络粤中新兴革命势力，励精图治。我则采取内刚外柔策略，暂时和陆荣廷治下各旧势力虚与委蛇，以便养精蓄锐，等待他日彼此分进合击，打成一片。此一决策，只让高级干部三数人知悉，其余则严守秘密，以免偾事。白氏听完我的建议后，表示非常赞成和感动。以后我和白氏共事二十余年，推心置腹，患难与共，虽有人屡次企图分化离间，我二人只一笑置之。世人多有因此形容李、白实为一人，私衷亦觉当之无愧。

黄绍竑此次派白、李赴玉请兵，实出于俞作柏的阴谋。李石愚回到岑溪时，接俞飞送一信，谓德公左右需人相助，请到玉林后不必再来，前方指挥作战，作柏可以完全负责云。白崇禧偕伍廷飚营行后两日，林竹舫、刘志忠率部到玉林面报，谓李司令动身后，俞即在新地圩集合三营宣布，李司令已回玉林，部队交其指挥。我们不甘随俞叛李归黄，故秘密由间道拔队回来云。林、刘两营长不知此中秘密，而有此误会。幸伍营补上，黄部不至太弱。

白崇禧偕伍廷飚部援军到达，黄即进袭梧州。发动之日，黄部乘黑夜先断绝水路的航运，拂晓时即扫荡沈部外围。到此邓瑞征方如梦中初醒，仓促率残部向信都、贺县逃窜。当黄部攻进梧州市内之时，有沈军收编不久的冯葆初旅早与粤军暗通声气，至是乃布告市民，脱离沈军而独立，并愿与黄绍竑合作，拥护大元帅孙中山。冯氏系一赌徒，善于钻营交际，收编各地游离小部队而归附沈鸿英。冯因与绅商交游甚广，系梧州的地头蛇，自以为有恃无恐，然究难立足于革命阵营，旋被黄绍竑诱至花舫上生擒枪毙。当黄部占领梧州时，粤军先已攻陷肇庆。总指挥魏邦平即统率大军分乘船舰上驶，当日下午蜂拥进入梧州。西江面上，旌旗蔽空，极一时之盛。据云，同来的有粤军第一军军长梁鸿楷，第一师师长李济深，第三师师长郑润琦，以及其他将官和中级干部陈铭枢、陈济棠、张发奎、邓演达、蔡廷锴、蒋光鼐、薛岳、严重、黄琪翔、钱大钧、香翰屏、陈诚、李汉魂等数十人。这是两粤革命军人的初次聚会。

随后，广州大元帅府任命李济深为"西江善后督办"，驻节肇庆，设督办行署于梧州。除粤军第一师的一部留驻梧州外，其余粤军都退回广东。李济深是苍梧县人，陆军大学毕业，一向在粤军中任职。才高心细，浑厚忠诚。以桂人而在粤军中久任要职，亦非偶然。李从此常驻梧州，颇能与黄绍竑精诚合作，粤桂双方都赖其作介而融洽无间。

肆

　　自沈鸿英败退桂林，梧州底定，黄绍竑乃正式改编其所部，独树一帜，脱离和我的隶属关系，自组其"广西讨贼军总指挥部"。以白崇禧为参谋长，下辖三团，以俞作柏、伍廷飏、夏威分任团长，共有人枪三千余。渠受有孙大元帅的委任，以讨贼相号召，原可独当一面，无需再受我节制。所以黄绍竑此举，颇得我的谅解，也可说是奉我的命令去干的。此时两广情形极为复杂，粤军、桂军畛域之见也很深。前刘震寰受中山委为广西善后督办，桂人竟群起而攻之，称他为"反骨仔"。自治军的兴起，就是以"客军"和这批"反骨仔"为攻击目标。民国十一年冬，滇军杨希闵等奉大元帅之命，取道广西东下讨陈，广西自治军竟误以为客军入境，纷起向滇军袭击。我部当时不明真相，也曾派队配合其他自治军向桂平滇军进攻，后经他们派人解释，误会才归冰释。由此可见自粤桂战后，桂人衔恨客军的一般。现在黄绍竑以三千人枪，居然敢以"讨贼"自命，和全体桂军为敌，实因我屯大军在玉林，互成犄角，做他的后盾。而我军则仍保持广西陆军第五独立旅的番号，保境安民，和粤军全无关系。广西当局和其他对我虎视眈眈的各地方军首领，虽心怀疑忌，也无辞以胁我。同时我也可假绍竑出面和广东大本营联络，一则可使两粤革命军人互通声气，有事彼此支援；再则可以减少对粤军的顾虑，专心整顿辖区内的军民两政。所以黄绍竑的独树一帜，实是与我互为表里，收相辅相成之效。

　　然我们的部属不明此理，有时竟妄图非分，致惹起许多误会。其中最错误的一位便是俞作柏。作柏是保定军校三期毕业生，我在广东护国第二军任营长时，他在总司令部当副官，郁郁不得志，很想来我营做连长，但苦无缺额。后来林虎直属的游击队蒋琦帮统的营内有连长出缺，我因和蒋琦交情很好，乃力保作柏充任连长，这是他带兵的开始。后来蒋琦奉调到新兴进剿李耀汉残部时，作柏曾率其全连官兵作有计划的掳掠。黄绍竑在其《五十回忆》内所说，林虎第二军中，有鼓励士兵"发洋财"的"某军官"，便是指俞作柏。事为蒋琦所悉，大为震怒，要将俞氏撤职。作柏大恐，来向我求情，请向蒋氏缓颊，力陈他是有计划地劫财归公，胜于任由士兵掳掠的一套谬论。言下涕泪纵横，状极可悯。在他立誓改过自新后，我乃替他说项，得免撤职。

嗣后蒋琦阵亡，我保荐他升任营长。我率部退入六万大山时，作柏也随我入山。那时全军绝粮，情形极为艰苦，作柏旧性复发，曾建议我派队下山，向灵山县一带富户，"去打一两趟生意！"到了我们下山受编，他又想向当地富户勒派巨款。他的建议虽以开玩笑的方式出之，然我若稍为所动，渠便可乘机去做了。

俞作柏为人野心勃勃，而性喜聚敛。我们自玉林移防贵县时，路劫粤军是作柏擅自决定的行动；在贵县乱枪误毙马省长爱妾，也出自他的命令。总之，作柏是才过于德，偶可为用，而不可为友。此次他助黄绍竑进攻梧州，原是奉我的命令而去的。在开始进攻的前夕，他忽怂恿李石愚司令回玉林向我报告请示。李刚离新地圩防地不久，俞即专人送函来追李司令。请李回玉林后不必再回苍梧，前方战事他可代办指挥云，原来作柏是调虎离山，李司令一去，那数营部队势将归渠掌握。羽毛丰满，大有可为，此间乐不思蜀矣。显然是和我脱离部属关系。

这消息传出后，我军中愤怒之声四起，众人不直作柏所为，竟迁怒于绍竑。他们以为绍竑借我们本钱起家，现在竟然诱出我的部将背叛本军。

关于此事，我倒反能处之泰然。盖我袍泽随我转战数载，艰苦备尝，大家原是患难与共的道义之交。值此省政无主之时，我为数县人民的生命财产的安全，和本军上下袍泽的福利，谬承推戴，忝总师干。我绝无封建时代要求部曲向我个人效忠的腐败观念。凡我同人，合则留，不合则去，各人原可自作抉择，这样虽为军纪所不容，然三军可以夺帅，匹夫未可夺志，强人所不欲，亦我之所不欲。若处处为我一己打算，恐三军上下早已离心了。由于我本人态度坦然，一时愤愤不平的部属也渐趋宽恕，幸未酿成风波。终使绍竑二度服从节制，组织定桂讨贼联军，奠立日后统一广西的基础。

第十五章　定桂讨贼军之成立
与陆荣廷政权之覆灭

壹

黄绍竑既据有梧州，广州大元帅府并畀予名义，我留在玉林五属的部队，也已久经整训，可以随时出动作战。于是我和黄绍竑、白崇禧便开始计划次一步的行动。这时盘踞大河一带四五百里之地的陆云高就成为我们注意的对象。陆荣廷返桂时，陆云高不愿重受其节制，乃自南宁移驻于横县、宾阳、桂平、平南一带，嗣又向我索去贵县，因有地盘约六七县。渠有基本部队三团和若干游击队，并有山炮十余尊，及铁皮船"大鹏号炮舰"一艘；总共兵力约六千人，配备甚佳，故战斗力颇不弱。

民国十二年秋季，我遂与黄绍竑约定，自梧州、玉林出动，夹击陆云高。我军出发在抵达桥圩前夕，宣布改称"定桂军"。十一月二十三日，未遭剧烈抵抗即占领贵县。二十五日复东进围攻桂平，守将营长黄飞虎旋即接受改编为我军营长。这时黄绍竑的讨贼军已自梧州、榕潭、藤县、大安克平南、江口，与我军会师于平南的鹏化。两军都未经剧烈战斗，历时仅两旬，陆云高部便全部瓦解，陆本人率残部千人，自鹏化窜入瑶山，往依桂林沈鸿英。

从此，整条西江，自贵县直至广州，完全操于两粤革命军人之手，革命政府声势为之一振。

当我们打通西江之时，在孙总理领导下的国民党，正进行改组，实行联俄容共。俄顾问鲍罗廷于是年十月初抵广州，协助总理改组中国国民党，并筹备召开第一次全国代表大会。全国党员，包括前同盟会会员、国民党及中华革命党党员，均须履行入党手续。我在桂平时，广州中央和革命军驻梧州将领李济深都派人来约我去梧州会议，并办理入党手续。我当时不明底细，因说我原是同盟会员，何须再入党呢？后经李济深解释，始知本党此次改组后，一切作风将完全改变。为求本党主义的实现，革命必须彻底，虽老同盟会员也须重行介绍登记入党。我因此便在梧州，经李济深、陈铭枢二人的介绍，重行登记，加入正在改组中的中国国民党。

在梧州之行后，我遂迁司令部于桂平。这时黄绍竑和我虽已统有整个西江上游，然我们的实力仍甚单薄，质虽优良，量究有限。而这时广州大本营本身复受制于滇、桂诸军，竟至号令不出士敏土厂。黄绍竑虽曾两度去广州，并谒见总理，陈述我们孤军作战的艰苦。然大本营方面也无力支援我们。这时广西的地方势力是陆荣廷、沈鸿英以及我和黄绍竑，俨然成鼎足之势。然陆、沈二人各有一两万人枪，远非我们的实力所能比拟。所以在我们羽毛未丰之前，我们只有虚与委蛇，以免遭受压迫。唯绍竑既已旗帜鲜明，号称"讨贼军"，公然与陆、沈为敌；我地据大河上流（桂人俗称浔江曰大河），便有缓冲的作用与义务。因此在陆云高部被解决之后，我仍旧须掩护黄绍竑免其遭受陆荣廷的威胁。

陆荣廷虽然找不到攻击我的借口，但是对黄绍竑则口口声声要"讨伐叛逆"。因为梧州扼西江通广东的门户，复为富庶之区，陆氏如能占有梧州，打通自南宁至广东的水路，一则可驾驭全省，二则可伺隙进攻广州，三则可报答北京政府殷切的期望。有此三利，使陆氏向黄绍竑用兵的计划，如箭在弦，势所必发。陆氏遂想利用我做前驱，俾渠本人能坐收渔翁之利。

到民国十三年春初，陆氏果然派代表陈毅伯来桂平和我谈判，要我担任他的"前敌总指挥"，东下"讨伐"黄绍竑，"收复"梧州。此时我应付陆氏的代表殊为不易。我如顿加拒绝，则陆氏可能以此为理由向我用兵，并可能联络沈鸿英向我们夹击。而广州方面，外有东江陈炯明的牵制，内部的滇、桂军又离心离德，自无力助我。我忖度陆氏的策略，认为广西绝不可三雄并立，要统一广西，则必择沈鸿英与我先去其一。他见我力量较小，因选择我和黄绍竑为第一个对象。我如与他决裂，陆氏必联沈以制我，这正是沈鸿英朝夕以求的。所以我当前的抉择，是不到必要时不与陆氏正式决裂。应付的方法，当以政略战略各项利害说服陆氏，转移目标，以渡此难关。

主意既定，我便告诉陆的代表说：老帅这项讨黄的战略，本人认为有缜密考虑的必要，并非有所爱于黄某，只是在战略上分析，认为此举是一下策。因梧州为广西通广东的门户，如老帅自信不但有力量收复梧州，且能直捣广州，则应向下游用兵。如老帅志不及此，仅欲收复梧州，则衅端殊未可轻开。一开则不易收拾，势必形成胶着对峙之局。中山援桂的前车不远，老帅宜深思熟虑。再者，老帅身受北京政府的委任，而至今和北京政府的陆路交通尚未沟通。一旦和广东交兵失利，则北京政府纵欲援助，也问津无由！老帅若有志于恢复旧日规模，则应谋定而后动，计出万全方可。自古用兵，未闻后顾之忧未除，而能决胜于千里之外的。现老帅的心腹勇将马济和他所率精兵，仍困在湖南，无法返桂，是则老帅本身实力尚不能充分利用，与北方的通路也不能沟通，便想贸然对广东用兵，窃以为不可，愿老帅三思之。

陆氏的代表将我的意见拍电给陆氏。不久陆氏便回电，仍坚持原议，力促我勉为其难，担任前驱。他并一再申明将韩彩凤、陆福祥两军拨给我指挥，辞意非常坚决。我知其不可以利害动，也只好表示消极不合作的态度。要他的代表按我前议，再拍一电，并声明陆老师如仍志在必行，则我宁愿撤返玉林，让开大河正面，请老帅另简贤能东征。然老帅兵非义动，计从下策，我不忍桑梓遭劫，且为老帅惋惜。此电去后，孰知回电立至。他电文中说，自前电发出后，曾熟思德邻的建议，深觉筹谋允当，堪称上策。本督办决意往柳、桂一带视察，暂罢东征之议云云。一场风波，至此始告平息。

不久，陆氏果然亲率精锐数千人北上出巡。师次桂林城郊，沈鸿英因曾通电请陆下野，故颇觉尴尬，托病避免与陆晤面，而将所部撤离桂林七八十里，互不相犯。谁知陆氏入城后，加意绥抚商民，申称马济已领得大批械弹，不日即率部回桂林。这消息一出，沈氏极感不安，马济原为沈鸿英的死对头，马如回桂林，渠将无容身之地，乃挥军星夜疾进，将桂林城合围，竭力猛攻。陆氏部众虽出击数次，都未能得手，似有坐以待毙之势。陆氏情急，只得檄调后方各军前来桂林解围，并乞援于湘军赵恒惕。然沈鸿英向称剽悍，陆氏自南宁、柳州一带所调援军，如陆福祥等又各为保存实力，不愿力战，都不能迫近桂林城区。赵恒惕所派的湘军叶琪、李品仙两旅只在黄沙河边境佯作声援。即马济所部三团，也只能进至兴安，距桂林尚有七十里。因此，桂林被围竟达三月之久而不能解。双方鏖战至为激烈，死伤惨重。沈军曾一度将城墙炸裂，然为守将韩彩凤击退，不得入城。直至五月间，经北京政府派人调解，双方乃开始媾和息兵。沈氏答应解围，陆氏也答应率师西返，仍将桂林让予鸿英。

这时黄绍竑和我，可说是坐山观虎斗。正当陆、沈相持的紧要关头，忽闻双方开始媾和。和议如成，则广西仍是三分之局，说不定陆、沈还要合而谋我。我便电约黄绍竑来桂平密议，欲乘其和议未成之时，进行讨伐。但是当时我们决不定应先讨沈，还是讨陆。就道义说，我们应先讨沈，因沈氏为人反复无常，久为两粤人民所共弃，对他大张挞伐，定可一快人心。

至于陆荣廷，我们对他实诸多不忍。陆氏治桂十年，虽无功可言，也无大过。民国成立以来，举国扰攘，而广西得以粗安，实赖有他。至于陆的作风陈腐，思想落伍，这是时代进步使然，非渠个人之咎。再者，陆氏出身微贱，颇知民间疾苦。渠因未受正式教育，时萌自卑之感，故处事治民，反而有畏天命、畏人言的旧道德。这一点且非后来假革命之名，行殃民之实的新式官僚所能比拟。是以广西一般人士，对陆氏尚无多大恶感。吾人如舍罪大恶极的沈鸿英不问，而向陆老帅兴问罪之师，心头难免不安。

然就政略和战略来说，若我们吁请陆氏下野息兵，实是事易举而势易行。因陆氏在桂林被困三月，已气息奄奄，后方空虚，部队解体，他如下野，则其所部可以传檄而定。陆氏一倒，三分广西，我有其二，则沈鸿英便易对付。我辈此时如舍陆而讨沈，其后果将不堪收拾。因沈氏的力量此时正如日中天，非可一击即败。且此时讨沈，无异替陆荣廷解围。纵令我们能将沈军消灭，我军牺牲必大，陆氏反可收拾残部，起而谋我。因此，为两粤乃至中国革命势力前途着想，我们只有先行对付陆氏。

贰

先陆后沈的决策既定，便部署进行定桂讨贼，两军兵力合计约有一万人，粮饷来源的根据地共有十五县。在我治下的有玉林、北流、陆川、博白、兴业、贵县、桂平、武宣、来宾等九县。绍竑分治的则有苍梧、藤县、容县、岑溪、平南、信都等六县。两军旗号则沿用旧军方式，以主帅姓字书于旗帜之中。定桂军用黑边红心方形旗帜，中书黑地"李"字；讨贼军则用白边红心方形旗帜，中书黑地"黄"字。

经黄、白和我三人详细讨论后，我们决定分两路出兵讨陆。这时陆氏部队尚有一万多人，分据数十县，所幸群龙无首，各自为战，我们可以集中力量个别击破。部署既定，我们乃于民国十三年五月间将两军主力集中于桂平、贵县附近，分两路前进。一路由我亲自指挥，包括定桂军李石愚部和讨贼军伍廷飏、夏威、蔡振云所部，乘船溯江而上，直迫南宁。另一路由白崇禧指挥，包括定桂军何武、钟祖培和讨贼军俞作柏各部，自贵县出宾阳、上林一带，转向武鸣，最后往南宁会师。黄绍竑则统率其余各部，留驻梧州，作为策应。

部署已定，师行在即，黄绍竑乃开始在梧州封船，以供军运。南宁方面已有所闻。这时陆荣廷的南宁留守是林督办俊廷。林氏得报后，即拍电来问我说，风闻大河下游军运频繁，似有图攻南宁模样。但他本人不相信此事，因为他一向认为我是好人，决不会乘人之危，进攻南宁。所以他想来贵县和我一谈，以息谣诼。我接电后颇觉为难。最后我还是复他一电，欢迎他来一叙，同时去电梧州，通知黄绍竑。电出不久，林氏即率兵一连，乘轮至贵县晤我。

林氏到后，我便招待他在县署内住下。这是我初次和林氏见面。林为一忠厚长者，烟瘾甚大。我便在他的烟榻上作竟夕谈，颇为投机。这时黄绍竑的复电亦到，他要我把林俊廷看管起来。我看过了，便塞进衣袋中；因为我觉得把这位老先生拘押起来是徒招恶名而于事无补的。我决定仍以礼待他，并于翌日送他上船回邕。

行前，林俊廷告诉我说：“外面人都说你们要攻打南宁，但我知道你是个忠厚人，决不会与陆老帅为难的。你看，我来了不是证明了谣言全是不可信的吗？”他诚恳地说出这样天真的话来，使我颇觉难过。

林氏去后，我们各路大军随即出动。我并于五月二十三日领衔发出通电，请陆荣廷下野。原电如后：（衔略）我省人心厌乱，而陆、沈又起交哄，桂林一带被兵之地，死亡枕藉，饿殍载道，重以河道梗塞，商业停滞，相持愈久，受祸愈深。以我省残碎之余，宁堪一摘再摘？刻柳州、平乐业为沈军占据，田南各属亦曾相继失陷，桂局已成瓦解之势。窃思陆公干卿以胜国遗将之资，丁辛亥光复之会，因绵旧绩，遂掌我省军权，以此把持民政。民五以还，武力外张，地位益固，乃干公治桂十稔，成绩毫无。以言军政，则不事练兵；以言民政，则任用私人；以言财政，则滥发纸币；余如教育、实业诸政，无一不呈退化之象。日图武力侵略，开罪邻省，召客军之凭陵，贻桑梓以浩劫。迨客军已退，赧颜复出，谬膺善后督办之职，既纵容部属虐杀议员故吏，复攘夺政柄迫走林公莆田；倒行逆施，罔图晚盖。夫自民一至民十，实干公全盛时期，尚不能有所展布，乃欲于丧败之后，收拾余烬，借整边营私，恢复其前此之势力，虽爱者亦知其不济矣。自大妄为，于个人则有身败名裂之虞，于省民则益水深火热之痛，干公何心而忍出此？宗仁对于干公夙抱崇敬老成之见，然不敢姑息爱人以误干公；尤不敢阿好徇私以负大局。除电恳干公克日下野外，特联合友军倡议出师，以扫除省政革新之障碍，奠定桂局。关于善后事宜及建设问题，当尊重全省人民之意志。谨电布臆，幸垂明教。定桂军总指挥李宗仁叩。漾。

通电发出之后，联军遂分水陆两路向邕宁所属地区分进合击。六月二十五日，我亲自指挥的左翼军兵不血刃即占领南宁。由白崇禧指挥的右翼军于扫荡宾阳、迁江、上林之敌后，即向左回旋向武鸣进击，也未遭遇激烈抵抗，遂会师南宁。此时桂林战事在湘军赵恒惕调解之下，沈军已撤围，陆氏见大势已去，乃只身入湘。直至九月间，左右两江残部和由桂林窜回柳、庆的谭浩明、韩彩凤等残部约五六千人也先后被我军消灭，陆氏乃通电下野赴沪，结束了他在广西十余年的统治。

叁

我军会师南宁后，困难问题也接着发生，因广西全省经历兵燹，百废待举。掌握省政，正增加了我们的责任和义务。此外军事方面也险象毕露，陆氏残部的零星抵抗仍随处皆是，雄踞东北半省的沈鸿英尤虎视眈眈，而我军因胜利过速，难免骄纵，内部组织的弱点顿现。因为黄绍竑的部队自脱离我自树一帜之后，发展极速，此时已羽毛丰满，不期然自成一系统。他的部曲都野心勃勃，大有使绍竑黄袍加身之概。传说俞作柏曾向黄、白秘密建议，将"定桂军"缴械，庶几"讨贼军"能完全独立。此讯一出，定桂军各将领大愤，第二纵队司令何武甚至主张和讨贼军火拼。但我竭力掌握所部，不使有越轨行动，同时向来陈诉的部下解释，决无此事。我说："我决不相信黄、白两人会贸然出此下策。如果他们觉得有我在，他们不易做事，我可立刻引退，让他们二人完全负责，成功不必在我。为广西以及整个国族的前途着想，纵我不干，我仍希望你们完全服从黄、白二人的指挥，也如服从我一样，以完成统一广西的任务。"我虽然苦口婆心地解说，而两军嫌隙已见，相互戒备，情势颇为严重。黄氏那时尚在梧州，我遂发电催他克日来邕，共商善后之策。

绍竑来后，也觉情势严重，值此敌人环伺之时，我们稍有不慎，必蹈昔日太平军诸王内讧瓦解的覆辙。我因和黄氏议定统一军令政令的全盘计划。各事粗有眉目，黄氏乃在其指挥部内设宴，招待两军官长。席间，黄氏起立发言，声明组织"定桂讨贼联军总司令部"，统一指挥。他并说明他原是我的部将，前次自容县开往梧州自成一军，乃是有计划的一时权宜之策，今番组织联军司令部，不过是归还建制，重新服从我的领导。所以他以部属资格推我为联军总指挥，他任副指挥，绝对服从我的命令。说毕，他举杯率在席诸将领，全体起立向我敬酒，大家共干一杯。饮毕，绍竑仍擎杯在手，向诸将宣誓说："今后我们将领，誓当一心一德，服从李总指挥的领导，如有口是心非，三心两意的，当如此杯！"说毕，他便将酒杯摔于地上，跌得粉碎。全场肃静无哗，空气颇为肃穆。

绍竑坐下后，我遂起立致简短训词。以八桂人民乃至全国同胞，多少年来，均处于水深火热之中，外有帝国主义的压迫，内有军阀的混战。拯人民于倒悬，救国族于危亡，我辈青年革命军人责无旁贷。现我袍泽既上下一心，当矢勤矢勇，以救国救民为职志。而复兴国族，当自统一广西始。革命大业，肇基于此。本人不揣德薄，愿率诸君共赴之。言毕，阖座均极感动而兴奋。大家酒酣耳热尽欢而散。

次日，"定桂讨贼联军总司令部"遂在南宁旧督军署正式成立。当时的编制如后：

联军总指挥　李宗仁

　副总指挥　黄绍竑

　总参谋长兼前敌总指挥　白崇禧

定桂军总指挥　李宗仁（兼）

　参谋长　黄旭初

　第一纵队司令　李石愚

　第二纵队司令　何　武

　第三纵队司令　钟祖培

　第四纵队司令　刘权中

　第五纵队司令　何中权

　第六纵队司令　韦肇隆

讨贼军总指挥　黄绍竑（兼）

　参谋长　白崇禧（兼）

　第一纵队司令　俞作柏

　第二纵队司令　伍廷飏

　第三纵队司令　夏　威

　第四纵队司令　蔡振云

　第五纵队司令　吕焕炎

　第一游击司令　马夏军

　第二游击司令　何正明

第三游击司令　黄桂丹

第四游击司令　陈智辉

第五游击司令　封辅军

第六游击司令　卢文驹

军事得到适当安排之后，我们一面派队分途赴左右江的龙州、百色绥抚陆荣廷的旧部，同时筹划政治的建设。当我军进占南宁时，北京政府所委的省长张其锽（民国十二年六月二十二日到任）自然无形解职。张氏是我桂林小同乡，进士出身。他们张府更是世代显宦，在乡间筑有高楼大厦。我年幼时，看他们张家真是高高在上，显赫之至。此时他见到我，便说："你们来了也好。"不久，他就离开南宁回北京去报命。我前去送行，张说他希望沿途无事；我担保他平安通过。张说："马省长不是半途被劫，几乎丧命？"我说："马省长是匹夫怀璧，他遇到危险是因为他带了一营卫队的缘故。你现在出境，只一仆一担，不会有人注意你的。"张氏始觉释然，取道龙州、安南而去。

我们既占有省会，即有统一全省政令的必要。广西，也可说是全国，在民国元年以后，便在军人统治之下。我们既是革命军人，作风应有异于往昔。我因决定以广西为全国倡，力行军民分治。乃和黄绍竑、白崇禧会商军民分治的办法。我说："省长一职，我决不自兼，我并希望你们两位也不作此想。庶几广西可为全国首倡，军民分治，使政治纳入常轨。我们革命军人，应有革命军人的新作风。"

黄、白两人也深以我言为然。但是随即发生省长人选的问题。那时我曾想从广西的国会议员中推举一人来担任，但黄、白二人都反对。因为他们前在保定读书，对广西的国会议员在北京的所作所为知之甚详。他们对这批政客极其反感，此议遂寝。几经磋商之后，我们乃决定推举广西省议会议长张一气氏来担任省长。我们尚在求学时代，即常从报上看到省议会和陆荣廷争省预算的消息。陆氏当时是炙手可热，而省议会居然能在张一气领导之下为广西人民争取减轻负担，实属难能。所以我们觉得张氏众望允孚，足以表率全省。

张氏这时正避居香港，我们因去电请其驾返南宁一叙。张氏旋即返抵邕宁。当我们说明请他回桂的用意后，张氏大为惊讶。他以旧时代的眼光来看，认为此事简直不可思议。江山既是我们打的，哪有拱手让他做省长之理？后来他见我们三人俱十分诚恳，才勉强答应下来。为使他安心整理省政起见，我们且担保他从省级到县级有全部人事任免之权，我们不荐任何人充当任何职位。

这一项新设施和新作风，不特为当时全国所未有，便是中国历史上也少见。我们所以能毅然做到，实是青年人的一股向善之心和革命的热忱使然。谁知"文章不与政事同"，一般人所向往的政治大道理，说来甚易，施行起来则有意想不到的困难。我前在玉林实行民选县长时，已深深体验到此，而张氏所遇困难，又为一例。按常理来说，张氏有我们全力支持，应可大胆从事兴革，然他竟至一筹莫展。

原来张氏所委的县长多为渠昔日省议会内的同事和教育界的朋友。这些人在县长任内，有时因个人渎职，须撤职查办；有时因地方士绅与其为难，致政令无法推行，须调省另有任用。不意他们往往不听调度，有的已经撤职，仍抗不交代，并指摘张氏不念过去同事之谊。此种情形，一月之内竟有数起。使得张氏捉襟见肘。到了民国十四年春，滇唐军队入桂，进驻南宁，张省长便杳然离去，广西遂陷入无政府状态。直到南宁收复后，九月间，才由黄绍竑组成民政公署恢复省政机构。

肆

在军政双方的整理稍有头绪之后，我们遂决定次一步统一广西的战略。这时陆系健将韩彩凤仍屯兵柳、庆一带，意图伺机规复。右江方面，只自治军刘日福部有人枪三千，已接受收编，仍令驻于百色。蒙仁潜、陆福祥各有人枪二千，盘踞都安、那马一带，窥伺南宁。龙州方面有李绍英、谭浩清、谭浩澄三部，各有人枪千余，都有待肃清。

为对付这些残余势力，我将所部分为三路，分头进剿。右路由我和白崇禧亲自指挥夏威、伍廷飏、何武、钟祖培、韦肇隆等部，并约沈鸿英军夹击韩彩凤。中路令俞作柏和蔡振云向武鸣进发，肃清那马、都安的敌军。左路令胡宗铎总参议指挥吕焕炎、刘权中等，溯左江而上，直捣龙州。

当我军进围柳州时，我们便得到沈军方面复电，派参谋长邓瑞征前来离柳州九十里的大塘会晤，时在八月十一日或十二日。当我和白崇禧乘肩舆至大塘时，邓氏已率卫士百余人先到数小时，视察该地形势。双方会谈数小时，白崇禧长于辞令，我遂让白君和邓君详谈，我则未多发言。最后，邓君表示韩彩凤是彼我的共同敌人，愿派兵前来会剿。

会后，邓氏返桂林沈军防地，我和白氏即向柳州进发。柳州城垣虽坚，据以待援则可，孤军死守则不可；韩彩凤知不可守，早于八月十一日退出柳州。我军即于同日进驻城垣，向北追击。然韩军主力谭占荣、黄日高、邓定邦等有人枪三千余，配备和训练俱佳；加以韩氏又系本地人，所部都是他的子弟兵，地利人和，两得其便。韩军退出柳州后，据守上雷一带，与我决战。我军乃由白崇禧指挥，于柳城、上雷之间正面进攻韩军，我本人则率两营，由柳州出发攻其侧背。

韩彩凤是当时广西能战之将，十分剽悍。我军则因白崇禧初次指挥，部将不服调度，几致发生意外。因我军第二纵队司令何武，原系学兵营出身，初充炮兵排长，以射击准确，骁勇善战，积功累迁至营长，曾随我避入六万大山。当我军改编为粤桂边防军第三路时，他受任为第二支队司令，直至此时。何君为人正直爽快，忠诚可靠，然毕竟学识有限，加以骄傲性成，有时难免不识大体。此次讨韩之役，我调他受白崇禧指挥时，他便不大愿意。因当时我国军中风气轻视参谋人员。何武以其本人身经百战，功劳赫赫，自以为可独当一面，今反受白崇禧指挥，便觉心有不甘。在部队出发之前，何武来问我："总指挥要我受白崇禧指挥吗？"言下颇有愤愤不平之意。我正色告诉他说："白崇禧是当今一位初露头角的军事家，你必须服从他的指挥，这是军令！"

此次上雷之役，韩彩凤亲握大旗，号令全军冲锋肉搏，两军呼声震天，战况空前惨烈。我军阵地几次被其突破。白乃亲赴前线督战。当军情紧急之时，白氏调总预备队增援，但一部分由何武掌握的部队却不听调遣。

幸而这时我所率的两营正威胁敌人的侧背，另有沈军两营前来观战。韩军见腹背受敌，遂开始溃退，我军乘势追击，敌人遂全线崩溃，我军乃克复上雷、大浦、沙浦一带。韩军残部分途退往庆远、融县，我军跟踪击破，克庆远城，守将韩彩凤之兄韩彩龙巷战时被击毙。韩彩凤率残部数百人逃入湘、黔边境，我军遂班师凯旋。

其后我们在柳州检讨此次战役的得失，发现何武不听调遣的事。我特地郑重询问白崇禧关于此事的始末。白以何武随我有年，出生入死，忠心耿耿，不愿使我为难，故不肯明言。经我一再追问，白君见我态度坚定，方吞吞吐吐说出。并说，毕竟我们已打了胜仗，此事也不算严重，不必追究了。我说："在我看来，此事甚为严重。军令如山，焉有大敌当前，而敢违令之理。何武不听你的命令，就等于不听我的命令。我如知而不办，以后命令将无法贯彻，我一定要彻查重办！"同时我也认为何武的军职只能到此为止。其人思想落伍，爱好享受，仍是旧式军人的一套作风。不能长进，将来难免不再偾事，故决心将其撤职，以肃军纪。

我因而着人将何武找来，告诉他说："这次作战，我已查出你不听命令。按照军法，这种重大情节的过失是犯死罪的。现在我要撤你的职，希望你准备交代。"何武说："总指挥，事情有这样严重吗？"他的意思是怪我不念他相从多年，遽忍出此！我说："你看过三国演义，当知道'诸葛亮挥泪斩马谡'的故事。我们的私交是私交，军令是军令。我如徇私不办，将来无法维系军令。你这次必须撤职。"何武说："那我就回家种田去！"我说："我们革命军人解甲归农也是很正当的归宿。以后仍希望你常常和我通讯。"

我随即将何武明令撤职。何武办了交代，便回昭平乡间务农去了。此事传出之后，全军震动，上下将士均服我大公无私、赏罚严明的态度。

当韩彩凤被击溃之时，中路我军进展也很迅速。除陆福祥在那马附近一度顽抗之外，右江一带旋即削平。刘日福所部两团早已归我军收编，其本人则受委为定桂军第一独立旅旅长。林俊廷率所部三千人也已退入广东钦州。陆福祥负伤逃入安南，所部两团亦表示愿意受编。蒙仁潜逃入黔桂边境。我右、中两路军遂均班师回防。而将柳州地盘让予沈鸿英，以免其向我捣乱。

左路我军也于八月初进入龙州，二谭未作抵抗便遁往安南，左路战事遂告结束。溯自我军五月兴师，未及半载，以区区八千子弟，竟将陆荣廷所部二万余人悉数消灭。陆氏在桂十余年的经营，至是遂连根拔去，广西境内乃形成我军与沈鸿英两雄对峙的局面。

第十六章　拒唐和讨沈

壹

当我们在广西将陆荣廷残部解决时，混乱的北方政局，也起了新的变化。民国十三年直奉战后，曹、吴势力在华北瓦解。一向主张联张制吴的孙中山先生也于十三年十一月北上入京。行前曾有电约我和黄绍竑赴广州一行。同时并明令将"定桂讨贼联军总指挥部"取消，改组为"广西全省绥靖督办公署"。委我为督办，黄绍竑为会办。下辖两军，第一军军长由我自兼，第二军军长由黄绍竑兼任，白崇禧则任督办公署参谋长。两军的编制略如下：

广西全省绥靖督办公署督办　李宗仁

会　办　黄绍竑

参谋长　白崇禧

警卫第一团团长　郭凤岗

第二团团长　陶　钧

第一军军长　李宗仁（兼）

参谋长　黄旭初

第一纵队司令官　李石愚

第二纵队司令官　陆　超

第三纵队司令官　钟祖培

第四纵队司令官　刘权中

第五纵队司令官　何中权

第六纵队司令官　韦肇隆

统领　封高英

第一独立旅旅长　刘日福

第二军军长　黄绍竑（兼）

参谋长　白崇禧（兼）

第一纵队司令官　俞作柏

第二纵队司令官　伍廷飏

第三纵队司令官　夏　威

第四纵队司令官　蔡振云

第五纵队司令官　吕焕炎

第六纵队司令官　罗浩忠

边防第一司令　徐启明

边防第二司令　龙得云

游击司令　马夏军　何正明　陈秀华　卢文驹　余志芳

封辅军　陈先觉

统领　黄桂丹　岑孟达

支队司令　陈济桓

此时西南局势也极为不稳。在中山离粤之前，广州已岌岌可危。陈炯明部虎踞东江，有随时回师粤垣的可能。盘踞羊城附郭一带的滇军杨希闵，桂军刘震寰等则把持税收，恣意搜括，对中山的命令阳奉阴违。其他拥护中山的湘军、粤军也都离理想甚远。粤南钦、廉、高、雷一带的邓本殷和申葆藩早已垂涎广州。即距离稍远的军阀如沈鸿英、唐继尧也莫不有志于广东。这些人都持中山革命大旗而舞之，时叛时服。而最为腹心之患的，便是驻在广州的滇、桂两军及商团。所以中山虽名为大元帅而号令却不出大元帅府所在的士敏土厂。

滇军将领范石生曾经告诉我当时广州的情形。范说，杨、刘税收到手，向来不发给士兵。有时官兵闹饷，他们便说："你们有枪还怕没有饷？"那时滇军将领都有烟癖。范石生说："有时我们正在烟榻上吸烟，忽然部属来报告说'大元帅来了'。我们便放下烟枪，走出去迎接大元帅，回到烟榻房间坐下，请问大元帅来此有何指示。如果是谭延闿或胡汉民来访，我们就从烟榻坐起，请他们坐下商谈。有时蒋介石也来，我们在烟榻继续抽鸦片，连坐也不坐起来的。"他说得津津有味，我听到却无限心酸。

范石生所说的，也系实情。大元帅府全部工作人员，因政府财源无着，有时甚至无米为炊。那时蒋先生在黄埔做军官学校校长，艰难的情形也相同。因此中山一度有意放弃广州，移大元帅府于韶关，以免受制于这些假革命的军阀。所以我和黄绍竑的名义虽由大元帅所给予，但我们始终未获一枪一弹或一分一毫的接济。事实上，我们的督办公署的实力和场面也非空虚的大元帅府所能比拟。

民国十三年冬中山离粤后，广东情形更糟。因中山北上后不久即患癌症。消息传来，西南各野心家都蠢蠢思动。原来中山先生虽无实力，然究为缔造民国的元勋，声威所及，犹足以慑服国人，至少在表面上尚为若干地方军阀所拥戴。如果中山一旦溘然长逝，则群龙无首，野心家势必竞争中山的衣钵，谋为南中国的首领。

先是，中山决定北上时，曾指派大元帅府秘书长胡汉民为"代帅"。然汉民先生一介书生，无拳无勇，声望又不足以服众，其处境的困难自不待述。在这种情况之下，唯一有资望有实力、足以承继中山的名位的，便是云南的唐继尧。继尧为云南东川人，日本士官学校毕业。袁氏当国时，继尧继蔡锷为云南都督，后以云南起义，反对帝制的首功，为国人所钦仰。嗣任军务院抚军长，代行总统职权，俨然是护国运动时期的中国元首。唐氏素来自命不凡，自刻图章曰"东亚大陆主人"，志大言夸，雄心勃勃。护法之役，中山当选为军政府大元帅，继尧被选为元帅，名位仅次于中山。其后军政府改为七总裁制，继尧竟和中山并驾齐驱同为总裁。民国十二年春间，陈炯明被逐出穗，中山重组大元帅府时，曾请唐氏为副元帅，继尧居然不就。在他想来，论名位渠原与中山并肩，论实力则渠远在中山之上。他那时名义上拥有滇、黔、川三省地盘（实际只有滇、黔两省），有精兵十余万，所以不愿屈居中山之下。

如今中山病危，南中国一时无主，唐继尧不禁食指大动。盖中山如死，南方便无人再足以驾凌唐氏。论资望，论实力，孙死唐继，实是天经地义。

所以正当中山病笃之时，唐氏忽然通电就副元帅之职，并拟自滇、黔两省派三路大军，假道广西，前往广州视事。

那时驻在广州的滇、桂各军，对唐氏都表示欢迎。桂军总司令刘震寰且亲往昆明促驾。其他的地方实力派如桂林的沈鸿英、东江的陈炯明，盘踞钦、廉、高、雷一带的邓本殷、申葆藩都暗中向唐氏输诚，表示一致拥戴。

不过唐氏大军入粤，广西的西江水路实为必经之途。然这条咽喉孔道则在我军控制之下，我如果和他人一样，输诚拥唐，则号称十万的滇军，不出一月便可越境抵达广州。我们若和唐氏龃龉，则必首当其冲，遭受攻击。因此我们如为个人利害着想，盱衡全局，似应和唐氏妥协。但我一再考虑，对唐氏的为人和作风，实感深恶痛绝。因唐氏封建思想极为浓厚，他的卫士号称伙飞军，着古罗马的武士装，手持长枪大戟。每逢唐氏接见重要僚属或贵宾时，他的伙飞军数百人，在五华山联军总司令部内排成层层的仪仗队，旌旗招展，盔甲鲜明，传帅令，开中门。唐氏本人则着戎装大礼服，踞坐于大厅正中高高矗起的黄缎椅上，威仪显赫，侍卫如林。想古罗马帝王接见大臣的仪式，恐亦不过如是。

如果这样一位封建怪物，率大军进入广州当起大元帅来，恐怕正在改革中的国民党，和正在滋长中的中国共产党，以及一切工农运动，黄埔军校，乃至蒋先生等一干人物和鲍罗廷、加伦等势必被一锅煮去；什么革命，民众运动，北伐等等，将全成画饼无疑。

当时唯一足以为唐氏障碍的便是我们。但是我们在广西的力量和唐氏比真是螳臂当车。所以唐氏也料定我们不敢说半个不字。为使我们平易就范，唐继尧不惜威胁利诱一时俱来。早在民国十三年冬，唐氏即派一代表文俊逸前来南宁和我们接洽，可见唐氏的东来，早有预定计划。文君为保定军校毕业，和黄绍竑、白崇禧以及我们军中若干将校都有同窗之谊。文君到南宁后，住在最华贵的"南宁酒店"，挥金如土，竟摆出令人作呕的钦差大臣的气派。并携有大批名贵礼物，分赠熟识将领，与我方高级军政人员酬应无虚夕，气势颇有咄咄逼人之概。

文君来拜访我时，即传述"联帅"意旨。文君说联帅不久即去广东就任副元帅之职。联帅抵穗后，当和西南各省军政首要拟订北伐大计。并已缮具委任状交其带来，委我和黄绍竑各任军长之职。倘荷同意，唐氏允送云南鸦片烟土四百万两（约值七百万元）以为酬庸。一俟烟土运到南宁，希望我们便通电就职，以昭信守。联帅并表示此次大军取道广西入粤，因为广西是一贫瘠省份，渠无意干预省政，沈鸿英虽派使节表示竭诚拥护，但沈究系绿林出身，难当大任，故广西省政设施，一切照旧等语。文君更以"四校同学"之谊劝我说，联帅东来，势在必行，我们如踌躇不决，或妄图反抗，均属无益。言下大有"有平西王的典例在，唯执事实利图之"之概。

我听了他这番话之后，觉得唐氏十分可鄙。唐平时的生活方式和封建作风，我早已有所闻，其滇军以往在川、黔横征暴敛的情形，路谤犹在。况且昔日中山先生委他为副席，居然不就，今乘中山抱病北上之际，忽然就职。用意所在，昭然若揭。倘一旦唐氏野心得遂，为祸之烈，将不知伊于胡底！

162

因此我便告诉文君说，值此中山北上之际，唐总司令忽欲率大军赴粤，恐难免不招致物议，况两粤久苦兵燹，民困待苏。唐总司令既有意北伐，何不径在昆明召开军事会议，然后分道北伐，又何必劳师远戍，前往广东？如此则北伐未成，内讧已起，为国为民，均属下策，本人实不敢苟同。盼为复电，代达鄙意。

文某见我辞色俱厉，不敢多言，只唯唯诺诺说，当遵督办之意，拍电联帅，俟有回音，再来谒见，遂索然告辞。

文某去后，我以此事关系重大，乃飞电梧州黄绍竑速来南宁会商大计，并先召集在南宁的高级干部密议。会上，我首先痛斥唐继尧的封建与腐化；继述其乘中山北上，图谋攫夺本党领导权的不仁不义，我们断难听任其野心得逞。说了遂分请到会各人各抒己见，不必隐讳。

我首请参谋长白崇禧发表意见。白参谋长对我批评唐氏的话完全同意，至于如何应付唐氏，他感觉兹事体大，不愿轻作主张。以下将官发言最多的是俞作柏。作柏主张纵令我们不受唐氏委任，可否先取得他的四百万两烟土后，然后决裂。因为本军饷糈支绌，七八百万元的巨款，对我军实有莫大的裨益。其他将领有赞同俞的意见的，也有反对的，莫衷一是，会议无结果而散。所幸黄绍竑已在来邕途中，我拟俟黄氏到后，再开会决定我们或迎或拒的大计。

不料刚过四天，这位文代表又来见我，说已奉到联帅的复电，接着就把唐继尧的电报高声朗诵给我听。大意是说："本帅大计已定，师行在途，未便中止，仰该代表即转饬李宗仁、黄绍竑知照"等语。电文十分傲慢，似乎我们已经是他的囊中之物一般。而这位文代表更是神气活现，说的一口极重的云南土音，开口联帅，闭口联帅，力促我毋庸迟疑，迅速表示态度，拥戴"联帅"，以免引起干戈，作无谓的牺牲。同时，他说四百万两烟土已在运桂途中，并将电报交我阅看。

这时我为正义感所驱使，深觉头可断，志不可辱。我如再和他敷衍，必然夜长梦多，足以动摇军心而偾大事，不如以快刀斩乱麻的手段，立刻和他摊牌。当文某还在说他的联帅、联帅之时，我顿时把桌子一拍，骂道："什么联帅、联帅，唐继尧这东西，乘中山北上，企图趁火打劫，不仁不义，到了极点。一个封建军阀，不自度德量力，不知悔过，居然想承继做大元帅，还想拖我们革命军人和他同流合污，实属无耻之尤……"语毕，我立刻招呼副官，把这姓文的代表拘押起来。

这时，文代表已吓得面如土色，浑身战栗，跪到地下哀求说："自古两国用兵，不斩来使，还请督办饶恕我罢。"我对他坦白地说，我们谊属四校同学，并且这事也非你之过，我绝不加罪于你。不过你既是军阀唐继尧的代表，今后你在南宁是不能有行动自由的。语毕，副官便带了卫兵数名，把文某押回南宁酒店，看管起来。这一来，整个南宁都为之震动。因为文某初来之时，气派十足，谁知昨日的座上客，今朝忽为阶下囚，外界不知底细，街头巷尾，议论纷纷。

文某被扣押的当日下午，总值日官忽来报告说："广州大元帅府胡代帅有代表来见。"我闻报便招呼"请进"，同时即自办公室走到会客室的门口，以表示欢迎。那位代表正由总值日官陪同，向我迎面走来，距我尚有数丈之地。大概副官已告诉他我就是李督办，所以他一见我便笑逐颜开，高举双手，大声说："李督办，我这次来，不辱君命！不辱君命！"热情洋溢，大有不胜雀跃之概。

这位代表名董福开，是江西人，携有胡汉民给我的亲笔信前来看我。他到南宁已有好几天，也住在南宁酒店，但是只开了一间三等房间。他看到唐继尧代表文某那一股仆从如云，往来冠盖不绝于途的"钦差大臣"气派，以为我们已接受唐继尧的委任，故而不敢暴露身份。今晨忽然见到文某房前站着卫兵，被看管了起来，不免喜出望外，立刻到督办署来看我。

据董君说，此次胡代帅原拟请林森（子超）先生为代表前来看我的，但是林子超先生殊觉为难。他告诉胡代帅说，此次去南宁的目的是要稳定李氏，使不受唐继尧的诱惑。然欲李拒唐，无异以卵击石，我们如要强人所难，至少应予李督办等以相当接济，才能要人家去牺牲。今日我们不特无一枪一弹的接济，即少数犒赏款项也无法筹措。我一人空头跑去，于情于理，俱有不合。因此子超先生不愿担这个任务。

胡代帅不得已，才改派董君。董君也是同盟会老同志，追随总理有年。据董君说，那时大元帅府同人伙食都成问题，他动身前夕，旅费尚无着落，最后胡汉民向私人借了两百元，才能让他成行。然胡代帅以中央对我们无丝毫接济，故不好意思明白地要求我们作"螳臂当车"式的牺牲。所以在胡氏致我的亲笔长信中，只将当前局势及总理的革命理论阐扬一番，并将宵小想乘火打劫的困难环境，作概括的诉苦，并征询我对时局的意见，希望有所条陈。

董先生到南宁后，原拟悄悄住下，如事不可为，他便打算潜返粤垣。谁知出其意料之外，他的使命竟然全部完成，其喜可知。

我们谈话之间，董君对我的断然拒绝唐氏，不计今后成败的魄力与作风，佩服得五体投地。当时我所以断然出此，多半是出于青年军人的血性，尤其是受到中山先生革命理论的熏陶使然。一心只觉得唐继尧作风下流，不仁不义，非和他拼一下不可，结果如何，却未遑计及。嗣后事隔多年，回想当年情状，也觉不寒而栗。

后来在民国三十八年，我从南京撤退，迁国府于广州时，董福开先生也自江西故乡避乱到粤，曾来看我。谈及当年情形犹如昨日，而三十年来，国家变乱如斯，彼此相对有不胜唏嘘之感。

在文代表被拘押的翌日，黄绍竑才由梧州赶到。他一见到我便说："德公，你这次祸闯大了。"我便说明拘押文某的必要，以及骗其烟土再行决裂的危险性。黄说："事已至此，我们只有决定如何对付唐继尧吧。"

当晚我们便举行了一个重要的军事会议，讨论今后军事部署的问题。我们的判断是纵使唐继尧倾巢东犯，各项作战准备和行军所需时间至少尚有一两个月，才能抵达南宁和柳州。乘这空隙，我们应当全力讨伐沈鸿英，必要时，不妨将左右江地区和省会南宁放弃，以便集中兵力讨沈，讨平了沈氏，再回师用全力抵抗唐军。

孰知事有巧合，在文某被拘一星期之内，沈鸿英忽然自桂林用"建国桂军总司令"名义，向各县政府暨各法团发出通电，大意是"本总司令不日出巡视察各地民情，仰各知照，不得误会"等语。事实上，他就是以出巡为借口，指挥大军出发，向我们进攻。

沈氏固早与唐继尧有联络，伺机谋我，但是他何以未等滇军到达，便先期单独向我用兵呢？其主因是在于他的轻敌。沈军向称剽悍，纵横数省，未尝铩羽，自然对我们有轻视之心。再者，他希望在滇军入境之前，将我军击破，"先入关者为王"，以免滇军入境时反客为主，觊觎广西的地盘。殊不知他倾巢而出，也正符合我们各个击破的原则，我们实求之不得。

双方既都已准备用兵，黄绍竑、白崇禧遂立即回梧，和西江善后督办李济深取得联络，计划分进合击沈军。南宁方面，我令伍廷飓率兵两营守城，如唐军进迫，则撤出南宁以避其锋。敌进我退，敌停我扰，勿与敌正面作战，待我军消灭了沈鸿英，再回师拒唐。

部署既定，我便将桂西可用的部队悉数东调，我本人也于民国十四年一月中旬自南宁移驻桂平。

贰

我移驻桂平不久，黄绍竑、白崇禧已和粤军第一师师长兼西江督办李济深决定进攻沈鸿英计划。一月二十九日，黄、白二人遂乘轮来到桂平向我报告他们的全部战略计划。

他们所决定的计划，大致是以摧毁沈鸿英老巢为第一要务。据他们的判断，沈的老巢是在贺县、八步一带。沈于该地设有大规模的修械厂和炼锡厂。沈军精锐的一部，由其子沈荣光统率，也驻于该处。在他们三人的估计，沈氏此次用兵，必自其老巢南下，志在夺取梧州。因此我方的对策，当以梧州为轴心，调夏威纵队联合粤军旅长陈济棠所部，自信都攻击贺县、八步，直捣沈军根据地。另一路则由白崇禧指挥蔡振云、俞作柏、陆超、吕焕炎、钟祖培等纵队和郭凤岗的第一独立团，集中江口，自蒙江、平南向蒙山北上，攻击平乐、荔浦，进窥桂林。至于大河上游，他们的计划是只留少数兵力，固守桂平和南宁。

黄、白二人报告完后，我立即表示不赞成他们的计划。我的看法是，沈氏之志不在夺取梧州。因梧州下通广东，路线太长，沈氏纵能夺得梧州，也无力进攻广东，况梧州四面受敌，得了不易守。故沈氏的意图，当着重在大河中游，志在腰斩我军，使我首尾不能相顾。不意绍竑性急，无心多听我的辩论。他说他们三人已一致同意，只等我首肯，便立即开始攻击；此时不能顾虑太多，且师行在途，若重行部署，殊非易事。他和白氏都要克日东返指挥部队，已没有时间再从长考虑。

我因此一计划为他们三人所共同决定，如我坚持不可，可能引起纷歧，翻使议论未定，兵已渡河；然如照他们的计划而行，则败亡立至。所以当日下午黄、白决定回航之时，我乃强留白氏多住一刻。因黄返梧州，航程较远，白去平南，数小时可达。我们会议完毕已是晚上九时，白君返抵平南，将是半夜，所以我请他多盘桓几小时，待午夜开船，在船上睡眠一宵，翌晨抵平南，便可挥师出发。因此，黄氏先行，白崇禧遂留下和我再谈。

在这一段时间内，我便平心静气地将目前敌我态势分析一番，并指出他们战略上的严重错误。在我看来，沈氏乘我们和滇唐决裂时，对我先行用兵，其理由不外有二端：第一，沈氏断定我有滇唐大敌当前，军心必已动摇，不堪一击。第二，沈氏深恐滇军削平我军之后，盘踞不去，则为患更大，故借滇军的声势作呼应，一举而灭我军，唐继尧遂失其盘踞广西的借口，而沈鸿英则可囊括全省，南面称孤。

因此据我的判断，其主力必在柳江一带，意在南下桂平，截断大河，使我首尾不能相顾，渠便可左右开弓，借重东来的唐军的声势，以疾风扫落叶的姿态，肃清大河上游，在滇军入境之前，便可将我军残部悉数收编。然后顺流东下，不特可以占领梧州，甚至可以分兵直下广东，报粤军的旧怨。所以我军应付的策略，在迅速捕捉其主力而歼灭之，不在争一城、夺一地。我们如仅以捣沈氏的老巢为功，而听任其主力入据大河，则我辈危亡立见。最后我强调说，值此千钧一发的关头，我们的战略不容有丝毫错误，否则必致前功尽弃。兵法云："知己知彼，百战百胜"，倘用兵而如盲人骑瞎马，未有不偾事的。谈到这里，我主张立即将作战计划重新修正，以贺县、平乐、柳州三处为第一期作战目标，将我军分成三路御敌，使得首尾易于兼顾。得手之后，再会师进攻桂林，这样部署，更可防止沈、唐两军合流，实为至上之策。白氏静听我分析之后，即鼓掌赞成我的计划，并主张立即照此计划重新部署，他悟性的敏捷，和果决的气魄，实非常人所能及。白氏并向我说："季宽在这里时，你为何不详细分析给他听？"

我说："你们三人决定的计划，究系多数的意见，我未便以一己之意来否决。再者，季宽那时自信力很强，事又繁忙，心情已极烦躁，不可能平心静气地和我对事理作客观的分析，我多说了必易引起辩论，愈辩论则其主观愈强，而事理愈不明。所以我等宵深夜静，和你煮茗而谈，头脑清醒，才可事半而功倍。"

白氏说："事不宜迟，我们现在立即遵照你的计划，全盘重行部署。季宽、任潮那面，由我负责去电说明。江口、平南方面各纵队，即用电话改调

·

至武宣集中……"因此，我们的一夕之谈，竟把我们讨沈的战略全部变更。这一重大的改变，也只有白崇禧有这气魄和才智可以做到。

当我们的命令发出之后，立将以平乐为目标的第二路改由俞作柏指挥。白前敌指挥官则兼第三路指挥以柳州为目标。部署既定，白氏即率卫士三四十人，和钟纵队司令官祖培率士兵一连，乘轮船循柳河上驶，于午夜向武宣进发。我也于翌日（三十日）率独立营乘轮跟进。

白崇禧、钟祖培一行官兵二百余人于三十日正午到达武宣。此地有我部游击统领朱为鉁率部四百人驻防，朱部为收编地方军组成的，训练和装备都很差，毫无作战能力。白崇禧等到武宣后，深恐大战即将爆发，便往四郊侦察地形，拟凭险设防。

我们今日回想当年作战情形，真如儿戏。敌我两军都无谍报人员，敌人行动全凭判断或道路传闻。我前夕向白崇禧说敌人主力在柳州一带，也仅是个人臆断，并无情报作根据，故白氏到武宣后，初亦不知是否真有大股敌人取此路南下。

孰知正当他们在察看地形时，忽然发现敌军漫山遍野而来，人数有数千之众。白氏知是沈军进犯，乃急令士兵就原地卧下，并放列两挺重机关枪向敌人射击。沈军也蜂拥而来，顿时展开一场血战。双方正坚持间，不料另一股敌军约二三百人从柳江的左岸利用河边荫蔽地形，绕到白氏等的左侧背，向我军包围，情势危急达于极点。白氏乃命士兵边打边退，一挺重机枪座的三脚架在仓促中竟至不能带走，为敌掳获，狼狈情形，可见一斑。白氏因左脚不良于行，几至被俘，幸官兵虽伤亡十余名，尚能勇敢冲破敌人的包围圈，撤入武宣城内，闭门坚守，以待援军。此种危险情况，完全由于朱为鉁疏忽不负责任所致，当时我们如有正规部队驻在武宣，当不致有此危急场面出现。

这时进犯敌军为沈军师长邓瑞征、邓佑文两师，共约一万人左右。其作战目标系奉沈鸿英之命，南下袭击桂平。当他们发现白崇禧竟被围于武宣城

169

内，随从不过一两百人，原驻防部队又不堪作战，大喜过望，乃立刻将武宣城合围。这时候敌军如乘守军立脚未稳，蚁附爬城，则白崇禧必被生擒无疑。然沈军原即缺乏训练，行军竟日，疲惫不堪，同时认为白氏已成瓮中之鳖，无处可逃，遂在城郊息下，埋锅造饭。想候三军饱餐后，一鼓作气，爬城活捉白崇禧。

这时白崇禧正在城上率众布置防务，忽闻城外鸡鸣犬吠猪叫的声音，乱作一团。白氏知道这是敌人正在捕捉牲畜，预备午餐的信号，因悬重赏，挑选敢死队百余人，待沈军饭菜正熟，举箸用膳时，突将东西两门敞开，敢死队鸣枪呐喊，分两路奋勇冲出。沈军丢下饭碗，慌忙应战，混乱不堪，大军数千人，竟被百余名敢死队冲得七零八落，后退了十里，才能立足。我军俘获敌人五十余名，枪百余支，遂又退入城内固守待援。敌人受此挫折，当夜不敢反攻，白氏提心吊胆地度过一夜难关。

当白氏在武宣城郊和敌接仗时，我正率一独立营乘轮自柳江上驶。是日下午五时，才到离武宣约三十里、位于柳江右岸的拦马村，有村民数十人招手呼喊，我船乃靠向岸边。这时我忽于岸上人丛中发现前陆小同学李澜柱，乃招呼李君上船，询问上游军事情况。李澜柱说，今天中午，武宣北门外五六里曾发生战事。我军旋即回城中固守，不久枪声又大作，似曾发生巷战。据传沈军已被击退，这是乡民的报告等语。我根据这一情报，判断沈军的行动，果如所料。其主力企图沿柳江两岸东进，攻我桂平，截断大河交通的目的已甚显明。幸而我军已改变作战计划，否则全局不堪设想了。这时我预料武宣城兵力虽微不足道，然城垣必仍在我军掌握之中。因武宣如果失陷，至少也有败兵乘船顺流东下。武宣既有白氏镇守，我大可放心，此时前去也无多大作用。目下当务之急，莫过于迅速掌握西进的我军，以便部署向敌人反击。我估计由江口一带向武宣西进各纵队的先头部队，明日中午以前定可到达由东乡通武宣的大道上，乃决心上岸向东乡、武宣间的新圩进发（新圩离武宣城约四十里）。翌日拂晓前，我所率独立营便抵达新圩。天亮后，由江口西进的钟祖培等纵队，果然如期陆续到达，此时并得探报，敌人已自武宣退至二塘，构筑防御工事，准备和我军鏖战。我遂和白崇禧取得联络，决定是日下午二时，向二塘之敌展开总攻击。我将主力配备于右翼，以将敌人压迫至柳江的左岸而歼灭之。此时我军已有六千之众，乃全线展开，向敌施行总攻击。敌人也不甘示弱，全线跃出战壕反扑。两军冲锋肉搏，杀声震天，战斗的激烈为前所未有。我和白崇禧都亲冒炮火，在最前线指挥督战，全军见了，都奋不顾身，前仆后继，和敌人搏斗。双方屡进屡退，形成拉锯战。正值难解难分之际，幸我军李石愚纵队由贵县赶至二塘，威胁敌人的右翼，并隔河吹号呐喊射击助战。敌人见我有援军赶到，恐被截断归路，顿时心虚，阵线开始动摇，彼怯我勇，全军乘势猛攻，敌人遂全线崩溃，自二塘窜往黄茅。我军尾追不舍，敌人乃渡江退入石龙。我军也追入石龙，敌人主力遂退守柳州，然两邓所部已溃不成军，柳州旦夕可下。我因和白崇禧在黄茅商议，不如乘此时声东击西，使李石愚纵队衔尾佯攻柳州，吸引敌人注意力。而将主力东调，全军携带数日干粮，由我和白氏亲自统率，自象县、修仁瑶山边缘，越三排、四排，循崎岖山路，直奔桂林的南乡。这时沈军正为我第一路军陈济棠部所败，贺具已为我军占领。第二路俞作柏所部也攻占蒙山。沈军前线失利，惊耗频传。不数日，忽闻我军已迫近桂林，直似从天而降。沈氏初闻，尚不信我军进攻有这样迅速，乃着人"再探"，其情形恰似"空城计"中的诸葛亮。"三探"之后，消息证实我军已越过良丰圩，离桂林仅三十里地。今非昔比，我人非但不像司马懿被空城吓退，反而挥军向桂林急进，沈鸿英大惧，乃匆忙北遁。行前曾约集桂林绅商话别，沈说："我沈鸿英十余年来，带兵数万，横行桂、湘、赣、粤四省，谁亦莫奈我何，初不料今日竟败于几个排长出身的小子之手。"言下大有"此天之亡我，非战之罪也"的气概。

沈氏既遁，我军乃于二月二十三日夜克复桂林。

那时滇军范石生部已自广东抵桂平增援拒唐，我和白崇禧乃联袂南旋准备和石生晤面，留吕焕炎纵队留守桂林，并以侯砺霜为桂林善后办事处处长。侯系我陆小同学，后在保定军官学校毕业。孰知我们去后不久，二邓竟收拾残部三四千人，逆袭桂林，侯、吕两人疏于防范，桂林再行沦陷。我闻报即派白崇禧到柳州抽调军队，赶赴桂林，进行兜剿以固根本。沈军不敢恋战，我军乃于四月十日再度收复桂林，唯此时沈军残部仍有三四千人，退守西乡的金竹坳（临桂县、古化县交界处的山区。古化后改百寿）。伺机和入境的滇军相呼应，再行出扰。

白崇禧跟踪追击，见金竹坳为一系列的大山，道路崎岖，进兵扫荡不易，乃散布谣言，谓一俟滇军入境，大军即行南撤，并将我军从山口圩前线向两江圩方面撤退，而潜伏于两翼间的丘陵地带，以诱沈军出击。沈军果然中计，下山渡河进驻两江圩，正图跟踪追击。而白崇禧已兵分三路向两江圩突击，围而歼之。沈军指挥官知已中计，仓皇撤退。适值山洪暴发，两江河水骤涨，浮桥被洪水冲断，沈军无路可逃，被击毙二百余人，溺毙更多，被俘凡七百余人。时为四月二十四日。自此役以后，这一路沈军残部一蹶不振。沈鸿英至是一败涂地，个人四处藏匿，我军画影图形，悬赏缉捕。然沈氏究系土匪出身的地头蛇，躲藏甚密，我们遂也舍之不问。

事隔一年，正当我们准备北伐期间，西江有一客轮下驶，刚过三水，直航香港之时，船上人丛中，忽有一彪形大汉站起来，把胸脯一拍，大声说道："老子就是沈鸿英，谁人不知，哪个不晓。哼！不怕你李宗仁、黄绍竑如何凶狠，还有白崇禧会用计谋，画影图形捕捉老子，老子还是跑了！哈哈！"的确，全船数百乘客，哪个不知这位绿林大盗出身的沈总司令。全船哄然，一时传为趣事。

后来我们猜测，沈鸿英大概藏匿在贺县姑婆山，化装从怀集经四会到三水，溜上轮船，躲入舱底，船过三水之后，便不再靠岸，直航香港。沈氏躲藏了一年，一旦重获自由好不高兴，情不自禁地显出其绿林好汉的本色来。沈氏后来在香港置产甚丰，并建一巨宅，号曰"将军第"，因北京政府曾给以"将军"头衔之故。民国十八年我在武汉失败后，寓居香港，沈氏曾有意来拜会，我为避免时人误会，婉辞却之，所以我和沈氏终未晤面。

第十七章　讨唐两大战役——
昆仑关和沙埔之战

壹

正当我们讨伐沈鸿英军情紧急之时，唐继尧所部号称"建国军"的滇、黔两省部队约六万余人，浩荡东下。唐军侵桂计划果不出我所料，系分三路而来。第一路由唐继尧的胞弟唐继虞任总指挥，自贵州的东南边境侵入三江、融县，以柳州为进攻目标。第二路由龙云任总指挥，自滇东的广南经百色东犯，以南宁为攻击目标。第三路由胡若愚任总指挥，由滇南的富州侵入镇边、靖西，经养利、同正，会攻南宁。

这三路滇军的总兵力超过我军数倍。来势的凶猛，真是上吞日月，下撼山河。他们的兵力和人事编制略如下表：

甲、第一路总指挥兼第一军军长　唐继虞

第二十二、二十三混成两旅兼第一梯团　李家勋

警卫第一混成团　张光宗

警卫二、三两团　万、张两支队

宪兵队　袁嘉谋

随扈队　魏嘉猷

挺进军司令　罗　建

卫生队、弹药连、工兵营、军乐队

兵站监　林正森

近卫军司令官　王洁修

第三混成旅　何世雄

第五团团长　何锴章

补充三团团长　谭宗敏

第二十混成旅　景世奎

独立营

第二十四团

警卫营及机、炮、卫、弹各军队

第一路前敌总指挥兼第十军军长　张汝翼

第四混成旅孙渡所属第十七团团长　曹发高

第十七混成旅马荃所属第十六团

第十八混成旅林丽山所属第二十团

第十九混成旅田钟毅所属第二十七团

第二十四混成旅

补充一团　欧阳好洁

独立混成团　俞沛英

骑、炮、机、卫生、弹药各队

第一路前敌指挥官　吴学显

第八混成旅杨友棠所属第二十一团

第二十一混成旅禹发起所属第二十八团

第二十二团　皮中和

第二十三团　钱秉珍

炮、机、卫、弹各队

第七军总司令官　刘显潜

第一、二、三纵队及边防补充各团

警卫营及机、炮、宪各兵队

计人数二万五千，枪约万三千余支。

乙、第二路总指挥兼第五军军长　龙　云

第一混成旅卢汉所属一、二两团

第十混成旅孟友闻所属十三、十四两团

第二混成旅朱旭所属三、四两团

第九混成旅张冲所属七、八两团

第十一混成旅张凤春所属补充二团及十九两团

警卫营及机、炮、宪各兵队

计人数二万五千余，枪约一万五千余支。

丙、第三路总指挥兼第二军军长　胡若愚

第五混成旅杨瑞昌所属九、十两团

第六混成旅徐维光所属十一、十二两团

第七混成旅欧阳永昌所属十五、十八两团

警卫大队　胡柳溪

计人数约万余，枪八千余支。

滇军人数虽众，然因滇、桂、黔三省边区多属丛山峻岭，道路崎岖，人烟稀少，数万大军一时俱发，殊难齐头并进。加以滇军饷糈多赖鸦片烟维持，沿途销售鸦片，尤妨碍行军速度。据说唐继虞即有数百万两烟土，随军携带，因候沪、汉一带商人前来贩运，致耽搁行军日程。使我们有充分时间击溃沈鸿英，复能从容部署内线作战，各个击破入侵的滇军。

三路滇军之中，以龙云一路入桂最早。当我讨沈军进入桂林时，龙云所部于同日占领南宁。我守军伍廷飚部按预定计划于二月二十三日退出南宁，逐步背进，撤往宾阳，取不决战的监视姿态。如敌进至宾阳，即向迁江撤退。敌如跟踪至迁江，我军即退守红水河左岸。至此即不再撤退，以防龙云与其第一路滇军会合。

　　龙云占领南宁之后，前锋于三月间越过昆仑关，占领高田，逼近宾阳。这时我们讨沈军事已粗告结束，乃回师进攻龙云。这时正是中山先生逝世之后，西南人心浮动。唐继尧已于中山逝世后第六日（三月十八日）自昆明发出通电，以副元帅名义代行大元帅职权，号令西南。广州大元帅府，也由胡代帅发出通电，申讨唐继尧。并已先遣驻粤滇军范石生部入桂增援我军。

　　范石生部万余人，原属顾品珍系统。民国九年顾氏驻防川南时，四川实力派利用"川人治川"口号，逼顾氏回云南。顾氏返滇后，竟将唐继尧驱逐，自做其云南王。翌年，中山号召西南各省出师北伐，顾氏为减轻云南军费负担，遂拨两个军东下附义，就食广东，石生所部即其中之一军。民国十一年春，唐继尧东山再起，顾品珍战死。范石生始终反唐，乃乘唐氏东侵之际，请缨援桂，企图和我军合力击败龙云，乘机返滇。

　　范军于三月十一日自梧州开往贵县。范氏所部滇军约万余人，不为不多，唯全军上下皆有烟癖，军纪极坏，训练毫无。沿途强买强卖，闹得梧州、贵县一带鸡犬不宁，商民甚至罢市相抗。

　　五月初我在桂平和范石生初次见面，范本人也是好人，豪爽可亲。他的参谋长杨蓁甚为精明强干。我一见面便很不客气地规劝他们说："你们这种军队，怎么能打回云南呢？"范说："积习难除，以后要痛加改革。"杨蓁笑着说："我们是土匪军，范石生是大土匪头，我就是二土匪头！"

　　嗣后，杨蓁果然认真地改革滇军，戒除鸦片，整饬军纪。据说因操之过急，受部下之忌，竟为一旅长所枪杀。也有人说，是范石生恐其尾大不掉，授意部下杀的。不知何说为是，然凶手竟逍遥法外，则是事实。总之，杨氏之死，实为范部滇军一大损失。

当我们在桂平聚晤时，范石生说："我们对唐总应有一正式文件发出，以表明我们的立场。"我说："你可草一通电，由我们会衔发出。"范喜文墨，自称为范增的后裔，刻有"军中一范"的图章。此次通电由范亲自执笔，由我领衔于五月九日发出。这时白崇禧适自桂林赶回，黄绍竑的名由白代签。原电如次：

（衔略）去岁曹吴未灭，我大元帅孙公以北伐讨贼为职志，东撤惠、博之围，予陈炯明以自新；西颁副元帅之命，予唐继尧以振拔。陈既负固东江，不自悔悟；唐复按兵滇境，严拒宠命。及至曹、吴覆灭，我大元帅简从北上，号召和平，为国忧劳，以致薨逝。正举国地裂山崩，痛悼哀毁之际，唐继尧乃敢安冀非分，植自称尊，出兵邕、龙，图占桂、粤，希冀颠覆我革命政府，捣乱我西南和平。凡有人心，莫不发指眦裂。本月九日，奉读谭、杨、许、程诸公三日通电，殷殷于继续大元帅遗志，努力革命工作，并力辟唐假借名义，祸国叛党。足征整饬纪纲，义正词严，宗仁等不敏，誓当督饬滇、桂子弟，力从诸公之后，为拥护吾党主义，先驱杀贼，海枯石烂，此志不渝。仅布区区，诸为亮詧。李宗仁、黄绍竑、白崇禧、范石生、杨蓁同叩。

这时的作战部署是我军担任正面和右翼，范军担任左翼，五月九日的通电发出后，我军遂循贵宾大道向高田进逼。预料敌人必退守昆仑关，据险顽抗。昆仑关号称天险，宋将狄青即以昆仑关一战而垂名史册。范军此时则自贵县过横县，经甘棠圩向敌人右侧背迂回，以助我军进攻昆仑关。

这时，我军除伍廷飏部外，俱系自讨沈战场上急调来的。俞作柏纵队系自平乐、荔浦回师，由平南、江口，集中于桂平一带。刘权中、韦肇隆、钟祖培、陆超四纵队，系由桂、柳两战场调来的。各军星夜赴援，衔枚疾走，喘息未定，遂于昆仑关前，面临我军在广西省内作战以来最强大的敌人。

这次战役，不论地形对我如何不利，我军也只能有进无退。因一战而败，则数万滇军，三路东进，势必顺流而下，直迫广东，则革命根据地必被摧毁无遗。而我党数十年来革命成果，势将全付东流，中国前途将不可复问了。

心知此役关系重大，我乃亲赴前线，日夜指挥。我军参预此役的共六个纵队，约七八千人。我首调钟祖培、俞作柏两个纵队担任正面攻击；陆超、刘权中两纵队则向右翼延伸，以包抄敌军左翼；伍廷飏、韦肇隆两纵队则留为总预备队。我军左翼则留待范部滇军前来担任。

部置既定，我军遂于五月十六日向昆仑关进攻。我本人也亲临前线指挥。将士见主帅也在前线，都奋不顾身，爬山仰攻。唯此地岩壁耸峭，山高路险，易守难攻。我军血战一昼夜，死伤千余人，仍不见左翼友军加入战斗。我遂调韦、伍总预备队加入战斗，向左翼延伸。全军奋勇冲杀，滇军不支，前敌总指挥卢汉弃关而逃。滇军遗尸遍野，死伤二千余人。我军跟踪尾追，滇军复于八塘凭险顽抗。我军又与之血战一昼夜，敌人乃退守七塘，再退至五塘，仍图顽抗，我军再度将其击破。所谓五塘、八塘，乃驿站的旧称。往时商旅自南宁出发，每十里便有一驿站，可资休息。第一站叫么塘，第二站叫二塘，余依次类推。故五塘、八塘，即是离南宁五十里及八十里的小镇。敌人连败之余已不敢野战，遂退入邕垣，闭门死守待援，我军遂将南宁合围。唯龙军虽死伤数千，守军仍有两万余人，且南宁城墙坚实，我军又无重炮，一时难以攻克。我遂下令将南宁重重包围，以饿困滇军。此役敌人抵抗的顽强，和我军攻击的勇猛，都为前所未见，战场上死尸枕藉。

唯此次战斗延长至四五天之久，转战百余里，始终未见范石生部前来左翼参战。当时既没有电话，更没有无线电可资联络，军中侦察也始终未见友军，实令我万分惊讶。

我在五塘整整等了两天，至五月二十四日才见范石生和他的参谋长杨蓁各乘四人绿呢大轿一顶，姗姗而来。他们的轿子是在广州定制的，极为华丽舒适。石生一见我，便露出很难为情的微笑，并滑稽地说："敌人跑得太快了，我的烂部队偏偏又走得太慢些。辛苦了贵军，请即收队休息，由我们来接替。"石生并要杨蓁立刻写信给龙云，劝龙率部投诚，大家一齐返滇，改革本省政治，而杨蓁要等鸦片抽足，才能动笔。

忆范石生当初誓师白马，奉命入粤驱陈时，是何等的声威赫赫，今番何以散漫幼稚到此程度呢？真使我百思不得其解。直至第二天，我们才见范军的先遣部队，零零落落，不成队伍的经过五塘，向三塘、二塘集中；拖泥带水，毫无蓬勃之气。范军受鸦片之害太大了。时人讥刺滇军说，他们每个官兵，都带着两支枪，一为钢枪，另一则为烟枪。加以他们在广东驻扎很久，搜括有方，囊中富足，这种贪婪怕死的部队，自然就谈不到作战了。

贰

范石生到五塘不久，黄绍竑也自梧州赶到，我们三人乃会商破敌之策。我们认为最有效的方法，莫外二端：一是攻坚，硬行爬城；另一是久困，将南宁重重包围，使其弹尽粮绝，不战自溃。

就在这时，我忽接到柳州方面告急的电报。原来唐继虞率领的滇军第一路，已由贵州侵入广西，我边境守军蔡振云纵队因众寡不敌，正逐渐南撤。敌人进据长安，有直捣柳州之势，柳州守将李石愚遂来电告急。

我为布置柳州防卫战，乃将南宁围城工作交黄、范二人担任。并将我军各纵队除伍纵队外，悉数抽调，星夜开往柳州增援。同时自柳州调收编沈军的邓竹林、罗浩忠两部约三千人至南宁，以补其不足。我本人则自五塘退往八塘，部署援柳战事。

我军大部分撤围后，龙云见有机可乘，乃悬重赏，遴选敢死队，出城突击我军①。广西军阀残余谭浩澄乃自告奋勇，请为前驱。浩澄为谭浩明之弟，原系我在将校讲习所中教过的学生。那时他仅十八九岁，以一哨官头衔，在将校讲习所受训。此次受命为敢死队总指挥，率健卒千余人，每人发烟土二十两，饭饱烟足，一声呐喊，从东、北两门冲了出来。杀声震天，弹如雨下。围城的范军措手不及，竟被冲得七零八落，仓皇后撤。我闻讯急调俞作柏部赶回救援，由黄绍竑亲自指挥，和滇军在城外大河两岸，演了一阵捉迷藏，卒将谭浩澄击毙，其敢死队亦蒙重创。滇军遂缩入城内，不再蠢动。这时黄绍竑忽然病倒，乘船返梧州就医。我不得已，乃长驻八塘附近的思陇圩，一面策划援柳的部署，一面指挥围困南宁的战事。胡若愚所率滇军第三路也突入南宁和龙云合股。我们为诱致滇军出城野战，曾将在东北方的围城部队撤去，使网开两面，任其出瓮，然滇军卒不敢出，而与我军胶着相持。这时柳州方面的战事，已十分激烈，守将李石愚竟于前线指挥作战时阵亡。石愚广西兴业人，桂林干部学堂毕业。初在林虎护国第六军十三团任营长，护法之役，调充副官长。民国八年退休归农。其后，随我至六万大山，任支队司令。为人豪爽有侠气，骁勇善战。讨陆、讨沈，无役不与，威名赫赫，劳苦功高。不意于广西将告统一之时，竟于柳州殉职。

柳州告急之时，我既分身不得，白崇禧、黄绍竑二人乃分别自桂林、梧州赶往前线指挥，围攻柳州之敌。为唐继虞的前敌指挥官吴学显所部，约七八千人。绍竑抵柳后，乃亲率新近赶到增援的钟祖培、陆超、刘权中、韦肇隆、吕焕炎等纵队，向滇军出击。滇军不支后退，两军遂相持于沙埔。六月四日，白崇禧也率夏威纵队、郭凤岗第一警卫团各部，自桂林赶到增援，

---

① 据黄绍竑在《滇桂战争》一文中另一说法，因为黄绍竑、范石生两军围攻南宁城受挫，滇唐援军胡若愚所部万余人赶到南宁，龙云部队才出城突击。（见全国政协所编《文史资料选辑》第二辑，第66页）

遂与敌展开激战。此役双方参战的都在万人以上，战况十分激烈。敌军背水为阵，退路浮桥为我炮兵轰断。在我军一再冲杀之后，敌军被逼向河边，泅渡不得，溺毙者凡六七百人。血战一日，敌军死伤二千余人，被俘的也有二千余；乃将唐继尧入桂的主力一击惨败。敌胆已寒，唐继尧和龙云合股的希望遂彻底破灭，而滇军被各个击破的命运，遂不可避免了。兹将沙埔战役之后，白崇禧向我报捷的电文附录于后：

（衔略）。长安方面之敌，被我军在沙埔围击，缴获步枪二千六百支，大炮三门，水机关枪两挺，俘虏二千二百余名，溺水死者六七百人，其总指挥王洁修，旅长何世雄，团长何玉章均被溺死。其余官长，自团、营以下，均完全俘虏，无一漏网者。现唐部所存部队，只有警卫军千余人，及由柳败溃之吴学显部千余人，合共沈鸿英部，最多不过四千余人。查沙埔彼我两军战斗时，沈鸿英率残部合吴学显部已到太平，意欲前来沙埔救援，适沙埔之敌完全扑灭，遂连夜退窜大良、潭头一带。现时长安空虚进退维谷，我军日内即向长安方面攻击前进，扫清残敌。已经电令桂林徐司令启明率领所部前来古化方面，协同梁华山、曾军伟司令袭击长安滇军后方，以期一网打尽。徐司令到达古化后，梁、曾两司令归徐司令指挥。滇军辎重烟土三百余担均在长安，无路可逃，夺获甚易。白崇禧鱼叩。

沙埔大捷之后，我军复跟踪追至庆远。经数度激烈战斗，俘获唐军数千，器械无算。侵桂唐继尧所部，至是已溃不成军，于六月底经桂、黔边境退回云南，沿途为广西民团据险截杀，残部所剩不多。

是时龙云在南宁尚不知唐继尧已溃败，仍株守孤城，妄图和唐部会合，作最后的奋斗。我们遂就俘虏中择两三百人送入南宁城，去告知龙云滇军在柳州一带溃败的情形，使龙云知事不可为而自动撤退。传龙云性情残暴，竟认为他们接受我方愚弄，意欲动摇军心而悉数枪决。我们不得已，又从俘虏中选旅长二员和士兵五百余名再送入南宁，至是龙云才信唐继尧确已惨败。

此时南宁城中，粮弹缺乏，疫病流行，且广州方面响应唐继尧入粤的刘震寰、杨希闵、蒋光亮等部队，都在此时覆灭。龙氏知困守南宁无益，乃于七月七日夜间，放弃南宁，渡河向左江方面逃窜。

当龙军渡左江支流黑水河时，我军本可按原定计划，乘其半渡击之，孰知我追击指挥官俞作柏于七月八日进入南宁之后，竟忙于委派税收人员，耽搁两天；龙、胡两路滇军遂得安全渡过，向靖西、镇边窜回富州。七月十日，范石生因急于回滇，乃自那龙、百色进入广南。讵知俞作柏到雷平之后，即径赴龙州，未能和范军呼应，以致范军孤军深入，其部队又不能作战，竟被唐继尧派出的援军和龙、胡两部杀得大败，遂又撤回百色。其后北伐，范部改编为独立师，东下入粤，驻防南雄。

广西至七月二十二日，敌人溃退回滇后，终于完成统一的局面。

第十八章　统一后之广西

壹

民国十四年秋，广西统一，陆、沈残余部队除林俊廷二千余人逃往钦、廉依附邓本殷外，都已次第肃清。此时全省虽在大兵之后，疮痍满目，毕竟烽烟已息，盗贼日少，人民可以安居乐业，形成小康之局。

然此时广东的局面则仍在风雨飘摇之中，外有东江陈炯明、南路邓本殷和北路熊克武的窥伺，内有党、政、军派别各异的明争暗斗，情势险危，岌岌不可终日。先是，民国十四年春初陈炯明乘中山病危之时，向广州反攻，革命政府被迫誓师作第一次的东征；尚未顺利完成任务，而中山已逝。那时盘踞广州的桂军总司令刘震寰，滇军总司令杨希闵、军长蒋光亮等，竟公开表示欢迎唐继尧入粤。刘氏并早秘密去滇，向唐氏促驾。革命政府明知杨、刘异动的企图，然苦无力制裁。

当我们于五月九日在贵县正式通电讨唐之后，唐继尧知我不为其威胁利诱所屈服，遂公然以副元帅名义于五月十二日任命刘震寰为广西军务督办兼省长。这时杨希闵则潜赴香港，一面勾结帝国主义，一面暗中活动，唆使广东商民团体电请段执政派渠为广东军务督办，和刘震寰相颉颃。因此逆迹昭著，路人皆知。

当我们讨沈拒唐战事正在捷报频传之时，想着刘、杨盘踞广州，勾结唐氏，实为我中央政府腹心之患。庆父不除，鲁难未已。我们乃一再密电中央诸领袖，要求翦除刘、杨，我并允于必要时抽调劲旅入粤助战。这时广东第一次东征已克复潮、汕。广州中央各领袖胡汉民、廖仲恺等，迭获我们的建议之后，朱培德、廖仲恺便去汕头和粤军总司令许崇智、参谋长兼黄埔军校校长蒋中正开秘密会议，湘军总司令谭延闿也都派代表参加。会中一致同意我们的主张，乃决意暂时放弃潮汕，回师省垣，消灭杨、刘。六月十日战事遂在广州近郊发生，刘、杨所部二万余人悉数被缴械改编。心腹大患既除，中央所在地才稍得稳定。民国十四年七月一日，大元帅府乃正式改组为国民政府。采委员合议制，以汪兆铭、胡汉民、孙科、许崇智、伍朝枢、徐谦、张继、谭延闿、戴传贤、林森、张人杰、程潜、廖仲恺、古应芬、朱培德、于右任等十六人为委员。并推定汪兆铭为主席，许崇智为军事部长，胡汉民为外交部长，廖仲恺为财政部长。

国民政府成立之后，内部政潮的起伏和外围敌人的窥伺初未稍息。八月二十日廖仲恺竟被奸徒行刺殒命，中央的有力领袖利用这惨案排除异己，株连极多。至九月底，前代帅胡汉民、前粤军总司令许崇智都先后被迫离粤。于是东江陈炯明乘机再度进犯广州，盘踞粤南八属的邓本殷随即响应，企图东西夹攻广州，声势汹汹，不可一世。自四川南来广东就食的川军熊克武部也进驻粤北的连山、阳山一带，和陈炯明暗相勾结，图谋不轨。中央既四面受敌，乃不得已而发动二次东征，以蒋中正为总指挥，进剿陈炯明；同时檄调我军赴湘、粤边境截击熊克武部川军。

熊克武四川人，也是同盟会中的老革命党员，曾任四川军务督办，拥众数万人。民国十三年熊氏在川政争失败被逐出省，东下就食湘西，愿隶中山麾下，继续为革命效力。民国十四年夏季熊乃率师进驻粤北，渠本人并亲往粤垣和大本营商洽，我军也以友军待他，未与为难。谁知熊氏曾暗通陈炯明，至粤后事发，被扣留。时熊部川军尚有万余人，中央应付力量不足，乃电调我军出省解决熊部，遂由白崇禧任总指挥，率师分三路出省；蔡振云纵队由桂林出连山；钟祖培、夏威两纵队由龙虎关出江华；白崇禧亲率郭凤岗、陶钧两警卫团由全州出马头，断其北窜之路。激战月余，熊军不支北窜，我军乃于十一月十六日大破之于全州之八十山。熊军总指挥罗巩光被击毙，部下两旅长一死一伤，我军掳获枪械不少。熊军溃不成军，流散部队遂为湘军所收编。中央政府西部的一大威胁遂从此解除。

当我军攻击熊军之时，南路的邓本殷和申葆藩也已蠢动，乘广州中央二次东征及熊军叛乱时，进窥粤垣。邓、申俱系粤人，原隶陆、谭部下，民国九年第一次粤桂之战时，二人叛离陆、谭，改投陈炯明。民国十二年陈炯明败往东江，邓本殷乃接受北方段祺瑞政府的委派，任粤南八属督办；有人、枪二万，自任总指挥，而以申葆藩为副。在广西无法立足的陆、谭残部如林俊廷等，也纷纷来归。九月间，邓部遂乘广州空虚，分三路进犯西江。邓自任左路，以部将陈德春为中路，苏廷有为右路，分头东进，声势浩大。粤南的阳江、罗定、云浮各县，相继失守，广州动摇。

中央乃任命第一师师长李济深为南路总指挥①，南征邓本殷。唯李总指挥以邓逆声势凶猛，自身兵力又嫌薄弱，乃于十月十二日亲来南宁乞援，希望我军自西北两方夹击邓军以毁其老巢，当得我方同意。粤、桂双方乃分四路而下，夹击邓军。第一路由陈章甫指挥，自肇庆向三罗进攻；第二路由陈铭枢指挥，向两阳进攻；第三路由俞作柏指挥，由陆川向高雷进攻；第四路由胡宗铎指挥，由上思向钦廉进攻（以上第一、二两路为粤军，第三、四两

---

① 据黄绍竑在《新桂系的崛起》一文中说，国民政府任命李济深为"粤桂联军总指挥"，去肃清南路敌人。（见全国政协所编《文史资料选辑》第五十二辑，第48页）

路为桂军）。四路大军一时俱下，邓逆疲于奔命，始知末日之将至。

唯当三路大军顺利前进之时，第二路陈铭枢部忽被突破，逆军迫近四邑，威胁广州。这时我军吕焕炎纵队正奉命经大乌至玉林出高州，向俞作柏增援。到了东线告急，我遂急调吕焕炎回师向陈铭枢增援，将敌军堵住，广州人心始定。

我军三、四两路在数度血战后，已迫近钦廉。十二月五日胡宗铎部已达石船，黄旭初部到达陆屋，俞作柏部到达合浦，黄玉书部占领防城。邓本殷、申葆藩知大势已去，乃通电下野；林俊廷也只身逃往安南。残部由杨腾辉率领于十二月七日向我投诚。南路遂平。

这时广州二次东征之师也已凯旋。陈炯明所部除刘志陆、陈修爵率残部三千逃窜闽南外，完全覆灭。一时烽烟俱息，革命策源地的两广，乃完全统一于国民政府之下。今日反观史实，固知我们消灭陆、沈，统一广西，力拒唐军东下，并出师讨伐邓、申和截击熊克武，实为助成国民政府统一广东的不可或缺的先决条件。

贰

广西既告统一，军、民、财、建、教各政在我们积极整顿之下，渐上轨道。

在统一广西各战役中，我军除少数训练有素的基本部队外，其余多系收编而来，良莠不齐。因此纵在作战期间，我们便已开始整训。尚足以应用的部队则进行改编、改造；其不堪使用的部队，便缴械、遣散。这工作说来容易，但是做起来也时有惊险场面出现。

例如我军肃清陆、谭残部时，陆荣廷悍将之一的陆福祥被击伤，所部陆得标、许辉生两团乃向我投诚，请求改编。许辉生为讲武堂出身，治军尚粗有法度，其为人也还知时势、识大体。所以收编后，我乃以许氏为团长，仅整训其所部。

陆得标却是行伍出身。初任陆福祥的马弁、副官等职，为人粗野，毫无现代观念和军事学识。渠所部都是陆荣廷的心腹，器械精良而骄横成性，官兵已不堪造就。然而我如下令遣散，全团必定哗变而流散为匪，收拾不易。因此我在收编后，未加任何整理工作，只调其前来南宁郊外驻扎。驻防月余，我乃调该团来南宁督办署侧的箭道内点验。陆得标即问要否带武器。我说："带。"陆才放心。在他想来，既带武器，谁也奈何他不得。陆乃率其全团荷枪实弹至箭道集合。所谓箭道，是一长方形的操场，可容数连人同时出操，为前清时试箭的所在，故名。

陆团集合之后，我便出去训话。训话毕，我便喊"立正"，再喊"架枪"。全团架枪之后，我又喊"退后三步"。接着我便叫一名副官宣读我的命令，略谓："广西兵燹经年，民生凋敝已极，人民实负担不起偌大的军费。本团官兵转战经年，亦应休息。本督办现命令全团官兵解甲归农。"副官宣读命令之时，我事先布置的军队遂在操场四周出现，以示该团不可抗命。

命令下达之后，我便命令陆得标随我到督办署去领取遣散费，并令其副团长率领全队徒手官兵返回营房，以便分发遣散费。于是，草木不惊，陆得标全团便悉数被缴械、遣散。

当我作缴械计划之时，幕僚都认为太危险，劝我不必亲去训话。我则认为我如不亲自出马，反易发生危险，因我亲自去发布命令，事出仓促，使他们没有商量的余地，只有遵命缴械。当全团缴械之时，旁观的官兵都目瞪口呆，而我则丝毫未改平时的从容态度。

北伐龙潭战役之后，我曾用同样方法，在南京大较场将不听调度的王普的第二十七军全军缴械。此是后话。

广西对部队的整顿极为迅速而有效，冗兵汰尽，则所余的全系劲旅。我更竭力革除我国军人派系分歧的恶习，严禁军官因出身的不同而划分派系。信赏必罚，大公无私。所以全军上下一心，进攻退守，足可收指臂之效。

再者，我们在广西严禁军人干政，因军队自有其军令系统，与地方行政部门各有专责。平时驻防，除训练之外，便协同地方团队清除盗匪。按昔日两广甚至全国通行的剿抚兼施政策的旧例，凡官兵剿匪无功，便以官爵诱股匪投诚。行之日久，使狡黠之徒视结伙抢劫为升官发财的捷径。此风不除，则匪患此起彼伏，永无宁日。所以我们的剿匪政策是清剿、消灭而不招抚。投诚之匪只准悔过自新，由其族长、父兄或乡党亲友担保永不为匪，准其归农为良，不予究治而已。在此雷厉风行之下，号称多匪的广西，竟日趋太平。

军政之外，我们对民政也大加整理。当时广州国民政府初成立，自顾不暇，对省政尚无划一办法，而"省长"一辞，又系北洋政府所用的名称。不得已，我们乃自创一名称曰"广西民政长"，由黄绍竑担任。黄氏于民国十四年九月十五日宣布就职。当时的组织，最高级为"民政公署"，署内设"政务会议"，为本省最高的政务机关。下设内务、财政、教育、建设四厅，由粟威、苏绍章、甘浩泽、盘珠祁分任厅长。

当时我们虽竭诚拥护国民政府，然事实上国民政府自顾不暇，更无心过问广西的军政事宜。因此广西在此全国政局动荡之时，竟形成一独立割据的局面。一切法令、规章悉由我们自行拟定。直到民国十五年夏，国民政府正式颁布省政府组织法后，民政长制度才取消，黄绍竑才由国民政府明令特任为广西省政府委员兼主席之职。

在此过渡期间，关于县长的遴选，官吏的委派，我们全以三个大原则为根据：一曰廉洁，二曰能干，三曰守法。因我国官吏往往廉洁的未必能干，能干的又未必守法，守法的又未必能干。所以我们遴选官吏的标准，一定要三者兼备，缺一不可。

再者，我国旧官场往往派系分歧，门户畛域之见极深，相互摒斥。我们的新作风则是绝不任用私人，严禁派别。我自己以身作则，深幸黄、白二人也颇能体会斯旨，与我一致。我们更利用每周的总理纪念周，和经常举行的党政军联席会议，不时告诫部曲。身正则令行，所以全省上下，风气焕然一新。

广西的财政，在全省统一之前，制度颇为纷歧。我在玉林五属时，一切税收都由我委派专人征收。这种方式在政治未上轨道时，弊端极大。因旧式的下级税收人员，在前清多为世代相传的，其最低级的估价员叫做"签手"，都属斗筲小人，其子孙照例不许参加考试。其上则有稽查、书记、文案、局长之流。向例以多报少，视为应得的利润。经他们层层剥削之后，国家税收多入私囊，政府所得仅他们的唾余而已。我在玉林时，深知其中弊窦，故力改此陋规，虽不无成效，但已费尽了九牛二虎之力。

绍竑在梧州时，戎马倥偬，未暇计及改革，渠仍循广东革命政府的旧例，招商投标，包办税务。其办法即由行政高级机关，估计某地每年约可征收税款若干，规定一税收总额，公开招商投标，出价最高的得标，并预先缴两个月税款。至于征税细则，虽有明文规定，也等于具文而已。因商人志在谋利，因而百般勒索商民，政府为增加收入，竟亦漠然置之。

统一后的广西，全省税务改由财政厅划一办法，精选廉洁干练的税务人员，公平征收。一时商民称便，贪污之风顿戢，政府收入也因之大增。

统税之外，我们对田赋也大加整顿。因我国田亩已多年未经丈量，漏税极多，纳税人既感不均，国家的损失也大。广西统一后，我们遂设立清理田赋总局，重行丈量土地，改订税额。这种工作虽一时不易完成，但在进行期中，全省田赋收入已大有增加。

综计广西在统一之后，因积极兴利除弊，使生产和消费两者日有增加，更因税收机关的改善和贪污的澄清，使全省税收逐年增加。计民国十五年的收入约在一千八百万至二千万元小洋左右。至于军政公务人员，在节衣缩食，努力奉公之下，也粗可维持。

我们对于整顿广西的教育也不遗余力。民国十五年冬间，黄绍竑即在梧州筹办省立广西大学，勘定校址在梧州三角嘴蝴蝶山，新建校舍，聘请前省长马君武为校长，以盘珠祁副之。民国十六年九月十三日正式开学。后来迁往桂林，为西南重要学府之一。

至于中学教育和国民教育，我们也全力以赴。不过我国教育界以前有一种恶习气，就是门户之见。各立派别，互不相让。这种情形，广西也不能免。当时有三大派：桂林省立师范派，广东省立师范派，及国立北京师范大学派。中学校长和教员多为这三校出身。三派暗斗倾轧很烈，一派得势，则凡属本派的贤与不肖一概任用，真是"刘公得道，鸡犬升天"；至于他派中的分子，不论其道德、学问如何可钦，一概在摈斥排挤之列。这三派你争我夺，把广西教育界弄得乌烟瘴气。

广西统一之后，我们任命甘浩泽（沛霖）为教育厅长。甘君为留日学生，人尚老成，唯不久因事去职。我们遂于民国十四年二月另委黄华表为教育厅长。黄氏藤县人，广东师范出身，后留学于美国哥伦比亚大学师范学院。照理，以黄君的学历任教育厅长，应无问题，孰知他胸襟狭隘，派系之见极深。就职后，竟将北京师大及广西师范出身的校长，不分皂白，逐一撤换，而代以广东师范出身的。其任免人员毫无标准，悉以派系为依归。于是全省教育界舆论大哗，经我们调查属实，乃把他撤职。当时不仅教育界，甚至西医也分派别，德日派和英美派也互不相让。自黄君为此撤职后，此风稍敛。

关于建设方面的工作，我们首先致力的为公路。陆荣廷时代，广西仅有自南宁至武鸣的公路一百二十华里，此路事实上为陆氏私用，和国计民生无涉。到马君武为省长时，用尽九牛二虎之力兴修南宁通柳州的公路，然动工经年，只修了五里多路，即行搁置。广西统一后，建设厅乃正式兴修公路网，计有南宁经柳州至桂林、黄沙河线；南宁至龙州线；宾阳经玉林至苍梧戎圩线；玉林经陆川至石角通广州湾线；荔浦经平乐至贺县、八步线。此外水利建设、植树、开垦、开矿等也着手兴办。至于兵工方面，我们也着手改良，并扩建原有的修械厂。原先我在玉林、黄绍竑在梧州都有小型的兵工厂可以翻造子弹，修理各种枪械。至是，乃将原厂扩充，或迁往他处成立兵工厂，试造无烟药、轻重机枪、步枪和手榴弹。另设专厂自制硝酸、硫酸，实行兵工自给，都颇有成绩。

叁

广西经我们艰苦卓绝的整顿之后，颇有一番新气象。这时广东方面也已逐渐统一，在国民政府领导之下，党、政、军各方面都显出一种蓬勃的朝气，和广西的新局面颇能相得益彰。瞻望全国大势，我们革命势力定鼎中原，只是时间问题而已。在这日夜辛劳，百废待举的情况下，我们少数领袖人物责任之大，自不待言。而正当此时，我忽然发现黄绍竑的私生活竟相当浪漫和颓废，甚至瞒着我们偷吸鸦片。黄氏身为民政长，并兼军长，在军、政两方面的地位，仅次于我。此种生活，不特影响官箴，抑且对革命风气和他本人的健康都有极大的损害。

我觉得黄氏此种颓废浪漫的生涯，终非了局。加以他自戕过度，身体日见消瘦。当时我们于开会或晚饭后，每好作非正式的谈话，借以检讨军、民两政进展的得失，用资改正。而黄氏则常借故溜走，因此我更以为忧。因我们的革命事业正在迈进之时，他竟如此委靡不振，焉能任此新时代的艰巨，而为全省军民的模范。我觉得于公于私都有规劝他的必要。首先，我就劝他戒烟，但是戒烟并非易事。他给我的回答总是："德公，我怎么能戒烟呢？

生活太苦闷啦！"

我每次劝诫他，他都是如此回答我，使我深深感到，他的生活所以浪漫，主要是因为他没有正常的家庭生活。乡间的妻子既不能适应今日的场面，别恋的妓女又不能露面。所以欲求其生活正常，必先助其恢复正常的家庭生活，这样才使我想到为他物色一个适当的配偶，以改正他的生活。

一次，我在办公室，无心听到隔壁有人在闲谈以前南宁的趣事。这两位对话人原来是黄绍竑的族兄黄剑鸣和讨贼军副官长、现尚在台湾任国大代表的吕竞存。吕氏久居南宁，对地方情形甚为熟悉。他说，前数年凡有庆祝游行或欢迎广东军事首脑等场合，南宁男女学校都整队前往参加。是时马草街省立第二两等女子学校的队伍中担任掌校旗的便是该校的校花蔡凤珍。她年方十五六岁，美艳无比。那时我和几位同学还想"癞蛤蟆吃天鹅肉"去追求一下呢！

他二人言之无心，我却听之有意。事后我便向他们问及此事，并向黄说："为何不替你季宽老弟设法介绍呢？事成了还可挽救你老弟的腐化生活！"他二人在我鼓励之下，都深表同意。吕君说，此姝住在东门大街，其父开一照相馆。自我军进驻南宁以来，未尝见其芳踪，不知是否已名花有主。此事可托红十字会田会长次廉撮合，如声明做平妻，则成功的希望可有七成。后来果然如愿以偿。

消息传来，督办署高级同人皆大为欢喜，准备着吃绍竑的喜酒了。这时绍竑不待我再问，便把几套极精致名贵的鸦片烟具，当我的面捣毁，从此戒绝鸦片，重新做人。

一般人戒烟都要吃三四个月西药才可戒除，而绍竑居然硬着头皮，不用药品，一举戒绝。最初两星期，虽然全身瘫软，涕泪横流，痛苦不堪，渠也甘之如饴，不到一月，便恢复健康了。

在戒烟期中，黄、蔡两家，报聘纳彩，一按旧俗办理。黄君原娶的妻子韦氏则按"平妻制"办理，也即是两房夫人并不同居，彼此在名位上毫无轩轾。这习俗在当时的广西是认为合理的。

广西统一之后，全省欢腾，而我个人却感受到一项终身之戚，盖先父培英公适于此时弃养。

先是，广西内战最剧之时，培英公曾偕吾母往上海避乱。到了广西统一，地方恢复安定，培英公即决定返桂。在离沪前夕，培英公因久闻苏州之名，以未往一游为憾，乃与三数友好，结伴赴苏观光。不料此时苏州霍乱正在流行，培英公竟受传染，回沪后，吐泻不止。时适值星期天，延医困难，经一昼夜的吐泻，遂至不起。噩耗传来，我缅念"子欲养而亲不在"的古语，哀痛欲绝。先父灵柩旋由海道经港、穗运返南宁开吊，再运至桂林原籍祖茔安葬。沿途党政机关均设路祭，备极哀荣，足令为人子者没齿难忘耳。

第五编

从镇南关到山海关

第十九章　两广统一与湖南之内讧

壹

我们以少击众，消灭陆、沈的部队，打退唐继尧东侵之师，在短时期内统一广西之后，全国莫不另眼相看。因三数年前，我李某、黄某、白某，位均不过中下级军官，名不见经传，且都是三十岁左右的青年。而我们的对手，如陆荣廷、沈鸿英、谭浩明、唐继尧等，都是轰轰烈烈中外闻名的老前辈，得势享名凡十余年，然不出三年，竟被我们一一翦除。统一后的广西，军事、政治都显出一股空前未有的朝气，为全国各地所无。而我们三人始终合作如一，彼此为建国、建省而奋斗，毫无芥蒂存乎其间。以之和其他各省当轴的互相水火，如皖、直系的分裂，国民党内胡、汪、蒋三人之间的斗争，云南唐继尧和顾品珍的火并，贵州刘显世和外甥王电轮的骨肉相残，以及湖南和北方各省的内讧等相比，我们似确有人所不及之处。而广西也因此薄负时誉，那时联省自治，保境安民之风正炽，于是，川、湘、黔等邻省，都纷纷派员来桂观摩。

这些代表中，最受我们注目的，便是湖南省长赵恒惕的代表叶琪。叶君那时在湘军刘铏第二师任旅长。他是广西容县人，陆小第二期毕业，后入保定军校，与黄绍竑、白崇禧及广西许多高级将领都有先后同学之谊。当时更有所谓"四校同学会"的组织，由陆军小学、预备中学、保定军校、陆军大学四校毕业生所组成。因四校同学都和叶氏有相当学谊，赵恒惕即利用这种关系，派他来和我们就政治立场有所商洽。

叶琪于民国十四年冬季，衔赵省长之命，取道桂林来南宁和我们会晤。叶君既是我陆小同学，为人又豪放不羁，所以和我们无话不谈。他此次回桂，所负使命约有三端。湖南当局鉴于广西新近统一，生气蓬勃，故盼湘、桂两省能采取同一政治立场，实行联省自治，人不犯我，我不犯人；如能守望相助，攻守同盟，自然更为理想，此其一。如我们广西当局有野心，想恢复以前陆荣廷囊括两广的旧局面，湖南当局愿意出兵协助，同下广东；但湖南当局之意仅在消灭广东境内谭延闿和程潜所部的湘军，不是想和桂军分割广东地盘，故湘军一灭，他们便班师回省，此其二。如以上两项我们都做不到，则湖南当局希望我们不要为广东方面所利用，至少在湘、粤发生战争时，采取中立态度，此其三。

总之，叶琪实负着说客的任务，他的注意力尤集中于广东方面。因那时广州中央实行联俄容共政策，聘请俄国顾问等事，招致全国的注目，而湖南当局疑虑更甚。他们认为广东方面联俄容共的结果，必将帮助被逐的湘军回湘。如是，则赵恒惕、唐生智便首当其冲。为防患于未然，所以派一位广西人叶琪和我们联络。叶君来时所携除赵省长亲笔函件之外，还有湘军其他师长"四校同学"唐生智、贺耀祖等的联络函件。

叶君已多年未回省。对省内情形颇为隔膜。他在湖南时听说我们忠诚拥护广州国民政府，便很不以为然。因此时外界谣传广东已经赤化，实行共产公妻制度。叶琪到南宁后，便责问我，为何和广州方面的共产党合作？我说："我们国民党自有我们的三民主义，我们为什么要实行共产主义呢？"

还有，叶君在湖南久闻我军纪律森严，战斗力坚强，而十分景仰。不意回桂后见我们的军队都是衣着不整的"叫花军"。因为广西当时财政困难，我军的制服都是最粗的土制灰布制成，既易褪色，又易破烂，士兵着久之后，难免褴褛不堪。因之，叶琪觉得十分诧异，为什么这一窝烂军队能打胜仗呢？但是他对我军战斗力的坚强，体验最深。先是，当陆、沈交兵之时，赵恒惕曾派叶琪、李品仙、马济等部入桂援陆。马济入广西稍一交绥，便被沈鸿英打得弃甲曳兵而退。叶琪、李品仙则率师在黄沙河观望一番，未敢前进。而沈鸿英后来和我军交战时，不数星期，大军二万余人便一败涂地。两相比较，便知我军和湘军的战斗力是怎样的了。这位叶将军赞叹之余，实百思不得其解。

叶琪对我们的新作风中，最感新颖的便是群众运动。因为在国民党改组之后，我们仿效苏联，发动群众运动。各县都组织有农民协会、工会、学生会等。群众大会经常举行，情绪极为热烈，军民打成一片，如水乳的交融。这些，都不是华北和长江流域各省可比。有时我们也请叶将军在群众大会给我们讲演，并请他指导，群众辄报以欢呼和热烈的掌声。叶琪系初次见到这种热烈的革命运动的场面，颇为感动。我告诉他说："这就是革命运动啊！北方的军阀迟早要被我们革命势力所打倒，我希望你们湖南也能加入到我们革命阵营里来！"叶琪听了颇为向往，但和他所负使命又极相矛盾。看准叶琪这种矛盾心情，我便乘机责以人义。针对他的三项使命，我也以"三不可"说服他。

我说，联省自治在中国不可行，因联省自治，事实上是否认中央政府，助长地方割据，为军阀制造占据地盘的借口。现在中国所急需的，乃一强有力的中央政府，而非地方割据，这是一不可。我辈如为私心所嗾使而妄图并吞广东，势必蹈陆荣廷的覆辙；粤桂相争，也将永无已时，让唐继尧等军阀坐收渔利，破坏革命，这是二不可。至于湘、粤战争，我守中立一点，也不易办到。因我们已在广东成立国民政府，以前的湘军，现在同为革命军的一部。以后没有战争便罢，如有战争，断非湘粤地方主义之争，而为革命和反革命之争，湖南将首当其冲而已。我们既已许身革命，断难置身事外，这是三不可。我于是乘机劝叶琪加入革命。

叶琪初来之时，似颇自信三项使命必可完成其一。谁知他住久了，不觉为我们所感化，不但不图离间我们和广州国民政府的关系，反而对我们两粤合作表示同情，颇有接受我们的劝告，加入革命的可能。我因而问他："你看赵炎午会不会加入革命？"

叶琪摇摇头说："赵省长老了，只求保境安民，谈不到革命了！"

我说："那么唐孟潇呢？"

叶琪若有所悟地说："唐胡子倒很有野心！"

我说："有野心就得啦！我们一定要把他拉入我们的革命阵营！"

自此以后，我们遂发动所有的报馆、通讯社，一致宣传叶琪是唐生智的代表，特来和两粤革命当局会商湘、粤、桂合作的步骤。消息一出，不胫而走。港、穗、沪、汉各报竞相转载，弄得叶琪有口难辩，曾数度要求我更正。我说："更正什么啊？就做唐孟潇的代表又何妨！"

这样一来，不但叶琪来桂的三项使命一无所成，结果反而变成我们离间吴佩孚、赵恒惕、唐生智的工具了。

同时，我们也将叶琪奉命来桂的企图，详细密告中央各领袖，以免引起误会。

贰

就当叶琪访桂的高潮期间，我们忽然接到广州国民政府主席汪兆铭来电，说他将偕中央委员谭延闿、甘乃光到广西来慰劳我们广西军民。因这时正是广东方面二次东征之后，全省粗告统一，一月间国民党第二次全国代表大会时，黄绍竑和我也当选为候补中央监察委员。然两广表面上虽然合作无间，实际上仍系统各异。汪、谭此行的目的，显欲以联络感情方式，图进一步谋取两广统一的具体计划，也可能因叶琪的到桂，不无有些疑虑而有此一行。我们当然复电表示欢迎。广东方面因到南宁费时太多，希望我顺流而下，他们溯江而上，到梧州会晤。我们也答应了。会晤的时间便决定在民国十五年一月二十六日。

时期将届，我和黄绍竑便约叶琪一同去梧州，叶琪颇为踌躇。他原为图谋对付广东而来向我们疏通的，现在不但任务没有达成，反要和我们一道去见广州方面的代表，绝非其始料所及。还有，叶琪对谭延闿很瞧不起。谭氏的部队便是在叶等追击之下溃往广州的。加以谭以前在湖南，老谋深算，八面玲珑，周旋于湖南各派系之间的作风，也不是血气方刚、豪爽痛快的青年军人如叶琪等所习见，所以叶琪不愿见他们。

我说："你愿不愿见他们是另外一回事。现在我们都到梧州去了，你一人住在南宁也寂寞，不如和我们一道去梧州玩玩。"叶琪执拗我不过，就跟我们一道乘轮去梧州。汪、谭一行也于一月二十六日，由我方派往迎接的代表白崇禧陪同西上，到了梧州。我们既然是主人，少不了要发动群众来一幕"盛大欢迎"。好在汪兆铭自刺摄政王以来便享盛名，谁不想一瞻丰采，所以汪、谭等抵梧之时，军民齐集江边，真是万头攒动，欢呼之声震动山岳，盛况空前。叶琪虽未去欢迎，但也颇为此场面所感动。他嗣后曾说，想不到在他心目中需要打倒的人，在此地却有如此的号召力。

这是我和广东方面中央的领导人物第一次晤面。汪、谭二人都仪表堂堂，口角春风，对我们在广西方面的成就称赞备至。他们二人在我当学生期间便已全国闻名，都是我们所企慕的允文允武的英雄人物。今朝一见之下，他们满口"救国"、"革命"，更说得顺理成章，足开茅塞。所以此时我们对他们，尤其汪兆铭，真佩服得五体投地。

不过，我们对汪兆铭的革命理论多少也有点迷惘。如汪氏谈起革命时，总是口口声声"革命的向左走"。一次在梧州郊外参观，汪氏误向左边走去，我招呼他向右走。汪笑着说："革命家哪有向右走之理？"我说："向左去走不通啊！"说得大家都大笑起来。但是我们当时便有些不解，本党自有其革命程序，何必又一定要向左呢？所以我们对他的一套革命理论也只是姑妄言之，姑妄听之而已。

在汪、谭初抵梧州之时，叶琪仍不愿去见他们，但是谭延闿对叶琪反而颇为赞赏。当我向谭氏提及赵恒惕的代表叶琪现在梧州时，谭氏倒很想一晤。谭说："叶琪年轻能干，当年在湖南时，他居然把我们的部队打得落花流水。"言下似颇有长者风度，和"不念旧恶"的器宇。我因而把汪、谭的夸赞之辞转述给叶琪听，并劝他参加我们欢迎汪、谭的宴会。叶琪听了这番"高帽子"，颇为高兴，也就答应参加宴会。我告诉他，宴会上恐怕要请他发言。叶说，如要他公开发言，他就不去。但是最后他还是参加了。

欢迎汪、谭的宴会极为热烈。我致欢迎辞后，便请汪、谭两先生训话。汪、谭两氏除竭力称赞我们统一广西的成就外，对叶琪也顺便夸奖了一番。随后，我便请叶琪讲话。叶琪在此场合下，也只有勉强应酬，投桃报李，对汪、谭恭维一番，引起热烈掌声，全场皆大欢喜。打破湘、粤多少年来的夙怨，奠立湖南唐生智等日后加入革命的初步契机。

这时我想一不做二不休，索性劝叶琪赴广州一行，做初步的联络。叶琪听了大惊。他返乡的目的原系联桂谋粤，如赴广东观光，岂非背道而驰！他坚持不去，并开玩笑地说道："广州他们在搞共产，我如到广州去，吴大帅知道了岂不要杀我的头？"

我说："吴佩孚能管你们湖南的事？纵使广东方面在搞共产公妻，你去看看也无妨。相反的，你看到了其中内幕情形，回到湖南去报告一些真情实况，说不定吴佩孚还会嘉奖你有胆有识呢！总之，去看看不算是坏事。"

经我们再三劝告之后，叶琪终于答应到广州去看看。我便派白崇禧、夏威二人和叶琪同去，因他二人对广州各界相当熟悉，是最合适的向导。白、夏、叶一行，于一月下旬随汪、谭前往广州，在广州受到极盛大的欢迎。我们对叶琪此行的对外宣传，自然仍说他是湖南唐生智的代表，前来两广联络的。此事在外埠各报已哄传一时，叶琪如果是位谨小慎微的人，可能就有所顾忌而不敢去广东，幸而他是个阳份人，痛快豪爽，不拘小节。他又系湘军中的实力派，对本身行动有相当自由，不怕人家误会。所以他在广州酬酢一番之后，便取道香港、上海、武汉，回湖南去了。

叁

汪、谭梧州之行，外间不明真相，称之为"梧州会议"。其实，我们并未举行任何会议。汪、谭西行的目的只在联络感情，他们也声称为"慰劳"而来。不过我们彼此间虽未提出具体统一的办法付之讨论，然此行的影响，倒确实增强了两粤团结的基础。因汪、谭两氏确曾顺便道及两广党、政、军统一的必要，这和我们的期望正不谋而合。

我方遂于汪、谭返航时，派白崇禧为代表，前往报聘。白氏抵粤后，见广东自统一以后，气象一新，两粤如能统一，则不难问鼎中原。乃根据我们的意见，正式提出确实统一两广的方案，以便将广西军、民、财、教等大政完全统一于中央政府之下，划一办理。中央也特设"特别委员会"来处理两广统一问题。经数度会谈之后，二月十九日白崇禧遂以皓电向我们报告。原电如次：

（衔略）吾省军政前途，今后亟须上革命轨道，前电经已略陈，素为钧座所明悉。欲负担革命工作，完成革命任务，在理论与事实上，均非将军、民、财三政与广东镕成一片，直受中央支配不为功。政治关系省内，抑亦关系全国。自成风气，实不可能。军队更改编制，尤与财政关系密切。即以军队而论，广东革命军确实注重改良士兵生活，月饷十元至十二元。吾省若将财政自理，则于士兵生活问题必难解决。结果必有貌合神离之象。而于政治建设方面，结果亦将演成闭门造车之情境，将来必为革命之阻碍，而吾国家之命运，亦必因而延滞。连日与中央诸公磋商，若吾省能将军队依照广东编制，政治能接受中央策略，财政交中央支配，则一切问题当能与中央合辙，由中央统同筹划，互相调剂。此后对于革命任务，因属共同负担，而于补助接济方面，亦已痛痒相关，不能秦越相视矣。禧知两公对于革命重要，已有深刻认识；对于革命工作，已有坚确决心，历年奋斗，其目的在救中国，非救区区之广西也。禧抵粤以来，见中央对广西仅抱联合的态度，一切设施规模大小，日光在粤省，不似统一全国机关，于将来革命政府之发展，诸多妨碍。已对汪、蒋、谭诸公自动提出先将两广确实统一，此种主张，驻粤各方极端赞许，想两公必然赞同。现因体念上级官长，以图节省电报来往时间起见，由汪先生发议组织一中央特别委员会，讨论两广统一办法，先将军事、财政统一，次再及其他各件。议决案由禧带回南宁，交两公核夺认可后，交中央军事政治委员会议决，由国民政府执行。巧日开始讨论，两公有何意见，请速电示为祷。白崇禧叩皓印。

我们复电同意后，白崇禧复和中央洽谈很久，然两广统一，仍有许多困难。例如军队改编问题，当时我们广西部队有两个系统，实力和人数，相当两个军而有余。民国十三年总理北上前，曾委我和黄绍竑为第一、第二军军长。此时中央想改编为一军，事实上不无困难。其次即为军费和财政上的困难。广西为一穷省，一向不能自给，在清末即依赖湘、粤两省协饷。此次如由中央统一办理，中央便须弥补广西费用的不足，这点中央显然感觉困难。而我军如按中央各军标准，由中央财政部发饷，则中央"亏本"尤大。其实，中央可以要我们裁减兵额，我们当然可以照办。不过此事中央颇难开口，因值此戎马倥偬时期，练兵之不暇，断然不能裁军。因此项问题无法解决，白崇禧遂未得要领而返。

三月间，我们又派黄绍竑为代表，和白崇禧再度赴粤会商。历时很久，才将问题解决。

第一，我方自动放弃改编为两个军的要求。将广西两军合编为国民革命军第七军，由我担任军长，黄绍竑担任党代表，全军共辖九旅二十一团及炮兵工兵等营。兹将第七军的编制列于下：

军　　长　李宗仁

党代表　黄绍竑

参谋长　白崇禧

　第一旅旅长　白崇禧（兼）

　　第一团团长　陶　钧

　　第二团团长　吕演新

　第二旅旅长　俞作柏

　　第三团团长　李明瑞

　　第四团团长　李朝芳

　第三旅旅长　刘日福

　　第五团团长　张国柱

　　第六团团长　龚寿仪

　第四旅旅长　黄旭初

　　第七团团长　许宗武

　　第八团团长　林畅茂

　第五旅旅长　伍廷飏

　　第九团团长　陆受祺

第十团团长　梁朝玑

第六旅旅长　夏　威

第十一团团长　韦云淞

第十二团团长　叶丛华

第七旅旅长　胡宗铎

第十三团团长　（缺[①]）

第十四团团长　杨腾辉

第八旅旅长　钟祖培

第十五团团长　尹承纲

第十六团团长　周祖晃

第九旅旅长　吕焕炎

第十七团团长　杨　义

第十八团团长　蒙　志

独立第一团团长　陈济桓

独立第二团团长　罗浩忠

入伍生团团长　吕竞存

炮兵营营长　罗传英

工兵营营长　马典符

当时广东方面的编制：采用苏联式的"三三制"，自班、排至师、军的编制，都以"三"为递进：三班一排，三排一连，依此类推。我军的编制却稍异，详下章。

至于财政，仍由广西自理，第七军军饷也由广西自筹，中央暂不过问。

---

① 作者注：第十三团团长罗浩忠，因习俗相传"第十三号数不祥"，辞不就职，故缺。

军、财两政既由广西自理，党务自然也由广西当局斟酌地方情形，呈请中央核办。谁知这一党务独立，日后竟获致意想不到的善果。广东当时国共纠纷已日渐显著，嗣后国共纷争扩大，我们广西能够维持一片清白，就因为此。

到此，统一会议中各项问题，才粗告解决，两广总算正式统一于国民政府号令之下。到民国十五年六月，中央正式颁布省政府组织法，民政长公署才遵命结束，改设广西省政府，黄绍竑被任为省主席。

广西为广东以外由中央直接管辖的第一个省份。我们经数年的血战，才把全省统一；复以全力将军、财、民、教各政整理就绪之后，赤胆忠心将全省毫无保留地双手捧献中央。不幸当局目光短小，气度狭隘，满腹生意经，竟认为统筹办理广西省务为"蚀本生意"，而不愿接收，硬性责令我们"自理"，使广西形成半自治状态。此例一开，国家法度全失。其后，中央本可"赚钱"的省份，如湖南等，在我军克复之后也循例"自理"，闹出各省割据之局。而始作俑者，厥为中央政府的负责人，岂不可叹！

肆

当我们两广军政统一逐渐完成之时，湖南内部赵、唐的分裂也日益显著。此时两湖一带的政局，最高执政者表面上仍是吴佩孚。吴自称讨贼联军总司令。赵恒惕是湖南省长，名义上是受吴佩孚管束的。况岳州重镇，自民国八年以来即为吴氏亲信部队的防地，湘当局常受其监视。赵省长之下，有省防军四师，师长是贺耀祖、刘铏、叶开鑫和唐生智。唐生智又兼"湘南督办"和"水口山矿务督办"，控制湘南最富的水口山锌矿，所以他的第四师是湖南省防军中训练和配备最佳、人数最多的一师。

然而唐、赵、吴之间，表面上虽有隶属关系，事实上却是各不相能的。

吴佩孚为图着实控制湘省，暗中拉拢唐生智以制赵，以收分化统治之功。因湖南自谭延闿、程潜被逐出境之后，俨然成为赵家天下。且直、奉第二次战争，吴氏惨败，直系在长江流域的势力骤减。孙传芳于曹锟贿选时，对吴伪态度已是阳奉阴违，使吴有尾大不掉之感。吴佩孚乃玩弄手法，以分化赵恒惕的部下。当时唐生智业已桀骜不驯，得吴大帅接济械弹，遂更无忌惮。

此次叶琪事件，吴幕内亲赵小官僚乃利用两广的宣传而中伤唐氏。吴佩孚也因唐的坐大可虑，再怂恿赵恒惕抑制唐氏。赵得吴大帅为后盾，遂有收回水口山矿务和提高省长职权的行动。然吴佩孚却又暗中示意唐生智叛赵。唐生智本已有"彼可取而代也"的野心，至是乃正式有囊括全省，驱赵出湘的举动。

为求计出万全，唐生智并请蒋百里在吴大帅前代为说项，庶几在渠出兵驱赵时，不致受吴大帅的阻梗。蒋百里是我国军界的老前辈。又是首屈一指的军事理论家。日本士官学校毕业后，复到德国陆军大学深造。民国初年，任保定军官学校校长，唐生智便是他的得意门生，往还极密。此时蒋氏正在吴佩孚幕内任总参谋长，颇得吴的敬重，吴以"先生"称蒋，见必立迎。

唐生智因利用蒋百里的关系，向吴佩孚疏通驱赵，以霸占整个湖南，而吴佩孚此时的用心也极为阴险。想在唐生智驱赵之后，加唐氏以犯上罪名而讨伐他，一石打二鸟，收复湖南如探囊取物了。所以在唐生智有犯赵行迹时，吴大帅即表示不作左右袒。吴的唯唯否否，自增加了唐生智驱赵的勇气。

唐生智唯恐力有不逮，乃打电报给我，请我在他出兵驱赵时，"派一旅之众，在黄沙河遥为应援"。据说，唐生智拟此电稿时，刘文岛曾从旁建议道，"一旅之众"，未免太少，"在黄沙河遥为应援"，也未免太远。因黄沙河还在广西境内，恐应援不及吧。

唐生智说："你话虽有理，但是把广西部队请进来容易，恐怕送出去不容易。"所以唐生智此时天大的野心，不过是取赵恒惕而代之，占领整个湖南而已。如果吴大帅对他的驱赵行为不加干涉，唐孟潇也就安心做他的湖南省长，保持一个北洋军阀附庸的地位，无心参加革命了。

但是我的看法和唐生智不同。我认为吴佩孚见赵恒惕坐大，尚且不能忍受，他怎能坐视唐生智驱赵。在我看来，吴佩孚必定是等唐、赵鹬蚌相争到白热化时，再派兵入湘，把唐生智、赵恒惕一锅熟。这样，吴大帅的两湖巡阅使的名义才名副其实，同时已经垮台的直系势力才可复振，以便进一步窥伺两广，征服西南，实现其武力统一中国的迷梦。

所以我当时的判断是：唐生智驱赵必然成功，但是在赵氏被逐之后，吴军必定南下。以吴讨唐，正是师出有名，名正言顺，然以唐敌吴，则无异螳臂当车，以卵击石。唐生智必然一败涂地无疑。这样则唐生智必将向两广乞援，加入革命；我们两广也正可借此机会，以唐生智为前锋，出师北伐。

我接到唐生智的电报之后，立刻回电照办。我知道唐师一出，暴风雨便会随之而来。因此，我立刻下令，要桂林方面部队钟祖培等向黄沙河进发。同时命令全省动员，各地部队都向桂林集中，准备入湘，实行北伐。同时我也拍电报给广州中央汪、谭、蒋等军政首领，申述此时乘机援唐北伐，正是千载一时的机会。因为直系的势力在北方受挫不久，元气尚未恢复，吴佩孚正想利用统一两湖的机会，复振直系。现在直系讨冯的战争正在进行，精锐部队被吸收在华北，湖北全境空虚，我们如利用唐生智为前驱，乘机北伐，击吴佩孚于立足未稳之时，我们可以一鼓而下武汉。顺流而东，便可师洪杨的故智，直捣沪、宁，统一长江流域，则全国不难定了。我们如不能把握时机北伐，待吴佩孚北方消灭了国民军，南方统一了两湖，直系势力完全恢复之后，那我们问鼎中原的机会，便一逝永不再来。

所以我在致中央的电报中便说，我第七军援湘之师已经出发，北伐势成骑虎，希望中央速定大计，我本人即当东来向诸公就教。我的电报发出后不久，便收到汪兆铭、谭延闿等联衔的复电，电内对我出师援湘的义举深为佩服，至于速定北伐大计一项，都说"俟兄来广州之后，再行商酌可也"。

就当我和广州中央电报往返之时，唐生智便已出兵驱赵。唐军于三月初向长沙进发，赵恒惕自知势有不敌，吴大帅也态度暧昧，便通电辞职，并荐唐生智为代理省长。赵本人则于三月中旬离长沙避往上海。唐生智遂于三月十七日占领长沙。

赵氏在赴沪途中过汉口时，吴佩孚曾约其一晤。赵恒惕显然认为唐生智的称兵犯上是吴佩孚怂恿所致，竟拒绝和吴氏晤面。

唐生智入长沙后，也因吴佩孚态度不明，不敢遽以代理省长自居。仍以师长身份，请赵氏回湘主持大政。嗣后因见吴佩孚无声讨表示，而我方援师已在途，才于三月二十五日就"代理省长"职，诱捕湘军第二师师长刘铏，并进攻赵军残部，于三月三十日占领岳州。

湘事发展至此，吴佩孚见时机已至，乃立刻调兵南下，循粤汉路向唐军出击。吴军久经训练，精锐无比，远非唐生智所能敌。一经接触，唐军立刻溃败。吴军于四月三日攻入岳州，同月二十四日复将唐军逐出长沙，南向进迫衡阳。唐生智至此几已溃不成军，复拟自衡阳向广西边境撤退，并急电向我求援。

我方接电后，即令钟祖培旅兼程前进，向衡阳唐军增援，全省援军也向湘边进发。五月初旬，当唐军正预备自衡阳西撤时，我军适赶至衡阳，和吴佩孚追军发生激战。我军转战多年，骁勇无比，全军奋勇冲锋，喊杀连天，遂将吴军攻势阻遏。吴军闻我军喊杀之声是两广口音，知是生力军，也不敢恋战，纷纷后撤，衡阳才转危为安。唐生智新败之余，也收拾残部，和我军合力反攻，双方遂于衡山、衡阳间和涟水一带相持，进入胶着状态。战事详情，于第二十二章中当再详叙。

第二十章　亲赴广州，促成北伐

壹

和广东方面电报往还之后，我便决定亲赴广州策动北伐。当广西各界知道我此项意图时，南宁、梧州等地均举行盛大的欢送会，情况极为热烈，令人感动。但是广西内部，此时对北伐计划的反应极不一致。大部分民众团体，乃至少数党政军机关负责人对我策动北伐的努力，都持保守的态度。他们认为广西统一不久，疮痍满目，百废待兴，我们应当与民休息。待生聚教训有相当成绩时，再图北伐，为时未晚。我则以为不然，因北伐与否，实受两种因素所支配，我们两广本身的生聚教训固属重要，北方时局的变化尤为要紧。现在我们如不乘北方军阀自行分裂向我乞援之时北伐，等待北方变乱解决，局势恢复安定，到那时再行北伐，则以彼之逸，待我之劳，决无侥幸成功的希望。再有，广东为富庶之区，军队久驻该地未有不腐化的，我们如不乘时用兵，旷日持久，必至师老兵疲，不堪再用。因此我于五月初自南宁东下，沿途都以此义遍晓大众，然言者谆谆，而听者仍难免将信将疑。

我行抵梧州，广州方面乃派专舰来接，我遂改乘该舰东驶；于五月十日下午二时抵达广州长堤天字码头。码头上欢迎的群众，人山人海。国民政府以及党政各机关首长如谭延闿、张人杰等和各民众团体代表等都到码头之上伫立欢迎，军乐悠扬，人声鼎沸。在这欢迎行列中首先上船的便是第四军军长李济深（任潮）和广西驻穗代表白崇禧、陈雄等人。任潮和我是老友，相见甚欢。他为我一一介绍各欢迎人士。还有黄埔军校蒋校长所派的代表、时任该校教育长的方鼎英。方告诉我说，蒋校长今天太忙，未能亲自来欢迎，明日当专程来拜访云云。

在码头应酬一番之后，遂由李任潮陪同到第四军军部休息。第四军军部设在新广西会馆之内，这会馆是莫荣新督粤时所建，十分富丽堂皇。当晚便由任潮设宴洗尘，由该军各高级长官作陪。餐后我曾和任潮谈北伐大计，他极同情我的主张。只以其时国民党内部明争暗斗尚未完全平息，北伐恐一时难于实现。因广州于三月二十日曾发生中山舰事变。蒋、汪为争夺党的领导权，斗争已至白热化。加以党内左右派系之争，复有共产党依违其间，推波助澜，情势甚为恶劣。汪兆铭因自觉对党政无力控制，一怒之下，称病不视事。方从苏联回国的胡汉民，以环境恶劣，无法立足。两位均在我到穗前夕，秘密赴港。党内人心惶惶，大有不可终日之势。我专程来粤策动北伐，显非其时。这些党内纠纷，我在抵穗之前，都不知其详。到此才知广州党政军各首脑部都像"泥马渡江，自身难保"，何能奢言北伐？我一旦目睹此种情况，真冷了半截。然既来之，则安之，仍须尽我最大的努力，促成此一盛举；何况我军已入湘作战，骑虎难下，欲罢不能呢。

翌日上午，蒋先生自黄埔专程来看我。他原来在党内地位并不重要，在粤军中的位置也不过是粤军总司令许崇智的参谋长。民国十二年秋季，奉中山之命赴苏俄报聘考察。十三年春，苏俄派顾问协助蒋氏筹办黄埔军校，遂受任为校长。在校内励精图治，气象一新。其后得苏联军事顾问的支持，获大批械弹的接济，先后成立第一、第二教导团，并以参谋长的地位，从事整顿粤军。那时粤军总司令许崇智生活浪漫，办事因循，整军大计一任蒋氏所为，于是大部分粤军的领导权，遂渐入蒋氏之手。渠乃以黄埔军校学生和教导团为基础，将所掌握的粤军彻底改造，成为其个人的军队。蒋氏并于民国十四年，得各友军的协助，两次东征，击破陈炯明残部。在第一次东征克复汕头时，回师消灭盘踞广州城郊勾结唐继尧的刘（震寰）、杨（希闵）反动军队。这些都使我们远道得闻，深致敬佩。民国十四年九月二十日晨，蒋氏凭借苏联顾问的声势，突率卫士数十人，包围其长官许崇智的住宅，逼许氏立刻离开广州。申言许氏不去，渠便无法整顿部队，待渠将部队整理就绪，三个月后，再请许氏回粤主持大政云云。当时我们在广西，便闻蒋氏向许氏挟持迫害而颇不以为然。不过我们都知道许总司令处在革命高潮之下，生活还这样腐化，故对蒋氏此一行动，也颇谅解他的苦衷。

那时白崇禧时常往来粤、桂间，对蒋校长和黄埔军校的革命作风颇多好评，更增加我们对蒋氏的钦佩。到民国十五年三月二十日中山舰事变时，我们也不知党中内争的底蕴，只觉当时广州有崇俄的风气，一般党人对俄国顾问敬若神明，蒋氏竟敢公然将俄顾问逮捕，遣送出境。这种行为虽迹近越权乱纪，但和阿谀外籍顾问的风气相对照，自获得我们乃至多数国人的同情心。

所以我们此次到广州，对蒋先生极具好感，加以当时党政中枢的领导人汪兆铭已离职去国，蒋氏成为广州的中心人物，促成北伐大计，第一须说服蒋氏才行。

蒋先生于上午来访，下午我即往黄埔回拜，并参观军校一切设备。当我自黄埔码头上岸时，全校教职员、学生数千人在校门前列队欢迎。该校高级官长、教员都由蒋校长一一介绍握手。何应钦、周恩来、邓演达等，那时都是第一次和我见面，但人数太多，未能一一记忆。

黄埔军校的校址原为前清广东虎门陆军速成学堂所在地，清末时此地也曾办过海军学堂。校舍经历年扩充，现在已能容纳数千人。校内井然有条，到处贴满了革命标语，革命的空气，十分浓厚。唯就技术观点说，军事教育的水准却不甚理想。因为学生入学程度既不齐（有许多系老同志保送，未经考试而入学的），而受训时期也太短。第一、二、三各期连入伍期在内，为时只有六个月。加以政治和党务课程又占据时间很多，所以军事教育在这短时期中，实学不出什么来。

蒋先生亲自导我参观全校。这时第三期已结业，第四期学生正在上课。我每到一处，蒋先生都为我略事介绍，不论在操场或讲堂，值日官都喊"立正"致敬。

贰

参观完后，蒋先生留我在校晚餐。进膳时，只有我和蒋氏两人，所以可以畅谈。首先，我便向蒋氏陈述我策动唐生智加入革命的经过。我认为北伐时机稍纵即逝，故力主从速敦促中央决定大计。我向蒋氏陈述的内容有三点：

第一，我分析北方各军阀的形势。我说当今盘踞黄河、长江两流域实力最强的，首推曹锟、吴佩孚的直系军阀。然自民国十四年直奉第二次战争，由于冯玉祥倒戈，曹锟贿选总统的政府跟着倒台，吴佩孚仓皇由海道逃回汉皋以后，直系已一蹶不振。加以长江下游的孙传芳已企图独树一帜，对吴氏阳奉阴违，直系内部貌合神离，已有解体之势。唯近来吴佩孚乘张作霖、冯玉祥互战于天津一带，遂东山再起，自称讨贼联军总司令，整训所部，又成劲旅，虎踞武汉，正联络奉张，挥军北上进击冯玉祥的国民军。国民军一旦瓦解，吴的势力也必复振。既振之后，必乘战胜的余威，增兵入湘扫荡唐生智所部，从而南窥两粤。我们现在如不乘国民军尚在南口抵抗，吴军主力尚在华北，首尾不能相顾之时，予以雷霆万钧的一击，到吴氏坐大，在南北两战场获得全胜，巩固三湘之后，孙传芳也不敢不和吴氏一致行动，那我们北伐的时机，将一去永不复返，以后只有坐困两粤，以待吴、孙的南征了。

第二，我再分析两粤的政情。我说我们两广近十年来都处在龙济光、陆荣廷等军阀统治之下，革命势力终未真正抬头。其后总理正将残局收拾，又遭陈炯明的叛变，各小军阀的割据，地方狐鼠横行，一片糜烂。近两年来，总算天兴汉室，两广统一。现在我们如不乘时北伐，难免师老兵疲，不堪再用。尤其广东是纸醉金迷的富庶之区，往日军队驻粤，不数年间便会堕落腐化，兵骄将惰，必至天然淘汰，失败消灭而后已。龙济光、莫荣新，乃至陈炯明、杨希闵、刘震寰、许崇智各军的瓦解，前后如出一辙。现在我们若不乘两广统一之后，民心士气极盛之时，另找目标发展，以避免偷安腐化，则若辈前车不远，足为殷鉴。

第三，我又分析湘局，和我们的第七军已成骑虎难下的形势。我说我虽已策动唐生智起义，驱逐赵恒惕，唯唐氏态度颇不坚定，他一面电请广西派"一旅之众"到湘、桂边境声援，一面又派代表见吴佩孚，陈明去赵的苦衷，祈求吴氏谅解。其志只在做湖南的主人翁，已甚明显。至于吴氏则久已蓄意确实掌握三湘，作为侵略两粤的基地，如今师出有名，以援赵为口实，驱军南下，协助赵部叶开鑫等击破唐部于湘北。唐氏见事态严重，才请我第七军越界入湘赴援。现在我们如不借援唐之名实行北伐，唐氏一败，后患岂堪设想？更有一点，设吴氏一旦警觉，变更政略，去赵恒惕而容纳唐生智的请求，则我革命军以后欲取道湖南，问鼎中原，实非易事。所以我告诉蒋先生说，根据上述三点理由，我们非即时北伐不可。我更强调，当湘乱初起之时，唐氏乞援，我之所以未向中央征求同意，便毅然决然出师援湘，就因时机稍纵即逝，不容我们蹉跎之故。语云"畏首畏尾，身其余几"。所幸时机未失，战事在湘南涟水两岸进入相持状态，所以我火速来穗，请求中央早定北伐大计。希望他能同情我的主张，促其早日实现。

当我滔滔不绝陈述北伐利害之时，蒋先生在一旁静听，未多发言。我反复地说了很久之后，他才说："你初到广州，不知道广州的情形太复杂……现在如何能谈到北伐呢？"

蒋氏说时，似有无限的感慨，但是他这回答，却完全出乎我意料之外，泼了我一头的冷水。

那时我到广州尚不足两天，的确不知广东中央方面党政军内部的情形。汪、蒋、胡之间的暗斗，国共两党之间的摩擦等等，也确实是很复杂，不像我们广西方面的单纯和团结。这时汪兆铭方负气而去，中枢无主。鲍罗廷为中山舰的事，新自海参崴赶回广州。中央党政军内部，都在酝酿新危机，他们哪里有心绪去谈北伐呢？经过这一段的观察和谈话，我才知道广州方面对北伐毫无准备。所谓北伐，在广州真连影子也看不到。而我军却早已入湘，在衡阳一带，打得炮火连天。我们广西全省军民都勒缰以待，只等中央一声号令。而中央方面对我们请求的反应，却太使我伤心了。

因此，我继续向蒋先生辩白说："正因为我们内部问题复杂，大家情绪不稳，才应该北伐，好让大家有一个新目标，一致去奋斗，以减少内部的摩擦。"

我和蒋先生反复辩论很久，蒋先生的态度仍是十分踌躇，说起话来唯唯否否。他同意我的见解，但是却强调事实上的困难。最后他执拗我不过，才说："你和他们说说看。"他的意思是要我向中央方面其他同志解释一下北伐的计划再说。

我和蒋先生详谈了数小时，终于未得要领而返。这是民国十五年五月十一日，我和蒋先生第一次的会面。我对他的印象是"严肃"，"劲气内敛"和"狠"。其后我在广州珠江的颐养园和白崇禧聊天，白氏问我对蒋先生的印象。我说："古人有句话，叫做'共患难易，共安乐难'，像蒋先生这样的人，恐怕共患难也不易！"白氏对我这评语也有同感。

叁

我和蒋先生谈后，便连日分访中央各要人，酬酢几无虚日。唯其对中央党派暗哄余波未息，更无人对北伐发生兴趣。三月二十日中山舰事变后，国共两党裂痕亦渐暴露。俄国顾问对北伐问题的态度极为谨慎，既不赞成，也不公然反对。中国共产党虽未公开反对北伐，但陈独秀所办的机关报《响导》周刊社论却说北伐的时机尚未成熟。所以我在广州，颇有吾道甚孤之感。

我第二个拜会的中央要人便是张人杰，张氏于汪兆铭离国后任中央政治会议的代理主席。身材瘦弱，并患瘫痪病，不能行动，平时总坐在扶手椅上，由佣人提挈以行。张氏口吃，并带浓厚的浙江口音。他既是党国元老，我对他自然十分尊敬，而张氏对我则更是恭维备至。他说，总理去世之后，唐继尧居然用两省兵力，想来广州篡位，要不是你们在广西把他挡住，中央就糟了。我说，现在回想起来也很觉可怕，以我们区区不足万人的基本部队来抵抗唐继尧号称十万之师，并有沈鸿英做内应，实在是以卵击石，想不到竟凭一股革命精神把他打退了，但也是中央领导有方！张说，那时他还在上海，所有同志均为我们此一战役担忧，想不到最后居然击退唐军。这种战役不特现代所无，历史上也很少见。他又继续称赞我们以少击众，统一广西，然不自居功，愿受中央领导，使两广统一，一扫旧式军人私心自用的习气，尤为难得云云。张氏的态度极为诚恳，真使我有受宠若惊之感。

接着，我便向张氏力陈北伐的重要。张也和蒋先生一样，态度模棱两可。他说汪先生已出国，中枢政情极为复杂，出师北伐问题，宜从长考虑。我乃把我向蒋先生所说的北伐三大理由反复分析、陈述，务必请中央速定大计，否则恐有缓不济急之虞。张氏倾听良久，仍不愿表示他的主张。最后，他要我"再去和介石说说看"。张氏嗣后曾回拜我两次，但那只是礼貌上的往还，对北伐并无表示。

拜访张氏之后，我便去看谭延闿和程潜。谭、程二人都是湖南军政界的老前辈，后因和赵恒惕发生内讧，被逐出湘，率师来粤就食。所以他们对湖南的将领，尤其是唐生智衔恨极深。我向谭氏陈述我策动唐生智加入革命的经过。我说，唐氏现受吴佩孚部的进攻，我已履行诺言出兵援助，唯恐独力难支，故有前电恳请中央诸公速定北伐大计，此番东下，志在促其实现。可是谭氏对北伐并不起劲。他是翰林出身，久历官场，为人极端圆滑。他听我提到唐生智，只微微一笑，说："你要唐生智加入革命？他恐怕靠不住吧！"言谈之间，他显然是反对援唐北伐的。

程潜却没有谭氏那样含蓄和浑厚。他的个性直爽，有话即说，一副老气横秋的样子，大有恃才傲物之概。他说："你想唐生智那小子能加入革命？他以前倚靠北洋军阀打我们；现在吴佩孚打他，你要我们去救他？且让吴佩孚把他打败了，我们好去收编他的部队。然后，我们再定计北伐不迟。"程潜说时悻悻然，似乎对唐生智余怒犹存。

总之，这两位湘籍的军事首领都反对援唐北伐，他二人都不相信唐生智真能诚心诚意参加国民革命。他们是唯恐湘局不糟，唐生智不败。但是我说，我的第七军已在湘作战，而且胜利可期。我们革命军人应以革命前途为念，捐弃前嫌，予唐以加入革命自新的机会。同时，我又把北伐的重要性和时机的不可失，详详细细地分析给他们听。我一再强调，千载良机，稍纵即逝。我希望两位先生同情我的主张，促成此事。他二人虽也同意我的分析，但是始终吞吞吐吐，对北伐不表示兴趣。

嗣后，我又去访俄顾问鲍罗廷，鲍氏方自华北赶回广东。此时国民党二届二中全会正在筹备开会，蒋、鲍二人都忙于弥补国共之间因中山舰事件引起的裂痕，更无暇讨论北伐。

鲍氏给我的印象是精明强干，口若悬河。我们见面寒暄之后，他便向我谈一套革命的大道理，什么无产阶级革命，工农运动等等，大体都能言之成理。接着，他又解释苏联的对华政策，说苏联如何地以平等的原则扶助弱小民族，废弃不平等条约。苏联帮助中国革命，完全是站在反对帝国主义的立场，是发乎道义的、真理的等等一套理论，都很动听。

我即以他所说的话恭维他一番，同时向他陈述北伐时机的重要性，并反复申述以前我和蒋氏所说的三大理由。鲍氏闻言默然，只说兹事体大，应从长考虑。其实，俄顾问和中国共产党此时都不赞成北伐，其原因，在我猜测，可能有两种：善意的，他们可能认为我们力量太小，此时不能和北洋军阀抗衡于战场之上，应多多休养生息，到有把握时而后动。恶意的，他们可能因为中共在国民党内部发展的力量还不够，在军、政两方面，他们渗透的根基尚薄弱，民众运动除广州外，尚未普遍，一旦国民党势力大张，奄有全国，对彼等的工作，自属不利。所以鲍罗廷此时对北伐的态度非常冷淡。

我此次东下广州，系专为策动北伐而来，除民众团体热心同情外，各友军，乃全党政首脑、苏联顾问的反应，实是我意料所不及。几乎使我有乘兴而来，败兴而返的感觉。幸好李任潮对我的呼吁表示十二万分的赞成和热心，使我感到无限的安慰，故仍竭诚奔走疏通，最后卒使北伐成为事实。此一内幕，错综复杂，其中重大关键及转捩点，实为当时全国人民，甚至国民党一般同志所未能洞悉的。

肆

李济深原是在他到梧州以后我才认识的朋友，也是我入党的介绍人。他原籍苍梧县，陆大毕业。初入北京陆军部服务，后参加革命，到粤工作，任职于粤军第一师，原师长便是忠于孙中山被奸人狙击而殉职的邓铿将军。该师干部多系保定军校出身，军纪严肃，训练装备俱佳，为粤军中的劲旅。

沈鸿英在西江被击溃后，中山遂委李氏（时任第一师师长）为西江善后督办，驻节肇庆，设行署于梧州。李氏豁达大度，忠实淳朴，和黄绍竑合作，二人颇能相得益彰。粤、桂两方赖以融洽无间，奠定后来两广统一的基础。

此次我来广州，和李氏朝夕过从，都能开诚相见，所以无话不谈。我既觉中央尤其是多数军事首脑，对于出师北伐反应冷淡，颇为失望。而李氏则一再鼓励，劝我再接再厉，不可功亏一篑。他这种忠忱热情，使我感激涕零。

某一晚，我和他促膝掬诚作竟夕之谈，偶尔触动灵机，半正经半玩笑地向他建议道，你第四军可否自告奋勇，抽调两个师先行北上，待稳定湘南、湘东防线之后，我们便可有充裕时间，催促中央决定北伐大计。按照常理及当时地方习惯，第四军乃广东的主人翁，主人且自告奋勇，出省效命疆场，驻粤其他友军系属客人地位，实无不参加北伐而在广东恋栈的道理。因就好的方面看，如第四军出师胜利，他们固可乐观其成，即使不幸失败消灭，他们也可瓜分第四军的地盘。鼓励四军北伐，何乐而不为呢？不过我相信以四、七两军的能征惯战，一定可以把敌人打败，甚至可以收复长沙，造成有利形势，使中央不得不赞成我们的主张。他听完我分析之后，毅然不加考虑，脱口而出，连声说赞成此一办法。我继续说，明天中央政治会议开会，我已接得通知书请我列席。届时我当重新提出北伐时机成熟的重要性，你即起立发言，附和我的主张，并请政治会议决议，准许第四军先派部队两师，立刻动员北上入湘，截击南下敌人。但是第四军主力远戍西江、高州、雷州、琼崖等处，集中需时，而叶挺独立团驻防广州，朝发命令，夕可开拔，应使叶团先行，以壮前方士气（此即叶独立团先到安仁、禄田拒敌的由来）。

我二人计划既定，当政治会议开会时，我便起立发言，仍将我前向各首长游说的三大理由反复陈述，并强调我军已在前方作战，且已挽救了衡阳陷落的危机，刻正节节推进，长沙在望，胜利已见端倪，决不可中途而废。倘仍踌躇不决，吴佩孚必得抽调鄂、赣劲旅增援进攻，我方孤军苦战，势难持久，一有差池，粤、桂边境立受威胁，而云南唐继尧和福建周荫人也必伺隙蠢动谋我，若两广四面受敌，前途将不堪设想了。故请中央速定大计，克日北伐。我发言既毕，李济深随即起立发言，大意是说他听德邻同志所分析各点，都极中肯。今日北伐实是千载一时的机会，何况唐生智已声明附义，我第七军正在前方作战，并已节节推进。今日北伐已势成骑虎，中央断不可坐视我第七军和唐军孤军作战而犹豫不决。他更自动提议说，为免第七军和唐氏部队孤立无援，他愿将驻琼州、高州第四军的张发奎、陈铭枢两师北调赴湘增援，现驻广州城郊的叶挺独立团且可立即出发。李氏呼吁说，戎机不可坐失，第七军已在浴血作战，第四军也已准备牺牲，希望其他各军袍泽一致响应，共襄盛举；中枢更宜速定北伐大计，以解中原人民的倒悬，以慰海内外爱国人士的喁喁之望。

李氏这样突如其来的慷慨陈词，说得全场空气陡然肃穆，军政首领都为之动容。今粤军既然自告奋勇，愿为先驱，其他驻粤各军原系"客军"，实无任何反对北伐的借口。中央上自主席乃至文武大员，在原则上也已一致同意北伐的主张，会场情势遂急转直下，我的北伐建议遂在中央政治会议中正式通过。政治会议并同时通过任命唐生智为国民革命军第八军军长，并嘉奖李济深自动请缨的义举。并决定推选北伐军总司令，组织北伐军总司令部。北伐至此，才进入具体计划阶段。

到五月二十一日二中全会之后，军委会遂发表时局宣言（不用国民政府而用军事委员会名义，使我当时甚感迷惘），表示愿意接受海内外请愿，决定北伐，但是纵至此时，中央仍只是原则上的决定，各方筹备工作俱极滞缓。这种情形显然表示中央尚在观望，看我们入湘作战部队的战绩如何，再相机而行。我看此情形，不尽乐观，所以经常去黄埔，面促蒋先生，早日请中央定期誓师北伐。蒋先生对我的催促却颇有不耐烦的表示。据说他在他的五月二十九日的日记上曾埋怨我"不识内情，徒怪出师延缓"，他"深致惋慨"云云。这都可说明他们那时是如何地踌躇不决，而抱着观望的态度，而我那时对出师北代是何等地急切和企盼！为了减少蒋先生的顾虑，我和李任潮曾私相约定，拟明告蒋先生，北伐正式出师时，我们自当推举他担任"总司令"。任潮后来曾委婉地将我们私下所交换的意见告诉了蒋先生。

政治会议既已通过北伐，唐生智的第八军军长也明令发表。唐生智此时的驻粤代表是刘文岛。刘和唐是保定军校同期同学，后又赴法研究政治，足迹遍中外，多见识广。我在未见面以前，已久闻其活跃于湘、鄂之间，甚是羡慕。此番初次见面，却发现他对人谈吐迹近夸大，华而不实，语云耳闻不如一见，实有至理。刘此次来粤，偕有随员七八人，也住在第四军军部。刘颇好阿谀，他对我和李任潮极尽奉承的能事，但对他的随员却动辄无理呵斥，声色俱厉，仍欲借以显示其身份地位。其随员中有一少将刘高参，也是保定军校学生，和唐生智私交甚厚，就不卖他的账，某次因不堪辱骂，竟反唇相讥。刘文岛在众目昭昭之下，弄得无法下台，此亦"人必自侮，而后人侮之"之谓欤？宁汉分裂时，听说刘氏曾于某次纪念周中演说，要求唐氏部下"孝顺"唐总指挥，像儿子孝顺父亲一样，惹得台下文武官员二千余人哄堂大笑。

而唐氏全副戎装，正襟危坐于演说台上，犹怡然自得。会后，何键、李品仙等高级将领故意揶揄刘文岛道："你要做儿子尽管去做，我们可没有资格领受这个荣衔呀。"一时成为革命军官场中的笑柄。在武汉时代，据说刘文岛反蒋比谁都激烈，等到武汉局势解体，唐氏已成孤立，刘乃摇身一变，输诚投到蒋先生的怀抱，又对蒋先生"孝顺"起来了。旋即荣膺立法院委员。后来希特勒崛起，纳粹疯狂时代，又被派为中国驻意大使。竟以善拍马屁，而官运亨通了。

这次在广州，我们业已看出刘氏是个上谄下骄的人。当唐氏的第八军军长发表后，第八军的党代表和政治部主任之缺犹虚，刘氏便一心一意想抓到手。一次在政治会议席上，刘以唐生智代表身份列席。会议中，他起立发言，首先代唐生智夸耀一番，说唐氏如何雄才大略，如何献身革命，不愧国民革命的股肱。继说第八军党代表一席犹虚，中央似应早遴大员充任。接着便介绍他自己说是保定军校出身，又留学法国，实在文武兼资，做党代表一职似最为合适。这一席毛遂自荐的讲演，说得口沫横飞，惹得全场相视窃笑，主席张静江又未便阻止他。只见谭组庵（延闿）以手帕掩口笑个不停，程潜眼如铜铃，怒脉偾张，大有起立申斥之势。我和刘氏座位相连，看此情势，殊为他感到尴尬，而刘尚不自觉，我连连踢了他几脚，刘文岛才停止讲演，坐了下来，忙将手帕拉出，频频向额角、颈项抹汗不休。主席遂说第八军党代表事，以后再谈吧，才收拾了这场不愉快的局面。

散会后，刘氏和我们同车回四军军部。在车上，李任潮和我都埋怨他说，今天会场局面弄得很僵，你如想做党代表，为什么不先和我们说明，我们可替你疏通一下，安可不顾一切，自吹自擂起来。刘闻言，故作大惊道："我这样干错了吗？德公，你是老前辈，以后务必请你随时指教！"说得我和李任潮都为之失笑。

过了几天，唐生智特电中央保荐刘文岛任第八军党代表兼政治部主任，中央随即发表了。刘氏欣喜之余，屡次天真地问我，党代表究系什么阶级。我说，可能是上将，即中将也不小啊！他又问我，黄绍竑是什么阶级，我答："上将。"他才心安。一次在政治会议席上，刘氏又故态复萌，大放厥词，大意仍是他才兼文武那一套。最后说，唐生智自保定毕业后，便一直在湖南，未出省境一步，现在竟位至上将。弦外之音，如我刘某是法国留学生，其官阶断不可在唐某之下。这一场演说闹得比上次还要僵。我再度踢他，才把他的话堵住了。后来在车子里，我和李任潮又把他教训一顿说，我们革命不是为阶级而来，足下何以如此热衷呢？刘氏闻言，把眼一瞪，天真地道："德公，我这次又讲错了吗？"

其实，党代表在当时是没有官阶的。刘氏后来的官阶是中将政治部主任，阶级并不算低，但他却以官阶在唐氏之下为耻，平时竟不肯穿军衣，这也是促成北伐过程中的小趣事。

伍

当我在广州策动北伐渐有头绪之时，湖南战事因我军加入战斗也逐日好转。到六月初，党二届二中临时全体会议乃共推蒋中正任国民革命军总司令，并授权蒋氏组织北伐军总司令部。这时湖南方面战事既在急剧发展之中，北伐军势必设立一"前敌总指挥"以担任第一线指挥作战的责任。关于这一席，政治会议一致通过要我担任，而我却推荐唐生智担任。理由是湖南战场上第八军地位的重要性。第七军援湘时，我曾电告唐氏，请其直接指挥。并说："我兄应视我军和贵军为一体。请不必客气，直接指挥。"

我军入湘作战，原是师以义动，今番我如担任"前敌总指挥"，入湘指挥唐氏，易使唐氏和其他湖南将领误会我以义始而以利终。所以我在政治会议上说："我们革命军应开放门户，以广招徕。唐生智以区区师长，一旦加入革命，便位居前敌总指挥，足征我革命政府大公无私，革命人人有份。如是则全国附义者势必风起云涌。何况我军入湘时，我已命令所属听唐指挥，这是既成事实，不必再行变动。我们革命军人不可斤斤于小的名位而忘忽大体。"

但是我这一席话，全场均不以为然。他们总以为唐生智加入革命历史太短。其原有的职位只是一名师长，实力也很有限，骤畀以大任，恐他负担不起。其中反对最烈的为程潜，他向我说："德邻同志，难道你要我回湖南时听唐生智指挥吗？我看你无论如何勉为其难罢！"我仍旧坚持让唐生智，会议乃无结果而散。事后，我向李任潮一再剖析此事。任潮最初仍坚持非我担任不可，后来他见我态度坚决，遂不再勉强。第二次政治会议开会时，我一再劝告程潜勿念旧恶，并坚持以唐生智为"前敌总指挥"，政治会议才正式通过了唐的新委任。会后，唐生智的代表刘文岛曾来我处，代唐道谢；并连声说我荐贤任能的"伟大"！刘氏此时也有详细报告给唐生智，唐氏后来对我很表感激。

唐生智新职发表后，湘局已完全稳定。唐氏遂于六月二日在衡州正式宣布就国民革命军第八军军长及前敌总指挥职。这时第四军的陈铭枢（第十师）、张发奎（第十二师）两师已自南路和琼崖北调，叶挺独立团也已于六月初离穗北上入湘。六月五日，国民政府正式任命蒋中正为国民革命军总司令。一时中外哄传，中国历史上伟大的北伐，就这样三凑六合的发动起来了。

第二十一章　北伐前夕的革命阵容

壹

我在广州策动北伐的时候，和广州方面党政军各层干部同志以及各种民众团体也有联系，因有机会对我方革命阵营作一番更深入的观察。

开头给我印象最深的为革命的群众运动。我初抵天字码头时，各民众团体代表欢迎的为数甚众，旌旗飞舞，鼓乐喧天。群众高呼"欢迎革命领袖"，"打倒军阀"，"打倒帝国主义"等口号，声震天地，情绪十分热烈。

在广州期间，曾参加过无数次民众团体的欢迎会，接受他们的慰问和献旗。这些民众团体都是在党的领导之下组织的，计有工会、学生会、商会、店员工会，乃至摊贩工会、人力车夫工会、海员工会以及各地前来广州开会或受训的农民协会的代表。他们都是活泼、热忱、充满革命热血的青年，对广西方面拼死力拒唐继尧东下篡夺革命根据地的血战，都赞扬备至。同时他们对我们在广西统一的艰苦情形，以及助成广东统一的功劳，都有深刻的认识。深使我感觉知音遍海内，而受到莫大的鼓励。

不过在这革命空气之中，我也渐渐看出了一种潜伏的危机，那便是国共两党，乃至本党领袖之间的暗哄。国民党是个老大的政党，党员极众，可说是少长咸集，良莠不齐。其中青年的党员们和一部分少壮派的领袖们都热情洋溢，坚苦卓绝地为革命而奋斗。其革命热情有时竟发展到"革命狂"的程度。但是另一部分老党员里面，却杂有官僚、政客和腐败的军人，思想陈旧，生活腐化，对革命意义一无所知。而他们也混在革命阵营内高喊革命，挂羊头卖狗肉。因此在国民党内已划分成两个集团，彼此迥然有别，暗潮起伏，互相嫉忌，长此以往，难保没有差池。

另有一部青年的党员和少壮的领袖却是"跨党分子"。他们是国民党内的共产党员，信仰不同，背景各异。他们和国民党的结合是暂时性的，日久必然分道扬镳。不过他们多半是青年分子，对革命狂热奔放，极少腐败分子掺杂其间。他们平时虽打着国民党的旗号，但是暗地却发展其共产党的组织。只顾目的，不择手段，因而勾结热情的国民党中少壮分子，互相标榜，于是国民党本身里面，暗斗愈烈。

再有，本党中央领导机构也极不健全。总理逝世后，独树一帜的西山会议派固不消说，在广州中央方面，汪、蒋等各为私利的明争暗斗，也不足以表率群伦。当时集党政军大权于一身的蒋介石先生，纵横捭阖，予智自雄的作风也很欠正派。

国民党改组之初，蒋先生尚非中央委员，但是在总理北上后两年之内，一跃而为党内最有权力的领袖。其权力增长的过程，实得力于权诈的多，得于资望功勋的少。论蒋的手腕，起初联络汪兆铭、廖仲恺、俄顾问鲍罗廷，和中国共产党等，以打击西山会议派的元老集团，并排挤胡汉民、许崇智等。胡氏和西山会议派的势力既除，蒋氏又利用党内一部分反共情绪和西山会议派等取得默契，发动三月二十日中山舰事变，拘押俄国顾问，并逼汪兆铭去国。汪氏既去，蒋又施展手段，将其政变越轨行为嫁祸于人，将反共甚力的所谓右派军官如十七师师长兼广州警卫军司令吴铁城及其他反共领袖等拘押，通电痛斥西山会议派，以取悦于俄国顾问及中国共产党以自固。这种种都足以说明蒋氏的才过于德，不能服人之心。

所幸此时我们在广西原是独立发展，然后和广东方面合作的。虽然我们对广东的政潮起伏，引为隐忧，但是我们实际上尚未被波及。我们只希望和广州中央精诚合作，以完成北伐，实行主义。并希望用革命及北伐大前提来消弭广州中央方面的内讧。所以对中央各领袖，都无分轩轾，同样尊崇，以期北伐能早日出师。

贰

在广州时，我对共产党也有更深一层的认识。许多共产党的领袖们和他们重要的同路人，这时我们都是第一次会晤。当时广州共产党第一号领袖谭平山曾来拜访我。谭是共产党员，却是我党中央组织部部长。他是广东人，为人极老实厚道，颇为可亲。周恩来这时也见过，大家握握手而已，印象不深。林祖涵也来看过我，他给我的印象极好，为人老成练达，是一位勤勤恳恳的人物。叶挺此时任第四军独立团团长，时到军部，故常常见面。叶氏短小精悍，有热情，有朝气。将兵、任事各方面都可说是头一等的人物，可爱可敬。我和毛泽东第一次见面是在国民党二中全会的会议席上。毛氏那时任国民党中央党部所办的农民讲习所所长，并曾担任短时期的国民党中央宣传部代理部长。毛氏时常穿一件蓝布大褂，长得身材高大。在议会席上发言不多，但每逢发言，总是斩钉截铁，有条不紊，给我印象很深，觉得这位共产党很不平凡。

在广州的共产党同路人中给我印象最深的要算邓演达（择生）了。邓为广东人，保定军校毕业后，回到粤军中服务。讨伐沈鸿英时，渠在粤军第一师中任团长。嗣后赴苏联和德国留学，回国后遂服膺社会主义。此时在军委会中任职，专司军中政治工作。邓氏生活刻苦，精力过人，每日工作十余小时无倦容。他对革命工作的狂热，几乎到失常的程度。然邓氏为人极正派，是非之心极为强烈，他任事和待人实是可钦可敬的。当时郭沫若也随邓氏来拜访过我两次。郭氏爱说爱笑，是一位斯斯文文的人物。

大体说来，我当时对广州方面的所谓跨党分子印象大致都不坏。他们都勤劳刻苦，热情洋溢。虽然和我们因信仰不同，难免格格不入，但是我对他们的任事作风是很佩服的。不过广州当时的崇俄风气却使我感觉不满。俄国顾问们在广州真被敬若神明，尤其是鲍罗廷的公馆，大家都以一进为荣。一般干部如能和鲍某有片语交谈或同席共餐，都引为殊荣；大有一识荆州，便足骄人之概。这种心理其实和洋行大班无异，甚是可鄙，我为此事颇感不怿。所以我对共产党人看重之余，这一点却引为遗憾。

我到广州后约两星期，俄顾问鲍罗廷特地为我举行一盛大宴会，到中央党政军首长和各团体代表凡百余人。席间，主人鲍罗廷讲了一大套革命理论，并着实把我恭维一番，然后请我发言。我起立道谢，先就鲍氏的话，恭维俄国一番，说俄人仗义援华，首先废除不平等条约，奠立今后中苏的友好，并为解放全世界弱小民族的先声。接着，我便说当今我们革命根据地有一极不好的现象，各级干部和人民团体负责人都以出入俄顾问之门为荣，稍受青睐便沾沾自喜，四处骄人。其实俄国顾问来华助我，实在是发乎道义，出乎至诚。他们并不希望我们的阿谀谄媚。如果我们不了解俄国顾问同志来华助我的初衷，而以洋行大班奉承经理的态度来取媚于俄顾问，反使我们俄国友人助我的一片真诚无法表达。所以我一再强调说："我们革命同志不可忘记我们的革命天职。我们尤其不要把俄顾问当成主人，我们自己当成客人。我们要以主人的态度来敬客，不要学洋行大班的习气来奉承上司。这样，我们才对得起我们远道而来的友邦顾问！"

我演说的前半段引得掌声四起，宾主均眉飞色舞。但当我说到后半段时，全场便显得沉寂了。那时鲍罗廷的翻译似乎是张太雷，也停止了翻译；场面显然有点僵，但是我仍畅所欲言。主人和其他宾客都知道我是远道而来，并不依赖任何方面的援助，所以对我的逆耳忠言也只有笑而纳之，未发生其他的反应。嗣后，胡派和接近右派的同志曾向我鼓掌，称赞，说我所指摘的都切中时弊云云。其实我所说的都是平心之论，对任何方面俱无成见。

鲍罗廷之外，俄顾问中和我往来最多的便是加伦将军。加伦将军身躯修长，为人沉默寡言。关于战略战术，渠都有独到之处，不愧为一卓越的军事家。凡渠所发言，都从纯军事观点立论，极少涉及中国的政治问题，确是一难得的人才。听说后来张古峰事件时，他因力主对日作战，被斯大林枪毙，实甚可惜。

然而俄国顾问团最初派往第七军的顾问马迈耶夫却是一外行。马氏工人出身，对军事并无所知，因他稍谙华语，遂被派到第七军做顾问，滥竽充数而已。后来北伐军到江西，马氏去职，代他的名西干，却是军校出身，曾任军长，在军事上比马氏高明多了。

大体说来，当时俄国来华的顾问品质都很优良，诚实刻苦，不大说话。日常生活规规矩矩，稍有不慎，立刻便奉调回国。所以他们谨言慎行，较一般中国人更守规矩，故颇受中国人的欢迎。苏联顾问这种作风适和美国顾问成一对照。美国顾问因管束较松，平时言行俱不若俄国人的谨慎，加以他们大半有优越感，言行极为骄纵，一般中国人对他们都有敬而远之的感觉。美国顾问之所以不能深入群众，此实为主要原因之一。

叁

在广州时，我和其他方面的同志也经常保持接触。一般说来，印象都不算坏。当时的风云人物如徐谦，也曾来拜访我，我也去回拜过。徐是前清进士出身，这时已五十许人，高高瘦瘦的身材，背部微驼。说起话来，满口革命的大道理，也颇能使人折服。听其言而信其行，还以为他是个有操守的革命领袖，后来听说他在司法部长任内，滥用私人，一塌糊涂的情形，才知道孔子说的"听其言而观其行"的重要。

陈公博此时任军委会政治训练部部长，和我也常有往还。陈氏生得一表人才，能说会讲，在广州风头甚健。我和顾孟余也曾晤谈数次，顾氏沉默寡言，有翩翩学者之风，办事也极干练。一次，我们自黄埔同轮回广州，顾氏力述土地革命，打倒地主等政策的重要。我便和他辩论，我说北方的军阀现在割据一方，渔肉人民；东西帝国主义仍在卧榻之侧，伺机破坏革命，如此内外大患不除，而奢言打倒地主，恐反增加革命的困难。我们各执一词，无结果而罢。

吴稚晖和我在广州也是第一次见面。他已是六十左右的老前辈，说话时议论风生，诙谐之至。陈友仁此时任国民政府外交部长，渠系海外生长，不谙华语，和我谈话须用翻译。陈氏为人严肃而毫无官僚习气，他的极度平民化的生活和作风，极令我佩服。此外，我还见到革命元老古应芬和廖夫人何香凝女士。何女士一见到我便嚎啕大哭，痛骂反革命派谋杀廖先生。她对我们在广西的统一工作和拒唐战争都称赞备至。她说，没有你们在广西，广东早完了，廖先生死了，以后革命任务都在你们身上了，说了仍啜泣不已，使我心中无限凄恻。

在这些党国要人中，给我印象最特别的为孙科。孙氏性好应酬，生活腐化。他在广州市长任内，补发房契，弄得人言啧啧。觉得他只是一位自美国留学回来，学洋派，爱享受的人物。

肆

在广州时，我于一般公私事务之外，也曾留心观察广东方面党、政、军、财的一切设施。当时广东方面，最活跃的中、下级党人多为"左"倾分子和共产党。而在广西，除梧州市党部为少数共产党渗透外，其他各级党部极少共产党分子掺杂其间。广西省党部中虽有几位委员以"左"倾自命，然尚无真正共产党人渗透。且黄绍竑自兼广西省党部主任委员，开诚布公，不作左右袒，所以共产党在广西，不能发生多大作用。而中央方面，自五月中旬党务整理案在二中全会通过后，国共两党的权限表面上虽已逐渐划清，可以苟安一时，然前途的荆棘却正在滋长中。

政治方面，自汪兆铭被迫离粤以后，由谭延闿、张人杰分别代理国民政府中政会主席，而实权则操诸蒋介石先生一人之手。蒋先生骤揽大权于一身，既众望难孚，又私心用事，中央政局的破裂，实伏线于斯。

至于军事方面，广东原有的粤军和各地来粤的客军，自刘、杨消灭之后，共编成六个军。第一军的基础为前许崇智的粤军第二军。许去后，蒋自任军长。旋改编为国民革命军第一军，初由蒋自任军长，到民国十五年初，由何应钦继任，下辖五个师，共计十九个团，驻防广州和东江一带；谭延闿原来率领来粤就食的湘军则改编为第二军，以谭为军长，驻防于北江一带，共辖四师十二团；原由朱培德所统率，辗转流离的滇军则改编为第三军，朱仍为军长，辖三师，共有八团二营，驻于广州和四邑一带；李济深所率的第四军原为粤军第一军，辖四师，共有十三团二营，驻西江和琼崖一带；李福林所辖的前福军，则改编为第五军，辖二师，共八团一营，原驻番禺、南海和广州河南一带；程潜所率的第六军，系就他原来所率的湘军改编的，辖三师，共九团二营，驻广州附近和北江一带。

所以名义上广东六个军共七十一团，实际兵力约有七八万人，和飞机数架。其编制是"三三制"，亦即一师三团，一团三营，一营三连、一连三排、一排三班。薪饷发给的标准大致是：士兵每名每月十元，班长十二元，少尉排长三十二元，中尉排长四十元，连长六十元（另公费二十元），营长一百二十元（公费一百元），团长三百元（公费二百元）。按当时的生活程度，士兵每名每月伙食费约二元，作战时食米且由公家供给。所以一个士兵的薪饷可以养二口之家。

以前军队都就所驻之地筹饷。后来朱培德、程潜、谭延闿等率客军入驻广东，仍是划疆而治，就地筹饷。到民国十四年八月，各军划一改编为国民革命军，饷项才由国民政府财政部统筹办理。

当时军饷的来源，一般统税和钱粮之外，最大的收入却是"禁烟特别捐"和"防务经费"两种。所谓"禁烟特别捐"实即鸦片税。我国原为国际禁烟签约国之一，未便明征鸦片税，故以"寓禁于征"之意，课以重税，所以名为"禁烟特别捐"。在广东每两烟土课税在一元以上，所以收入很大。所谓"防务经费"实即赌捐。两广人民嗜赌成习，官府禁之无效，乃课以重税。这两种税收都由政府招商投标，组织公司承包税收。大公司再招较小公司投标承包。这种烟捐、赌捐在任何政体内原都是犯法的，但在我国当时却是政府经费的主要来源之一。现在想来，这种制度实在是秕政害民，迹近荒唐，但在内乱频仍，干戈扰攘之际，都是不得已的挖肉补疮的办法。

当时广东六军之中，作战能力最强的当推第四军。第四军的老底子原是粤军中训练装备最佳的第一师。带兵官俱为一时之选。军长李济深固是人中之龙，其中师长张发奎、陈铭枢、陈济棠、徐景唐、团长叶挺、蔡廷锴、黄琪翔等也都是能战之将。该军并自办讲武堂于肇庆，培养下级干部。第四军之外，第一军也是劲旅。黄埔军校每期训练时间虽不过数月，实际上只是一些军士教育，距军官教育相差尚远，然全军受革命风气的熏陶，颇有朝气，尚可作战。至于其他各军，则自部以下不足论矣。第二军军长谭延闿原为一政客，治军非其所长。第三军即朱培德的滇军，拖曳经年，久经风霜，全军尽为云南人，补充时也以滇人为主，不拘体格年龄，加以朱培德又贪婪成性，不顾官兵死活，故作战能力甚弱。第五军李福林则系一地方主义者，久驻广州的河南，士气极低，战斗力更说不上了。第六军军长程潜虽是一名将，唯所部为地方军杂凑收编而来，成军不久，既无战斗意志，也无作战能力，打起仗来自然就弱点毕露了。

伍

我们第七军的编制和广东方面所采的苏联军制略有出入。我们是沿用民国成立后陆军部颁发的编制：三班一排，三排一连，四连一营，三营一团，二团一旅。旅以上我们暂时不设师，作战时则视实际情形设"路军指挥官"，其职位虽略同于师长，然运用则比较灵活。一位第几路军指挥官作战时可以指挥两个旅乃至几个旅，按实际需要，各团可以随指挥官之意调动，不受建制及军队系统的牵制。这些都是广东各军所不易做到的。

我第七军当时的编制分九旅十八团，另加二独立团，一入伍生团，另有炮兵营、工兵营，以及军校第一分校的学生队。共有战斗兵员约四万余人，步枪三万余支，山炮廿余门，重机枪八十余挺。第七军编制表和统兵长官姓名已见第十九章。

本军士兵几全部在广西招募，但也有邻省接壤县份前来投效的。至中、下级军官则外省籍的亦复不少。如第七旅旅长胡宗铎便是湖北人。至于出身，旅团长中，有保定军校的，如俞作柏、夏威、吕焕炎、胡宗铎、周祖晃、尹承纲、陆受祺、李朝芳、吕梦熊等；也有广西干部学堂的，如伍廷飏；也有广西陆军速成学校以及其他各种军事学校出身的。然本军官兵都身经数十战，上下团结一心，纵令是高级指挥官也无不身先士卒，所以每个战斗兵都能勇往直前，有进无退。在统一广西各大小战役中，无一而非以少击众，士气极为旺盛；加以本军经济公开，所有各级官长俱能与士卒共甘苦，再施以严格训练，晓以革命军人救民的大义，因此本军所到之处，南自镇南关，北至山海关，可说是战无不摧，攻无不克，纪律严明，秋毫无犯。北伐期中，本军所过之处，当地居民的口碑都可为本军纪律严明作佐证。

但是北伐开始时，本军的饷和粮却远不及其他各友军的优裕。在统一广西期中，我军因战费浩繁，有时未能按月发放薪饷。士兵每名每日只有伙食费小洋二角，官长不论高低，一律发伙食费四角。各单位主官除另发少数"公费"之外，别无其他津贴。所幸我们经济公开，虽患贫而不患不均，因此官兵都能甘之如饴，而无怨尤。

民国十五年春初，白崇禧、黄绍竑曾和中央交涉两广军民两政统一问题，未得圆满结果。此次我到广州策动北伐，又向中央重提结束此地方半独立状态的局面，请中央从速划一整理。因将来北伐，其他各省将陆续归入中央治下，则此种各自为政的局面，断不应继续维持。为今后国家大计设想，我广西省当局愿为天下先，将军民两政交中央统一办理，然中央仍旧不愿接受。

我为奔走两广统一事宜，数度和宋子文详谈。宋氏时任国民政府财政部部长。广东全省税收由他统筹征收，各军军饷也由他统筹核发。所以我就要求宋氏对广西照例办理。宋部长坦白地说："你们广西税收太少了，军队太多了，收支不能相抵，中央统一了，财政部是要吃亏的。"

我说，宋部长，这是国家百年大计啊！中央如对穷的省份就不统一，对富的省份就统一，这还成个什么体统呢？为国家长治久安计，中央也应该有个通盘的打算，不应畏首畏尾。何况第七军是我国民革命军的一部分，出师北伐要由地方单独筹饷，一切和其他各军有轩轾之分，也不成个体制。再者，湖南是个富庶省份，将来万一唐军长引第七军和广西为例而不让中央统一湖南，中央将何辞以对呢？宋氏闻言为之语塞，但是他不愿接管广西财政的决心，并未因之稍改。我们的辩论也就不了了之。

宋子文当时也确有其困难，他在广东的理财政策本是竭泽而渔。为着替政府和各军筹经费，他简直是不顾一切的"横征暴敛"。我在谈话之中，也批评他那种干法把老百姓搞得太苦了。宋说："不这样干，哪里有钱来革命呢？"事实上，当时广东的经济来源，也亏着他用这么狠心的干法，否则真不易维持。为革命而行苛政，其功过是非实无法定论了。

到六月初旬，北伐出师大计已定，民众情绪极为热烈。蒋总司令这时正在考虑组织"国民革命军总司令部"。一日，他特地来问我关于国民革命军参谋长人选的问题。我说，钮永建（惕生）先生应该最适当了。按资望，惕老是辛亥革命的元勋，总理的老友。论才干，惕老在护国护法诸役中俱膺要职，以干练闻名国内。再从革命历史来说，他和西南革命领袖都有极深厚的友谊，在革命青年之间有至高的德望；而他本人又是长江流域的人，当我军师次长江时，他的声望可能有极大的号召力。所以我说北伐军参谋长一职，实以惕老最为相宜。

蒋先生听了，沉默片刻，然后说："钮先生我另有借重。"

我说："你心目中认为何人适当呢？"

蒋说："我正为此事来问你。我看白崇禧比较适宜。"

我说："恐怕健生资望太浅，年龄太轻，不能负此重任！"

蒋说："我看还是他好，还是他好！"

蒋去后，我仔细分析他提议白崇禧当参谋长的用意，大约不外以下三点。

第一，白崇禧确实干练精明，可以肩负此重任，此为蒋氏所深知。第二，以白崇禧与我和黄绍竑的公谊私交，蒋如能得白氏为辅佐，在他看来，他对我第七军便可指挥自如，毫不费力。第三，革命军的中坚将校多半是白的保定军校同学，蒋可利用白以联系一般保定出身的军官，出力效命疆场。因此，白氏出任参谋长，对于统御和指挥，自可事半而功倍。白氏既和各方都有深切的关系，蒋氏又可用以作"告朔之饩羊"，如对各军有所举动，可以白氏之名出之，必要时，并可使白氏代他受过。所以逾格擢白崇禧为参谋长，正是蒋先生厉害的地方。

后来蒋先生正式邀请白氏担任此项要职，白氏乃问我意见如何。我坦白地告诉他说："我怕你干不了。"接着，我便分析蒋先生的为人，和他请白的原意所在。白氏听后，大有所悟，说："我看这责任我确实负不了，我还是不干罢！"于是，白氏真的把蒋先生第一次的邀请辞谢了。

我到穗后不久，蒋介石校长曾告诉我说，俄国接济革命军的械弹已运抵黄埔港，约有步枪万余支，重机枪百余挺，无线电发报机数十座，彼自动表示将拨一部枪械接济第七军。我当即代表全军，面致谢意。旋各军均已领取了一部分俄械，独第七军犹付阙如。我数次着驻粤办事处主任陈雄向军委会洽领，都以未奉蒋总司令条谕为辞，不允发给。我觉得很诧异，何以蒋先生亲口对我说的话仍不算数呢？乃借赴黄埔辞行之便，再一提枪械的事。蒋氏闻言，故作惊讶，含糊其词。我就忍不住说："总司令，我领了这些武器，是去打敌人啊！"蒋才说，他去查查有关部门，何以尚未拨给。照我推测，可能有人向蒋氏进言，认为第七军缴获陆、沈、唐等军队的械弹甚多，似不必再给予俄械。可是，蒋先生忘了"一言既出，驷马难追"的古训，他不该自食其言啊！后来，总算由驻粤办事处领到了俄制七七口径步枪一千支，重机枪四挺，无线电收发报机二座，乃火速运往湖南前线。孰知当我们把木箱打开检验时，始发现并不如想象的满意。原来这批俄械也是第一次世界大战用过的旧武器，和本军所用的德制七九双筒步枪（亦属第一次世界大战后，协约国将德军解除武装，由商人私运至中国出售的）不相上下。然总算中央政府体念我第七军频年征战，不无微劳，而作首次最大的赏赐，于士气上不无鼓励的作用罢了。

这时已是六月中旬，湘中战事正捷报频传，我第七军北上部队正有待我的亲自指挥，所以我便于六月十八日辞别中央各首长，离粤回桂，转赴前线指挥。广东方面闻我将去，各界曾举行盛大欢送会。中央各政要及蒋总司令率各机关团体代表，亲自送我至石围塘而别。

壮士长歌出汉关，历史上有名的北伐战役现在便正式揭幕了。

第二十二章　向长沙前进——

北伐的序幕战

壹

我于民国十五年六月十八日离粤返桂。此次赴穗策动北伐，在广东住了将近五十天，虽辛劳备尝，然终将北伐发动起来，归途中颇感兴奋。六月十九日下午，我由三水河口所乘的专轮遂抵达梧州。梧州各界闻我策动北伐归来，举行盛大的欢迎会，到江边码头来欢迎的各机关代表暨民众团体简直是人山人海。这时梧州驻军为伍廷飏（展空）旅，伍氏在随我自码头回其司令部途中，便问我说："德公，我们真要北伐了吗？"

"为什么不要？"我说："我们的部队不是已经开到湖南去了吗？"

伍说："德公，你觉得北伐有把握吗？"

我说："我觉得占领武汉没有大问题。"

伍说："要是败回来就糟了。……唐继尧还在伺机蠢动啦！"

我说："我保证不会败回来。再者这次北伐，我们只预备出去一半部队，留半数在广西对付云南也足够了。"伍展空虽不再说什么，但是他心中仍觉得没有把握似的。这时我的直属部下尚且如此，也就难怪广东那批首脑们的疑虑和踌躇了。

我在梧州住了两天，参加了各界欢送出师北伐大会。六月二十一日遂自梧州乘电船到阳朔，再登岸步行。于六月二十四日抵桂林。在桂林，不用说，又是连续不断的举行欢送北伐出师大会。更有各机关学校纷请训话讲演，应接不暇。这时家母仍住在桂林乡下两江圩槐头村故宅。我们母子已久未见面，她老人家听说我返抵桂林，派人来叫我返乡小住。但此时正值北伐出师之时，军书旁午，日不暇给，实在没有工夫回家省亲。不得已，只好派人接慈母进城承欢数日，稍尽人子之情。

我到桂林不久，忽然接到广州的电报，说白崇禧已就任总司令部参谋长了。此一电讯很使我惊诧。

白崇禧原是我第七军参谋长，今番升迁，使我顿失臂助，我乃电商于黄绍竑。绍竑自南宁复电，推荐其同窗旧友王应榆氏接充七军参谋长。王为广东东莞人，保定军官学校第一期毕业。其后似曾在李济深处做幕僚。当李、黄在梧州合作时期，王氏转到黄绍竑的"讨贼军"中任职。王氏虽出身军校，然对治军作战并无太大兴趣，却将全副精神用在国计民生方面的生产事业。为人淡泊，向不介入党争。黄绍竑因渠长于企业管理，乃请他整理贺县八步一带的锡矿。渠任矿务局长年余，对兴利除弊成绩颇有可观。此时第七军参谋长出缺，绍竑乃推荐其担任。王因事出仓促，赶办移交，我军到武昌后，他才自贺县赶来就职。王未到职前，由胡宗铎兼代。

当时各军中除党代表外，都有政治部的设立。北伐开始时，总政治部主任为邓演达，副主任为郭沫若。邓极"左"倾，其左右也悉为"左"倾或共产分子，第七军政治部初成立时，中央派来的政治部主任黄日葵，便是一名共产党。黄少年任事，干劲十足，为人又能说会讲，吃苦耐劳，全军上下都极敬重佩服他。但是这时广东，上自党政军各级机构，下至农、工、学生运动，国共间的裂痕已日趋明显。我深恐黄氏在我们部队中发展共产党组织而招致分裂，影响作战精神。所以当我返抵桂林准备出湘时，密向黄绍竑建议，将黄日葵留在后方，为第七军后方留守部队的政治部主任，另行推荐麦焕章为第七军前方部队的政治部主任。麦为留法学生，和吴稚晖、张静江、李石曾等都有私谊，为人忠实坦白。但是我推荐上去后，总政治部却拒绝加委，闹出许多误会。后因我态度坚定，麦氏才得就职。这件事在当时虽引起了小风波，然在民国十六年清党时，各友军多为共产党所渗透，唯我第七军能保持一贯纯洁无染的作风，未始不是我们未雨绸缪之功呢。

此次北伐，我第七军的动员计划是抽调十二个团，由我亲自指挥入湘作战。其余八个团则留守后方，由党代表黄绍竑指挥。如我前线兵力不够，则随时可抽调开往增援。谁知出师后，所向披靡，后方留守部队并未动用，我们已打到南京，此是后话。

兹将我军参加北伐部队番号及编制列如次：

第七军军长　李宗仁

　党代表　黄绍竑

　参谋长　王应榆

　政治部主任　麦焕章

　第一路军指挥官　夏　威

　第二路军指挥官　胡宗铎

　　第一旅旅长　李明瑞[①]

　　第一团团长　陶　钧

　　第二团团长　吕演新

　　第二旅旅长　夏　威（兼）[②]

[①] 据当时曾参加北伐任营长的冯璜说，第一旅长是韦云淞，不是李明瑞。

[②] 据当时曾参加北伐任营长的冯璜说，第二旅长是李明瑞，不是夏威。

第三团团长　俞作豫

第四团团长　李朝芳

第七旅旅长　胡宗铎（兼）

第九团团长　陆受祺

第十四团团长　杨腾辉

第八旅旅长　钟祖培

第十五团团长　尹承纲

第十六团团长　周祖晃

独立第一营营长　李少杰

炮兵营（辖三连）营长　罗传英

工兵营（辖三连）营长　马典符

兵站分监　曾其新

通讯大队（辖三连）大队长　覃连芳

我第七军中编制的第一路、第二路，实即其他各军中的师长。所不同的，师长仅能指挥其本师官兵，我们的两路指挥官则视环境的需要，指挥或多或少的部队，不受建制的约束。

综计北伐初期，我军参加战斗的官兵约二万余人。七生的五德国克鲁伯厂制管退炮四门，七生的五日制架退炮两门。此种山炮尚系清末张鸣岐任两广总督时所购，原有二十四门。辛亥革命时，王芝祥带十二门到南京，两广尚存十二门。民国五年讨龙之役，林虎夺得数门，嗣后辗转为我军所有，也已历尽沧桑了。

我军每团有一机枪连，每连有德制水凉重机枪四至六挺，故八个机枪连共有重机枪四十余挺。通讯大队共有三连人。一连随军部，两路指挥部各有一连。军中各单位间的通讯全凭电话。这时被复线极为有限，一般通讯全凭舶来品的铁丝线，军和军间的通讯却利用无线电。总司令部发下的无线电收发报机一台，原是第一次世界大战时的俄国旧品，笨重不堪，随军移动时，需十六人分两班抬运。机件故障时常发生，实不堪使用，然又弃之可惜，成为行军时的一大累赘。

我第七军除战士之外，尚有由广西省党部号召青年女学生百余人组织的"广西学生女子北伐工作队"，随军担任宣传、看护、慰劳等事务。时余妻郭德洁女士适任广西省党部监察委员，遂由党部推为女子工作队队长，随军北伐。她们都是二十岁上下的青年女子，然在革命空气熏陶之下，均抛却脂粉，换上戎装，在枪林弹雨中，登山涉水，不让须眉。当我军在前线喊杀连天，所向披靡之际，战场上忽然出现这一支小队。各界不知底细，以为她们也是冲锋陷阵，出生入死的战斗人员，敌人为之咋舌，我军士气也随之高涨。一洗数千年来我国女子弱不禁风的旧面目，为我革命阵容生色不少。

那时各友军政治部虽也有女子工作人员，然以女子单独组成一队在前线工作的，我第七军实开风气之先。其时去清季不远，民间习俗，仍极保守，男女有别，授受不亲的观念，牢不可破。我广西女子，所以能毅然挺身而出，参加北伐，实是革命风气感召使然。

贰

我在桂林，为着部署本军入湘事，住了十四天。在这十四天中，我军后续部队已次第入湘，我本人乃于七月六日离桂林，取道黄沙河下衡阳。这时前线我军已捷报频传，正向长沙挺进中。

钟祖培旅的尹承纲团五月中旬已加入唐生智部作战，唐调尹团赴醴陵协防。不久，唐自衡山退守衡阳，钟祖培旅长乃亲率周祖晃团，于五月二十八日开抵衡阳增援。尹承纲团也返抵衡阳，归还建制。

当此之时，吴佩孚在南口向冯玉祥部国民军进攻甚急。北军精锐尚在京汉线北段，湖南攻唐之师系赵恒惕部的湘军。吴佩孚委叶开鑫为讨贼联军湘军总司令，指挥对唐战事。另调北军余荫森师受其节制，自衡山向唐生智军作正面攻击，并令赣军唐福山师与驻赣粤军谢文炳师由萍乡出醴陵，向唐生智军右翼进逼。另以湘军刘铏、贺耀祖两师进逼唐生智的左翼。大军三路而下，气势极旺，衡阳岌岌可危。唐生智见情势阽危，乃一面派员向叶开鑫诡提和议，以缓敌待援；一面将辎重和重要军需物品向祁阳、永州移动，拟于必要时退入广西。另一面则预备且战且走，以李品仙、周斓、刘兴三师布防于萱州、樟木至店门之线；以何键师沿蒸水南岸布防于洪罗庙、金兰寺之线。五月二十九日，敌军贺耀祖部猛攻何师，情势危急。唐生智乃调我军钟旅向洪罗庙增援，钟旅于六月一日到达洪罗庙，当晚乘夜出击，将敌人攻势阻截。翌日再约同何师强渡蒸水，将敌人攻击部队一举击破，斩获极众。敌军闻风丧胆，急退涟水北岸据守，唐军左路的威胁才告解除。

这时唐军中路在敌人猛攻之下也已动摇，溃败在即，忽闻左翼大捷，军心一振。敌人误以为两广援军大至，乃不敢再攻，战况胶着。我第四军叶挺独立团适在此时赶到攸县，将右翼稳定。唐生智见事有可为，乃于六月二日我军大捷之后，正式宣布就革命军第八军军长之职。又三日后，中央才正式发表蒋中正为北伐军总司令，宣言出师北伐。换句话说，便是我们自动入湘作战的部队已取得决定性的初期胜利之后，中央诸公才决意北伐。然蒋氏于六月五日发表为总司令后，又迟至七月九日才正式就职，其中曲折迂缓的原委，此地也不烦赘了。

六月中旬，吴佩孚确知两广派兵援湘，遂重行部署。六月十八日吴下令以北军宋大霈为第一路司令，协助叶、余等担任正面作战。王都庆为第二路司令，担任右翼临澧、常德一带防务。唐福山为第三路司令，仍率谢文炳师担任左翼作战。以鄂军夏斗寅旅加入贺耀祖、刘铏等部进入湘西。董政国为第四路司令，率阎日仁、唐之道两旅为总预备队。一时大军云集，大战迫在眉睫。

幸而援湘部队我军第二路军指挥官胡宗铎率李明瑞旅和杨腾辉、陶钧等团及时赶到，开往永丰集中。我第四军陈铭枢、张发奎两师自琼崖北上，也于七月初行抵湖南攸县、安仁一带。七月四日我三路大军遂同时发动攻击。北军不支向后溃退，我军三路皆捷。叶开鑫部乃放弃长沙，据守汨罗河北岸待援。我军遂于七月十一日克复长沙。北伐军因此一举成名，全国震动。

我于七月十五日抵衡阳，时我军前锋胡宗铎部已追过长沙，在汨罗河南岸布防待命。第四军的一部也已越过醴陵和北军对峙中。在我军进攻期中，前敌总指挥唐生智已随军至长沙。渠闻我到达衡阳，乃自长沙乘电船来衡阳和我会晤。

这是我和唐孟潇第一次见面。大家在捷报声中把晤，自然都有无限兴奋。唐氏身材高大，留了一撮八字胡子，和我握手言欢，谈笑风生。他对我仗义援湘，促成北伐，并推荐他任前敌总指挥各点十分感激，一再诚恳地问我，需要何种报答。我说，你现在已经弃暗投明，加入革命，革命胜利，就是对我的报答了。唐意犹未已，自动的提议说，现在克复地区有几个收入极丰的税局，问我可否推荐数人去担任局长。唐氏此时加入革命不久，头脑里还充满了旧式军阀的想法，他以为我如推荐几个私人去当税局局长，我便可乘机分肥，以饱私囊，这样也可以算是他对我报答的一法了。我当时便郑重地告诉他说，我们第七军里的人才已感奇绌，哪里有人介绍给你呢？唐氏还以为我不好意思直说，嗣后，他又间接地派人来问。我回答说，请孟潇不必如此，我们革命军人是不应该有这种念头的。唐氏才息了心。

我和唐氏会晤时，曾好奇地问他，此次从湘南撤退，为何不打算撤往广东，而偏欲撤往广西，我说："广西贫瘠，什么也没有，只有一些石山，你们退到广西，难道想吃石头吗？"

唐说："我退往广东去让谭延闿、程潜缴械收编吗？"我们相对大笑。

我们在衡阳晤谈之后，翌日唐生智和我遂同乘电船自衡州驶往长沙。这次胜利是我们革命军小试牛刀。士气旺盛达于极点。民众情绪尤为热烈，真有"东面而征西夷怨，南面而征北狄怨"之概。不久，余妻所率的百余名"女子北伐工作队"也行抵长沙，并立刻展开慰问伤兵、访问民众等工作。簪缨巾帼，相映成辉，对民心士气都发生极大的鼓励作用。

在长沙，除计划次一步战略部署和参与欢迎大会之外，我对唐生智的第八军也作了一番仔细的观察。唐生智是最近加入革命阵营的，军中作风有许多地方仍未脱军阀的窠臼。官、兵界限分明，不共甘苦，不像我军官长士兵打成一片。我军纵是高级指挥官出门，随行卫士也很少。短途便步行，稍远才骑马，极少坐轿。而唐军纵系连长官阶也威风凛凛，不可亲近。一日，我在长沙街上步行，忽然又碰到刘文岛。他坐了一乘华丽的四人大轿，前呼后拥而来。那时长沙尚未筑有马路，街狭人多，摩肩接踵，拥挤非常。我们徒步的人见到这乘大轿，不期然都向两旁让开，驻足侧目而视。谁知我却给轿子里的刘文岛一眼看到，他连忙弯身向前，大拍其轿杆，要轿夫停下，然后匆忙下轿，向我立正敬礼并寒暄一番，问我到何处去，为何不坐轿子。我说，只是出来散步，用不着坐轿。刘文岛当时在长沙是十分显赫的人物，经他这样卑躬屈节一来，街上围观的市民才知道我便是第七军的李军长。我并非故意表示我的平民化，这只是说明两军作风之不同而已。我们第七军自始便是一支平民化的军队，虽然我们纪律严明，军令如山，但是平时官长士兵则生活在一起，大家如兄如弟，不拘形式。正如汉将李广的部队，"随水草而安"，不务繁文缛节。但是当时的第八军，乃至所有的北方部队，都爱讲排场，摆门面。至于作战能力如何，则又当别论了。

第二十三章　长沙会议

壹

在我军占领长沙之前，全国各地认为我们的北伐不过和中山先生昔日的北伐大同小异，最多又是一次湘、粤边境的小战事罢了。不仅北方军阀如此看法，即广州中央不少军政大员对胜利也殊觉渺茫而一再迟疑观望。但是当我七、四两军入湘援唐的部队迭克名城之后，全国的观感便不一样了。首先，中央军政首脑对胜利增加了信心，蒋总司令于七月九日轰轰烈烈地在广州举行就职典礼，正式誓师北伐，公告中外。七月二十七日蒋总司令也率其第一军一、二两师（当时战斗序列为总预备队）自广州出发北上。到此，全国各界才知我们是倾全力北进，决心和军阀作殊死战，与昔日中山先生北伐的形势已不可同日而语。吴佩孚、张作霖、张宗昌、孙传芳等军阀巨头，开始对我们这一新兴势力刮目相看，而再重新估计和部署，以求自全之道。其他左右依违的地方势力，也开始和我们通款曲，冀图加入革命阵营。首先来归的，便是贵州的袁祖铭。他声称愿将他的两军改隶于国民革命军，参加北伐。到七月中旬，经军委会核准，遂委袁部师长彭汉章为第九军军长，王天培为第十军军长，令率所部自贵州出湘西，直捣常德；袁祖铭本人并受委为北伐军的左翼军总指挥。

第九、十两军于七月中旬，由黔东向湘西前进，使我军无西顾之忧。不久，第一、三、六各军也抵达湘、赣边境，自攸县至醴陵之线，东向警戒湘、赣边境。中路我军则和敌相持于汨罗河两岸。战况胶着，双方都在作第二期作战准备。

这时唐生智和我经常交换关于第二期作战计划的意见。我二人不约而同主张一鼓而下武汉。当时正传广州中央有人主张克复长沙之后，对鄂采取守势，将主力转向江西进攻。唐生智得报，焦灼异常。遂约我联名函陈蒋总司令，详细分析利害得失，坚决主张直捣武汉，截断长江中游。我也完全同意唐氏的主张。因先鄂后赣，为湖南当局切身利害着想，固为必须；而为北伐整个战略前途计，也极为顺理成章。我二人乃根据此种论断，拟具意见书，派人专程送往正在前进中的总司令部；并决定亲往衡阳欢迎蒋总司令，当面解释我们的意见。

我们于八月九日晨抵衡阳，同行的还有各机关和民众团体代表数十人。蒋总司令偕白崇禧、加伦等一行旋亦抵衡，握手相谈，甚为欢畅，唐生智因前线事忙，稍谈即折回长沙，我却和蒋氏详谈。唯此时欢迎代表甚多，旅途匆匆，未谈出什么结果。

当晚我又到白崇禧处坐谈甚久。白氏这时才详细告诉我他出任参谋长的原委。他说，最初他是坚决不干的。但是当我们前方已打得炮火连天之时，而广州总司令部还迟迟没有组织。他深恐拖延日久，我七、八两军在前线孤立无援，一旦吴佩孚大军南下，岂非前功尽弃？所以他不断地向军委会和李任潮催促，但是他们众口一声地说，现在无人可负组织总司令部的责任，除非白氏答应为参谋长，才可着手组织云云。中央各政要和蒋总司令、李任潮等不时赴颐养园白氏寓所力劝，川流不息，急如星火。白氏推脱不得，最后才提出折中办法，他要求将"总司令部参谋长"职衔之上加一"总"字，变成"总参谋长"，由李任潮担任此一头衔，而白氏则以"副总参谋长"名义，代行总参谋长职权。蒋总司令立即同意此一办法，白氏才就副总参谋长之职，着手组织总司令部。这便是白崇禧出任副总参谋长的内幕情形，也即北伐期中，军中仍呼白氏为"参谋长"的由来。

接着，我便问他一个多月来做参谋长的经验和观感如何。白说，事情非常难做。他说他以前做我的参谋长时，凡事他认为应当做的，他都可以当机立断，放手做去，所以工作效率高，事情也容易做得好。但是他现在做蒋总司令的参谋长，情形便完全不同了。因为广东方面各军人事极为复杂，系统各异。蒋总司令原为第一军军长，现在他虽然是总司令，但对第一军难免有些偏爱，使其他各军感到不平。军中耳语、烦言极多，他身为参谋长遇到这类事件，简直无法应付。加以蒋总司令又耳明眼快、事必躬亲，使参谋长益不易发挥办事效率。所以白说他坐在参谋长的位子上，实在是如临深渊，如履薄冰，小心之至，遇事总要请示总司令亲身处理云云。

后来在长沙，我遇见了二、三、四、六各军的高级官员，他们向我询问前线战况，同时也告诉我一些出发途中情况，以及总司令部中许多内幕情形。他们听到我军在前方所向披靡的战绩，都觉得战事前途极为乐观。但一提到补给的情形，不免异口同声的怨言四起。他们举个明显的例子说，各军出发以来，例须按期发放草鞋。然蒋总司令却吩咐，他的第一军每一士兵发给两双；其他二、三、四、六各军，却平均每一士兵连一双草鞋还领不到。

他们同时又抱怨蒋总司令治军无法度，遇事不论军法而好市私恩。例如有时第一军中黄埔出身的中、下级军官闹亏空，发不出薪饷来。其上级无法解决时，照例只有报告总司令。蒋总是说："把他叫进来！"这营长或连长被叫到总司令办公室后，蒋便责问他为什么闹亏空。此人往往坦白地说："报告校长！我一时行为失检，把饷银赌输了，发不出饷来。"蒋闻言大怒，顿时骂得他狗血淋头。但是骂过之后，还写一张便条手谕，叫他拿去向军需处领钱，将这军官的亏空补发了事。他对这个犯法的军官不特不加处罚，甚至认为他诚实，颇可嘉许呢。

据他们说，诸如此类的滑稽剧，当时在军中时有所闻。黄埔学生都知道蒋总司令这一套作风，因而都喜欢单独求见"校长"。他们对"校长"的处理办法，亦从不讳言，并津津乐道，以夸耀于人。故全军上下，皆耳熟能详。因而所谓层层节制，按级服从的制度，可谓荡然无存。蒋氏不但不以为虑，还以黄埔学生忠于他个人为得计。

告诉我的人，说到这类故事，都感觉十分愤懑。所幸我第七军的给养，由于中央不肯统筹，而单独成立一军需系统，没有卷入这一旋涡。所以我听到这些怨言，未便多作评论，以增加军中内部的困难。然而我心中却感到一种隐忧。我觉得我们北伐的胜利，一定可操左券，但是我们的内部问题，可能亦随胜利而扩大至不可收拾。

贰

八月十日午夜，我和总司令部一行遂同乘小轮北上，在株洲换乘火车。十一日夜半抵长沙。此时北伐军重要将领多在该处。蒋总司令之外，计有参谋长白崇禧、政治部主任邓演达、俄国顾问加伦、战地政务委员会主任委员陈公博、前敌总指挥唐生智、第四军副军长陈可钰和我。此外还有各军参谋长、师长等多人，济济一堂。十二日晚遂由蒋总司令召开军事会议于长沙前藩台衙门，讨论北伐第二期作战的战略计划。

长沙会议是北伐途中在前方所召集的第一个战略会议。此一会议所要决定的便是打倒军阀统一中国的初步战略。但是我们北伐军的实力实极有限。除原有的八个军外，另有袁祖铭部两军的附义。八月初，江西方本仁声称加入革命，暗中受编为国民革命军第十一军。所以长沙会议时，我们总共有十一个军，不到二十万人。其中除一、四、七、八各军战斗力稍强之外，其他各军战斗力俱属有限。至于秘密附义各军是否可靠，更有待于考验。

然我们所面临的敌人的实力则数倍于我军。正面的敌人是吴佩孚，所部驻于京、汉沿线，号称二十万。吴氏自民国十四年冬和张作霖取得谅解后，化敌为友，于十五年春双方联合夹击冯玉祥的国民军于南口。冯军败绩西溃。吴佩孚乃将北路精兵南调，欲于潇湘之间，和我们革命军一决雌雄。

长江下游的敌人为孙传芳。孙氏拥有五省地盘，自称苏、浙、皖、闽、赣五省联军总司令，兵力也号称二十万。孙氏治军素称能手，又据有全国富庶之区，所部训练有素，饷糈充足，向称能战。

至于奉军张作霖所部，则较吴、孙的部队更为精锐。民国十五年春，张氏击溃冯玉祥入关，占领天津、北京，俨然中国之主，其兵力合奉、吉、黑、直、鲁、热、察，号称三十五万人。战将如云，声势极为煊赫。

此外，窥伺我后方的云南唐继尧也有三四万人之众，随时有入侵广西的可能。

综计此时和我革命军为敌的全国大小军阀，实力约在一百万人以上。以我革命军区区十余万人的基本部队，若欲扫荡军阀，统一全国，则必须运用机动战术，出奇制胜，掌握有利时机，对敌人各个击破。

在长沙会议时，蒋总司令首先发言，略谓，他首途入湘之前，有人主张对鄂暂时取守势，将主力移向江西采取攻势，旨在巩固广州革命根据地，各位同志对此建议有何意见？我即起立发言，竭力主张乘吴军南北疲于奔命之时，用速战速决的战术，将敌援军各个击破，直捣武汉。然后以大别山、桐柏山为屏蔽，扼守武胜关。北则可进窥中原，直取幽燕。若沿长江顺流东进，则孙传芳五省地盘，已为我革命军三面包围，底定东南，也非难事。且当总司令誓师北伐之时，我中央已决定对孙传芳采取怀柔政策，派人联络，希望与其合作，使其不作左右袒。故当我军主力进入湘东，孙传芳即通电保境安民，表示中立。我中央运用政略、战略，双管齐下，已成功大半。虽然孙氏的中立固不可靠，其志欲我军和吴军鹬蚌相争，而彼收渔翁之利。然我正可利用此点，达成各个击破的目的。今若转移目标，进攻江西，不仅逼使孙传芳和吴佩孚相结合，抗拒革命军，抑且使吴部得到喘息的机会，重整旗鼓以谋我。得失利弊，洞若观火。再者，赣境交通不便，补给困难，如果战事偶有差池，新附义的友军可能逡巡不前，影响民心士气更大。根据上列各点来说，我军攻赣实甚危险。盼总司令、加伦顾问暨各同志加以深思熟虑。

唐生智也起立补充说，如果中央一定要先图江西，则不妨左右开弓，对鄂、赣同时进攻。此建议原只是唐氏的激将法而已。以我们区区兵力，进攻一面已感吃力，"左右开弓"，实无可能。

中央方面某一部分人士所以有此先赣后鄂的建议，实系受地域环境的影响。正如我们讨伐沈鸿英时，李济深、黄绍竑等主张以梧州为中心，而忽略上游的重要性一样的心理。同时，中央也可能在暗防唐生智的反侧。恐他得志于武汉之后，形成尾大不掉之局。今番如对武汉取守势，全师东移，则吴佩孚主力南下，和他作消耗战的，将为唐氏。待其两败俱伤，我主力肃清江西后，再北取武汉，便无虞唐生智的割据称王了。在政治上说，此议原未可厚非，唯纯就军事观点来说，实犯了兵家的大忌。

再者，我军精锐的第四、七、八各军，都已在汨罗河前线，滞留湘赣东线的，为作战能力较差的第一、二、三、六各军，用来监视江西或可胜任，以之进攻则断难制胜。因此反复讨论后，蒋总司令和俄顾问加伦都同意我和唐生智的原来提案，也就是先攻武汉，对赣采监视态度。我们第二期的进攻部署遂按此原则进行，长沙会议也就圆满结束。

开会时，加伦将军因见我主张攻鄂最力，且主用速战速决战术。会后闲谈，他便问我说："李将军，你主张进攻武汉最力，你估计要多少天我们革命军才可打到武汉呢？"我约略对路程远近估计了一下，便回答说："我看有十四天的功夫，便可打到武汉。"

"噢！"加伦感到无限惊讶地说："你凭什么计算只要十四天呢？"

我说："我以我军以往作战的经验来计算。我们由攻击开始，连带追击，强行军，每天平均约可前进五十里。汨罗河距武昌约七百华里，所以我估计要十四天。"

加伦说："你就不计算敌人的固守和反攻吗？我看十四天到不了武汉！"

我说："那么你看要多少天呢？"

加伦说："我看要四十天。"

我说："绝对不要这样长的时间！"

加伦将军见我十分自信，因而说："咱们打赌！"于是我们真的打起赌来，赌注是两打白兰地。因为那时的风气以喝白兰地为阔绰。我们赌定，如果在我军正式发动攻击后，二十天内打到武汉便是我赢，否则便是我输。

谁知我们后来竟以十二天的功夫打到武汉。在武昌城下，我又碰见了加伦。我笑着对他说："加伦将军，我们只用了十二天便打到此地，你快拿酒来！"加伦也笑着指指武昌城墙说："还有这个东西你没有打下啊！"说得大家大笑。我们这个小小的有趣的打赌，算是变成"和局"。如今事隔三十余年，仍恍如昨日，而加伦被斯大林杀害了，现在应该是墓木已拱。我今日回忆起他的声音笑貌，对那位杰出的军事家仍有无限的悼念。

叁

长沙会议结束后，各军遂待命出发。十四日，蒋总司令召集第七、八两军在长沙的部队举行检阅。阅兵典礼是在长沙东门外大较场举行的。我第七军参加检阅的部队共有两旅四团，约七千余人；第八军参加的却有两师四旅八个团，约一万五千人。第八军此时的编制和七军相仿，系按我国旧制，和广东各军的"三三制"略有不同。

八月十四日是个天朗气清的日子，参加检阅的两万余人，均属战胜之师，人强马壮，在阳光普照下，更显得旌旗鲜明，器械整齐，军容极盛。

当总司令部一行分乘骏马十余匹，在检阅场出现时，全场军乐大作。蒋总司令骑着一匹高大的枣红色战马，缓缓地进入主帅的位置，听取各单位报告检阅人数。三军主帅，春秋正富，马上英姿，更显得器宇轩昂，威仪万千！

人数报告毕，随即举行阅兵式。七、八两军排成横列。蒋总司令自右向左，按辔徐行，各高级将领则分乘战马十余匹，紧随其后。我位居第二，唐生智则紧随我后。按序列，首先便检阅第七军。我七军因频年征战，战场经验虽然丰富，而操场上的连营制式教练却极为陌生，阅兵式更少举行。加以广西士兵多自龙州、百色左右江一带招募而来，该地人民身材特别瘦小。土制军服，久历风霜，颜色也已败褪，不堪入目。至于军乐队、仪仗队等，我们都无暇多加注意，且未随军出发，所以检阅起来，不够壮观和整齐。第八军却不然。他们和北方军队一样，极注重门面的装饰。战场上实际经验虽少，操场上却训练有素。士兵身材，一般说来，也比较高大，服装整齐，旗帜鲜明，军乐队尤其声光夺人，殊为整齐美观。

当总司令的座骑自第七军前头缓缓前进时，我紧随其后，但见他时时缓缓举手答礼，认真检阅，态度从容肃穆，颇有大将风度。七军检阅完毕，第八军排头的军乐队立时奏乐。各乐器金光闪闪，乐声大作，我在后看见总司令的座骑，已有点不听调度的样子。军乐队后面便是号兵十余人，当总司令的座骑刚走过军乐队的行列，号兵队长一声口令，十余号兵立即举号吹奏。动作十分整齐，但见金光一闪，耀眼欲盲，接着号声大作，尖锐刺耳。蒋总司令的坐马受此一惊，忽然大嘶一声，前蹄高举，立即向较场中心狂奔。大约蒋总司令平素不习骑马，故勒缰不住，瞬息之间便失掉重心，只见手足朝天，顿时翻鞍堕地。但是他的右脚仍套在脚踏镫里，被倒拖于地下。我在后睹状，为之大惊失色，不知所措。所幸蒋氏穿的不是皮鞋而是马靴，且很松动，经马一拖，便从脚上脱落下来。总司令被拖了两丈远，便和马脱离，卧在地上。我们都连忙下马，将他扶起，问其受伤没有。但见总司令惊魂未定，气喘吁吁。一身哔叽军服上沾满了污泥。帽脱靴落，白手套上也全是泥土，狼狈不堪。这时，第八军的号兵已停止吹奏，总司令部的副官也赶来把蒋氏身上泥土稍为拍落一些。蒋总司令乃率领我们徒步阅兵，一颠一跛，勉强将阅兵式举行完毕。

大家回到检阅台下，再检阅分列式。我七军因素少是项训练，分列式经过阅兵台下，步法"踢他踢他"，颇不雅观。第八军当然操得十分整齐美观。分列式完毕，总司令对官兵演说，训勉有加，才马虎结束了这一场大典。

蒋总司令阅兵堕马的情形，确实很狼狈。但是我所感到的不过是军人不应该不会骑马罢了，谁知唐生智竟想入非非。唐氏虽为一现代军人，却迷信很深，军中时有星相、巫师一类的人出入，唐氏本人也常常持斋礼佛，相信阴阳谶纬之学。

据说，唐氏幕中豢养了一位顾姓巫师，能知过去未来，十分灵验，遍收男女信徒，唐氏及其高级将领皆拜顾为师，军中因尊称之为"顾老师"，市民和官兵背地里却呼他为"顾和尚"。此人其时不过四十来岁，吃、喝、嫖、赌样样俱全，是一个十足的"酒肉和尚"。但据唐氏部将李品仙等告诉我，说他有时确很灵验。唐氏家中阃闼之私，顾老师巨细皆知。这或许可说顾某是一能干的侦探，然唐生智等则以其为活佛。我在长沙时，曾要求唐生智介绍其"顾老师"和我一见；唐氏知我不信，笑而不答。

蒋总司令阅兵堕马，自然是替"顾老师"制造机会了。据说他便向唐生智说，蒋氏此次北伐凶多吉少，最重要的便是蒋氏爬不过第八军这一关，将来必为第八军所克服。唐君应好自为之，将来蒋氏失败，继起的或是唐孟潇吧！我以后曾也时常听到第八军中人窃窃私语，说"蒋总司令将爬不过第八军这一关"云云，煞有介事。据说，蒋氏本人也很迷信，他对堕马一事讳莫如深，认为这是凶兆。我国古代常有大将出师，被大风吹折纛旗，而认为是不祥之兆一类的事。不意二十世纪的今日，仍有类似情事发生，这也是北伐途中的一件有趣小插曲。唐氏后来在武汉企图异动，其心理可能是深受这堕马事件的影响。

在长沙时，还有一趣事值得一提的，便是蒋总司令和我"桃园结义"的故事，蒋氏到长沙后，我时常在总司令部出入，有时是有公事接洽，有时却是闲谈。我去见蒋总司令也毋需预先约定。一日，我在蒋先生的办公室内闲话，他坐在他的办公桌椅子上，我却坐在他的桌子旁边一张木椅上。蒋亲切地问我说："你今年几岁了？"我说："三十七岁。"蒋说："我大你四岁，我要和你换帖。"所谓换帖，便是互换兰谱，结为异姓兄弟。我念头一转，心想蒋先生为什么来这一套封建的玩意儿呢？令我不解。

我说："我是你的部下，我不敢当啊！同时我们革命也不应再讲旧的那一套啊！"

蒋说："没关系，没关系，你不必客气。我们革命，和中国旧传统并不冲突。换帖子后，使我们更能亲如骨肉。"

他说着便打开抽屉，取出一份红纸写的兰谱来，原来他已经事先填写好了要我收下。我站起来说："我惭愧得很，实在不敢当。"坚决不收。蒋先生也站起来说："你不要客气，你人好，你很能干……"我一面回话，一面向后退，表示不敢接受他的兰谱。他抢上两步，硬把他的兰谱塞入我的军服口袋里。并一再叮嘱我也写一份给他，弄得我非常尴尬。

辞出之后，我拿蒋先生所写的兰谱看看。那上面除一般兰谱上所共有的生辰八字和一般如兄如弟的一类例有的文字之外，还有蒋先生自己所撰的四句誓词，文曰：

谊属同志　情切同胞　同心一德　生死系之

誓词之后除"蒋中正"三字的签名之外，还附有"妻陈洁如"四字。看后我便想到，蒋先生搞这一套封建时代的玩意儿，其真正目的只不过是拉拢私人关系，希望我向他个人效忠而已，其动机极不光明。我想当时南北双方的要人，相互拜把，或结为亲家的正不知有多少，但是往往今朝结为兄弟，明日又互相砍杀，事例之多不胜枚举。反观我们广西的李、黄、白三人，并未金兰结盟，而我们意气相投，大公无私的合作，国内一时无两。相形之下，益觉以封建手腕作政治结合的方式有欠正派。蒋总司令在当时是炙手可热的领袖，能和蒋氏结拜兄弟，任何人都必然要受宠若惊。然而我的心里却老大的不高兴，所以除内子一人知道之外，我未向外间任何人提及此事。

在蒋先生给我兰谱后某日，他又向我说："你要写个帖子给我啊！"我把他的要求支吾过去。又过些时，他又问我"帖子写好了没有？"逼得我好难为情。推托不了，我就说我不知道如何写法才好。蒋说，就照他给我的那种方式写罢。我就依样画葫芦，将蒋先生给我的帖子上那一套四言誓词，照抄上去，下署"李宗仁，妻郭德洁"，送给蒋先生。他笑容可掬，郑重地说，我们从今以后更加上一层亲切的关系，誓必同生共死，为完成国民革命而奋斗。说着，表示非常愉快的模样。

蒋先生给我的兰谱，后来在民国十八年他向武汉进兵，我身陷沪上，因军中无主，致全军瓦解，连我的行李也一道遗失了。兰谱中所谓亲如兄弟，同生共死的话，转瞬间，竟变成兵戎相见你死我活了。毋怪有深见的人曾说，政治是最污浊的东西啊！

第二十四章　汨罗河、汀泗桥、贺胜桥的攻击战

壹

长沙会议之后，北伐第二期作战计划大体是分为三路向北推进。以第四、第七、第八三军为中央军，循武长路直捣武汉。第一军的第二师和第六军为中央军的总预备队。第二、第三两军为右翼军，集结于攸县、醴陵一带以监视江西，并掩护中央军右侧背的安全。黔军总司令袁祖铭所部的第九军、第十军和第八军的教导师为左翼军，出常德、澧县，北窥荆沙以掩护中央军的左侧。唯黔军此时尚滞留于湘、黔边境，态度暧昧，颇有看风使舵的意向。

然左右两翼的实际任务不过是掩护和策应而已，二期北伐的主要战场仍在中央军的武长路上。中央军的作战序列仍以唐生智为前敌总指挥，其下分为左右两纵队。唐氏指挥其第八军为左纵队，并自兼左纵队指挥官；我则指挥第四、第七两军为右纵队指挥官。

这时我们的中央军和敌相持于汨罗河南北两岸。为强渡汨罗河，直捣武汉，我们第四、七、八三军乃计划分三路齐头猛进。我们战略上的进攻路线预定如后：

第四军攻击平江之敌，然后循通城、崇阳一线向武昌推进，右翼警戒赣北，左翼与第七军联络。

第七军于浯口南岸附近抢渡汨罗河，攻击平江以西的敌军，然后循北港、蒲圻、咸宁、贺胜桥向武昌前进。右与第四军，左与第八军取得联络。

第八军攻击浯口市以西、营田以东一带之敌，取道岳州向武昌前进。并以一部相机自嘉鱼或金口渡过长江，向汉阳、汉口攻击，截断敌人退路，将敌人聚而歼之。右与第七军联络，左方警戒长江及湘江江面。

第一军第二师为总预备队，自长沙随第八军后推进。第六军则集中浏阳，随第四军后向北推进。

我们预定的总攻击日期是八月十八日。在总攻击前，各军奉命向指定地区集中。为集中兵力计，第七军并将汨罗河南岸分水岭以东防地让出，由第四军接替。

正当我们作攻势部署时，敌人也在迅速地作其守势的部署以待援军。这一期我们作战的主要对象是吴佩孚。吴是直系军阀的首脑，他的部队是当时北方军队中作战能力最强的一支。吴氏治军甚严，训练有方。自护法战争后，吴氏便横行华中、华北，战无不摧，攻无不克，声威的显赫，真是一时无两。吴氏直系部队和受他指挥的杂色部队共有二十余万人，实力既若是的雄厚，所以他对我们两广区区数万的革命军一向不曾放在眼里。直至我军攻克长沙，威胁武汉时，吴氏才感事态严重，对我军也另眼相看，乃决心倾巢南下，亲自指挥。不过此时吴佩孚和张作霖在南口夹攻冯玉祥的国民军的战事尚未完全结束。吴军精锐尚滞留在京汉路北段，未及南下。所以湘、鄂边境仍由原鄂军、湘军防守，由湖北督理兼中央第二十五师师长陈嘉谟和代理湘鄂边防督办李济巨（号倬章）二人负责指挥。吴佩孚的直系部队参战的约有枪三万余支，加上湘军总司令叶开鑫所部的湘军三师，另有赣军和陈炯明残部的粤军，以及韩彩凤等前桂军残部，为数也有三四万人。

敌人在武长路正面的防御部署系沿汨罗河设防。在汨罗河北岸的长乐街、浯口市、张家碑等地构筑强固工事，由湘鄂边防军第五路总司令兼湖北暂编陆军第一师师长宋大霈、第十七混成旅旅长余荫森所部和部分湘军担任防守。汨罗铁桥两旁长乐街、南渡河、夹塘之线，则由湘鄂边防第八路总司令董政国率第六混成旅旅长王梦弼、第七混成旅旅长李乐宾和湘军总司令叶开鑫所部师长邹鹏振等部担任防守。平江方面则由平通防御司令兼暂编第五十混成旅旅长陆云所部防守，构筑强固工事并铺设地雷及电网，以逸待劳。

贰

我军在汨罗河南岸沿线部署既定，各单位乃于十八日相继进入攻击位置。十九日我第四、七两军乃开始进攻。我第七军第一路由夏威指挥，于是日拂晓向沿河配备的敌军孙建业第二混成旅进攻，将军山一带之敌旋即肃清，第一、二两旅遂开始强渡汨罗河。唯河中船舶已早为敌人掳去，无船可渡，所幸时值初秋，河水甚浅，深处亦仅及胸。我军官兵乃徒涉而过。当日即占领浯口市。

我军第二路第七、第八两旅由胡宗铎指挥，也同时由滑石滩强渡占领张家碑。敌军万余人初尚顽抗，经我军数度冲杀后遂溃不成军，向北部山区逃窜。我军夺获山炮两门、机枪四挺、步枪五百余支，俘虏六百余名。我第七军也死伤二百余人。

敌军被击败后已不堪再战，各部只是分头逃窜而已。为使其没有收容整顿的机会，我于十九日晚即下令衔尾穷追。第一路循岑川、长安桥，第二路循立师桥、谈家坊齐头并进。战事至此已进入山地战，沿途都是崇山峻岭，所行多系羊肠小道，人烟稀少，林木阴森，不要说作战了，便是旅次行军也很感艰难。据当地居民说，此地区原系世外桃源，向无大兵经过，纵是洪杨太平军过湘北伐时，也不曾涉足此地。所幸我军官兵多来自西南山区，登山涉水如履平地，不以为苦。加以老百姓处处为我们设茶水，送粥饭，探消息，指迷路，亲如家人，为我们作战提供了有利条件。

此时逃窜的敌军却适得其反。他们的官兵多半系直、鲁、豫一带平原地区生长的，许多士兵甚至连山岭也未见过。此次入湘系乘火车而来。一旦溃败入山，则恍如进入八阵图，不辨东西。湖南历年来受北军的祸很大，人民衔恨。每逢北军过境，居民便逃避一空。加以北人食面，南人食米，生活习惯，容貌身躯，言语行动和当地人民都有显著的不同；平时纪律又坏，所以一旦溃败，便遍地都是敌人。凡溃兵所到之处，人民都到革命军内来报信，并领路去包围缴械。

所以我军追击北进时，左右山林内甚或后方都有敌人的溃兵四处流窜，有待肃清。更有北军重机枪三连，携带十七八挺重机枪向我投诚。我接受他们的投降后，即集合训话一番，然后编入我军战斗序列，随军北伐。但这批北军加入我军后，生活语言多感不惯。我七军官兵多说粤语，使这些北方士兵如置身异国。言语既不通，习俗也不同。这三连北军后来竟于我军在德安会战后撤退时，乘黑夜潜逃，不知去向。

我军自山区追击前进，到八月二十三日第一、二两路才在北港会师。翌日本拟直趋蒲圻、汀泗桥、咸宁一带以切断武长路，使岳州前线的敌军无路可退。谁知第七军抵达大沙坪附近时，忽然发现第四军先头部队已超过我军，向左翼前进。

因第四军自八月十九日克平江后，敌军守将旅长陆云自杀，残部向马鞍山、通城一线溃退。第四军乃衔尾穷追，八月二十三日夜四军前锋随敌溃兵之后进入大沙坪。敌军再退往汀泗桥一带，四军尾追不舍，乃越入我七军原定追击路线之内。七军既和四军相遇于大沙坪，四军向西北追击前进；七军遂将错就错，舍弃原定路线而向东北方向追击前进，和第四军前进路线交叉而过。因此我除派遣第一路一小部分部队仍循原路北上蒲圻，协助第四军攻击汀泗桥外，七军主力乃东进，越崇阳，直趋咸宁，向贺胜桥方向前进。

按当时的部署，第四军原属我指挥，然自八月十九日攻势发动后，我偕第七军军部前进，和第四军便无法联络。因当时军事进展极速，我们军部虽都有无线电通讯设备，但因电机陈旧，随修随坏，故各军联络时时中断。我们在汨罗河以北山区追击前进时，事实上是各自为战，按既定计划和战术原则分进合击，苦打穷追，因而发生两军互易作战地区的趣事。

当我第四军在八月二十六日于汀泗桥占领阵地时，第八军也已攻克岳州、羊楼司，和我七军的一部会师于蒲圻。因八军原在浯口以西长乐街一带伺机渡汨罗河，然船只已全为北军掳去，长乐街一带河深水急，无法徒涉，所以八军在四、七两军已在上游取得决定性的胜利，下游敌军自动撤守后，才于八月二十日渡过汨罗河，较四、七两军渡河迟了一日。

嗣后第八军遂循铁路前进。二十三日占领岳州，二十四日占领羊楼司，二十五日和我七军一部会师蒲圻。由于我四、七两军进展极速，已在蒲圻、汀泗桥一带将敌军退路切断，大批敌军见无路可逃，乃自动向追来的第八军投降。所以在武长路追击战中，第八军遭遇的抵抗最微，而缴获的敌军武器弹药却最多。因此唐生智到武汉后，乘中央政潮斗争剧烈时，竟将其第八军扩充为四个军，李品仙、何键、刘兴、叶琪等师长都升为军长，实力大增。从吴佩孚部所缴来的军火便是他后来在宁汉分立时的本钱。这是后话，暂不多赘。

当第四军于八月二十五日夜向汀泗桥迫近时，敌军宋大霈、董政国等已收集从前线各地溃退的残部万余人，据汀泗桥死守。原在武昌坐镇的湖北军务督理兼第二十五师师长陈嘉谟也率所部精兵万余人来援。

汀泗桥为武长路上二大著名铁桥之一。附近为一湖沼地区，位于长江南岸，水深港阔。陈嘉谟陈重兵于铁桥两端和附近高地，所以我军和敌激战终日，颇有死伤而并未奏效。二十六日江水突然暴涨，进攻益发无望。我军在桥的南端虽稍有进展，然望桥兴叹，大有天堑难飞之叹。因此，桥北守军也休息度夜，不以我军为意。这时我第四军第十二师第三十六团团长黄琪翔忽然自告奋勇，昼夜于附近港湾觅得渔船数十只，一夜之间将该团渡过河去。此时敌方守桥各军都在酣睡中，黄团长乃亲率该团精锐于晨光曦微中，自敌后向桥北守军作拂晓攻击。一时喊杀连天，守军自睡梦中惊醒，不知敌从何来，顿时秩序大乱，夺路逃跑，溃不成军。我军其他各部遂乘势猛攻，一举而克汀泗桥。

敌人望风逃窜，我军乘势追击，二十八日遂克咸宁。敌残部乃退守贺胜桥。适此时吴佩孚率精兵数万人自北京南下，抵达贺胜桥；我第七军主力也于是时自崇阳一带赶到。因而敌我两军决定性的主力战遂在贺胜桥前展开。

叁

在吴佩孚和张作霖合作，于八月中旬将冯玉祥的国民军击溃于南口后，直系势力已无北顾之忧。唯因吴和张后有小龃龉，致稽延南下日期。到八月二十日左右，忽闻湘中大败，武汉震动，吴氏才觉革命势力不可侮，乃亲率精锐刘玉春、陈德麟、张占鳌、靳云鹗等部数万人于八月二十二日晨自保定乘京汉车兼程南下。二十五日到汉口召开紧急会议，拟先守汀泗桥。会汀泗桥败讯至，吴氏席不暇暖，即自武汉率师南下，亲自指挥固守贺胜桥。同时檄邀孙传芳自江西袭我后方，并图诱致袁祖铭部叛离革命集团以扰我左翼。

吴氏于八月二十八日亲到贺胜桥部署一切。其兵力在贺胜桥设防的，计有吴氏亲率的第十三混成旅、陈嘉谟的第二十五师、刘玉春的第八师等，都是吴氏的精锐，从来是所向披靡，号称无敌。此外还有自汀泗桥退下的前武卫军马济，以及宋大霈、董政国等残部万余人。合计不下十万人。并附有铁甲车和山炮、野战炮数十门、重机枪二百余挺。全部实力较我前方作战的四、七两军总数多出数倍。

在吴氏亲自指挥之下，敌军在贺胜桥前以纵深配备构筑临时工事。其大部兵力集结于贺胜桥附近，主要阵地设于桥前高地杨林垱、王本立之线。

当敌军正在作防御部署时，我前方高级指挥官齐集于咸宁县商讨进攻贺胜桥的计划。到会的计有蒋中正、白崇禧、唐生智、陈可钰、张发奎、陈铭枢、夏威、胡宗铎和我。会中决定由我直接指挥进攻贺胜桥，直捣武汉；唐生智则率其第八军为总预备队，并调第八军的何键师自嘉鱼渡江，绕攻汉口、汉阳，以拊吴军之背。

计划既定，我遂于二十九日令第四军仍沿铁路前进，进逼贺胜桥正面；第七军则出咸宁东北，自王本立攻击贺胜桥以东地区。令夏威率第一、第八两旅任右翼，胡宗铎率第二、第七两旅任左翼，与第四军并肩前进。当日第八旅即在王本立之南和敌军警戒部队遭遇，发生激战，将敌人逐回贺胜桥前阵地。我四、七两军遂向桥前迫近。

贺胜桥的守军是当时中国最享盛名的直系部队的精华，督战者又系直系的主帅——能攻善守的吴佩孚。我方进攻的也是北伐军的中坚。双方都以其最大的本钱作孤注的一掷。我们以连战皆捷的旺盛士气，虽然自觉甚有把握，而后方的唐生智却颇为我们担忧。他在蒲圻得报说，吴佩孚大军因西面阻湖不能展开，现已大部向东方运动。渠深恐右翼第七军独力难支，乃遣参谋长龚浩来前线和我商讨增援计划。而我则觉得全军士气极旺，可以独力撑持，故要龚参谋长回报唐总指挥放心，静听捷报可也。

三十日拂晓我遂下令四、七两军同时出击。我亲率陈可钰、张发奎、陈铭枢、夏威、胡宗铎到前线督战。我全线官兵宛如万条毒蛇向敌人同时进袭。而敌人也恃险顽抗。斯时敌军重机枪、山野炮同时向我军盲目射击，战场上简直是一片火海。

贺胜桥一带都是波状地和可徒涉的小湖沼，地形起伏不大，而遍地都是茅草和小丛树，障碍视线，不利于守势阵地。即高级指挥官的视界也不出三数百尺。敌军的移动固然不易察出，就是我们自己各单位的行动也不易掌握。所以战斗的进行，几乎是各营、各连，甚至各排、各班自行判断，按着战斗原则，各自为战。幸我军士气旺盛，全军有进无退，向敌人接合部隙缝袭击猛冲。

此时敌军也顾不得目标，只是集中火力向我军射击，枪炮之声震耳欲聋，机枪声的紧密尤为各次战役中所未有。其火力之猛，北伐途中除德安、龙潭两役外，鲜有可比拟的。我们高级指挥官也都浴身于火海之中，流弹横飞，炮弹时在前后左右爆炸。

这时第四军黄琪翔团在铁路正面左侧的小高地丛林中，为敌军的铁甲车和排炮所轰击，无法立足而后退。敌军复向我四、七两军阵地的接合部袭击，情势危殆。我遂急令七军第四团向左延伸增援，才将阵地稳定。这时敌又向我右翼移动，我七军第三团被围，情势甚危。我遂令第十四团向右翼延伸，而敌援军也到，再度对十四团作大迂回，包抄我右翼。当敌人正和十四团厮杀得难解难分之际，我再调第二团赶到，自第十四团、第三团之间冲出，将敌阵截为两段，一部向右蹴敌侧背，敌阵才见动摇。我军正面乃乘势冲锋，敌遂全线崩溃，纷纷逃往余花坪、贺胜桥一带阵地。其退往余花坪的，因得金牛来援之敌，复起向我反扑；然我第一路跟随尾追不舍，敌人立足未稳，又被击溃。夏威乃衔尾穷追，敌军宋大霈残部几全部缴械，夏威遂进占鄂城。

这时四军第十、第十二两师暨七军第七、第八两旅倾全力向贺胜桥敌军正面冲锋前进，敌人仍图顽抗，然以我军冲杀甚猛，无法立足。吴佩孚见情势危急，除令陈嘉谟、刘玉春各率队押阵外，并亲率卫队、宪兵队、军官团、学生队到贺胜桥头督战，以壮声势。复排列机关枪、大刀队于桥上，凡畏葸退却的，立被射杀。吴并手刃退却旅、团长十数人，悬其头于电线柱上，以示有进无退。所以敌军的抵抗极为顽强，机关枪向我盲目扫射，疾如飙风骤雨。所幸我军士气极旺，喊杀连天，前进官兵竟以敌人的机枪声所在地为目标，群向枪声最密处抄袭，敌军不支乃弃枪而遁。敌将陈嘉谟、刘玉春阻止不住，吴佩孚乃以大刀队阻遏。敌军溃兵因后退无路，被迫向大刀队作反冲锋，数万人一哄而过，夺路逃命。据说陈嘉谟见大势已去，又不愿退却，竟滚在地上大哭。因其受恩深重，今日兵败若是之惨，实无面目以见吴大帅也。这时我追兵已近，马济在一旁大叫："你再不走，就要被俘了！"陈氏卫士乃将其架起，夺路而逃。此事我后来闻之于马济部下投降的军官，当非虚语。

吴军全线溃败时，已近黄昏。其溃兵和我追兵混成一团，不分先后向武昌城前进。我军中的炊事兵、运输兵等也各挑其什物炊具，杂在战斗兵行列中前进。夜深之后，我追兵已过贺胜桥数十里，敌人也已去远，我乃令各部停止追击，就地休息。因我军搏斗一昼夜，到此已疲惫不堪，亟待休息整顿。谁知我军有炊事兵数名和大队失去联络，竟挑了炊具，一夜未停，跟随敌人溃兵，进入武昌。嗣后吴军闭门守城，这几名夫伕竟被关在城里，当了四十几天的俘虏。后来武昌克复，他们才被释放。四、八军攻城的指挥部因为他们隶属第七军，而我第七军又已远去江西，所以要送他们回广西后方服务。这几名伙夫却不愿回去，又赶到江西前线来归队。这事一时传为军中趣谈。然也可想见贺胜桥之役，我军士气是何等的旺盛了。

第二十五章　武昌之围

　　吴军在贺胜桥大败后，残部退入武昌城据守，我追兵于八月三十日夜间在途中稍事休息，翌日拂晓遂以急行军向武昌城追击前进。三十一日黄昏，四、七两军主力均抵达武昌城下。我拟乘敌军喘息未定时一举而下武昌，因于四、七两军大部到达后，立刻下令爬城。士兵遂向民间征发木梯数百架，呐喊冲向城脚，援梯而上。谁知武昌城垣甚高，坚实无比，墙外并有护城壕沟，水深没顶。我军所征发的木梯又太短，距城墙上端甚远，纵然攀上梯端，仍无法登城。而敌人守城部队似已早有准备，城上灯炬通明，使爬城我军毫无隐蔽，一接近城垣，城上机关枪、手榴弹便一时俱发。我方官兵前有坚壁，后有城壕，在敌人机枪瞰射之下，伤亡极大。于是我军第一次攻城无功而罢。

　　九月一日晚，四、七两军已全部抵达城下。刘峙率领的总预备队第一军第二师也已奉命前来增援，且夕可到。我军乃重行部署，仍由我任攻城总指挥，陈副军长可钰任副总指挥，准备作第二次攻城。

　　此次攻城任务的分配是：第七军胡宗铎部任中和门、保安门、望山门的攻击。右与第四军联络，左则警戒长江江面。

　　第四军任忠孝门、宾阳门、通湘门的攻击。左与第七军联络，右则警戒沙湖方面。

　　第一军刘峙师到达时，应由洪山、徐家棚向武胜门前进，并接替第四军忠孝门防地。

炮兵则占领洪山阵地，俾步兵爬城时，轰击城上守军。

攻城主要工具则责令工兵和政治部购集大批粗大的毛竹竿，每枝长约二丈，重百余斤，用两根接起，扎成一长约三四丈的竹梯。攻城时以奋勇队先进。奋勇队以每十二人组成的小队为单位，每小队抬长梯一具。

第二次大规模攻城于九月三日晨三时开始。先由炮兵以猛烈炮火轰射城上守军，然后奋勇队携竹梯蚁附而上，不料城内敌人并楚望台、蛇山、龟山上所设置的敌军山、野炮和江中敌舰枪炮一时俱发，火力猛烈之至。我军伤亡甚大而奏功甚小，加以竹梯笨重，墙高水深，我攻城官兵虽奋勇异常，然有的竹梯尚未架牢，官兵已全部牺牲。我亲自督战所得经验，知以我军目前的攻城器材，绝难奏效，徒招无谓牺牲。好在我军在下游已攻占鄂城；第八军自嘉鱼渡江后，也已逼近汉口、汉阳；驻汉口的鄂军第二师师长刘佐龙正和我暗通款曲，愿意投诚。如是则吴军久守孤城，内无粮草，外无救兵，日久必然发生内变。我军与其作不可能的攻坚战，反不若坐困的有效。因此，三日晨八时我军停止攻击后，我遂不再作硬攻的打算。

吴佩孚此时也另作固守武汉三镇的准备。派第八师师长刘玉春为守备军总司令、陈嘉谟为武汉防御总司令，二人同驻武昌城内，据城固守待援。吴本人则坐镇汉口，调度由北南下的援军。

九月三日晚蒋总司令偕白崇禧、加伦、唐生智一行抵达武昌城南的余家湾车站，翌日召集紧急攻城会议。开会时，蒋氏并未分析敌情便说："武昌限于四十八小时内攻下。乘敌人立足未稳，一定要攻下！"他说话的态度非常严厉，哪里像在开会，简直就是总司令下令攻城罢了。在场的高级将领皆面面相觑，未发一言。我也未便陈述不宜硬攻的理由。大家因而皆接受命令，再作第三次攻城的部署。

胡宗铎私下问我道："武昌这样的坚城，限期之内如何攻得下？"

我说："这是总司令的命令，攻不下我们也得应付应付！"武昌城我们已两度硬攻不下，蒋先生还说"敌人立足未稳"呢！不过我知道蒋先生的个性极强，遇事往往知其不可为而为之。面析无益，我们也只有应付罢了。蒋先生总喜欢遇事蛮干，一味执拗，不顾现实。武昌第三次攻城之举，把他个性的弱点暴露无遗。蒋先生这种个性可说是他个人成功的因素，也可说是国事糟乱的种子。嗣后他亲自指挥南昌攻城失败，与武昌之败如出一辙。

　　第三次武昌攻城，仍由我任攻城司令，陈可钰任副司令。一切部署仍按第二次攻城计划实行。蒋总司令另调第一军刘峙师接替第四军在忠孝门的防务。并悬赏登上城垣的，官长二百元，士兵一百元，最先登上的部队三万元。登城的准备完毕时，号兵吹集合号，士兵齐呼"革命万岁"。奋勇队的编制如前。前锋部队在奋勇队后，取五十米至百米距离齐头并进。前锋都携带短枪，手榴弹以便爬城。这些都是蒋总司令明令所规定。

　　第三次攻城于九月五日晨三时开始。我军逼近城垣时，敌枪炮齐发，较前尤为猛烈。第七军奋勇队扑攻保安门，该处城垣较高，竹梯甫架，伤亡随之。后缘附郭民房而上，敌军乃以火药包、手榴弹、爆发罐等引火物，自城上掷于已注射煤油的民房，顿时烈焰熊熊，火光烛天。同时敌军机枪野炮火力自空而下，我军伤亡枕藉，仍然无法爬城。

　　第四军在通湘门一带的遭遇也约略相同。四军独立团曾潜至城脚，挂梯数具，官兵相继攀登，然敌方机枪弹如雨下，登梯官兵悉被击毙，无一幸免。牺牲的惨烈，达于极点。此时军中忽然谣传刘峙师已攻入忠孝门，四、七两军闻讯大为振奋，益发奋勇争先，死伤辄至整连整排，仍无入城之望。

　　正当前线战况最激烈时，蒋总司令忽然约我一道赴城郭视察，我因为蒋氏未尝做过下级军官，没有亲上前线一尝炮火轰击的机会，深恐其在枪林弹雨下感到畏葸胆怯。我二人走到了城边，战火正烈，流弹在我们左右簌簌横飞，我默察蒋氏极为镇定，态度从容，颇具主帅风度，很使我佩服。

这时蒋氏也感到硬攻无望，我随即下达命令停止攻击，各军暂退安全地区待命。这样遂结束了我们第三度激烈的武昌攻城之战。

所幸我第八军何键、夏斗寅两师在嘉鱼渡江后，此时已迫近汉阳。九月五日，原与我通声气的刘佐龙鄂军第二师正式声明附义，加入革命。刘氏就任国民革命军第十五军军长之职，自汉阳炮击查家墩吴佩孚的司令部。吴氏仓皇乘车北逃。自河南向武汉增援的吴军也为刘所扼，于汉水中淹毙甚众，不敢渡河。刘部遂于九月六日占领汉阳，七日进占汉口。吴军悉数北撤，江面敌舰也顺流下驶，武昌之敌遂成瓮中之鳖，俯首就擒只是时间问题了。

第二十六章　进军江西

壹

当我军自汨罗河向武汉疾进时，吴佩孚曾檄请"五省联军总司令"孙传芳前来湘、鄂应援，以便夹击我军。孰知孙氏此时却作坐山观虎斗的打算。意图等待我军和吴军两败俱伤后，一石二鸟，取吴氏而代为华中之主。至于我军，因素为孙氏所轻视，渠如能取吴而代之，则区区华南便不难定了。

不意我军长驱北进，直如疾风扫落叶，一举而囊括武汉。孙传芳到此才知革命军不可侮，急谋应敌之策。那时我国当代第一流的战略家蒋百里适在孙氏幕中，据说，蒋氏于我军转战汨罗之初，即向孙氏献援吴三策。

蒋氏的第一策是乘革命军北进和吴军鏖战时，孙氏突出奇兵，自江西全力西进，腰击我军，占领长沙，以断我军归路。

第二策是待我军进围武汉时，孙氏挥海、陆大军溯江西上，解武汉之围，使吴我两军相持于武汉以南，相互消耗战斗力，然后孙军待机而动。然此二策都未被孙氏采纳。

其第三策则系将孙氏五省联军的主力向江西集中布防，以逸待劳，以俟我军。此策或系蒋氏三策中之最下者。然吴氏既失武汉，革命军底定湘、鄂，声威大振，孙传芳也不得不采此下策，急速将原驻苏、浙、皖各军集中江西，以待我军来袭。因此当我军方合围武昌，右翼我军担任向江西警戒的第一、二、三、六各军已和孙军前锋发生遭遇战。武昌既经合围，孙军大部也已入赣，敌我江西之战便迫在眉睫了。

孙传芳虎踞长江下游有年，饷裕财丰，弹械充足，其实力较之吴佩孚有过之无不及。现将孙军实力及其向江西集中前各部驻地，列于下：

一、江苏之部

卫队二团 ＿ 驻南京

陈仪师八千人 ＿ 驻徐州

孟昭月旅六千人 ＿ 驻南京

郑俊彦师八千人 ＿ 驻清淮

谢鸿勋师万二千人 ＿ 驻津浦、沪宁线各站

周凤岐师六千人 ＿ 驻南京

白宝山师三千人 ＿ 驻海州

冯绍闵师四千人 ＿ 驻泗阳、邳县

二、浙江之部

卢香亭师二万人 ＿ 驻浙江

夏超部万五千人 ＿ 驻浙江

三、安徽之部

陈调元师一万六千人 ＿ 驻蚌埠

倪朝荣旅一千五百人 ＿ 驻蚌埠

马祥斌旅一千五百人 ＿ 驻南宿

王普旅三千人 ＿ 驻芜湖

毕化东旅二千人 ＿ 驻寿州、霍邱

杨光和旅二千人 ＿ 驻邳县

彭德铨旅二千人 ＿ 驻皖境

杨镇东旅千余人 _ 驻皖境

颜景宗旅三千人

张中立旅二千人

张国威炮团一团山野炮十门

四、江西之部

邓如琢师七千人 _ 驻南昌、九江

唐福山师五千人 _ 驻萍乡

蒋镇臣师五千 _ 迫击炮四门 _ 驻吉安

刘室题旅二千人 _ 驻鄱阳

赖世璜师四千人 _ 驻粤、赣边境

杨如轩师二千人 _ 驻赣州

杨池生师二千人 _ 驻三南

张凤岐旅三千人 _ 驻万载

陈修爵部一千余人 _ 驻宁山岗

五、福建之部

周荫人师 _ 驻福州

李生春旅三千人 _ 驻福州至延平

刘俊旅三千人 _ 驻延汀

炮兵团千余人 _ 驻延汀

孔昭同旅四千余人 _ 驻漳泉

苏埏旅三千余人 _ 驻延建

蒋启凤旅二千余人 _ 驻泉州

卫队旅三千人 _ 驻福建延平

吴大洪旅 _ 驻泉属

张毅师六千人 _ 驻漳、龙（漳州、龙岩）

李凤翔师三千人 _ 驻汀、龙（汀州、龙岩）

张庆昶旅三千余人 _ 驻汀州

林忠陆战队三千余 _ 驻马尾、厦门、东山

王麒旅二千余 _ 驻云浦

何麓昆部一千余 _ 驻建瓯

上列各部队中以卢香亭的第二师、谢鸿勋的第四师、郑俊彦的第十师战斗力最强，为孙军的中坚部队。

孙传芳既决定对我军作战，乃将所部二十余万人分为五方面军。除在闽的周荫人为第四方面军外，余均在赣。（此项部署系我军于箬溪大破孙军后，自掳获的敌人秘密文件中所获悉的。）

孙军第一方面军以原驻江西部队编成，任邓如琢为总司令。所部第一军为唐福山、张凤岐部，在樟树。第二军为蒋镇臣、谢文炳部，在新淦。第三军为邓部第一师，在南昌。第四军为原滇军杨池生、杨如轩所部，在永丰。

第二方面军以郑俊彦为总司令。自南浔路南段集中，向湘、赣边境萍乡一带前进。

第三方面军为卢香亭部，在南浔路中段。其主力数万人在德安、涂家铺、武宁一带。

第五方面军总司令为陈调元。所部有王普、刘凤图等旅，在武穴、富池口、石灰窑等处。全军号令森严，声威殊盛，各军战斗力也都不在吴佩孚各军之下。

贰

我方进攻江西的战略部署分三路东进。以第一、二、三各军为右翼，由蒋总司令亲自指挥。第二军由赣南的吉安循赣江北进，第三军由萍乡出高安，

第一军的第二师由铜鼓经奉新东进，均以南昌为目标。赣南之敌杨池生、杨如轩所部，因实力较弱，故由新近附义的赣军赖世璜部加以解决。

我军中路由第一军第一师和第六军担任，由程潜指挥。出修水、武宁，直捣德安，以截断南浔铁路。

我第七军则担任左翼，自鄂城、大冶一线入赣。沿长江南岸东进，经阳新、武穴、瑞昌，直捣九江孙传芳的总司令部。并向左警戒长江江面和北岸敌军陈调元所部。

我军入赣部署既定，蒋总司令乃于九月十日前后，亲至南湖七军军部告我，并颁发命令调第七军克日入赣，将武昌围城任务交第四军接替。但此时我军饷糈、被服等接济俱由广西征发而来，现已届秋末冬初，后方接济尚未送到，行军殊有困难。我遂将此情况报告蒋氏，蒋说："我叫俞飞鹏立刻送十万元'五省通用券'给你暂时使用。"俞飞鹏是北伐军的兵站总监。不久，他果然送来数大箱"五省通用券"。这是我七军在北伐途中第一次收到的中央方面的接济。不过我当时尚不知"五省通用券"为何物，中央财政部也未明令通用。既来之则安之，我们也只得暂时收下。到我军进入江西后开箱使用时，才发现全是五十元和百元大票。我们既未使用过，人民也闻所未闻。当时物价很低，纵使人民愿意，也无法接受此百元大票。所幸沿途人民箪食壶浆，十分合作，各地商民团体都自动集合为我军兑换使用，粮饷才不虞匮乏。

我军在南湖接到命令后，遂立刻向大冶集中，兼程入赣。九月十三日全军抵达大冶。过此东进便是江西边界。大冶城东郊便系一大湖沼，大军东去须乘渡船。如自湖边绕道东进，势非三五日不为功。我们不得已，乃征调船只东渡，经一昼夜不停摆渡，两万大军才抵达湖东，进驻阳新。后方兵站则驻于鄂城、黄石港和石灰窑一带长江南岸的小市镇。

自阳新东进，又有小河两道不能徒涉；大军通过，势须架设浮桥。工程也相当浩大，势非三五日不能竣工，我便命令全军在阳新暂息。同时派出"差遣"三组,化装平民,偕土人向武宁方面侦探,以便和第六军取得联络。因我在大冶时已接得总司令部"通报",知程潜的中路军已占领修水、铜鼓,现计时应已占领武宁了。

三组联络员派出不久,便有两组相继回报说,武宁有敌人盘踞城内,他们不敢入城;至于第六军却"不知所终"。我得报至为诧异。然那时我们的无线电又失灵,普通电话更是鞭长莫及,各方联络全失。友军何往,以及全盘战况若何,直使我如堕五里雾中。

就在此时,我忽然接到武汉方面前敌总指挥唐生智、总司令部武汉行营主任邓演达和武汉政务委员会主任委员陈公博三人的联衔急电,大意是说,据报敌海军已溯江而上,将在黄石港登陆占领大冶,企图解武昌之围,情况紧急之至;要我克日回师大冶,以对付该地之敌,而减少武汉的危险。当军部尚在研究这电报时,我军留驻黄石港的兵站分监曾其新忽打紧急电话来报告说,敌人已在黄石港登陆,显系陈调元军的王普、马登瀛两部。这时电话内已微闻枪炮声。曾其新说:"……我们将向鄂城撤退!"话未说完,电话便断了。敌人显然已在黄石港登陆,向大冶进攻;我军后路已断。

我乃在阳新召集紧急军事会议,商讨应付之策。我计算全军绕湖回援大冶非四五日不能到达。有此四五日时间,已足够进抵九江。虽然是孤军深入,所幸士气极旺,不难一鼓而下九江。我军如攻占九江,则敌人不但不敢攻武汉,赣局也必急转直下。兵贵神速,事不宜迟;自古出奇兵制胜,未有不冒险而能克敌致果的。当时夏、胡两指挥官均表赞成,各级将士也表示听命。当夜浮桥搭成,全军遂于拂晓渡河,向九江挺进。当天便进抵横港,更趱夜前进。不久,前锋钟祖培旅便与敌军约千余人发生遭遇战,敌人稍战即溃,我军乃继续前进。

是夜十时,我在阳新所派的第三组探报人员也自武宁回来报告说,武宁城内确有敌军一二千人;程潜第六军不知去向。如是则我右后方已受敌人威胁，后方归路已断，欲退不能。我再查阅九江附近的地图，知该地全属湖沼区。我军三面受敌，北阻长江，且江边也有敌人，我们如进入该区为敌人重重包围，正如鱼入笅笼，虎落深阱，终必弹尽援绝为敌人所消灭。在此进退维谷之时，将如何是好？

熟思片刻，我自觉要改变战略，舍弃九江，全军向右靠拢，翻越羊肠山，以寻找第六军。如第六军被围，我正可前往解救。主意既定，便立刻请俄顾问马迈耶夫和参谋长王应榆前来商议。

马迈耶夫听说我要改变战略，便立刻咆哮起来。他说："舍九江不攻是违背既定战略和统帅部的命令。在苏联，指挥官如擅改作战计划或不听命令，是犯死罪的。在苏联便要枪毙；在你们中国就是要杀头的！"

"马顾问，"我说："在通常情况下擅改作战计划是犯罪的，但是目前情形不同。我们右翼的友军不知去向，后路又被敌人截断，我们弹械、粮草已极其有限，一旦进入死地，四面受敌，前途将不堪设想。再者，我们在阳新时，武汉有电报要我向大冶撤退。（其实蒋总司令于九月十七日有一电报给我，要我暂驻大冶，监视武穴、富池口一带之敌，不过我未能收到该电报。）向大冶撤退尚且不犯军令，何况是向右靠拢以支援友军呢？"

但是马迈耶夫仍不以我言为然，喋喋不休。这时我军已有一团正向九江前进，胡、夏二指挥官也在前进中。我顾不得马氏的抗议，当即派人追向前去，命令他务必于拂晓前找到胡、夏，嘱其停止前进，就地待命。马顾问仍期期以为不可，竟和我大闹起来。但是他终究是顾问，无权命令我主官。他见奈何我不得，不觉性气大发，叽叽咕咕似乎骂了起来。那俄文译员也不敢再译，想必马氏把不堪入耳的秽词都骂了出来。我也管不得许多了。

拂晓时，胡、夏二指挥和我会于中途。我便将我的新决定告诉他们，他们也绝口称颂我判断的正确。一声号令，大军两万余人便舍东而南，改途向羊肠山前进了。

第二十七章　箬溪、德安、王家铺之血战

壹

羊肠山是阳新县南部和武宁县交界区域的一系列石山。山虽不大，却十分险峻。山上草木不生，乱石如林。易守难攻。此时敌军约千余人据守该山，堵住我军南向去路。翌日清晨我遂下令攻山。敌并不固守，稍战即退。我军穷一日一夜之力才越过该山。过山约五十里便是箬溪，根据该地有敌军精锐谢鸿勋部约两万余人，构筑工事，图死守箬溪。

箬溪为武宁县北一小镇，有商民约二三百户。该镇西傍修水河，东北则有小岗峦曰盘龙岭，绵延数里，敌军即沿此岗峦构筑工事。阵地之前有一小溪，可助防守，在高处敌军炮火瞰射之下，这道小溪也可说是天堑难渡。

我军于二十九日晚抵达箬溪敌阵前小溪北岸的高地。因天色已晚，未便进攻，乃在阵前过夜。三十日拂晓，我便下令全军出击。我与夏、胡二指挥都亲临阵前督战。敌军顽强抵抗。我军数度冲达小溪边，都被对岸高地敌军炮火压迫后退，伤亡数百人，仍无法强渡。自清晨至下午三时，并无进展，战况成为胶着。

这时我军士气极旺，在小溪后方作预备队的李明瑞旅以整日未得参战，上下官兵都跃跃欲试。下午三时我乃调李旅自左翼荫蔽地带向敌军右翼作大

迂回。我命令李明瑞说，迂回愈远愈好。同时我更面告夏、胡二指挥，限日落前一定要攻下箬溪。全军乃再度冲锋。炮火正密之时，我李旅忽自敌人右翼后方出现。全旅如一只铁臂，以疾风暴雨的姿态，压向敌人后方自右而左。此时敌人发现已迟，阵线立即动摇。正面我军闻敌后有枪炮声，知李旅已达成任务，乃全线呐喊冲杀，敌人遂全面崩溃，夺路窜逃。谢鸿勋的指挥部原设于敌阵后数间茅屋内。当李旅冲入时，其中鸦片烟灯犹明，文电狼藉，官佐或毙或俘，极少漏网。谢军两万人无路可逃，多数图泅渡修水，浪急人多，河中人头滚滚，逐波而逝，蔚成奇观。

一度混战后，敌军遗尸遍野。俘虏万人，我军因无法收容，只得任其四处流散。掳获的战利品计有：大炮八尊、水机关枪十余挺、手机关枪百余挺、步枪二千余支。我军伤兵暨掳获器械，便责令俘虏挑担。后来据当地居民报告，当时敌军参谋长、旅长等都杂在俘虏中担任夫役。我们因俘虏太多，无法清查，多为其乘间逸去。敌军主将谢鸿勋因负重伤，为我军所俘，然当时无人认识，遂为其卫士偷抬逃去。谢氏后至上海，卒因伤重而死。

箬溪一役，我军以少击众，竟将谢鸿勋所部全部解决，极少漏网。为我国民革命军入赣后一个空前的胜利。谢鸿勋部向称剽悍，为孙传芳军中的精华，孰知和我军鏖战一日便全军覆没。孙氏全军为之胆寒。斯时我尚不知南路我军已为敌军所败。

箬溪战后，我们清查掳获文件，才知敌军入赣分为四个方面军，如上所述。而其主力固在南浔中段。箬溪战前一日，敌将谢鸿勋闻我军迫近，曾急电南昌敌第三方面军总司令卢香亭乞援。原电大意说，查来犯之敌系李某所部的第七军，该敌素称剽悍。今我军既已于南路获胜，可否速调劲旅前来应援云云。卢氏复电大意是：来电奉悉，本军正计划向溃退之敌跟踪追击，直捣长沙。贵处情形虽然严重，务盼竭力支持三日，救兵必至。

根据这些敌人的密电，我才知道我一、六两军曾于九月十九日乘虚攻入南昌，然为敌军回师所破。程潜狼狈而逃，第一军第一师师长王柏龄竟不知下落。我友军整理未竣，又为敌人跟踪击破。孙军忙于追击，故卢香亭要谢鸿勋支持三日。谁知他支持尚不及一日，竟全师为我消灭，这是谢鸿勋的不幸。

贰

箬溪战后，我军在阵地休息一天，弹械也于战利品中得到充分的补充，士气益旺。然此时友军的消息仍如石沉大海，本军今后将何去何从呢？转念之间，我灵机一动，认为还是不顾一切，向前推进，自德安一带切断南浔铁路，以解救南昌前线被压迫的我军。箬溪距德安约一百二十华里，均系山间小道，敌人如处处设防，步步为营，则利于速战的我军，困难将不堪设想。但是我也顾虑不得许多，好在敌胆已寒，我军声威正盛，足堪一战。

我军全师乃于十月二日自箬溪东进。沿途仅有零星敌军，并无强烈抵抗。行军一日一夜，于十月三日拂晓抵德安郊外。德安城位于南浔路的中段，东滨鄱阳湖，南浔铁路自城西外郊绕过。城南有九仙岭、金鸡山遥相拱卫；城西北岛石门、箬山垄一带也有一列岗峦，足资防守。此地敌守军为自九江、南昌两地新来增援的劲旅段承泽、陈光祖、李俊义等部，约四旅，共有三四万人，由卢香亭亲自指挥。卢氏早知我军来犯，乃于城外铁路西侧高地构筑工事。另有铁甲车数辆，载野炮十余尊往来逡巡。全军居高临下，以逸待劳，等候我军来袭。

三日晨，我军行距德安约十里时，即与敌遭遇。我当即下令全线展开向敌猛攻。唯敌阵构筑甚为坚固，安置于高地上的山炮十余门、机枪数十挺以及铁甲车上的野炮一齐向我军射击；枪声的密集，炮火的猛烈，有过于贺胜桥之役。我亲至最前线督战，但见我军两万余人，前仆后继，如潮涌前进。而敌方机枪交织瞰射，直如一片火海，我前线官兵看来恍似雷电交加中的山林树木，一阵阵地倒下，死伤遍地。然自晨至午后，我军攻势并未稍歇，敌人也数度试图反扑，并于我右翼作大迂回，均为我堵截，不能前进。激战至下午三时，预备队已全部使用，仍无攻克迹象。这时全军官兵已至疯狂程度，只知猛勇前冲，不知己身何在，高级指挥官且忘记指挥炮兵作战。我在前线只见敌炮密如连珠，未见我炮还击，经查始知胡、夏二指挥官忘记使用炮兵。我乃急调炮兵向前还击。谁知我炮火力太小，偶一发炮，即变成敌军排炮目标，立被其优越火力所压制。

直至黄昏时分，我内心忖度，绝不可和敌人在德安城外胶着，今日非攻下德安不可。乃再度严令夏、胡二指挥，限定今晚必克德安。所幸夏、胡二人也均年轻气盛，再率全军猛扑。激战至下午六时，我左翼陶钧团和敌军肉搏，才将其右翼突破，占据南浔路铁桥；复自铁桥南下冲击，敌阵始乱。正面我军也奋勇冲锋，敌人遂全线溃败，夺路逃窜。炮兵阵地上遗山炮一列十余门、机枪数十挺，步枪、弹药俯拾即是，敌军溃兵更是漫山遍野。当晚我军遂入德安城，将南浔路截为两段。卢香亭、李俊义两个方面军的精锐，经德安一战俱告覆灭。是役敌军遗尸千余具，其无法逃窜为我军压迫堕河溺毙的也达数百人，浮尸蔽江，惨烈之至。

德安之役，我军死伤亦达两千余人，第九团团长陆受祺阵亡，为我第七军北伐以来，战斗最激烈、死伤最大的一役。嗣后我曾接奉蒋总司令电报，备加慰勉。原电如次：“奉新安义第六军部速转德安县李军长勋鉴：刻接支电，欣悉德安克复，逆敌击溃。此次孙逆全力来犯，主力皆在德安、九江一带，今为贵部完全击破，以后敌必闻风胆落，赣局指日可定。吾兄及诸将士不避艰难，达成任务，其勋劳非可言喻。请先为我奖勉慰藉，再请政府特别奖叙也。”

德安战后，敌军慑于我军声威，简直有望风披靡，草木皆兵之概。当时南路友军如亦得手，则赣局便可一举而定，无烦再战了。惜我在德安所获消息，殊令人失望。至是我才知我方全局作战梗概。当我军屡战皆捷之时，南路我军因指挥失灵，第一军为敌各个击破，竟数度挫败。所幸十月三日第三军于万寿宫打一胜仗，稍挽颓势，大局未受太大影响。

我军在德安驻守二日，无法再进。盖孤军作战，后援不继，我如北上九江，则南昌之敌必蹑我后；如南下洪都，则九江之敌亦必尾随，我孤军两面受敌，实不能持久。是时唯望南路我军早克南昌，好与我军连成一气。我因一再设法与总司令部联络，以解决南浔路之敌。总司令部接到我军箬溪捷报之后，也下令向南浔线总攻，并派第一师代师长王俊率精锐两团自奉新来向我增援。唯此时南路我军新败之余，虽奉命向南昌进攻，而敌人绝未动摇。是以我军仍时在两面威胁之中。

当我在德安休息两天待援之时，我军留守箬溪人员及一部分轻伤兵忽来德安报告说，箬溪北三十里的王家铺新到敌军甚众，有向我进犯模样，该部敌军显系自江北渡江来的。我得此情报后，自忖如不将王家铺之敌迅速解决，则我军势将陷入重围。因决定自德安迅即撤退，先消灭王家铺之敌，再回攻德安。

然此时德安之南仍有大批敌军俟机向我进袭。我遂派钟祖培旅于九仙岭一带警戒该敌，嘱其当我主力撤退时，该敌如来尾追，应与之周旋，且战且走。斯时夏、胡两指挥且发出豪语，料定该敌不敢来追。夏威说："他们如果来追，我们来一个左转身，一把便把它压下鄱阳湖里去！"

十月五日晚八时，我全师向箬溪撤退。唯所获敌人器械太多，无法携带。尤其是敌人的山、野炮十多尊，十分笨重，山路崎岖，运输不易。我们乃决定掘一个大坑，一齐埋起，以便下次再来发掘。然炮身太大，掩埋殊为不易，只得草草了事。今日思之，殊觉幼稚可笑。我们既带不走，为什么不把它烧毁呢？却偏要掩耳盗铃地埋起来，好让敌人掘出再用！

　　我军五日晚撤退时，各部先行西撤，我和军部殿后。离德安刚四五里时，晚风拂面，繁星在天，全军衔枚疾走，寂静无声。我忽闻德安城南噼啪一声。我倾耳一听，接着便噼噼啪啪地在九仙岭一带响了起来。显然是敌军来追，与我钟旅警戒部队发生遭遇战。这时部队停止前进，夏、胡两指挥也骑马赶回。他们主张"向左回师，一把就把敌人压下湖里去！"但是我告诫他们不必逞小勇，我们的主要任务是消灭王家铺方面的敌人，不必与这批追兵较一日的短长。再者，作战究竟不是画地图，不能一笔就把敌人画到湖里去；万一和它胶着起来，反堕入其计中，误我大事。所以我叫他们继续前进，不必回顾。同时告诫钟祖培不必恋战，待我主力去远，渠当且战且走，赶快脱离现战场，回箬溪和主力会合。命令既毕，我军遂继续前进。十月六日中午全师退抵箬溪。不久，钟旅也到，遂暂在箬溪休息，以监视王家铺方面敌人的行动。

叁

　　王家铺方面之敌，据探报是敌第五方面军陈调元部。陈已渡江，驻于瑞昌，所部约有三师之众。到王家铺之敌仅系其先头部队。渠大队既未来犯，我也在箬溪休息，拟与友军确实联络，再图进攻。唯我军入赣以来，屡挫强敌，锐气虽强，伤亡实大，官兵也极疲惫。在箬溪休息时，全军缺粮，竟吃粥一星期。时值十月，北风凌厉，而全军仍系单衣，艰难情形，实难尽述。

　　然此时王家铺方面之敌已逐渐增多，据十一日夜半一时探报，来敌系陈调元部第二军刘凤图、第三军毕化东，各率三团之众和骑兵一团由瑞昌前来，于十一日晚抵达王家铺，冀图围攻箬溪。当夜我便下令全军向王家铺进发，仅留第九团警戒箬溪。

拂晓我军遂和敌军在王家铺南约十里地展开激战。敌不支后退，我军尾追至王家铺。敌乃据守铺南一列高地曰梅山、昆仑山、覆盆山和双溪之线顽抗。我军全线向各山仰攻，都不能得手。十二日晨我亲赴前方视察，才知其地形正如昔日粤桂战时的莲塘口，除在梅山、覆盆山之间有一缺口之外，余均系峻峭石壁，猴子也不易攀上，仰攻实不可能。唯一破敌之道，只有用莲塘口时的同一战术，实行中央突破，然后反扑两侧。是日午后，我乃调第四团担任正面突破。下午二时各军同时出击，第四团乃自两山间的隘路冲出，将敌截为两段；我第十四团即乘机占领覆盆山。敌仍分途顽抗。迄午后五时，我第八旅和第十四团击溃左翼之敌，右翼之敌犹据昆仑山死力抗拒。时我第一军第一师的两团援军由代师长王俊率领赶到，自白水绕出昆仑山侧背。经我第一旅和第三团双方压迫，才于午后七时将该敌完全击溃，向瑞昌逃去。是役战斗至为激烈，我军伤亡凡两千余人，敌军伤亡更多，被我俘获数百人，步枪数百支、大炮一门、迫击炮数门、水机关枪四挺，军用品无数。

第一师援军虽赶到较迟，也掳获步枪不少。第一师的北来原为策应我据守德安的。因蒋总司令得到德安捷报后，恐我军独力难支，故派王俊率两团自奉新赴德安策应。王在途次闻我已放弃德安，撤往箬溪，及渠到箬溪，知我军已在王家铺血战一昼夜，乃赶来参战。时战局已成尾声，然亦小有斩获。

王俊所部第一师在南昌时为孙军所败，嗣后集结于高安一带向孙军反攻，又为卢香亭所挫。两战两北，颇丧锐气。蒋总司令曾为此大发雷霆，骂茂如（王柏龄）、达夫（王俊）非"带兵人才"。王俊此来王家铺，我见其部队乱糟糟，殊乏战胜之师的气概。王代师长曾在阵地和我一晤，时适我军一部缺弹，蒙他慨赠七九子弹数万发。之后，他便径自引兵往奉新原防去了。

我军自入赣以来，虽三战三捷，稳定赣局，然本军伤亡之大亦前所未有。全军两万人，死伤竟达四千以上，下级干部伤亡约三分之一，元气为之大损。德安之役，折第九团团长陆受祺一员；王家铺之役，又折第二团团长吕演新一员和机关枪大队长吴铁英一员。此三人俱是身经百战，勇冠三军的能战之将，倚畀有年，遽尔殉职，痛悼实深。其中吕团长演新的死，使我尤多余痛。因为其中还有一段迷信的小故事：

当我军在桂林誓师北伐时，吕团长一日偶和同僚数人游桂林名胜风洞山。山中有一相士绅号叫"罗大仙"，据说灵验无比，吕乃请渠推算八字。"罗大仙"略一推算便告诉演新说，他命中今年是冲克之年，北方不利，如北行则"十有九死"云云。吕君素好星相之说，闻言郁郁不乐，遂对同僚说，想不参加北伐。同伴们见他神志颓丧，便劝他如不愿北伐，请调他职好了。但是演新说："这种迷信上的事，如何能对老总说呢？"那时他们私下都称我为"老总"，而不称"军长"。

可是他最后还是来向我说了。因为我们在公虽为长官部属，在私却如兄如弟；演新为我陆小同学，又为多年袍泽，原可无话不谈。但是这次他和我提起这件迷信来，却把我说恼了。我说："你是个革命军人，如何迷信起来！什么罗大仙、罗小仙，敢在我们誓师北伐之时妖言惑众，动摇军心，我要把他抓起来！你请调，我决不准。你如离职，我当军法从事。我们革命军人怎能因一句迷信的话就阻止我们去革命了呢？我如为此事准你调职，岂不是军中的大笑话？"

演新被我一顿训诫，说得哑口无言，怏怏而去。其后北伐途中，他在战场上虽骁勇如昔，然平时居恒抑郁，总有点神魂颠倒似的。此次竟在王家铺殉职。回念我强迫他参加北伐的往事，历历在目，往时迷信，今日竟成谶语。我虽不杀伯仁，伯仁因我而死，思之不免有余痛耳。

第二十八章　肃清江西

壹

王家铺血战后，我军伤亡虽大，然全军因连战皆捷，锐气正盛，稍事补充，尽可再战。因此，在敌人溃兵犹在四处放枪掩护撤退之时，我料其新遭惨败，断难向我反攻，乃电知第六军程军长，约定翌日在桂堂一晤。此时程潜奉命协助七军作战，方驻节柘林，而桂堂则位于箬溪、柘林的中间。

斯时我的计划系与第六军切实联络，再向南浔路进攻，以策应向南昌进攻中的第二、三两军。南浔路一带的攻击，或以六、七两军分别攻击永修、德安之敌，或以七军进攻瑞昌，使敌人在德安无法立足。我与程潜联络刚定，忽奉高安方面总司令部命令，嘱"各军就地整顿补充，待命进攻。"我们联合进攻计划乃暂时搁置。

总司令部并于此时檄调攻克武昌的第四军张发奎部，取道大冶入赣增援，另调新近收编的湘军贺耀祖独立第二师星夜入赣作战。这两个增援部队，均归我指挥。

独立第二师的刘旅于十八日到达王家铺。第七军第二路指挥官胡宗铎遂率第二旅和第十四团于同日由王家铺开回箬溪。第一路指挥官夏威则率第一、

第八两旅和新编陈良佐第十九团仍在白水对瑞昌警戒。我的军部则驻于箬溪，补充待命。

不久，武汉方面我七军后方兵站送到新兵二千余人以补充缺额。这批新兵均系未经训练的徒手兵，无战场经验，制式教练更差。所幸广西历年征战，乡民多习于战斗，平时参加民团剿匪，故对持枪作战并不太陌生，以之掺杂于老兵之间也可以作战。全军得了此次补充，实力恢复不少；加以被服、弹药源源而来，全军作战条件大为改善。

我在箬溪驻了约一个多星期，白参谋长崇禧忽自高安率兵一连携大批弹械和现款前来箬溪慰劳。阵前把晤，十分欢愉。畅谈之下，我才知赣局战事屡进屡退的梗概。因九月中旬程潜第六军进占修水，忽得探报，知敌军主力已自南昌南下樟树、高安一带布防，以抵御我军右翼的第二、三两军；省城附近极为空虚。程氏乃擅自变更原定战略的攻击目标（德安、涂家埠），衔枚兼程暗袭南昌，以期夺得攻克江西省会的首功，而置第七军于不顾。

程氏于九月十九日亲率第六军和王柏龄指挥的第一军第一师，自奉新直取南昌，入据省垣。前线敌军总司令邓如琢闻报，即由丰城回师反攻；南浔路的敌军郑俊彦部也驰赴增援夹击。程潜知孤军难守，乃弃城向南撤退。在南昌城南郊莲塘市一带为敌军重重包围，程军长剪掉胡须，易上便服，夺路逃生，全军溃不成军。白崇禧说程潜当时狼狈的情形，恰似"曹孟德潼关遇马超"，"割须弃袍"而逃。而此次败仗中最荒唐的要算第一军代军长王柏龄。王氏性好渔色，占领南昌之后，得意忘形，以为天下事大定矣，潜入妓寮寻欢。孰知敌军骤至，该师因军中无主，于牛行车站被敌人冲得七零八落，仓皇乱窜。王柏龄脱险后，自知军法难容，匿迹后方，不敢露面，遂被宣告"失踪"。直至我军底定南京，王氏才于上海露面。

一、六两军于九月二十日在南昌败绩后，至奉新集结，再图反攻，不意指挥失灵，竟又为敌军所败。敌军忙于追击，这就是我们在箬溪激战之时，敌第二方面军总司令卢香亭答复谢鸿勋乞援电报说"已将敌人两度挫败，正在追击中"，并要谢"支持三日，便有援军来救"一故事的原委。

嗣后我军歼灭谢部主力于箬溪，并攻克德安，适第三军也在万寿宫打一胜仗，总司令部接获捷报，才由蒋总司令在高安亲自指挥，再度向南昌反攻。十月十一日，二、三两军和第一军第二师强渡赣江，将南昌合围。蒋总司令为鼓励士气，曾于十月十二日亲至南昌南门外指挥攻城。南昌城垣甚为坚实，我军屯兵坚壁之下，背水作战，实犯兵家之大忌。据白崇禧说，渠当时极不赞成围攻南昌，因武昌的攻城战，殷鉴不远。无奈蒋总司令个性偏强，坚主爬城硬攻。白氏知无可挽回，乃密令工兵于赣江上游搭浮桥二座，以便军运。

是夜正当我军作攻城准备之时，敌军敢死队忽自南昌城下水闸中破关而出。黑夜混战，喊杀连天，秩序大乱。我军攻城的第六团被敌包围，几至全团覆没。我军不得已仓皇后撤。蒋白二人虽均在前线，但黑夜之中指挥困难，情势危急。蒋氏数度执白氏之手，连问"怎么办？怎么办？"白氏此时尚能镇定，遂命令全军沿赣江东岸南撤，至上游由浮桥渡江。第一浮桥迅即挤满溃兵，乃派兵沿途通知撤退部队长官，告以上游另有一桥可渡，军心始定。大军卒于黑夜安全退往赣江西岸。全军虽败而损失不大，还算侥幸。

贰

总司令进攻南昌既失败，乃下令全军自南昌前线撤围后退，暂行休息，以检讨第一期攻赣战事的得失。适此时我军王家铺的捷报又到。此进彼退，呼应不灵，战事遂有重新计划的必要。因此，在王家铺战后十余日，江西战事遂入休战的状态，双方都在作第二期攻守的部署。我方检讨攻赣无功的最大原因，厥为通讯不灵，各军彼此不能相顾，各自为战。所以在南昌战役之后，总司令部于高安拟定"肃清江西计划"，由白崇禧携来箬溪与我会商新战略。

根据这个新"计划"，第一项要事便是通讯。除由总司令部赶购新式无线电机和在各地建筑临时飞机场外，并自箬溪经奉新、高安至樟树一带架设有线电话，以便各军切实联络，以除呼应不灵之弊。

其次，便是各军兵员弹械的补充。因我军在赣血战匝月，兵员、弹械损失均大，亟须补充始可再战。至于指挥方面也应重新部署，使职权统一，指挥灵活。总司令部根据新计划所拟二期战事指挥系统略如下表：

肃清江西总指挥　蒋中正				
左翼军	指挥官　李宗仁			
	第四军	第十二师师长　张发奎		
	第七军	第一路	指挥官　夏　威	第一旅 第二旅
		第二路	指挥官　胡宗铎	第七旅 第八旅
	第十旅陈良佐部第十九团			
	独立第二师师长　贺耀祖			

右翼军		指挥官　朱培德		
	左纵队	指挥官　朱培德（兼）		
		第三军	第七师	
			第八师	
			第九师第二十六团	
	右纵队	指挥官　鲁涤平		
		第二军	第四师	
			第五师	
			第六师	
		第十四军	第一师	
			第二师	
		第五军第四十六团		
中央军	指挥官　程　潜			
	第六军	第十七师		
		第十九师		
总预备队	指挥官　刘　峙			
	第一军	第一师		
		第二师		
	炮兵团			
航空队　战斗机三架				

　　我军作战部署系以左翼军肃清赣北。进攻时，以一部牵制建昌、涂家埠之敌；以主力攻击德安，截断南浔路。占领德安后，主力即转向建昌、涂家埠之敌进攻。同时以一部警戒九江方面，阻止敌方援兵，并相机攻占马回岭，

使主力容易进攻。

中央军自奉新、安义向南浔路进攻，以乐化车站为攻击目标，然后北向与左翼军夹攻涂家埠之敌。

右翼军左纵队自万寿宫攻击前进，目标为南浔路的蛟桥、牛行两站，南下包围南昌。右纵队除以主力第二军自樟树、丰城一线北向协攻南昌之外，并以一部协同第十四军攻击抚州方面之敌，截断南昌、抚州的交通。第十四军并堵截敌人南窜入闽之路。

总预备队驻于奉新、安义地区，随作战进程参加决战。航空队担任侦察并轰炸敌军，并于前线各基地赶筑机场。

我军总攻击日期定于十一月一日。

当我军正作二期攻击准备时，敌军也调整其守势部署以迎击我军。敌军兵力的分配如下：

第二方面军郑俊彦部在南昌、牛行一带。

第三方面军卢香亭部和彭德铨、李俊义两旅在涂家埠。

第四方面军邓如琢、蒋镇臣、张凤岐、杨如轩、杨池生、陈修爵、谢文炳等在抚州一带。

第五方面军陈调元部王普、刘凤图、毕化东在瑞昌、武穴一带。

第六方面军颜景宗、上官云相两旅、马登瀛四营和浙军周凤岐部在德安、马回岭、九江一带。

这五个方面军合计有十余万人，势力仍极雄厚。唯敌军内部已军心涣散，各自为谋。在闽敌军周荫人部也已为我东路军所败，其后方已不稳。十月十八日孙传芳所属浙江省长夏超突宣布附义，就我军第十八军军长之职，并向沪宁一带进攻。在苏浙军均图响应。白宝山在镇江独立，沪宁铁路遂被暂时切断。驻于九江、德安一带的浙军周凤岐也暗派代表前来接洽投诚，俟我攻德安时在九江响应。陈调元在新败之后也与我暗通款曲，准备附义。所以我军二期攻势发动前，不战已屈人之兵。敌军在江西的覆灭，自不待蓍龟了。

叁

我左翼军基于既定"肃清江西计划"，乃于总攻击日期到达之前向攻击地点集中。二十八日第四军第十二师张师长发奎率所部四团到达箬溪，即转赴白水街接防。三十日独立第二师由王家铺集中杨村附近。十一月一日各军乃向南浔路发动攻势。第七军向德安，第四军的第十师和独立第二师向马回岭前进。二日第七军进抵德安市郊。时德安守军为孙军陈光祖的一部，午后刚和第七军先头部队接触，便向东退走。下午四时张师长见七军已克德安，乃亲率三团向马回岭急进，转助贺师攻击马回岭。此地孙军守军甚多，筑有强固工事，凭险顽强抵抗，战斗至为激烈。我在德安听得该地炮火极为炽烈，知战况严重，乃调七军第一旅星夜驰援，归张师长指挥。三日晨，张、贺两师长以新得援军，乃下令于拂晓全线总攻。马回岭之敌不支，向九江后退，我军乘胜猛击，张师夺得山炮八门、步枪千余支，停止待命。贺师也夺得机枪十余挺，步枪、迫击炮很多，仍按原命令向南康、九江追击。

我军既破马回岭，我遂按原计划和白参谋长亲率第七军自德安南下，拟向涂家埠前进，应援第六军。大军待发，忽闻九仙岭一带有枪炮声。晨十一时，忽有我军侦察机在德安城上空投下通信筒报告说："刻自涂家埠开来的孙军约二师在南诗车站下车，向九仙岭前进中。"我当时判断孙军二师不下两万余人，实力较我优越，决集结兵力先迎头痛击。乃调德安附近部队先行进入九仙岭一带高地，并急调在马回岭阵地待命的第一旅和张师回援。唯自午至暮未见敌军来犯。因敌军此时已闻各方败耗，故不敢继续前进。

翌日拂晓，我军第一、二两旅遂奉命出击。唯敌军火力优越，人数众多，我军颇有动摇现象。时白参谋长亲率第四军的两团在九仙岭北麓第一旅后方作预备队，见战况激烈，故意迟迟不进。到了敌我双方的拉锯战已呈疲惫状态，白氏才率生力军出击，孙军立呈动摇状况，我即下令全线出击，孙军乃全线溃退。我军分途追击到骈南车站，掳获人马器械无数，遂于阵地彻夜露营。

原先我军进攻德安时，几乎未遭敌人抵抗，而德安为南浔路的中间枢纽，何以敌军轻易放弃，当时殊为不解。至九仙岭一役之后，自掳获敌人秘密文件中始悉个中玄秘。因敌军已预料我军必以主力攻德安，乃故意以少数部队驻守，诱我入瓮，拟于我军攻入德安后，即以优势兵力由南诗车站和马回岭南北夹击我军，以完成一大包围歼灭战。讵知我军进攻德安时，却派有贺师同时攻击马回岭，复有第四军临时协助。到孙军由南诗车站向我军进攻时，其北路马回岭一带的敌军已被我张、贺两师所歼灭。于是我军复得用主力再破南诗的强敌。孙军夹击之计因此失败，反为我各个击破，敌人可谓弄巧成拙了。

南诗之敌既破，北路我军贺师也于同时进入九江城。五日晨得报，知建昌、涂家埠方面敌军已星夜乘船退往吴城、星子。我便令张师向星子追击，同时自率第七军赴涂家埠，和第一师及第六军会师。当程潜、王俊各率所部抵涂时，适南昌方面孙军主力正南下向我军反扑，我军几被包围，情势危急。总司令乃急调第六军南下救援。程潜以所部损失甚大，本人又患疟疾，乃商请白参谋长崇禧率第六军的四团往援。白氏以第七军为渠素来所指挥，作战可以得心应手，乃商之于我，调第七军的第一、二两团同往，赴援南昌。至王俊的第一师和七军的第七旅则向吴城追击。

六日午后到达南昌郊外时，敌已先行撤去，我军遂克复南昌。同时第七军亦克吴城。吴城三面环水，敌人无路可逃，除少数乘船漏网外，全数缴械。其第四旅旅长崔景贵以下官佐十余人俱被俘虏。

九江、南昌相继克复之前，孙传芳知大势无可挽回，已先行逃回南京。其自南昌退出的残部则绕出进贤、余江向浙江溃退。白崇禧奉命追击。七日到达马口，适内河水涨，孙军不能渡，遂悉数被俘。是役白崇禧俘获孙部军长杨赓和、梁鸿恩等以下官兵三万余人，缴获步枪三万余支，及其他器械、弹药不计其数。江西之敌至是遂完全肃清。

第二十九章　胜利声中的政治暗礁

壹

当民国十五年（一九二六年）十一月初旬，我军肃清江西之敌以后，革命军的声威可以说震撼全国，中外侧目。此时实际归于国民政府统辖之下的地区，计有粤、桂、湘、赣、鄂、闽、黔七省，西北的冯、阎都已声明加入革命；川、滇地方政要也纷纷派员来通款曲；安徽的陈调元早已暗中接洽反正；中国最跋扈强横的两大军阀——吴佩孚、孙传芳的主力已被彻底击破。革命军扫荡东南和中原，直指顾间事耳。国民政府的统一全国，简直有传檄而定的趋势。

谁知正当革命势力如日中天，三民主义建设前程似锦之时，我革命阵营内的弱点也逐渐暴露，胜利浪潮中所潜伏的各种暗礁，现在都要露出水面了。

就军事方面来说，最难克服的一项困难，便是蒋总司令本身上无可补救的缺点。蒋氏的个性，可说是偏私狭隘，刚愎黠傲，猜忌嫉妒，无不俱备。渠身为国民革命军的统帅，然其意念中总是以第一军为主体。军中一切弹械补充，给养调剂，编制扩展等等，第一军常比他军为优厚。例如江西肃清后，严霜如雪，岭南子弟不惯于寒冷气候，多已瑟缩难耐，然后方军毯运到时，蒋总司令即面谕兵站总监俞飞鹏，就第一军伤兵医院优先发给，此外赏赐慰劳银元也照此办理。俞谓，每一医院中都有各军的伤兵，当如何应付。蒋说："不管，不管，他们自有他们自己的军长！"蒋氏此话，显然忘却其主帅的地位，而仍以第一军军长自居。他这种作风，可能故意使第一军待遇特殊化，而使其他各军官兵对第一军发生向往羡慕之心。然事实上，他所得的结果反而是友军怀怨不平，部曲离心。

又如马口之役，白参谋长将所获战利品运返牛行车站，堆积如山，蒋总司令和我们各军长都曾亲往视察，欣慰无比。时白崇禧因为一、二、三、六各军损失很大，故面请蒋总司令将该项战利品酌量分发一部给各该军补充。蒋氏未置可否，白氏误以为总司令已默许，遂通知各军前来领取。各军将士闻讯，无不欢天喜地，手舞足蹈，而身为主帅的蒋氏却反露出满面不愉之色，大不以白崇禧专命为然。然事已至此，只好任各军分别领去。但是总司令的原意何在，三军将士均非孩提，焉有不知。是以军中偶语，啧有烦言，皆以蒋总司令的作风，不特不足以服人之心，且亦不足以钳人之口。所以就这点说来，蒋氏最多只可说是偏将之才，位居主帅之尊，其智慧、德性、涵养俱不逮远甚。

抑有进者，在北伐各战役中，蒋氏所认为嫡系的第一军，在战场上的表现却微不足道。何应钦的东路军入闽虽节节胜利，然浙、闽地区固非敌人主力所在，福建周荫人部原不堪一击，而北路作战，自第二师在武昌围城参战之后，亦无赫赫之功。嗣后南昌一役，第一师弃甲曳兵而逃，第一军代军长王柏龄竟于九月二十一日"失踪"，不知去向。所以在北伐期中，就战功言，第一军不特较之四、七两军瞠乎其后，即与二、三、六、八各军亦难相等。然蒋氏仍故意将第一军特殊化，岂能服人之心？

再者，当时黄埔出身的中、下级干部和见习官习气极坏。王家铺战后，总司令部曾送黄埔军校第四期毕业生一百五十余人到第七军随军见习。我军当即遵奉总司令部训令，将该批学生分发到营、连内任见习官。谁知这批学生十分骄纵，不听营、连长的约束。每届行军或宿营时，均任意脱离队伍，不听命令。忽而争先恐后前进，忽而自由停止休息。并觅取舒适民房居住，不受纪律的约束。诸如此类的行为，不一而足，颇有不屑与所属部队的营、连官长共同生活的模样。也许他们自以为在校时朝夕与共的将级教官，尚且所在多有，对这些中、下级军官何能放在眼内。何况蒋校长今已位居最高统帅，这批学生以天子门生自居，自然更目空一切了。

我当时目击这种情形，便引为隐忧。因为他们在校时期太短，所受的教育已极肤浅，而在见习期中，又未能养成恪守军纪、吃苦耐劳的习惯，将来如何能与士卒共甘苦，而为国家的干城？

北伐军既底定江西，驻节南昌的蒋总司令也已深知此辈"天子门生"的种种劣迹，因曾一度集合驻地的黄埔学生，痛加训斥。所言至为沉痛而切要。事后并将该项训词油印分发在各军中见习的黄埔毕业生。我见这训词，曾大为赞赏。因黄埔学生的骄纵，如不加抑制，小则将贻害此辈青年的本身，大则足以祸国殃民，实在不可不预为之计。

民国十五年十二月我和蒋氏在九江牯岭闲谈时，曾言及革命军中的缺点，彼此均有同感。蒋提及上项训话，我说我已拜读。他问我意见如何，我便乘机向他建议，略谓今日总司令的地位，实际上已负荷了党、政、军的领导重任，日理万机。他听了这两句话后，立刻现出怡然自得的神情。我又继续陈述道，总司令责任重大，远在前方，对黄埔军校一切事务，自然鞭长莫及，难于兼顾，倒不如另物色一位品学兼优，并热心致力军事教育的人才，担任黄埔校长的职位，假以事权，责以成效，必可训练出脚踏实地的优秀干部为国家服务。中央如决心以身作则，必能扫除中国军队传统以个人为中心的恶习，使全国军队一元化，使革命军成为单纯的党的军队，庶几将来可蜕变为国家的军队，为三民主义建国而奋斗。我力劝他不要再兼军校校长，以免学生有"天子门生"的观念，自我特殊化。我说，革命军中一有部队特殊化，它必然自外于人，故步自封，因而引起与其他部队对立的现象。如是，革命阵营便无法兼容并包，将致后患无穷。蒋氏倾听之下，默不作声，态度也顿时变为严肃。我当然也只有言尽而退。

后来总司令部在庐山召开军事会议，我和邓演达、陈公博、陈铭枢三人某次闲谈，我便说我曾劝总司令不要再兼军校校长，以避免军中加深门户之见。邓演达听了，不觉失笑，问道："你和总司令说了吗？"

我说："当然说啦！"因为我觉得没有什么不可说的，而且是应该说的。我是忠心耿耿为国家前途着想，为蒋总司令练兵减少困难。

邓笑着说："糟了！糟了！你所要避免的，正是他所要制造的。他故意把军队系统化，造成他个人的军队。你要他不兼校长，不是与虎谋皮吗？"

陈铭枢、陈公博二人知蒋也较深，他们也认为我为蒋氏谋，却偏与蒋氏原意相反。我们检讨之下，都有不胜唏嘘之感。

由于蒋总司令的私心自用，革命军上行下效的结果，唐生智首先便发生问题了。唐的第八军，先于武长路，缴获由岳州一带溃退敌军的大批武器。后自嘉鱼渡江，汉阳、汉口之敌，因刘佐龙反正而仓皇撤退，所遗械弹又为该军所得。唐生智更于汉阳取得规模极大的汉阳兵工厂管理权，所获尤丰。唐氏乃乘机招兵买马，扩充所部实力。在我军破武昌后，唐氏遂囊括武汉三镇，声威不可一世。

我军肃清了江西，总司令部移驻南昌。不久，遂接唐生智来电，呈请将所部扩编为四个军，由唐部原有师长李品仙、叶琪、何键、刘兴升任军长。时我适在总司令部，见到唐氏电报，我便力陈我国民革命军的扩充编制，应由总司令部统筹办理，决不可由各军长恣意自为。我对蒋总司令说，此风决不可长，唐生智的电报应予批驳，以儆效尤。无奈此时第一军也在扩编之中，因广州新到一批俄械，蒋总司令以之悉数拨归第一军，该军已在湘、粤两地扩编，故总司令部实无辞以驳唐氏。再者，此时粤、汉两地正在酝酿反蒋，武汉方面的党政首脑皆非蒋的心腹，蒋氏深恐激唐成变，使唐氏为该批政客所利用，所以就准了唐的请求。因此，唐生智一军转瞬间竟变成了四军，顿成尾大不掉之势，革命军的制度和体系遂被破坏无遗。嗣后，唐生智来南昌开军事会议，我郑重地告诉他说："孟潇，你是始作俑者啊！我们国民革命军怎么可以任意要求扩充部队，这还成什么体统呢？"

唐生智苦笑说："德邻兄，我没有办法啊。部下都有战功，大家都应该升一升才好啊！"

我说："若论战功，我们四、七两军远在八军之上。假若论功行赏，我们都要升起官来，哪有许多官可升呢？"唐氏闻言语塞，支吾其词了事。

第八军既开其端，接着第四军也依样画葫芦，要求扩编，经该军自行协议，呈请总司令批准。第十二师扩充为国民革命军第四军，张师长发奎晋升军长，辖第十二、第二十五两师。第三十六团团长黄琪翔晋升副军长兼第十二师师长。朱晖日任第二十五师师长。原第十师则扩编为第十一军，由师长陈铭枢晋升军长，蒋光鼐为副军长，辖第十、第二十四及第二十六三师，由蔡廷锴、戴戟、杨其昌分任师长。其留守广东的第四军李军长济深所辖的陈济棠、徐景唐两师，则改称为第八路军，由李济深任总指挥。于是，武汉方面的驻军顿时由一个半军扩充至七个军。而江西方面的二、三、六各军因待遇不公，内心愤懑，反蒋情绪正在逐渐酝酿中。凡此种种的发展，都伏下了日后宁汉分裂的祸苗。

此时各军除任意扩充外，各军首长复纷纷涉足政、财两界以扩充其个人的影响力。湖南攻势发动之初，唐生智即受任为湖南省政府主席；八军到武汉，唐氏的势力也随之向外延伸。江西肃清后的首任主席为李烈钧，但旋即改由第三军军长朱培德担任，隐然以江西主人自命。此外，各军、师长复纷纷荐举心腹股肱出任收复地区的县长和税局局长等职。中央领导人物既已徇私，影响所及，下级政治遂"治丝益棼"，无法收拾了。

际此军政扰攘争夺之际，我第七军奉命陈师鄂东，却丝毫未改旧观。论战功，无论在湘在赣均首屈一指，论将士伤亡的比率，也是各军中最高的。但是我们决没有乘机要挟扩编。自衡阳而后，我军累克名城要隘，然既克之后，我军便迅速推进，将地方行政交予战地政务委员会负责处理，我军不参预丝毫。自湘而鄂而赣，我军终未推荐一人出任县长，更未保举一人助征税捐，凡此史籍均有可考，未可虚构。虽当时我们颇为清议所嘉许，而官方别无奖勖之辞。然我军终能于北伐史上长留清白的一页，今日回想，也很觉自慰。

贰

军事之外，当时政治上所潜伏的暗礁尤为严重。此种暗礁所来有自，初非一朝一夕所形成。其根基早伏于国民党左右两派的内讧，再加以共产党的挑拨离间，而蒋先生本人于民国十三年本党改组后，或左或右，纵横捭阖，以培植其个人地位权力的作风，更如火上加油，必至自焚而后已。

本党于民国十三年改组之初，党内领袖即因对"容共"意见的不同，隐然形成左右两派。此时如中央领导分子目光远大，气度宽宏，此种意见的分歧未始不可逐渐化除，使全党同志和衷共济，为三民主义革命而奋斗。无奈总理死后，汪、蒋二人一味"左"倾，借重国际共产党的援助，逐渐夺取党、政、军的领导权，致迫使党内一部领袖脱离中央。至于中山舰事变的内幕情形如何，固不得而知，而蒋氏发动政变，以打击共产党始，以排挤汪兆铭终，则为不易的史实。汪氏既除，蒋氏重表示"左"倾，与共产党、俄顾问携手以打击正在为其反共政变喝彩的西山派，斥之为反革命。蒋氏如此亦左亦右的手法，并非由于其政治观点的改变，事实上只是其个人的权术，以虚虚实实的姿态排除异己，以达其个人独裁的目的。当时本党左右派的领袖都不直其所为，只因其权势炙手可热，对渠无可奈何而已。然蒋氏独裁的迹象已见，故左右两派一有机缘，都想对蒋加以抑制。

至于共产党则自始至终与蒋氏即系互相利用。中山舰事变时，蒋氏几已公开反共，而共产党和俄顾问却一再忍让。因他们那时如公开反蒋，则国际共产党在中国便无可利用的人，而蒋反可挟"右派"以自重，顿时成为中国的反共英雄。在共产党看来，蒋氏四面皆敌，到共产党发展至相当程度，不愁蒋不就范。共产党之所以公开反对北伐，其主要原因似亦在此。而蒋则利用共产国际的支持，虚与委蛇，以取得国民党内的实际党权和军权。故蒋、共双方自中山舰事变后，斗法已久。今番北伐军进展势如破竹，席卷全国之势已成，一旦天下大定，蒋氏军权在握，其个人独裁，将为必然的后果。因此在我军击溃吴、孙主力，取得基本胜利之后，此种顾虑，遂泛滥于国、共两党之内。国民党方面领袖想在革命军事尚未完成胜利之前，从速提高党权，以免蒋氏独裁。而共产党方面，却利用国民党领袖原有的反蒋情绪，推波助澜，发动一大规模反蒋运动，以收渔利。以故十一月中旬，广州乃有所谓"海内外党部联席会议"的产生。一面发动迎汪之议，想使汪重立党政而抑蒋，另一面则想修改总司令部组织法，以削减总司令兼管革命军克复地区民、财两政的大权。

由于军事和党政上这两大暗礁的逐渐暴露，到民国十五年底，反蒋运动已有山雨欲来之势。至所谓"迁都"问题发生，这一运动便正式爆发了。

第三十章　中央北迁问题与反蒋运动

壹

所谓"中央北迁问题"实系由蒋总司令坚持要国民政府和中央党部迁往总司令部所在地的南昌所引起的。先是，我军肃清鄂、赣之敌后，广州国民政府便决定北迁，以配合北向进展的军事。就形势说，中央北迁，应以武汉最为适宜。南昌，断没有成为临时首都的资格。

蒋总司令所以坚持南昌的原因，自然是私心自用。因那时中央方面防蒋军事独裁的空气正日见浓厚，武汉方面的四、八两军，在蒋看来，又非其嫡系。万一国府和中央党部迁往武汉，蒋必然失去控制力，所以他坚持中央应设在南昌。但是蒋氏的理由却十分薄弱，他无法否定武汉在地形上的重要性。他反对迁武汉的理由是政治应与军事配合，党政中央应与总司令部在一起。但是总司令部为何不迁往武汉，反要中央政府移樽就教呢？蒋的理由是总司令部应设在前方，以便亲自督师，但是，总司令部如设在武汉，不是更接近前方吗？北上可指挥平汉线，东下可指挥长江下游，南昌反无此方便。因此蒋的理由实不成其为理由，说出来真是辞穷理屈。但是蒋氏个性倔强，硬干到底，绝不表示让步。

我们克复南昌后不久，一部分中央委员，国府委员及俄顾问鲍罗廷遂取道江西北上。十二月初旬宋庆龄、徐谦、陈友仁、吴玉章、王法勤、鲍罗廷等一行十余人抵达南昌，由总司令亲自招待。十二月七日乃在庐山开会。我因系候补中央监察委员，且未在国民政府及政治会议中担任职位，所以只是列席旁听而已。会议未议出什么具体方案来，各委员便下山径往武汉去了。他们这一去，显然是对蒋氏留中央于南昌的计划一大打击。不过，此时分任国民政府及中央政治会议主席的谭延闿、张人杰两氏尚滞留广东，蒋拟继续请谭、张二主席留在南昌。

然去汉各委员也不示弱。十二月十三日中央执行委员和国民政府委员在武昌开会决议组织所谓"联席会议"，在政府未正式迁来武汉之前，执行最高职权。"联席会议"委员，计有：孙科、徐谦、蒋作宾、柏文蔚、吴玉章、宋庆龄、陈友仁、王法勤等，鲍罗廷也列席。公推徐谦为主席、叶楚伧为秘书长。反蒋的阵营遂具雏形。在汉军人，唐生智、邓演达、张发奎等，都表示服从"联席会议"，武汉、南昌遂隐然对立。

此时总司令部在南昌正在拟定东征计划，蒋总司令急于打下江、浙，我为此事也时去南昌参加会议，见蒋氏态度非常坚决，对武汉绝不让步。我唯恐事态扩大，影响军事进展，乃力劝蒋氏不必和武汉各走极端，应听国民政府迁往武汉。我说，中央迁往武汉是大势所趋，人心所归。你既无法阻止国府委员去武汉，不如干脆让他迁去算了，但军队调遣，继续北伐，则应绝对服从总司令的指挥。蒋说："你看他们肯听我的命令吗？"我说："大敌当前，不听指挥即等于自杀，此事我愿负责斡旋疏通。"蒋才无话。其后果然，反蒋甚烈的二、六两军仍听调度东下，终于克复南京，可见他们也还顾全大局，并非不可理喻。十二月底，谭延闿、张人杰抵南昌，住了几个星期，谭住武汉，张却去上海。

我在南昌总司令部见到新客极多。最引我注意的是黄郛、张群二人，都是政学系重要人物。张已做了总司令部里的总参议。渠何时就职，从何而来，我都不知道。黄郛是初从上海来的。黄也是浙江人，蒋的同乡，浙江武备学堂毕业后，往日本振武学堂留学。民国二年，二次革命倒袁之役，进攻上海，任陈其美的参谋长，和蒋也曾"换帖"。黄氏后来迭任北洋政府要职，民国十三年曾一度出任内阁总理。这次在南昌，我是第一次和他见面，但见其风度翩翩，能说会讲，而举止从容，一望而知为一十分干练的官僚。他来赣何事，我们也不得而知。唯当时汉、浔一带党报对黄氏攻击不遗余力，骂他是政学系北洋旧官僚，军阀的走狗，不应让他混迹于我们革命阵营之内。蒋总司令为此曾在纪念周上大发雷霆，说黄膺白（黄郛字）是他私人的好朋友，难道我们革命，连朋友也不要了吗？但是黄郛究为何事来南昌访蒋，我们终不知其底蕴。

贰

就在浔、汉对立的情形逐日恶化之际，我们东征军的部署也逐渐就绪，计划迅速肃清长江下游之敌，然后挥军北上，统一全国。当时我军整个北伐计划的部署是对北面（河南）采取守势，对东面（东南）采取攻势。部队区分系分为东路军、中路军和西路军。而中路军又分为江右军、江左军，向我附义的敌军周凤岐、刘佐龙等部也都编入战斗序列，参加作战。当时指挥系统如下：

东路军总指挥　何应钦

东路军前敌总指挥　白崇禧

　第一纵队指挥官　周凤岐

　　第十九军　陈　仪

　　第二十六军　周凤岐（兼）

第二纵队指挥官　王　俊

　第一军第一师　薛　岳

　第二十二师　陈继承

第三纵队指挥官　白崇禧（兼）

　第二十一师　严　重

　第二师　刘　峙

　先遣队　李明扬

第四纵队指挥官　冯轶裴

　第一军第三师　谭曙卿

　第一军第十四师　冯轶裴（兼）

　第二十师第五十八团　王文翰

第五纵队指挥官　赖世璜

　第十四军　赖世璜（兼）

第六纵队指挥官　曹万顺

　第十七军　曹万顺（兼）

中路军总指挥　蒋中正（兼）

　江右军总指挥　程　潜

　第一纵队指挥官　程　潜（兼）

　第六军　程　潜（兼）

　第二纵队指挥官　鲁涤平

　第二军　鲁涤平（兼）

　第三纵队指挥官　贺耀祖

　独立第二师　贺耀祖（兼）

　江左军总指挥　李宗仁

　第一纵队指挥官　李宗仁（兼）

第七军　李宗仁（兼）

第二纵队指挥官　王天培

第十军　王天培（兼）

第三纵队指挥官　刘佐龙

第十五军　刘佐龙（兼）

西路军总指挥　唐生智

第一纵队指挥官　唐生智（兼）

第八军　李品仙

第十八军　叶　琪

第三十五军　何　键

第三十六军　刘　兴

鄂军第一师　夏斗寅

第二纵队指挥官　张发奎

第四军　张发奎（兼）

第三纵队指挥官　陈铭枢

第十一军　陈铭枢（兼）

第四纵队指挥官　彭汉章

第九军　彭汉章（兼）

总预备队指挥官　朱培德

第三军　朱培德（兼）

各路部署既定，东路军遂于民国十六年一月中旬，自闽、赣两省分途入浙。因何应钦已先期发表为东路军总指挥，白崇禧遂另用东路军前敌总指挥名义，率师由赣东进入浙境。中央军的江右军沿长江南岸地区东进，我的江左军则自鄂东沿长江北岸区域东进，以安庆为目标。

我军奉到新的作战计划后，全军乃在鄂东一带布防，待命东征；军部则迁往汉口。我回到武汉，发现武汉三镇已面目全非。群众运动简直如火如荼。一月初旬，汉口群众和英水兵冲突，乘势冲入英租界，英人见革命群众的声势太大，不得已，答应将英租界交还中国；不久，九江英租界也收回，军心民心均大为振奋。

不过，武汉的群众运动，已发生越轨现象。工会组织遍地皆是，罢工日有所闻，但是这种罢工多数为不合理的聚众要挟。工人要求增加工资已至资方完全不能负担的程度。然各工会的要求仍是有加无已，以致武汉工厂、商铺很多被迫歇业。连挑水、卖菜的都有工会组织，时时罢工以图增加收入。武汉三镇克复不到数月，竟至市况萧条，百业倒闭，市上甚至有时连蔬菜也不易买到。而工人店员等则在各级党部指导之下，终日开会游行，无所事事。呈现出一种狂热奔放，但是却十分不合理的怪现象。农村的群众运动尤为幼稚。大地主不消说了，就是小地主、自耕农的财产，也被籍没充公，本人甚或被枪杀。乡村农会的权力，大得吓人。谭延闿告诉我说，他茶陵家里的佃农，也难逃此劫运。当时两湖的工农运动的过火，确是实情，真是一言难尽。总之，当时武汉和两湖地区的社会秩序，被国、共两党内幼稚的党务人员，闹得乌烟瘴气。政府和党部，初未加以丝毫约束，也是事实。我回抵武汉，便认为这是极大的隐忧。

此时党政军高级人员的反蒋空气也已逐渐明朗化。"联席会议"中人，为了迁都问题和蒋氏已短兵相接自不消说，军人之中也酝酿反蒋甚烈。唐生智、张发奎等都已公开表示态度，只第十一军军长兼武汉卫戍司令陈铭枢表示祖蒋，然陈氏仅有一个军，实力究属有限。民国十六年一月中旬，蒋总司令曾亲赴武汉视察，渠见武汉风色不对，恐发生意外，稍留即去。蒋去后，亲蒋的陈铭枢旋即被排挤去职，所遗武汉卫戍司令一职由唐生智自兼；第十一军军长一职，则由张发奎兼代。武汉方面至此，除我一人之外，已全是蒋的政敌了。

叁

在武汉当时的环境下，我的态度却十分持重，我认为无论怎样，我们国民党断不能蹈洪杨太平军的覆辙，而同室操戈，致功败垂成。党内纠纷，应以合理的方式和平解决，各方都应顾全大局，尽量忍让。正因我这种顾全大局，不偏不倚的态度，我的处境遂十分困难与痛苦。武汉反蒋人士，认为我的态度有点中间偏蒋，足以维持蒋的地位于不堕，乃纷起包围我，企图以说服和利诱的方式来争取我参加他们的反蒋运动。此时，跨党分子和共产党员为避免嫌疑，反而十分缄默，并未来我处游说，只在一旁坐观虎斗。

常来我处喋喋不休的，都是党政军三界的重要领袖人物，如：徐谦、顾孟余、唐生智、邓演达、张发奎、郭沫若、鲍罗廷，乃至向以温和圆滑见称的老政客谭延闿。他们反蒋的理由不外数端：一是说，蒋在制造军事独裁。他在广东已极尽纵横捭阖的能事，如今北伐期中，又集党政军大权于一身，现在已成为一新军阀，本党如不及早加以抑制，袁世凯必将重见于中国。再则说，蒋氏个性偏私狭隘，北伐各军待遇悬殊。蒋氏一意培植其私人势力，于德于法，均不足以为全军主帅。还有就是说，蒋氏想以军力挟持党和政府于南昌，破坏党纪和政府威信。另外最重要的一点，即是蒋脱离群众，走向反革命途径，和旧军阀、官僚相勾结等等。总之，蒋氏必须打倒，或撤换。至少总司令部组织法应大加修改，以减少蒋的权力，而防止独裁的倾向。

在他们苦苦纠缠之下，我实在疲于应付，有时也觉无辞以对，因为他们对蒋的指责和批评都极中肯，可说是一针见血。不过，我所申述的理由，也是句句有力，使他们无法辩驳。我一再引太平天国为例，洪杨同室操戈，以致功败垂成，殷鉴不远。蒋的缺点是大家所明白的，公认的。但是他也有他的长处，党以前也加意扶植过他，今天我们也可以善意的去帮助他，纠正他。断不可闹到决裂的程度，非打倒他不可。临阵易帅，原是兵家的大忌，在今天的情况，尤其会动摇军心民心，乃至影响国际地位，为亲者所痛，仇者所快！

我更郑重地说，蒋总司令固有缺点，我们党政军各界也有严重的错误。试看我们幼稚和过火的群众运动，如今闹得市面萧条，人民居处不安。军队里的政工人员则处处挑拨士兵和官长的感情，以图渔利。凡此种种都于革命有损无益，而我政府和党部却充耳不闻。我问邓演达说："你说工人罢工就叫做革命，为什么同志们不到敌人的后方去策动罢工呢？为什么偏要在我们革命军后方越轨闹事，闹得我们菜也没得吃呢？"

邓说："这是革命时期的幼稚病，总归无法避免的，将来必能逐步改正。"

我说："你们何不在这方面多致点力，而偏要搞打倒主帅的大题目呢？"

同时，我也告诉唐生智说，目前党政内部过火的运动是"纸包火"。因为此时唐的中、下级军官已经啧有烦言，对所谓"群众运动"感到十分不满，唐固知之甚详。我说，你如不及早设法排解，消弭于无形，将来军队会不听你指挥的。唐则一再地说："我有办法，我有办法！"

见到张发奎时，我也以同样理由，向他解说。我说你们第四军里，共产党最多，高级将领如叶挺等都是著名的共产党，你如对他们不加约束，将来军队会不听你指挥的。张说叶挺和他是广东北江的小同乡，从小便在一起，可以说是如兄如弟，以他和叶的"私人关系"，他认为叶挺绝不会和他为难的。我说："共产党还谈什么私人关系，他们只知道第三国际的命令，你别做梦了。"张说："不会的，绝不会的。"

叶挺的确是个有趣的人物。他是位著名的共产党，思想激烈，一切都以共产党教条为依归。但张发奎向我说叶挺不是那样荒谬不念旧交的共产党。

大致就在一月中旬蒋氏离汉之后，反蒋的说客到我第七军军部来访的络

309

绎不绝。我们互相驳难的内容大体如上所述。其中最具体的，要算是鲍罗廷约我"酒叙"的一次了。

在蒋氏离汉后约一星期，鲍罗廷忽然专柬来约我小叙。我应约而往。我们首先寒暄一番，鲍氏也着实夸奖我的战功。嗣后，他便慢慢地引入正题，鲍说："李将军，北伐是你一手促成的啊！当日援湘也是你们广西首先出兵的。今日北伐一帆风顺，革命不久便可成功，你总不希望革命流产的吧！？"

"当然不希望它流产，"我说："相反的，我正希望革命战争早日胜利，军事时期早日结束，好让和平建设早日开始！"

"那么，你看蒋介石近日作风是个什么样子呢？我看他已经完全脱离群众，眼看就要变成一个新军阀。李将军，你是革命元勋，北伐的发动者，我想你不应该跟着一个军阀走！"鲍罗廷说时面色十分严肃。

我说："鲍先生，蒋总司令缺点是有的，但是无论怎样，我不主张打倒他。我主张以和平的、善意的方式去帮助他，纠正他……"接着，我便列举临阵易帅的危险，和洪杨内讧覆灭的故事。对他们所发动的反蒋运动，期期以为不可。

鲍说："我看你们绝不能再让蒋介石继续当总司令了。再当下去，中国必然又要出现一个独裁者，革命就会前功尽弃……"他沉思片刻，继续说道："你看蒋介石如果失败了，谁能继承他呢？……据我看，李将军，论党龄，论功勋，论将才，还是你最适当。我希望你能考虑一下这问题！"鲍氏说着，露出很诚挚的面色来等待我的回答。我心想鲍罗廷今番竟欲置我于炉火之上，以总司令的位置来诱惑我。我因而正色地告诉他说：

"鲍顾问，你还没有认识我！你不了解我的思想，我的愿望，乃至我的个性。我们革命军人唯一的愿望是革命早日胜利，国家可以偃武修文，息兵建设，我们也可以解甲归农。革命不成，马革裹尸就是我们唯一的归宿。既参加革命，我就未考虑到我自己的前途。鲍顾问，你是亲自在场的，你看我力辞前敌总指挥，并保荐唐生智担任，即是一个明显的例子。我希望以唐为例，对外号召赴义，以广招徕。你看我考虑到自己的名位没有？鲍顾问，你并没有认识我的为人！"

鲍罗廷被我一番大道理说得闭口结舌，一声不响。其实，他可能确是一番诚意。他们一心一意要打倒蒋介石，但是蒋介石打倒了，就必然要另有一人来当总司令呀！以当时军功、资望来说，他们考虑到我，原也是顺理成章的事。不过，我反对临阵易帅，并且认为鲍氏是以名位诱惑我加入反蒋阵营，所以我就未免唐突西施了。如今事隔数十年，在这几十年中沧桑几变，蒋氏及其左右每每认为我要取他而代之。其实，要推翻他，在民国十六年二月应该是最好的机会了。那时我拒绝了鲍罗廷的诱惑，丝毫未为名利所动摇，而后来等到蒋氏羽毛丰满，权力如日中天之时，反而要来推倒他，也未免太笨拙了罢。

当时鲍氏被我说得哑口无言，我接着又说："鲍顾问，我们国民革命至今日已是为山九仞，然而现在却发生了困难。你是我们的顾问，你要负重大责任啊……"我便一项一项地数给他听，例如：群众运动的越轨，闹得人人恐慌，社会啧有烦言，妨碍革命进展等等。

"鲍顾问，"我说，"这种幼稚行动是否有人故意制造来和我们革命军为难呢？……再说打倒礼教；解放妇女吧，也应该缓缓的进行。怎么可以军阀还没有打倒，我们已进步到男女同浴的程度呢？"

"这些都是群众的幼稚病，革命过程中所不可避免的现象。举个例子来说吧，你说妇女们想不想生儿女？"鲍说时颇有得意之色。

"生产是妇女的天职！"我说，"既是女人，就要生儿育女。"

"请问，妇女生产痛苦不痛苦呢？"鲍说。

"岂但痛苦，"我说："有时还有生命危险！"

"这就是你们的革命了。"鲍笑着说，"妇女知道生产痛苦，还是想生产；正如你们知道革命困难，还是要革命一样。你们今日革命，由于幼稚病所引起的困难，也就是妇女生产时的痛苦——是避免不了的。"

鲍罗廷本是一个有高度辩才的人，往往说得对方哑口无言。他这次回答我的问难，例子也举得颇为切当。这时，我忽然灵机一动，立刻回答他说：

"顾问先生，你是相信科学的啦！今日的产科医生和各种医药设备，无不尽量减少产妇的痛苦，和保障生命的安全。决没有产科医生任由产妇受苦，甚至听凭她死亡之理。今日我们的国民革命，正如医生对产妇一样，不独不设法减轻革命过程中的痛苦和损害，反而有意无意地任由他挫败覆亡，这种道理说得通吗？"

鲍氏闻言大笑，举起酒杯说："李将军，你会说话，你会说话……哈哈！……咱们喝酒！"他把酒杯向我的酒杯叮当一碰，一饮而尽，结束了我们的一场小辩论。

鲍罗廷是有名的口若悬河的人，而我则一向不长于辞令。这一次不知哪里来了一股敏感，居然把鲍罗廷说得无辞以对。这或者是"理直气壮"的缘故吧！

事后，我反复思考这个问题，一班左派先生们和鲍罗廷的智慧、眼光是比我高出一筹的。他们深知蒋总司令军事独裁一旦得逞，是无法制服的，必将贻患于无穷。而我只是个存心忠厚，富于妥协性、忍让性，具有妇人之仁的人，何补于国民革命。不过当时我也有两个现实大问题横梗在脑海中。其一就是大敌当前，孙传芳败回南京之后，即刻北上，投入张作霖的怀抱，张立刻补充他的军实；奉军并已沿京汉、津浦两路源源南下，声势赫赫，实不容轻视。我军万一挫败，退回两广，岂非前功尽弃。其次，即使蒋倒之后，仍能支撑现有局面，占有湘、鄂、赣地区，党政责任谁来负责领导？当时共产党支持工、农、学生团体组织，国民党则早已分崩离析，绝非共产党的敌手，处此震撼环境之中，故愈益增加我的妥协性罢了。

第三十一章 顺流而下，底定东南

壹

当武汉方面反蒋运动尚在继续酝酿之中，我国民革命军东下沪杭的战事便已开始。我方肃清东南的战略是分两期执行的。第一期以东路军单独向浙江发动攻势，以便将敌军主力吸引到沪、杭、宁三角地带。待战事进展到相当程度时，我军便发动第二期攻势，使江左、江右两军同时齐头并进，以雷霆万钧之力，一举而截断沪宁、津浦两线的交通，占领南京，如是，江南之敌便成瓮中之鳖了。

唯敌军此时也在通盘调整，重新部署。孙传芳自江西败退，便已感觉到独力难支，不得已乃决定向奉方输诚乞援，并亲往天津谒见张作霖，且行跪拜之礼，更和张学良结八拜之交，认张作霖为义父。张也捐弃孙氏昔日反奉的前嫌，予孙军以补充接济，使孙氏能重整旗鼓，卷土重来。张、孙两氏复决定联合组织"安国军"，张作霖任总司令，以孙传芳和直鲁军总司令张宗昌分任副总司令。且拟疏通败往河南的吴佩孚，作北洋军阀的大联合，以与革命军相对抗。孙氏南旋后，遂将苏、皖北部让予直鲁军驻防。自率其精锐在沪、杭一带，和我东路军的主力相鏖战。奉军和直鲁军则仆仆于津浦线上，准备渡过长江，南下增援。

不过，浙江战事刚开始，孙军便已处于不利地位。先是，当江西战事正在紧张阶段，敌方浙江省长夏超突于十月十六日就国民革命军第十八军军长之职，并亲率浙省保安队八营，向上海进攻。虽终以众寡不敌，为孙军所败，夏氏藏匿乡间民房，被捕殉职。然东南人士的反孙情绪，初未稍减。孙传芳为收拾东南人心，乃调原驻徐州的浙军陈仪第一师和周凤岐第三师回浙。唯斯时浙军已暗中和革命军通声气，到了孙传芳自江西全部溃退，周凤岐遂于十二月中旬在衢州防次宣布就国民革命军第二十六军军长之职。陈仪则因事泄，在杭州被拘，其原驻绍兴、宁波一带的部队，也正式受编为国民革命军第十九军；沿钱塘江南岸布防，和在杭孙军夹江对峙。据守富阳一带的二十六军一部，也和十九军联成一线对抗钱塘江北岸的孙军。所以在我东路战事尚未发动之前，孙传芳已丧失浙江将半了。

民国十六年一月中旬，我东路军——前敌总指挥所部，由占领江西各军抽调组成，集中完毕，遂在白崇禧指挥之下，自遂安、兰溪、汤溪向浙江出击。是时，我第十九、第二十六两军曾小有挫折，旋与东路军前敌总指挥所部主力会合，向敌反攻，遂次第肃清浙南，二月十八日我军乃进占杭州。斯时，我东路何应钦部也自福建赶来增援。何部自民国十五年秋入闽以后，未遇激烈抵抗，实力毫无损失，至是全师入浙和白崇禧会合。白氏亲率东路军第一、二、三纵队东攻淞沪；何氏则率第四、五、六纵队北上长兴，进攻镇江。

东路战事发展至此，我军已获决定性胜利。北军为确保沪、宁计，乃兼程南下，向孙传芳增援。张宗昌本人也于二月二十三日至南京，并于二月二十七日偕孙传芳至上海布防，拟与我东路军决战。张学良也率奉军到徐州，以为策应。

战局发展至此，我第一期作战计划已顺利完成，我江左、江右两军乃按原计划，于二月下旬同时东进。程潜的江右军自江西循彭泽、马当之线东进；我则指挥江左军自鄂东的黄梅、广济、罗田，向安徽的宿松、太湖、潜山一带进迫安庆。敌安徽省长陈调元固早已秘密向我输诚，渠所部二万人分驻安庆、芜湖一带，我军一旦东下，陈部便立刻反正，三月四日在芜湖正式宣布附义，并就任国民革命军第三十七军军长之职。皖军王普部也受编为第二十七军，王受委为军长。安徽革命元勋柏文蔚收集北军残部于鄂、皖边境的英山、霍山一带，成立国民革命军第三十三军，柏任军长。皖军马祥斌部则受编为独立第五师，占领合肥。安徽至此，可说真正是"传檄而定"。

时敌人后方津浦路既受威胁，沪、宁一带的直鲁军都不敢恋战，纷纷后撤。我东路军白崇禧部第一纵队遂于三月二十一日进驻上海。三月二十二日东路军何应钦部第四、六两纵队占领镇江。三月二十三日，程潜的江右军占领南京。残敌渡江北窜，江南遂悉为我有。北政府海军的长江舰队也在杨树庄等率领之下，背叛北政府，加入革命阵营。整个长江流域，至是均入于革命政府管辖之下了。

贰

当我江左军于三月初旬进驻安庆时，我遂率总指挥部自武汉乘轮东下，于三月十八日抵安庆。此时革命军捷报频传，革命势力如日中天，而党、政、军内部的斗争，也随之表面化了。

先是，中国国民党第二届中央执行委员会于三月十日在汉口召开第三次全体会议，由谭延闿主席，出席中委凡三十三人。此三中全会实系一不折不扣的反蒋会议，不特原来反蒋的分子如徐谦等均有激烈的反蒋演说，纵使少数号称袒蒋的温和派如谭延闿等，此时都一反常态，在会议席上诋毁蒋氏不遗余力。三中全会随即通过一系列的议案，如"统一党的领导机关案"，"中央执行委员会军事委员会组织大纲"，"国民革命军总司令部组织条例"，"统一财政及外交案"等，要旨均在抑制蒋总司令，削减其在党、政、军、财各要政上的控制力，使其变成一单纯的受党领导的军事领袖。

三中全会同时议决，党政中央俱行改组。三月十一日全会选出国府委员二十八人，军事委员会委员十六人，我均当选为其中的一员。三月十九日，即我到达安庆的翌日，武汉国民政府突派郭沫若、朱克靖二人前来看我，并携来委任状与大印一颗，特派我兼任"安徽省政府主席"。郭氏时任国民革命军总政治部副主任，朱氏则系第三军党代表兼政治部主任，为一知名的共产党。朱氏稍谈即去，郭氏因系老友，晤谈甚久。

郭氏把委任状和黄布包着的一颗大印，放在我桌上，要我接受中央委任为安徽省主席。我说，我是个统兵的人，政治非我所长，实在不能兼顾安徽省政，希代转请中央另简贤能充任。

郭氏可能误会我不满意武汉的作风而故意推辞，所以喋喋纠缠不休。我一再解释说，我在军书旁午，戎马倥偬之时，哪有工夫来处理省政呢？郭说："你可择一人暂时代拆代行！"我说："这样挂名不做事，岂不是儿戏政事？再者，本党中央人才济济，又岂非我莫属呢？"

郭氏还是喋喋不已，无论如何要我把委任状和大印收下。他是下午二时来看我的，一直谈到傍晚，我便留他晚餐，并以白兰地酒饷客。郭氏既健谈，又善饮，两人且谈且饮。郭君还和我猜拳，他的技术比我高明，酒量也比我大。平均起来，他饮一杯，我要喝下四五杯之多，把我喝得酩酊大醉，倒在客室的沙发上，便熟睡了。等我醒来，已是第二日清晨。我忙问左右，郭副主任哪里去了。副官们说，你醉了之后，睡在沙发上，他再三推你不醒，便带着委任状和大印，回武汉去了。

就在郭氏离去第二天，蒋总司令忽自九江乘军舰到安庆，并亲来江左军总指挥部找我。蒋氏已听到郭沫若携来委任状和大印，为我所谢却的故事。

蒋笑着说："你不高兴他们的作风，不接受武汉政府的委任，我现在来委你做安徽省主席罢。"说着，他便从衣袋里取出一纸已经写好的"手令"，特派我为安徽省主席。我也同样谢绝他的委派说："不是不愿就，是做不了，做不好。……论统兵作战，我尚有几分经验。论地方行政，则我既无经验，也无兴趣，更没工夫，如何能做省主席呢？你不是要我带兵到前线打仗吗？"

蒋说："做安徽省主席你最适当，你最适当。你现在不能分身，可以随便找一个人暂时代理！"

我说："你看我能找什么人呢？我总指挥部里的人已嫌不够用。再者，我也不希望只挂个名，让别人去代拆代行，因为我还是要负责任的。"

但是，蒋无论如何非我做不可，而我则无论如何不肯接受。僵持到最后，蒋说："你看什么人最好呢？"他要我推荐一人来做。我想了一想便说："如果总司令夹袋中无适当的人选，倒不如暂时委派陈调元做。他原是安徽省长起义来归，省政府的班底还在，他做起来实是轻而易举。"蒋也点头称是。这样，就把这个政治礼物送到陈氏的身上。果然，后来陈调元竟以我一言的推毂，当了三年安徽省主席。

第三十二章　清党与宁汉分裂

壹

蒋总司令在离开安庆东下时曾告诉我说，他现在是直下上海，希望我将部队暂交夏、胡二指挥全权指挥，自己也往上海一行。在蒋去后约三四日，我便电令夏、胡二人各率所部沿长江北岸向东推进，我自己则乘轮东下，于三月二十七日抵南京。

我在南京，已深知共产党为腹心大患。因南京此时由第六军和第一军的一部驻守。一、六两军都为共产党所渗透，军心很为动摇。第六军党代表林祖涵系知名的共产党首领。当第六军入驻南京时，一部分士兵曾袭击南京外侨，劫掠英、美、日领事署及住宅。英领事受伤，金陵大学美籍副校长和震旦大学美籍预科校长都被杀。因而惹起泊在下关江面的英美军舰向南京城内开炮，死伤无辜平民甚众，是为"南京事件"。[①]

所幸外人的情报甚为灵通，判断也颇正确，南京事件发生时，一向号称蛮横的日本海军竟奉命不许开炮。当时驻下关江面的日本海军指挥官于驶抵上海后自裁殒命，遗书说，他奉命不许开炮，致海军护侨不周，无面目以见国人云云。足见日本人深知此一事件的内幕，故没有被国际共产党所利用。

我在南京稍留，便改乘沪宁车于三月二十八日抵上海。时白崇禧正以东路军前敌总指挥兼淞沪卫戍司令，驻节龙华。我到上海时，发现上海情形极为严重，全市群众运动悉为共产党所支持。工会拥有武装纠察队千余人，终日游行示威，全市骚然，稍不如意，便聚众要挟，动辄数万人，情势汹汹，不可终日。我抵沪后，即乘车往龙华东路军前敌总指挥部，适值驻军因小事与工会龃龉，工会聚众万人，往龙华要求白崇禧解释。满街全是工人，途为之塞，我只得下车步行，自人丛中蛇行挤至总指挥部。所幸我们均未佩领章，无人认识，故未遭阻碍。

---

① 南京事件是帝国主义加紧干涉和镇压中国革命的血腥罪行。1927年3月24日，有共产党人（以林伯渠、李富春为主要代表）参加领导和作战的第六军和第二军，击溃了麇集南京的十几万直鲁联军，占领了南京城。在反动军队逃窜时，南京城内发生抢劫。当天夜间，英、美、日、法、意等帝国主义借口侨民和领事馆受到"暴民侵害"，下令停泊下关江面的军舰对南京的革命军队与和平居民进行猛烈的轰击，毁房屋财产甚多，中国军民死伤两千余人。

南京事件发生后，蒋介石加速了和帝国主义的勾结，国民党反动政府在处理这一事件时，竟然颠倒是非，承认中国人民"损害"了美英帝国主义的国旗、领事馆和侨民，并把"罪责"强加在中国共产党人的身上。（详见李新等主编的《中国新民主主义革命时期通史》第一卷）

白氏和我相见虽甚欢愉，然面对上海一团糟的情形，也殊感沮丧。白氏告我，此时不特上海工人行动越轨，就是第一军也已不稳。共产党正在暗中积极活动，显然有一举取国民党而代之的"野心"。此种发展，如不加抑制，前途不堪设想。

嗣后，我便往见蒋总司令。蒋氏住于一较为僻静的所在，戒备森严。和我见面时面色沮丧，声音嘶哑，他认为上海情形已无法收拾。口口声声说："我不干了，我不干了。"

我说："在这种情况下，你不干，责任就能了吗？"

"我怎么能干下去，你看……"他说着便把抽屉打开，取出一张何应钦的辞职电报给我看，说："何应钦也辞职了，他已无法掌握第一军，你看我怎么能干得下去！？"

其后，我问白崇禧："总司令的声音为什么这样沙哑？"

白说："说话说得太多了。"原来第一军此时驻在沪杭、沪宁路上，各师的各级干部均已自由行动，不听约束。第一师师长薛岳、第二十一师师长严重，俱有"左"倾迹象。驻南京的第二师师长刘峙为一笃实忠厚的人，而武汉、京沪一带的"左"倾分子则抨击刘氏为西山会议派人物，故其中下级军官，均已动摇。各师黄埔毕业的军官都纷纷自由行动，成群结队到上海来向"校长"质询。质询主要内容便是蒋校长昔日在黄埔曾一再强调"服从第三国际领导"，"反共便是反革命"，"反农工便是替帝国主义服务"等等，如今国共关系恶化了，这批学生感觉到彷徨，所以纷纷来上海向校长要求解释。蒋为此事终日舌敝唇焦地剖白、责骂、劝慰，无片刻宁暇，卒至声音喑哑，面色苍白。

这时我也见到留在上海的党政要人：吴敬恒、张人杰、钮永建、蔡元培、古应芬、李煜流、王伯群等。大家相对唏嘘，束手无策。而武汉方面则积极活动，派宋子文来沪总理江、浙一带的财政和税收；派郭沫若来沪组织总政治部，推动军中党务工作。共产党领袖陈独秀、周恩来、汪寿华等均在上海活动。上海工会已完全脱离了国民党的掌握。

蒋总司令在绝望之余，一再问我："你看怎么办？"

我说："我看只有以快刀斩乱麻的方式清党，把越轨的左倾幼稚分子镇压下去。"

蒋说："现在如何能谈'清党'呢？我的军队已经靠不住了。"

我说："那只有一步一步地来。我看先把我第七军调一部到南京附近，监视沪宁路上不稳的部队，使其不敢异动；然后大刀阔斧地把第一军第二师中不稳的军官全部调职。等第二师整理就绪，便把第二师调至沪杭线上，监视其他各师，如法炮制。必要时将薛岳、严重两师长撤换，以固军心。等军事部署就绪，共产党只是釜底游魂而已。"

蒋说："我看暂时只有这样做了。你先把第七军调到南京再说。"

我们议毕，我遂立电夏、胡二师长（夏、胡二人此时已改为师长），即将第七军主力自芜湖向南京前进，作初期"清党"的部署。此时蒋总司令只是一意倾听我和白崇禧的策划，自己未说出任何主张来。这可能是他的确感到束手无策，所以对我们言听计从，也可能是他故布疑阵，以试探我李、白二人对武汉和"清党"的态度。因为事实上，他自己也已在部署"清党"，并已急电黄绍竑、李济深二人速来上海，共筹对策。李、黄二人果然应召于四月二日联袂到沪。他二人既来，我们对"清党"的筹划便更具信心了。

贰

正当我们对"清党"作积极部署之时，四月二日沪上各界忽然哄传汪主席已于昨日秘密抵沪。我们乍闻之下，俱高兴之至。因为我们虽然在作"清党"准备，然究竟认为是事非得已，北伐胜利尚未全部完成，革命阵营内同室操戈，终非上策。再者，武汉方面主持人仍系本党同志，共产党究属有限。如本党能团结更新，共产党实非大患。而今日声望能力，可使本党恢复团结的，实舍汪莫属。所以我们都诚心诚意地希望他回来领导，以为他一旦归来，党内祸患便可消灭于无形。

当时不但我们如此，即使蒋总司令也口口声声说希望汪主席重行领导全党奋斗革命。蒋氏此言是否由衷，其言行表里是否一致，他人固不可知，但是汪精卫当时的德望，和党员的归心，可说一时无两。

探得汪氏住处之后，我和白崇禧等一行遂兴高采烈的去拜访他。汪氏的言谈风采，在梧州时给我第一次的印象太好了，那时我对他简直崇拜到五体投地，此时也认为他一旦恢复领导，则党内纠纷，立刻便会烟消云散。

这次在上海见到汪氏，我看他有点心神不定的样子。我们便向他陈述共产党最近在武汉的情形，以及在上海把持工会，学生会，妨碍军事进展，若不加以抑制，前途实不堪设想。我们都诚心诚意地希望汪能恢复领导，谋求解决。这时中央党、政、军各负责人群集汪寓，大家一致抱怨共产党，诚恳地希望汪先生重负领导的责任。起先，汪总是默默地静听各方的控诉，未作表示。最后他才郑重地说："我是站在工农方面的呀！谁要残害工农，谁就是我的敌人！"

我一听汪氏此言，立刻便感觉到糟了，党内势将从此多事。汪是此时唯一可以弥缝党中裂痕的人，现在他不但不想弥缝，反而促其扩大，则本党的分裂将不可避免。我当时便对汪解释说："有谁主张残害农工呢？大家的意思，不过以为工农运动不可太越轨，影响革命军的进展，只希望工农运动能与军事配合，不要在后方胡闹就是了。"但是汪氏言辞总是闪闪烁烁，充满了疑虑。

嗣后，留沪中央执监委，暨驻沪军政负责首领曾和汪氏开会两次，出席者计有：吴敬恒、蔡元培、李煜瀛、钮永建、汪兆铭、蒋中正、宋子文、邓泽如、古应芬、张人杰、李济深、黄绍竑等和我。会中一致要求汪氏留沪领导，并裁抑共产党的越轨行动。而汪氏则始终袒共，一再申述总理的"容共"联俄及工农政策不可擅变，同时为武汉中央的行动辩护。是时为武汉中央派来接收东南财政的大员宋子文沉默不发一言，其他与会人士则与汪氏激烈辩论。辩论至最高潮时，吴敬恒十分激动，竟向汪氏下跪，求其改变态度，并留沪领导。会场空气，至为激荡。吴氏下跪，汪则逃避，退上楼梯，口中连说："稚老，您是老前辈，这样来我受不了，我受不了。"全场人都为之啼笑皆非。紧张的场面，也充满了滑稽成分。

四月五日，当我们仍在继续开会的时候，报上忽然登出《国共两党领袖汪兆铭、陈独秀的联合宣言》。该宣言指出国共两党将为中国革命携手合作到底，绝不受人离间中伤云云。《联合宣言》一出，与会人士为之大哗。大家皆不以汪氏的行为为然。吴敬恒尤为气愤，当众讽刺汪氏说，陈独秀是共产党的党魁，是他们的"家长"，他在共产党里的领袖身份是无可怀疑的。但是我们国民党内是否有这样一个党魁或"家长"呢？吴说："现在有人以国民党党魁自居……恐怕也不见得罢！？"说得汪氏十分难堪，大家不欢而散。当晚汪氏遂秘密乘船到汉口去了。汪氏一去，国民党的分裂遂无法避免，而分共清党也就势在必行。

后来我见到蒋总司令，便问他说，汪先生为什么一定要赴汉口。蒋说："我早已料到留他不住，留他不住。"蒋氏此话，颇能得到我们的同情。

其实，汪氏坚持赴汉的是非问题，颇难定论。汪氏此去，显然是有嫌于蒋氏而出此。他二人彼此了解甚深，绝非我辈外人所可臆测。中山逝世后，汪、蒋曾亲如手足，合力排除中央其他领袖，如胡汉民、许崇智等，迨胡、许既去，汪、蒋二人又复钩心斗角。"中山舰事变"之后，汪氏被蒋氏所迫，竟不能在广州立足，只好抛开一手总揽的党政军大权而避往海外。今幸北伐胜利，武汉中央请他回国复职，正是千载良机，他自当速去武汉。他和蒋氏斗法很久，吃亏已多，现在在上海一无凭借，自然不敢和蒋氏盘桓。俗语说："给蛇咬过的人，看到草绳也害怕。"正是汪氏这时的心理。汪氏武汉之行，既有其个中玄妙，不足为外人道。所苦的是我们这批赤胆忠心，希望党内团结，完成革命的同志。我们诚心诚意地希望汪氏出来领导，而他却浇了我们一头冷水，未免太失望了。

上海方面至此，清党已势在必行了。本来四月二日吴敬恒已领衔由中央监察委员会发出弹劾共产党呈文，现在便根据此呈文，由监察委员会授权国民革命军监督各地共产党的活动。同时并根据我上次向蒋氏的建议，次第将不稳的各师调离上海，另以未经中共渗透的部队接防。

"清党"之议既决，李济深、黄绍竑即分电粤、桂留守人员，告以"清党"的决策，各嘱所部防范共产党的暴动。其实，广西当时共产党甚少，省党部委员之中，只有少数"左"倾分子，没有真正的共产党。谁知电到之后，广西留守人员竟将这些"左"倾的省委枪杀了，同时各县党部中的极少数共产党也被捕杀。在桂林县党部中，我的一位年轻的表弟李珍凤也被杀。珍凤是我外婆外家的侄孙，其父为有名的廪生，住居两江圩西岭村，也是个世代书香之家。珍凤短小精悍，能说会讲，干劲十足，可说是个有为的青年。北伐前曾随我去广州，大概就在那时加入了共产党。他对我从不讳言其为共产党。有一次，他竟大胆地顽皮地对我说："表哥，中国二十年后便是我们共产党的天下！"我回答说："不要胡说！"这样活生生的一个青年，也在"清党"运动中被杀了。其胞兄李血泪，早年曾任梧州市党部执行委员，抗战末期在重庆，以共产党嫌疑被特务头目戴笠所囚，后来还是我把他保了出来。

两广既已"清党"，东南各省也同时发动。上海方面，也在白崇禧策划指挥之下，由杨虎、陈群两人执行，于四月十二日将上海总工会工人纠察队解除武装。各地方政府及各部队中的共产党员也纷纷褫职。共产党和"左"

倾国民党分子，一经镇压，不出数天，便烟消云散，于此也可见其基础的脆弱。从此之后，共产党在东南一带即转入地下活动。

东南和两广既已进行"清党"，武汉中央方面乃通电申饬。京、沪方面的同志也一不做二不休，开会议决否认武汉中央，决定在南京成立国民政府，以与武汉政权相对抗。四月中旬，留沪各委员齐集南京。四月十八日南京国民政府及中央政治会议正式宣告成立，遂形成宁、汉分立的局面！

第三十三章　两路北伐会师陇海路

壹

南京国民政府既已正式成立，并选胡汉民为主席，此外军事委员会和总政治部也次第成立（总政治部主任为吴敬恒，副主任为陈铭枢），乃公开否认武汉中央的合法地位。武汉方面也于同时以国民政府主席汪兆铭的名义，下令撤去国民革命军蒋总司令职务，另以冯玉祥为国民革命军总司令，唐生智副之，并拟组织所谓"东征军"，顺流东下，讨伐我辈"叛逆"。在汉的原有激烈分子如徐谦等，冲动之情已不消说，即汉方军人唐生智、张发奎、程潜、朱培德辈，也都摩拳擦掌，恨不得一举荡平东南，方泄其愤。

我方对此种威胁，自不得不采取相当防御措施。先是，江右军总指挥兼南京卫戍司令程潜，因同情汉方反蒋，已先期离宁返汉。程氏第六军中的两师精锐，一在南京，一在江北。程氏去后，其在江北的一师遂取道淮河北岸，遁返武汉。原驻南京的十九师因我军监视很严，遵命改编为"暂编第六军"，由原第六军参谋长杨杰晋升军长。

正当宁汉双方阅墙之争相持不下之时，新近败北的孙传芳残部和直鲁军主力也开始向我反攻，意图卷土重来。四月十二日直鲁军许琨部自淮河南下围攻合肥，我军马祥斌部正死守待援。另路直鲁军则沿津浦路南下，攻占浦口。并经常以野炮隔江轰击南京。时西线敌军也图南犯,奉军精锐正由张学良率领,自京汉线南下至驻马店,威胁武汉。处此紧要关头,宁汉双方如真自相火并,必将同归于尽。

四月下旬,南京方面军事委员会乃决定继续北伐,以减除江北敌军的威胁,并解合肥之围。五月一日,军事委员会正式发布命令,将东线各军分编为三路,继续北伐。第一路总指挥为何应钦,辖第一军(欠一、三两师,何自兼军长),第二十六军(周凤岐),第十四军(赖世璜),第十七军(雷万顺)。第二路总指挥由蒋总司令自兼,白崇禧代行,辖第四十军(贺耀祖),第一军的一、三两师(杨杰指挥),第六军(亦由杨杰指挥),第三十七军(陈调元),陈调元并兼前敌总指挥。我则受任第三路总指挥,以王天培为前敌总指挥,辖第七军(夏威)、第十五军的第二师(师长刘鼎甲)、第四十四军(叶开鑫)、第二十七军(王普)、第十军(王天培)、第三十三军(柏文蔚)、独立第五师(师长马祥斌)。

此期北伐计划我军作战的总方略,系以第二、三两路为主力,由皖北攻截津浦路,第一路则陈兵于镇江、常熟一带,俟二、三两路奏功后,渡江北进,以肃清苏北之敌。

计划既定,我遂将所部分为五个纵队,指定集中地点,克日出击。其战斗序列如下:

第三路总指挥　李宗仁

　前敌总指挥　王天培

　第一纵队指挥官　叶开鑫

　　第四十四军

　第二纵队指挥官　夏　威

　　第七军(缺第二师)

　第三纵队指挥官　胡宗铎

第七军第二师　胡宗铎

第十五军之一师　刘鼎甲

第十五军独立旅　严　敬

第四纵队指挥官　王天培

第十军

第五纵队指挥官　柏文蔚

第三十三军

总预备队指挥官　王　普

第二十七军

命令下达之后，第十军暨第二十七军乃于五月三日由大通渡江，向庐江、舒城集中。第七军则分三处渡江，第一师于五月五日自西梁山，第三师七日自芜湖，第二师及十五军于六日自荻港开始渡江，七日渡毕。

斯时江北敌军为程国瑞和许琨等部，一经接仗便纷纷溃败后撤。五月十一日我第一纵队遂占领含山，第三纵队也于同日占领巢县。十二日第二纵队进驻巢县，与第三纵队会师。第四纵队也于同日抵达舒城。

敌军溃败后，复将主力二万余人集结于柘皋、店埠、梁园附近，与前攻合肥之敌刘志陆、张敬尧等联合，以图顽抗。我二、三两纵队遂向柘皋推进，以寻找敌军主力而歼灭之。

当我方决定继续北伐时，武汉军似乎真在作"东征"准备。目击此一危机，我乃于四月间派参谋长王应榆往汉，向武汉各领袖陈述我的意见。我力主双方均承认既成事实，大家分道北伐，待会师北京，再开会和平解决党内纠纷。王氏抵汉后，不久便有电来说，武汉中央大体同意我的建议，主张先将北方之敌击溃再说。

武汉方面情势虽转缓，唯江西方面的朱培德反蒋仍力，有待疏通。先是当我军于三月尾离赣东征时，武汉中央遂将亲蒋的江西主席李烈钧撤换，而代之以朱培德。朱氏衔蒋甚深，积忿已久，一旦取得江西省主席地位，遂激烈反蒋，所有在赣的蒋系人物悉被摈除。朱氏并亲作长书致何应钦，历数蒋的徇私狭隘、市私恩、图独裁等各项罪状，力劝何氏加入反蒋阵营。何应钦在南京曾将此函示我。该函确系朱培德亲笔，长凡十余页。我问何应钦："你把这信给总司令看了没有？"

何说："我当然要给他看啦！"

这时朱培德陈兵于九江、湖口一带，武汉如真来一次"东征"，则朱培德部势必为先锋无疑。为彻底避免革命军自相残杀，我认为有一晤朱氏的必要。因此，当我军开始渡江北进时，我乃电约朱氏一晤。五月十一日，我自芜湖专轮西上，翌日抵湖口。朱氏乘轮来迎，我遂过船与朱氏倾谈。

朱氏和我一见面当然就痛诋蒋氏，并力述南京另行成立中央的非计。我则说，此一问题的是非曲直极难辩明，何况南京国府已经成立，欲罢不能。目下当务之急，不是辩是非，而是解决实际问题，如何避免宁汉双方的军事火并，然后再缓图彻底解决。我更强调说，如果武汉方面真要"东征"，从地理和军队位置说，当然以他的第三军为先锋，则首当其冲的便是现驻安徽的第七军。试问以第三、七两军自相砍杀，武汉方面有无制胜的把握呢？如两败俱伤，岂不是替北方军阀造机会，使宁汉同归于尽吗？我一再申说，为今之计，只有宁汉双方承认既成事实，将错就错，暂时相安，并于津浦、京汉两线分路同时北伐，直捣燕京，内部问题，再缓图解决。

我的一席话，说得朱培德颇为所动，我便请他转告汉方中央各同志，切勿河汉斯言，自贻伊戚。说完，我便辞别回船，驶返芜湖。朱氏也去武汉报告，卒使宁汉暂缓冲突，分途北进。事实上，宁汉双方也各为利害形势所迫使然，并非全靠我这和事老之力。

贰

我于五月十四日返抵芜湖，乃乘轮穿巢湖往合肥前线督师。在我去湖口期间，我军第二、三两纵队已于五月十三日大破直鲁军于柘皋，斩获极丰。我于十五日抵合肥时，敌我正相持于合肥东北梁园一带。是日夜间，敌人新得蚌埠方面开来援军，由马济亲自指挥，夜袭我军。来势如疾风暴雨，猛不可当。我军驻梁园部队以为敌军新败，无力反攻，全军解甲而卧，初未防备。骤遭袭击，将士均于睡梦中惊醒。所幸我军征战有年，临阵沉着，未被冲乱。将士就地据守，十分稳定。敌军在主帅马济亲自指挥之下，拼全力冲杀，已冲入梁园镇上，与我军巷战彻夜未停，黎明之后，我方看透敌军虚实所在，乃展开两翼，向敌阵包抄过去。敌军猛扑一夜无功，至是士气已沮，我军一旦反击，敌人遂全线溃乱，一经跟踪追击，遂溃不成军。马济复调集白俄骑兵千余人，向我左侧翼反扑。此批俄兵在北战场中声威素著，因俄兵人高马大，当之者每为其气势所慑，而望风披靡。此次俄军指挥官仍施展故技，列队向我冲来。我军将士均不发枪，候其行近，则枪炮并施，全军迎头逆袭。俄军遂掉转马头，夺路而逃，与北军数万人张皇逃窜，互相践踏，伏尸遍野。主帅马济也落荒而走，在肥北高粱田中，为当地红枪会用梭镖所伤，不治而死。

据说，马氏此次在梁园督战，是抱定孤注一掷的决心而来的。他在蚌埠曾向张宗昌建议说，这次犯皖的革命军的主力系广西部队。广西部队概长于运动战，唯求速战速决，利于进攻，疏于防守。一旦战罢，则解甲高卧，防备极疏。马说："我知道他们就是程咬金的三板斧。三斧头砍过之后气就松了。这次我们决定于夜间进袭，攻其无备，包管可以一举而聚歼之。"

张宗昌很看重马济，因为马氏是多年宿将，又是广西人，我军上下多半曾任其部属。马氏既如此建议，张宗昌遂挑选直鲁军精锐，交马氏亲自指挥，南下增援。渠探得我军在梁园宿营，遂乘夜拼全力猛扑。谁知我军的沉着，大出其意料之外；马氏未能撼动我军丝毫，反而自食其果，一败涂地。

梁园大捷后，我军尾追不舍，五月二十日遂克明光、临淮关和凤阳。二十二日克津浦线上的重镇蚌埠。斯时我军第一、二两路也在何、白二人指挥之下，与我呼应，齐头向陇海线推进。

在全军北进时，我本人则在合肥小住，以整饬第三路直辖的新编各军。先是，我军驻扎芜湖时，因广西后方汇款未到，饷粮不继。我曾召集芜湖商界，筹借军饷十余万元。驻军筹饷，为我国近代的通例，驻地绅商也认为是一项正规的负担，不以为异。如数目不大，绅商都乐为之助，初无怨言。到我军渡江北上时，适后方军汇到达。我遂召集原来绅商辞行，并将前借的款如数奉还，未少毫厘。这种举动，在当时商民目光中简直是奇事。因自清末以来，驻军借饷，如数归还的，这还是头一次。

可是合肥的情形便不同了。因原驻此地的第三十三军、第二十七军、第十军等，多系北军收编，加入革命为时甚暂，战斗力既差，扰民尤甚。士兵占住民房，强买强卖，拉夫借饷等事，时有所闻，绅民啧有烦言，我抵合肥时，全城绅商代表道左相迎。尤以绅士季雨农曾助马祥斌守城月余，不辞劳瘁，深堪嘉许。他们对我都很爱戴，我对他们也很尊重，彼此相处无间，他们遂得尽所欲言。因此，我对驻军扰民情形洞悉无遗。遂于合肥召集军事会议，面告柏文蔚、王天培、王普等军长，务必严申军纪。

柏军长是皖省耆宿，辛亥革命时曾任安徽都督，是一位革命老前辈。他向我诉苦说，他的第三十三军全是北军和地方军临时收编的，军纪极坏。我告诉他说，你必须痛加整顿，否则我便将一切不法的军队缴械，遣散。柏氏唯唯。王天培、王普、叶开鑫、马祥斌都表示绝对服从总指挥的命令。会后，我便通令全军，并张贴布告，整饬军纪，有违令扰民者，军法从事。三令五申之后，果然全军肃然，一反故态，卒能令行禁止，秋毫无犯。足见天下无不可治的军，只是事在人为，以及主帅是否能以身作则而已。

合肥小住之后，我即随军北进。六月二日徐州克复，遂移总指挥部于徐州。此时我友军第一、二两路也北进到陇海路会师。高级将领于六月上旬云集徐州，作进一步北伐的商讨。

当我军进抵陇海路时，武汉方面北伐军也同时抵达该线。先是，武汉军在唐生智、张发奎二人指挥之下，曾与奉军激战于京汉路。斯时，冯玉祥的西北国民军也已出潼关，攻占洛阳，威胁敌军的侧背。奉军不敢恋战，于六月一日自郑州北撤。武汉军遂占领陇海路中段，进驻郑州、开封，与徐州我军遥相呼应。

第三十四章　徐州班师始末

壹

六月初，我三路革命军会师陇海线时，山西阎锡山已正式附义。革命势力至此已奄有全国的大部，本可一举而下北京与天津，以实现我原先"打下北京再说"的主张。谁知正因军事进展的迅速，武汉方面反蒋声浪也随之高涨。卒使九仞之山，功亏一篑。

因宁汉分立后，武汉方面竟一变"容共"为联共，举行所谓"国共联席会议"，凡重要政令悉由两党合议施行。苏联顾问鲍罗廷操纵一切，俨然太上皇帝。所谓群众运动更搞得天翻地覆。这种过激的作风，早已引起军中官兵的疑虑。到十六年夏季，两湖军队愤懑的心情，已到无可压抑的境地。因当时中、下级军官多为中、小地主出身。其父母或亲戚在故乡都横遭工会、农会的凌辱，积愤已久。而各级党部竟视若无睹。纵使是革命军第三十五军军长何键的父亲，也被绑游街示众。到五月二十一日，长沙驻军旅长许克祥部遂实行反共，并逮捕共产党员，是为"马日事变"。事变发生后，共产党即向国民政府施加压力，要求处罚"不法军官"，而高级将官唐生智、何键等，反而左袒许克祥等，国民党领袖汪兆铭等也认为共产党过分嚣张，希图加以抑制。共党不服，遂伏下武汉"分共"的契机。

适此时第三国际首领斯大林等，也以武汉国民党不可靠，训令武汉中共自组"工农革命军"，改组国民党中央执行委员会，没收地主土地，并组织军事法庭，审判"反革命军官"等。其真正企图，是在乘机取武汉国民党而代之，以与南京相对抗。此项训令原极机密，孰知第三国际驻武汉代表、印度人鲁易，竟于五月三十一日将全件密示汪兆铭，希望汪站在共产党的一边，共同奋斗。汪氏大惧，乃召集中央领袖密议"防共"之计。六月五日武汉中央政治会议议决解除鲍罗廷国民政府顾问职务，并驱逐回国。六月六日江西朱培德也开始驱逐共产党人出境；武汉"分共"到此遂成箭在弦上。嗣后，汪兆铭、谭延闿、孙科、唐生智、张发奎、邓演达、徐谦等联袂抵郑州，电约冯玉祥于六月九日到郑，会议三日，是为郑州会议。会中，武汉方面决定将河南交冯部接防，武汉军遂全师南撤。

武汉方面策动"郑州会议"的目的有二。其一为南下防共，因中共密谋已露，变生肘腋，不得不防。其二在重行部署其所谓"东征"计划。武汉方面以河南地盘饵冯，固希望冯氏沿陇海路东进，而武汉军则顺流而下，如是，可一举而囊括东南。谁知冯玉祥也是一老谋深算的政客，未为武汉方面甘辞厚饵所动。且冯在陕西时，对共产党活动已深感不满而屡加抑制。此次郑州之行，对武汉方面的建议，仅漫应之，使武汉领袖殊感失望。冯氏取得河南地盘以后，也答应蒋总司令之约，来徐州和我们一晤。

六月十七日，蒋总司令偕冯玉祥代表李鸣钟莅徐。冯氏专车预定十九日抵徐。是日清晨，蒋总司令乃率在徐各将领，专车西上，到郝寨车站欢迎。一时冠盖如云，仪仗队、军乐队器械鲜明，金光灿烂。大家屏息以待，静候冯总司令麾节。

我们在郝寨车站静候很久，果然西方汽笛数声，冯氏的"花车"缓缓进入月台。一时军乐大作，欢迎人员在国民革命军蒋总司令率领之下，整肃衣冠，排立月台上，群向缓缓移动的车厢内窥视。唯车内概属冯氏的文武随员，未见有冯将军在内。随员见我们都在伸首窥探，乃以手指向后节车。我们遂一齐向后节走去。只见后节车厢并非客车，而是一系列装运马匹的"敞篷车"，及装运行李货物的"铁皮车"，车厢上既无窗户，更无桌椅。铁皮车驶近了，只见一布衣敝履的关东大汉，站在铁皮车的门口，向我们招手，大家才知道这位大汉便是冯总司令。车停了，大家便一拥向前去欢迎，他也走下来和我们握手为礼。冯氏穿一套极粗的河南土布制的军服，腰束布带，足穿土布鞋，与这批革履佩剑，光彩辉耀的欢迎人员形成一尖锐的对照，颇觉滑稽可笑。

冯玉祥为我国军界前辈，晚清时已任旅长。民初袁世凯称帝时，冯曾奉命入川与护国军蔡锷作战，并受袁氏封为"男爵"。嗣隶皖系军阀，曾随段祺瑞誓师马厂，后叛皖转隶直系。二次直奉战争时，又叛直自称"国民军"。时人称他为"倒戈将军"，北方军人都对他衔恨。嗣国民军失败，冯氏走俄加入国民党，与俄人过从甚密，故北方军人又呼他为"北赤"。

冯氏行伍出身，未尝受正式军事教育。其部属也多系行伍出身，纵是高级长官，也每有目不识丁的。所以冯氏治军，仍一本中国旧军的陈规。部下犯过，纵是高级军官，也当众罚打军棍，初不稍贷。其部将也专以效忠其个人为职志，部队固然是其私产，将校也是其奴仆。军官每有升迁，冯氏常按北方军的陋习，先罚打军棍数十，然后发表升官派令。故其部曲如有无故被打军棍的，其同僚必购酒肉，燃爆竹，为渠庆贺，因打一顿屁股之后，必然又官升一级了。这种侮辱人性的作风，冯氏行之不以为怪。（嗣后，黄埔毕业生曾有数百人奉命至第二集团军见习，不久悉行潜逃，因打屁股升官的作风，实非一般现代军人所能忍受也。）

冯氏治军素称严厉。渠因皈依基督教，不烟不酒，所以其军中烟酒嫖赌，概行严禁，军纪严明，秋毫无犯，为时人所称颂。冯氏也很能以身作则，粗衣素食，与士兵共甘苦。渠尤善于装模作样，能躬自为伤病兵员洗脚、剪发。偶有士兵思亲、思乡，冯氏便令将其父母接来军中小住，关怀弥切，优礼有加，每使头脑纯朴的乡人父老感激涕零，叮咛子侄为冯氏效死力。

唯冯氏的为人却难免恃才傲物，倚老卖老。渠又口才伶俐，演说起来，幽默讽刺一时俱来，极尽尖酸刻薄之能事，常使听者处于尴尬万分的境地。所以冯氏实可说是一时的怪杰。以渠的历史背景和习性来加入革命，与一般党人如胡汉民、蒋中正、谭延闿等相处，令人有凿枘不投之感。

冯氏抵徐后，下榻花园饭店。当晚便由蒋总司令设宴招待，由在徐各高级将领作陪，席间谈笑风生，颇为融洽。翌日，南京国民政府主席胡汉民偕吴敬恒、李煜瀛、蔡元培、张人杰、李烈钧等专车抵徐，拟与冯氏会商今后北伐暨对付武汉诸大事。唯冯氏对北伐则竭力赞同，对武汉却力主"调解"；并谓武汉方面已开始进行"分共"，国民党自相残杀，殊无谓也。持论尚称公允。先是，蒋总司令于前日晚曾要求冯氏一致行动，向武汉进兵，消灭反动势力，为冯所婉拒，到正式会议时，蒋氏遂不再提此要求。双方磋商结果，决议由蒋、冯联衔于六月二十一日发出通电，声明为实现三民主义而奋斗，未及其他。同日，由冯另电武汉方面汪兆铭、谭延闿、孙科、宋子文、何香凝等委员，劝其早日送鲍罗廷回国，并抑制共产党的群众运动；庶几宁汉合流，完成北伐大业云云。徐州会议遂告结束，冯氏于是日专车西返。

冯氏去后，蒋总司令便召集在徐将领会议，力主回师西上，解决武汉。蒋一再地说："先把武汉解决了再说！"我当时竭力反对向武汉用兵，力主继续北进；如果武汉真图异动，我们可以抽调一部分部队以防之，但不必使北伐功败垂成。

会后，蒋、胡率领中央各同志返宁；北伐战事仍照原计划进行。六月二十三日，白崇禧指挥第二路军向鲁南临沂攻击前进；我则指挥第三路的第七、第十两军向临城；第三十三军及暂编第十一军向鱼台、金乡前进。当日便占领韩庄。

六月二十五日，我军占领峄县。二十七日，我遂亲率第七、十两军入驻临城。敌军前敌总指挥许琨退往兖州，所部精锐马玉仁师全部被俘。数日间，我军便已迫近邹县、济宁一带，克复山东，已成定局。

不意正当我军迅速推进之时，武汉方面真正厉兵秣马，准备"东征"。因自郑州会议后，唐生智、张发奎所部已全师撤回武汉，作沿江东下的部署。南京方面接获情报，蒋总司令乃急电令我于临城中止北进，并返南京会商防御武汉方面进攻的计划。我得电后，即令各军就原地据守。我本人亲夜南下，于七月初抵南京。至是，我才知武汉军的精锐第四、第十一、第二十、第三十五等军，确已向下游移动，我军如不克日回师，则后防可虑。

我回到南京，蒋总司令一见我面，便问，在这情况下，怎么办？我乃向他分析敌情说：今日武汉既以精锐倾巢来犯，我军势必亦以精锐调回安庆，芜湖之间，迎头堵截；如此则非将我的第七军自前方调回不可。但是我军已深入鲁南，北方之敌亦系直鲁军的精锐。第七军一旦回师，北军势将反攻。以北军的精锐攻我战斗力脆弱的第十、第二十七、第三十三、第四十四各军，我军决难持久。况徐州向称四战之地，无险可守。与其明知不可守而守之，倒不如将主力撤回淮河南岸，到不得已时，即放弃徐州，而守淮河天险。俟武汉方面问题解决，再挥军北进，尚未为晚。

蒋氏虽同情我的缩短战线，退守淮河的战略主张，但是他畏首畏尾，不愿放弃徐州。他认为徐州是战略要地，得失之间，尤足影响民心士气。放弃徐州，势必增长北方军阀和武汉的气焰，所以他期期以为不可。

我说，古人有言，"蝮蛇啮手，壮士断腕"，又说，"小不忍则乱大谋"。在目前情况之下，我们纵以可战之师守徐州，在战略上已属下策，何况以战斗力薄弱的部队来守徐州，则徐州必失。既知其必失，倒不如先舍之而去，岂可患得患失。无奈蒋氏意志坚决，不愿放弃徐州。我深知徐州之失已成定局，然吾人服从命令行事，也只有徒唤奈何而已。我当即赶回徐州，召集军事会议，宣读蒋总司令训令。调第七军到芜湖以西地区布防。至津浦前线军事则由第三路前敌总指挥王天培负责指挥，固守徐州。

我宣布命令后，立见各将领面有愁容，默默无言。布置完毕，第七军即遵命南撤，开往指定地点布防。当我军南撤尚在途中，武汉军的精锐已向东移动。第二方面军张发奎部正进驻九江，有克日东进模样。宁汉交兵已迫在眉睫。孰知即在此紧要关头，武汉方面的共党也已至决裂阶段，拖延了武汉军东进的日程。

贰

武汉方面，自鲁易示汪以共产党秘件之后，各领袖已在积极准备"分共"（武汉自称其反共运动为"分共"，以示有异于南京的"清党运动"）。六月二十九日，武汉警备司令李品仙和第三十五军军长何键都表示反共，并解除汉口工会纠察队的武装。七月十三日，中国共产党中央委员会发出宣言，声明中国共产党党员参加国民政府的，一律撤退。七月十六日，汪兆铭等也以"政治委员会主席团"名义发表答辩声明，指摘共产党破坏革命联合阵线，并将各级政府内的共产党员解职。武汉方面国共至是已正式决裂。八月一日晨三时，张发奎第二方面军所辖的第二十军军长贺龙、第四军师长叶挺和第三军教导团团长兼南昌公安局长朱德遂各率所部叛变于南昌，并组织所谓"革命委员会"。武汉国民政府随即下令申讨，并严令第二方面军总指挥张发奎率部"进剿"。八月七日，中共在武汉召集重要会议，另选瞿秋白为总书记，以代陈独秀，并决定实行"秋收暴动"。武汉国民党中央也于同日开除中央委员会中的跨党分子党籍，明令拿办。执行"分共"之严，有过于宁方。因此宁汉分立的基本原因遂告消失，所遗留的问题，仅为双方领袖间意气之争了。

正当武汉方面因共产党问题延误其"东征"计划时，我们津浦线上的战事也急转直下。我第七军于七月上旬撤离鲁南后，直鲁军许琨、徐源泉等部即会同孙传芳所部，向我军反攻。临城一得一失，我第十军损失甚巨。七月二十四日，直鲁军许琨等部竟攻陷徐州，我前敌总指挥王天培部退回安徽宿州。第二路军也自鲁南急剧向陇海路撤退回苏北。败讯频传，南京为之震动。

蒋总司令乃召集在京将领密议，渠意武汉军为共党所稽延，一时不易东下，我方应及时夺回徐州，以振声威。蒋氏以此意询我。我说，徐州为四战之地，本不应采取守势，其理由上次已陈述甚详。今既不幸言中，则不如索性将各军南撤，固守淮河南岸天险，待武汉局势澄清，再图规复。唯蒋氏仍力主夺回徐州再说。我说以现有兵力估计，恐力有不逮。蒋说，渠当力调第一军两师为先锋，由渠亲自指挥，反攻徐州。

在出发前的某次纪念周上，蒋氏竟声称，此次不打下徐州，便不回南京。我闻此言，深感蒋总司令身为主帅，说话却如此意气用事。以其所率兵力，断难克复徐州，如徐州打不下，他是否真的不回南京呢？不知彼，不知己，徒逞一时意气，焉有不败之理？与蒋氏晤谈后，我便遄返芜湖防次，监视长江上游军事的发展。

七月二十五日，蒋氏专程北上，指挥收复徐州之战。我军于八月初发动反攻。蒋总司令亲自指挥第十、第二十七、第三十二、第四十各军，另加第一军两师；会同陇海路东段以南、白崇禧所指挥的第三十七、第四十四等军，与孙传芳、徐源泉等部鏖战于淮河、徐、蚌之间。战斗初起，津浦路正面之敌，佯作退却，故我军进展极速。到了逼近徐州，徐州城郭已遥遥在望，敌军始发动顽强抵抗。

蒋总司令见徐州克复已是指顾间事，遂亲赴前线督师，将所有预备队俱调入第一线作战，作孤注的一掷。殊不料敌人的战略正欲诱我深入，蒋的奋勇前进，正堕其计中。到了战事进入胶着状态，敌人突由其右翼派出精锐部队，向我军左翼包抄袭击。我军首尾不能相顾，全军顿形混乱。正面敌人乘势出击，我军乃全线溃败。敌军跟踪追击，我军无法立足，迅速逃窜，津浦路轨及桥梁均不及破坏。敌军势如破竹，我军溃败之惨，实前所未有。

八月六日，蒋总司令仓皇退回南京，据江而守。既羞且愤，乃将战败责任，归之于前敌总指挥王天培，将其扣押枪决，以泄其无谓之愤。其实此次溃败，完全由于蒋总司令自己估计错误，指挥失当所致，王天培实在是替罪的羔羊。

第三十五章　总司令下野，宁汉息兵

壹

蒋总司令于八月六日自津浦路前线返抵南京，忽然有电给我，该电仅寥寥数语，要我立刻从芜湖防地往南京一晤。那时我已得到前方受挫的消息，详情却未悉，市面人心已见浮动。我便即日应召前往。到总司令部时，才知蒋总司令已于当日去汤山温泉休息。我就掉转车头，向汤山疾驶而去。

一见面，他便说："这次徐州战役，没有听你的话，吃了大亏。我现在决心下野了！"

我闻言大吃一惊，便说："胜败兵家常事，为什么要下野呢？"

蒋说："你不知道，其中情形复杂得很。武汉方面一定要我下野，否则势难甘休，那我下野就是了。"

我说："在此军情紧急时期，总司令如何可以下野？这千万使不得。现在津浦路上一再失利，你下野必将影响军心民心。武汉方面为什么一定要你下野呢？他们现在也'分共'了。站在'反共'的立场来说，双方已殊途同归，不过我们早走了一步罢了。大家既已步调一致，便应捐除成见，既往不究，恢复合作。"

蒋仍旧摇头说："你不知道内幕，情形复杂得很。"

我说："你最好派员到武汉去疏通，多说些好话。我也派人从旁斡旋，以免同室操戈，为敌所乘。"

蒋说："交涉疏通是无补于事的。我是决定下野了……"说着，他便拿出一张拟好的初稿文告，说是他下野的"通电"。

我说："现在津浦线上，我军已溃不成军，局势十分紧张。敌人已进逼蚌埠，旦夕之间即可到达浦口，威胁首都。武汉方面又派兵东进，如何部署江防实为当务之急。我看，你无论如何要顾全大局，不要下野！"

蒋说："我下野后，军事方面，有你和白崇禧、何应钦三人，可以对付得了孙传芳。而武汉方面东进的部队，至少可因此延缓！"

我还是坚持请他不要下野，而他则一再说，他已下了决心，非他下野，则宁汉之局不易收拾。这样便结束了我们的谈话。后来我才听说，总司令赴津浦督师之前，曾派褚民谊去汉口和汪兆铭商洽。褚与汪私交极深，又属至戚，故无话不可谈。褚民谊既已数度往返于宁、汉之间，对武汉方面情形当然知之甚详。我一再喋喋劝蒋不要下野，实是不知个中底蕴，隔靴搔痒之谈，难怪蒋氏说我不知道内幕情形了。

我辞别了总司令，即到隔壁各房间，见陈铭枢、戴传贤、吴敬恒、陈布雷各人，对总司令的下野，均处之泰然，我觉得很奇怪。据陈铭枢说，下野宣言，在驶回南京途中，总司令已命陈布雷起草拟就了。他们也认为局面演变至此，暂时退避，也不失为上策。但是当时外间不明真相，且有部分党人，以讹传讹，歪曲事实，硬把罪名加到我和何应钦、白崇禧的头上。说蒋的下野，是我们三人"逼宫"使然，恰与事实完全相反。是时白崇禧尚在苏北军中指挥作战，不知此事。据我所知，何应钦当时也力劝其打消辞意，绝无逼其下野的事。下野文告因一再修改，到八月十二日才正式公布，蒋随即赴沪，此时浦口敌人重炮与我狮子山炮台已对战三日了。

这一谣言的发生，可能有三种因素：一是武汉故造谣言，以打击蒋氏的威信。二是部分党员也同我本人心理一样，当此紧急关头，总司令是万不该下野的，而渠竟毅然下野了，其内心必有不可告人的隐痛；若辈疑心生暗鬼，自易听信外界谣言。三是总司令是一个极端顽固偏私而忌贤妒能的人，他对任何文武干部，尤其是统兵将领，都时时防范，连何应钦这样四平八稳的人，他都不能放心。总而言之，蒋氏一生，只知一味制造奴才，而不敢培植人才。这一谣言可能系他授意所散布，以打击我辈。嗣后，蒋氏由日本回上海，和宋美龄结婚并复职，此项无稽的谣言更为盛炽。我曾两度在他南京官邸请他申明矫正。他只微笑说，这种不经之谈，尽可不必去理它。我说："我们的冤枉，只有总司令一言才可替我们洗刷干净。"他仍是微微一笑而已。

溯自十五年冬季，蒋总司令与武汉中央发生龃龉，我一直居中调停，以悲天悯人之心，希望党内团结，内摧军阀，外抗列强。后来共产党问题发生，我也是经常袒护蒋氏，其目的无非维护本党，完成国民革命，实无个人恩怨存乎其间。而党内少数人不明真相，将己度人，认为白崇禧居间全力拥蒋，故第七军始终未为武汉方面威胁利诱所动，而蒋总司令的地位始得以维系不堕云云，此事殊有稍作澄清的必要。

蒋总司令请白崇禧为参谋长，非爱其才，而是利用白与各军联系。到了白氏桥梁作用已告终结，蒋就必然要弃之如敝屣。加以白氏又是个性直才高的人，重于道义，忠于职守，敢作敢为，而又性喜直言疾谏，深鄙患得患失、奴颜婢膝的行为。此种性格与蒋氏尤为格格不入。因蒋的为人刚直其表，阴柔其里，护短多疑而忌才。自占领江西之后，蒋已对白深感不满。如第二十九章所述，马口之役后，白氏分发所获敌人军械予第二、三、六各军一事，即深触蒋氏之忌。蒋氏或不拟此批武器分发各军；纵使分发，渠意也应由其自发手令执行，不可由白氏为之，以见好于各军。其实，在一般情况下，参谋长为总司令作此处分，原是极顺理成章的事。白氏以大公无私之心，初未想到总司令竟如此的狭隘。

然值此军情紧急之时，将才难得，故蒋氏心虽不悦，但又无可如何。东征军事发动时，白崇禧奉调为东路军前敌总指挥，指挥第一、二、三及附义各军入浙作战。命令发表时，第二军代军长鲁涤平极感不服。因论年龄、资望，鲁氏均远在白氏之上。然蒋总司令与第二军军长谭延闿均知此事非白氏担任不可，鲁涤平实材有不逮。后经谭延闿一再解说，鲁涤平始无言。到入浙战事发生，第二军曾一度失利，鲁涤平几有溃不成军之势。值此紧要关头，白氏曾亲率总预备队两团，星夜冒险蛇行前进，深入敌后，直捣敌将孟昭月的总指挥部，方使全局转危为安，卒获全胜，占领杭州，肃清浙江。此一乘危用险的进兵方式，才使鲁涤平佩服得五体投地。

唯白氏以底定东南之功，不特未获主官青睐，反招致无聊的嫉忌，身为东路军总指挥的何应钦，竟以白氏单独进兵，未等他一同入杭州而不悦。蒋总司令也以白氏竟能运用自如，指挥其亲信的第一军而疑窦丛生。白氏以一员猛将，但知披坚执锐，奋勇杀敌，初不意功高震主，竟有如许的暗潮。

京沪克后，白氏又受任为北伐军第二路代总指挥，指挥陈调元等军循运河两岸北进。陈调元原系白崇禧的老师，且曾任方面有年，此次屈居白氏之下，颇感不服。因亲往见总司令，颇有抱怨之辞。蒋说："白崇禧行！你应该接受他的指挥。以后你就知道了！"陈调元始郁郁而退。

嗣后，津浦线上之战，白氏用兵如神，每每出奇制胜，陈调元不禁为之击节叹赏。在我军自徐州南撤时，敌军乘虚反攻，如疾风暴雨。陈调元位居第二路前敌总指挥，张皇不知所措。白氏命陈部先退，自率总指挥部特务团殿后，掩护本路军，缓缓南撤。虽迭经敌军猛扑，白氏指挥从容，三军稳重如山，不惊不乱，陈调元尤为之咋舌称奇。其时陈部饷糈不继，白氏乃将总指挥部和特务团的给养，拨交陈部济急，本部及特务团却等待后到接济再行补充，充分显出主帅舍己为人的风度，更使陈氏心折。所以白氏在东南、苏北、鲁南，数度作战之后，终教关、张俯首，士卒归心，"小诸葛"遂更名闻退迹了。

以上故事，都是谭延闿、陈调元等亲自向我口述的。孰知白氏战绩日著，蒋氏对他的疑忌也日增，甚至在和诸元老谈话中，时时露出对白氏不满的批评，说白氏"不守范围"。张人杰曾为此与蒋辩论，说在蒋氏直接指挥下的各将官，论功论才，白崇禧均属第一等，值此军事时期，求才若渴，应对白氏完全信任，使其充分发展所长，不可时存抑制他的心理。据说，蒋总是摇头皱眉说："白崇禧是行，但是和我总是合不来，我不知道为什么不喜欢他……"这是张人杰当面对我和李济深说的。我不免闻言悚然。

为着弥缝蒋和白的情感，中央元老如蔡元培、吴敬恒、张人杰等常向我提及此事，希望我也去和蒋先生委婉解释。唯我私自忖度，很觉不便正面提出，以免有左袒白氏之嫌。某次谒见蒋氏，他问广西有几位留学日本士官的学生。我说，只有马晓军一人。提到马晓军，我就乘机介绍马氏以前任广西陆军模范营营长，及民国十年中山援桂时任田南警备司令的情形，并涉及白崇禧为人的重道义感情。我举他以前在田南警备司令部内当营长时的故事：

马晓军是一个看钱极重而胆子极小的军人。一听见枪声，便神经紧张，于足颤动。每逢军情紧急，即借故离开部队，躲往安全地区。部队统率的责任则交由黄绍竑、白崇禧、夏威等几个营长，全权处理。危险期过，马氏又回来做主官。如是者再，颇为官兵所轻视。加以他视钱如命，偶尔带几个士兵因公出差，有向他借一角或五分于途中购买茶水，回防地后，他也必追索。所以上下官兵早已有心希望他离开部队。某次，百色防地为刘日福自治军所袭，部队都逃往黔边，马氏个人却逃往南宁。到刘部被驱离百色后，马氏又要回队。这时几位营长，如黄绍竑、夏威等，都主张拍一电报给他，请其不必回营。独白氏坚持不可，他认为这样做，无异于犯上作乱，于做人的道义有亏。由这个例子看，以马晓军这样的人，白氏对他尚且忠心耿耿，其为人的正直忠厚可知。

其次，白氏担任我的参谋长，前后达三年之久。一有军事行动，则出任前敌总指挥，从未计较名位。是一位喜欢做事，任劳任怨的人。广西能够完成统一，整训收编部队，提前出师入湘北伐，他的功劳，实不可没。蒋氏知我有所指而言，只连声唔、唔，而结束了我的谈话。

又有一次，比较说得更露骨了。我说，白氏才大心细，做事慎重敏捷；他以前在当我的参谋长时，遇事往往独断独行，然从无越轨之处。我对他也能推心置腹，所以事情做起来又快又好。如今他纵或有"不守范围"之处，推其原意，亦无非想把事做得快，做得好。总司令如觉得有不合体制之处，大可明白训谕，千万不可于部曲之间，吞吞吐吐，疑心生暗鬼，反为不美。

我一再诚诚恳恳地向蒋氏解说，总希望全军上下精诚团结，和衷共济。但是不管我怎样的言之谆谆，他总是时怀疑忌。忠言难以入耳，实堪浩叹。所以就蒋与白的关系说，自克复南昌而后，已失和谐，还是我居间维系。故党人所传，说我的拥蒋，全是白崇禧居间促成，适与事实相反。

贰

蒋总司令于八月十二日下野后，京沪一带军民不知底蕴，竟为之人心惶惶。孙传芳知我军有内变，乃拼全力反攻，自苏北循津浦路及运河两路齐头并进，自江北炮轰江南。长江上游的武汉"东征军"也正向下游移动。我军两面受敌，形势颇为不利。八月十九日军委会开会时（蒋下野后我们复用军委会名义），何应钦、白崇禧和我决定以军委会名义，将军队重行部署；把三路大军一齐南撤，防守长江，以阻敌人南渡。

我们的防御部署，系以第一路军，辖第一、第十八（原第六军杨杰师改编）、第十四、第二十六、第十及第三十一等军，担任南京城东郊乌龙山以东至淞沪一带的防务。第二路军，辖第三十七、第二十七、新编第十、暂编第十一等军，担任东西梁山以西长江上游的防务。前敌总指挥陈调元则驻于芜湖。

我第三路，辖第七、第十九（原第十五军改编）、第四十、第四十四各军，则担任乌龙山以西，东西梁山以东，长江中段的防务。

至此，除合肥、六安一带尚由第三十三军防守之外，江北已无我军驻屯。孙军与我隔江对峙，四处扬言，说要克日渡江，消灭我军。武汉军此时倘也东下，我军势难首尾兼顾，前途将不堪设想了。所幸自蒋下野后，武汉方面"反共倒蒋"的"东征"计划已失了借口。冯玉祥又连电宁汉双方调解，汪兆铭也表示论事不论人。宁汉对立的局面，表面上确实松弛了不少。南京中央方面企图遴选要员北上，和汉方接洽化嫌息争，庶几可以合力应付敌军的反攻。在这场合下，大家一致推举我做代表，往武汉商谈。

南京方面推举我的原因，主要是因为我性情平易，人缘甚好，武汉方面对我初无恶意。十五年冬，我曾一度为"迁都"问题奔走于济、汉之间。十六年五月又为宁汉的和平专程往湖口晤朱培德。众人皆知我识大体而无成见，为党国奔走，毫无私意掺杂其间。

众人既以此相推，我也只得勉为其难。此时武汉方面领袖适在庐山开会，经过电报往还之后，我遂于八月二十一日自南京乘专轮西上。唯孙传芳陈重兵于江北，自浦口隔江炮轰南京，终日不绝。我的"决川"号浅水兵舰无法在下关江面停泊。我们一行只有乘夜间自下关上游西岸约二十里的江面，利用芦苇掩护，才得安全登船上驶。

"决川"从前为吴佩孚的座舰，行驶极速。二十二日黎明时，已驶近安庆江面。在晨光曦微中，我发现长江南北堤岸上大军如云，纷纷东下，这显然是武汉的"东征"之师。看到这情形，心头一怔，暗想蒋总司令已经下野，为何武汉大军还在东进？因我军自津浦路失利后，一、七两军已调驻南京，拱卫首都，陈调元部也调往芜湖。安庆附近并未驻兵，遂为唐军所占领。"决川"舰过安庆，两岸的武汉军队尤多，向东行进，络绎不绝。且有辎重及炮队等重武器，由船只运输，向东疾驶，显然是有所为而来。

傍午之时，我的专轮便到达九江。在九江与汪兆铭等通过电话后，便赶往庐山。这时已是下午。果然武汉诸领袖都在庐山，遂由汪兆铭召集开会，听取我的报告。到会者，计有汪兆铭、谭延闿、孙科、宋子文、陈公博、顾孟余、唐生智、朱培德、张发奎、邓演达等十余人。

会中，汪氏请我报告南京方面的情形。首先，我说明南京方面"清党"的苦衷，现在武汉亦已"分共"，双方最大的隔阂已除，以后宁汉合作继续北伐，完成革命，实系势所必然。再者，武汉方面诸同志对南京方面同志误解最深的，只是蒋总司令，今蒋同志为促使宁汉合一，已自动辞职下野。在此情况下，武汉诸同志应已毫无顾虑之处，所以南京方面同志特地派本人为代表，前来欢迎诸同志东下，共商大计。最后，我强调我沿途所见武汉军队东下的情形。我说，如今敌我正在南京上下游一带隔江相持，蒋同志也已下野，人心惶惶，武汉的军队如仍沿长江东下，无异为军阀张目，势将引起极大的不安与误会。因此，我坚决要求武汉的军队立刻在安庆一带停止东进，以释群疑。我并希望能有几位中央大员同我到南京，以安军心，庶几使我不虚此行。

我报告完毕后，汪氏便说："德邻同志的报告已十分详尽，所说各点也极合情合理，希望大家研究……"接着，他就把目光移向唐生智说："孟潇兄，你能否考虑把东下的部队暂时停在安庆呢？"

唐生智回看一下汪氏之后，视线转到我的脸上，便斩钉截铁地说："我的部队绝不能在安庆停止……至少要开到芜湖！"

此时全场气氛顿形紧张，众人一声不响，汪氏弄得十分尴尬，又无法再说下去。大家只是把目光盯住我和唐生智二人。停了半晌，我方说："孟潇兄，你的军队如开到芜湖一带，江南军心民心都要惶惑不安。江北的敌人也必乘机渡江啊！"

唐把两眼一瞪，说："那我可不管什么军心民心惶惑不安啊！"

我说："那么你的军队为什么不能在安庆暂停一下呢？"

唐说："安庆没有粮食能供给大军之用，我军必须到芜湖！"

我说："孟潇兄，就我所知，芜湖并不产米，只是个米市而已。真正产米地区是安庆附近各县及巢湖周围区域。为军米着想，你应该把军队北调，进入巢湖沿岸鱼米之乡，再北上可以截断津浦路，和我们南北呼应，以解决津浦路上的敌人。你又何必去芜湖为敌人张目呢？"

唐此时的面色极为严肃，显出十分不讲理的样子，说："李同志说的话不可靠……我有我的计划，别人用不着管！"

我看唐生智那副蛮横的样子，心里想这小子真翻脸不认人。他以前为吴佩孚军所败，在穷途末路时，对我是如何地卑躬屈节，摇尾乞怜。现在羽毛丰满，便立刻反噬，实在可恶之极。

我既然与唐说不下去了，便问汪道："汪先生能否派一二中央委员和我一道回南京，庶几我们昭告国人，宁汉之间误会已冰释了呢？"

唐生智不等汪回答，便插嘴道："现在我们哪一个敢到南京去……"

我说："孟潇兄，南京究有什么危险呢？若说是敌人渡江吧，我担保只要你的军队停止东进，敌人决不敢渡江。如果你更能和我们合作，自安庆北上合肥，出凤阳，直捣津浦路，敌人便会闻风自溃。南京危险在什么地方呢？"

唐生智此时已词穷理屈，但硬是说："我把部队开到芜湖再说！"

汪氏当即向谭延闿和孙科说："组安先生和哲生兄，您二人能否和德邻兄到南京去一趟呢？"

谭延闿看了看孙科，说道："哲生，还是我两人与德邻兄一道去吧！"

说着，他们便吩咐副官收拾行李。并开来午饭，大家吃了就一同下山去九江，乘船东返。

此次庐山之行，使我深深体会到，宁汉合作的症结在唐生智一人。汪兆铭已失去控制武汉方面的能力，无法驾驭坐拥重兵的唐生智。我因此想到蒋总司令下野这一着来得高明。原来蒋在下野前曾派褚民谊赴汉，那时他可能已得到情报，深知汪已失去了控制的能力，他如下野，武汉即失去"东征"借口，则汪便可统驭全局，唐生智也失其并吞东南的机会。但是汪氏无兵，必要时仍要请蒋氏出山合作，以对付共同的敌人。待共同敌人除去，则蒋之去汪，实易如反掌了。所以汪、蒋的一离一合，在政治上手腕的运用，实极微妙。唯汪氏究系书生，手腕的运用尚有所为，有所不为；处人对事，也尚有妇人之仁。蒋则不然，渠生性阴狠，久染上海十里洋场黑社会中的恶习，遇事只顾目的，不择手段。其对汪氏若即若离的态度，呼之使来，挥之使去，玩弄于股掌之上，真使汪氏啼笑皆非而无如之何！蒋氏此次"下野"手法运用之妙，我不与唐生智一席辩论，实在不知其中的三昧。

唐生智这次不度德、不量力的做法，实是野心太大，见识太小所致。等到我们后来讨唐之后，唐的部将叶琪、廖磊等将唐氏隐秘全部说出，才使我恍然大悟。原来唐生智曾利用蒋百里居间，与孙传芳勾结，意图夹攻我军于京、沪、杭三角地带。按唐氏计划，俟我军为彼等所败时，渠即可收编我军残部，然后再一举而灭孙传芳，北上统一中国。如是则蒋总司令在长沙检阅时堕马的预兆，及"顾老师"的预言，均将同时实现了。这种荒唐绝顶、背信弃义的梦想，也只有唐生智做得出来。嗣后龙潭之役，孙传芳主力为我军一举歼灭，唐生智闻孙军败讯，曾顿足叹息，痛骂孙传芳，说他不等唐军到达南京，便渡江发动攻势，妄图"先入关者为王"，故而自招覆灭，祸有应得云。可见唐生智狼子野心，当时的阴谋是如何的可怕。孙传芳如真的等唐生智来会师，则北伐前途不堪设想了。

后来谭延闿也向我说及唐生智的野心。他说唐在汉口时，反蒋最烈，曾向汪、谭申述，打到南京之后，他将拥汪为国府主席，谭为行政院长，以何键、程潜、鲁涤平分任安徽、江苏、浙江三省主席，他自己则担任北伐军总司令云云。谭延闿说到此处，频频摇头，说："唐生智那小子野心大得很呀！"

第三十六章　龙潭之战

壹

谭延闿、孙科和我于八月二十三日黄昏，自九江乘"决川"舰下驶。舟行极速，次日天明已过芜湖江面。我便频频用望远镜窥探江北的动静。舟抵和县境兔耳矶时，我忽发现北岸江面，有帆船百数十只扬帆待驶，自望远镜中且可看出有大军分批上船，我心中颇为诧异。左右随行人员则说，这是我们自己的队伍，但是我身为指挥官，知道北岸并无我军，这显系敌人在企图偷渡。

当我们正在注视敌军行动时，长江中忽又出现一小轮船，逆流上驶，向我船迎面而来。船上且有人用喇叭筒大呼问话，说："你们是不是李总指挥的船？"我们的船上答话道："是。"该船上又大呼说，陈总指挥在他们的船上，务请李总指挥停船一晤。

听到他们的喊话，我知道来船便是陈调元，来打听我牯岭会商的消息。我立刻吩咐停船，我船的舵手乃在江面上兜一大圈，将船头掉向上流，逐渐与陈船靠拢。距离约数十公尺时，陈调元便站在甲板上，问我牯岭之行的经过。我没有回答，只用手招呼一下，全神仍注视江北。只见那百数十艘帆船已起锚下驶，乘风破浪，向我们斜驶如飞而来。这批帆船原在我船上游约六七百

352

码的对岸。仗着水势，很快便与我船接近。用肉眼已可看得很清楚，每船所载的军队，二十、三十不等，分排而坐，头上戴着童子军式的军帽，须上系着白布带，显然是敌军无疑。说时迟，那时快，有一只敌船已逼近"决川"舰约二十公尺处，我站在甲板上，大声喊道："你们是敌人，赶快缴械！"他们一声不响。等该船驶近"决川"舰七八公尺时，忽有一连长模样的人，一跃而起，从船夫手中抢过一头有铁钩的竹篙，高高举起，想钩"决川"的船沿，同时叫："冲锋！登船！"我见这帮敌人泯不畏死，情势又万分危急，便大声下令船上士兵说："这是敌人，快开枪！"我船上原有携驳壳枪士兵一排，乃一齐举枪向敌人射击。舰上两生的排炮四门，和四生的旧炮一门，也同时开炮，向敌人船只轰击。陈调元船上的一连士兵旋亦开始射击。敌人不甘示弱，也频频开枪还击。此时风大浪急，敌船向我们一拥而来，真如蔽江蜉蝣。双方在短距离内隔船互射，烟雾迷漫，枪弹横飞。谭延闿、孙科和我，原来都在船侧走廊甲板上，这时乃避入舱房里面。孙科忙着觅地避弹，我和谭延闿则凭窗观战。只见敌船排山倒海而来，有的已向我船靠拢，船上士兵急急放枪，应接不暇。此时我们舱内有一副官也在凭窗射击，但是他枪法欠准，又无战场经验，心慌意乱，竟屡射不中。谭延闿说："你把驳壳枪给我！"说着，便把枪拿过来，瞄准射击。谭氏少年时喜骑射，今虽年老，功夫仍在。敌人方靠近我船，未及攀登便中弹落水。迎面蜂拥而来之敌，竟被谭氏打得人仰船翻。

邻船陈调元随带的一连士兵，均用手提机关枪，火力尤猛。敌军被击落水，逐浪浮沉，恍似浮鸥。也有敌军自己慌乱，致舟失平衡而阖船翻溺江中的。一时枪声噼啪，水花四溅；时值长江水涨季节，风摧浪卷，嘶号呼救之声，惨不忍闻。双方鏖战二十分钟，敌船百数十艘，有的折回北岸，有的顺流窜至南岸，而沉没水中的，也不下数十只之多。烟消雾散之后，船上恢复平静，一场激烈的水战才告结束。计此役敌人死的约二三百人，伤者倍之。

我船上也有数人受伤，唯尚无死亡。

为顾虑敌人用大炮轰击，陈调元未过"决川"舰详谈。他只说，武汉军确有东下模样。我也告以谭、孙两委员已随我东来，同去南京。言毕，陈乃驶往芜湖，我轮也径驶南京。

陈调元抵芜湖后，果然接到唐生智的信。信中称陈为"老师"，大意说，生智已决定东下沪宁，"老师"如愿合作，则请为前锋，进袭南京，如不愿，也请将芜湖让开，莫阻唐军东下之路，以免误会而发生意外云云。

陈氏接到此信，大惊失色，不知如何是好，渠既不愿与唐氏合作，又不敢单独与唐军作战，乃电南京军事委员会，请示应付方针。军委会即复电，如果唐军逼近芜湖，陈军即应向南撤退一日行程，取监视态度，避免与其冲突云。

贰

我返抵南京之后，尚不及向中央报告庐山会议的经过，便用电话命令第十九军，说现有一部分敌人在大胜关兔耳矶一带渡江，着速派兵前往剿灭。旋又命令夏威，将现驻南京近郊的总预备队八个团，迅速东调，往乌龙山后方集结，准备应援守军，并告以短期内，敌人必在南京下游附近强行渡江。因根据我的判断，敌军在兔耳矶白日强渡，显系以声东击西手法，故布疑阵，吸引我军主力于长江上游，而渠则从下游乘虚渡江。我即将计就计，将我军主力调往下游，等他来自投罗网。

命令下达的次日，便接到第十九军报告，兔耳矶渡江之敌已被肃清，缴枪数百支，嗣后并无敌军企图续渡。此项报告益发证实我判断敌情的正确。当天午夜以后，乌龙山脚以东，原为第一军的防守区域，果然有敌军南渡登岸成功，向我乌龙山阵地夜袭。我军只注意江面对岸的敌人，初不料右翼友军阵地发生意外。我军仓促应战，战况激烈之至。乌龙山有炮台七座，竟被敌军冲陷其四，我军死守其余三座，以待拂晓，援兵到达时反攻。

在战斗初起之时，我军不解何以敌人竟从友军方向而来，遂误以为第一军姚琮暂编师的叛变。因此时雾浓夜黑，既未见敌人渡江，也未闻友军防区内有枪声，而第一军防地中突有一支人马冲出，向我军袭击，非第一军叛变而何？

战至天明，才发现敌人原为孙传芳的北军，同时八卦洲一带，江上船只来往如梭，乌龙山脚以东第一军第二十二师的防地已悉为敌有。事后查悉，才知第一军换防，原防军为新编师，未等替换友军到达，便先行离去，而敌军适于此时此地偷渡，故鸡犬无声，便渡过南岸，时我友军已不知去向，而敌人援军大至，向我阵地冲击，势极猛烈。我军乃在夏威亲自督战之下，向敌逆袭。激战至午，卒将所失炮台全部夺回，并向东继续扫荡，在东部地区作拉锯战，才把栖霞山克复，交还第一军防守，第七军则回原防。

孙传芳军向称能战，此次背水为阵，破釜沉舟，更具有进无退的决心，数度与我军肉搏，均被击退。唯此时我友军第二十二师的栖霞山主要阵地又被敌攻陷，第一军全师向南京后撤；敌军跟踪追击，绕出我军右侧，有包围我军之势。我见情况紧急，乃电令夏威自乌龙山阵地向东出击，夺回栖霞山一部分阵地。我军既出击，敌人即停止深入，全师回据栖霞，瞰射仰攻的我军。

二十六日敌我在栖霞山麓一带高地反复冲杀一昼夜，双方寸土必争；敌军志在死守栖霞，我军则志在必得。第七军第一、三两师更有进无退。炮火弥漫，敌我尸体狼藉，山上树木几无全枝，真是崖裂土翻，天日变色。敌军抵抗的骁勇，与我军攻击的惨烈，实为北伐史上所仅见。

激战至二十七日清晨，栖霞山麓一带的高地悉为我攻克。残敌退据山顶，死守待援；我军乃将栖霞合围，继续仰攻。然坡峻岩高，我军攀登殊为不易，而残敌数千人，困兽犹斗，居高临下，枪炮齐施，加以檑木滚石，一时俱来。我军在李师长明瑞亲自率领之下，也攀藤附木，奋勇冲锋，绝不稍懈。此时据报，长江中适停泊有英国兵舰数艘，遥遥观战。见孙军退到绝顶，情势危殆，为图挽救孙军，竟不顾国际公法，悍然以十英时的巨炮，向半山我军轰击。一时炮声隆隆，烟雾蔽天，整个栖霞山均为烟雾所笼罩。山顶敌军视界不清，瞰射效力反而大减。李师长乃于烟幕中一哄而上，山巅敌军数千，悉数俯首成擒。帝国主义者原为助孙而来，结果适得其反，可谓心劳日拙了。

栖霞山攻克之后，在乌龙、栖霞一带渡江之敌，遂被全歼。我军也伤亡数千人，急待整顿休息。我遂令夏威全师撤返乌龙山原防，将栖霞防地再度交还第一军防守。是为栖霞山之战最惨烈的一役。

叁

当栖霞争夺战正在激烈进行之时，我们得报，知龙潭已失守，镇江、高资之间，也有大批敌军南渡，高、镇、京、沪间的铁路及电讯交通俱已断绝。警报频传，因孙传芳此时已动员其所谓"五省联军"全部，号称十一师及六个混成旅之众，倾巢南犯。

敌军南渡的主渡点在龙潭。开始渡河之前，先由上下游佯渡，以牵制我军。实施渡河时，却先由江北的通江集、望江亭等地向乌龙山东侧登陆，以牵制我左翼部队。然后突向栖霞山、龙潭等地强渡，占领各险要高地，以掩护后续部队登岸。

因此，当我方乌龙山一部分炮台和栖霞山为敌所占时，龙潭也同时失守。所幸白崇禧在自沪返京途中，被阻于无锡、镇江之间，乃就地调集附近第一军各部向龙潭反攻，与我军呼应，形成对孙军东西夹攻之势。

白崇禧之所以能在此紧急关头坐镇镇江，指挥反攻，其中有一段微妙经过，也可说是"无巧不成书"。

先是，蒋总司令下野之后，胡汉民、吴敬恒等也先后去沪，南京方面唯剩何应钦、白崇禧、李烈钧和我等数人支撑残局。然此时军饷奇绌，三军嗷嗷，不可终日。所以当我于八月二十一日西去九江时，白崇禧则东往上海，其目的是向上海商界、金融界的巨子筹借若干军饷济急。因白氏曾驻沪相当时日，与若辈大亨尚薄有往还。唯此时革命军从津浦线上，与苏北运河流域败退不久，孙传芳向京、沪人民团体声言将往上海欢度中秋（九月十日）。商民闻讯，将信将疑。故白氏去沪筹款时，各金融巨子皆托词推诿，一连两日，尚无结果。白氏原定于二十五日下午四时专车返京，卒因与商界集会，不能成行。斯时上海北站有煤车一列，原定俟白氏专车西开时随之跟进，现白既不能及时离沪，站长乃吩咐此煤车先发，这是五日午夜前的事。煤车去后约一小时，白氏专车也离沪西开。谁知此煤车刚过镇江便出轨，车翻人伤，因路轨已为孙传芳的便衣队所破坏。同时京、镇间的电讯也中断，渡江孙军已于二十六日清晨三时占领龙潭车站，京、沪交通全断，镇江附近也发现敌人。

白崇禧得报，即停止前进，在无锡下车，电令驻京沪路东段的第一军第十四师师长卫立煌就近率部向龙潭反攻，同时电令正自常州开往杭州的第一军第二师刘峙，回师往援。卫立煌奉令后即率部赶往龙潭，于二十六日晨将敌人逐出龙潭站。唯敌人仍据守江边，掩护大军陆续渡江，向我反攻，我军渐有不支之势。白崇禧得讯，乃自无锡赶往镇江坐镇，并檄调驻沪杭路的第一军第一、第三、第二十一等师，星夜驰援。

唯自蒋总司令下野之后，第一军各师均无斗志。闻蒋临去时，曾暗示各师"保存实力"，并将第一军大部调往沪杭路一带。今番京沪吃紧，白崇禧严令各师赴援之时，据说沪杭路上第一军各师、团长曾开秘密会议，讨论是否服从白参谋长命令。会中曾小有辩论，所幸其中多数人深明大义，以南京危在旦夕，决定服从指挥，向龙潭进兵。（此实为蒋总司令嫉忌白崇禧的又一原因，谁能指挥他的心腹军队，他就恨谁。）

孰知援军未到，龙潭于八月二十八日晚再度失守。敌军攻势极猛，孙传芳已亲自渡江，到龙潭水泥厂坐镇，指挥督战。我军第二、第十四两师因众寡不敌，纷纷后撤，几至溃不成军。栖霞山也于是时为敌三度攻占。我方溃散部队麇集南京城外麒麟门一带，混乱不堪。敌人便衣队已在尧化门一带出现，南京闻风震动。政府机关、党部、报馆均纷纷将招牌取下，各人摒挡行李，准备向汤山方面逃避。南京城内一片混乱景象，人心惶惶，不可终日。尤其是谭延闿、孙科两先生，一夜电话数起，向我探询战局。谭氏曾惊慌地问我说："德邻先生，你莫要把我们请到南京来当俘虏呀？"

当夜，我便严令夏威督率所部，再度向栖霞山出击，限期夺回。我内心忖度，第一军的战斗力何以如此脆弱，实堪诧异。整夜焦急，不能成眠。翌日清晨，我一时心血来潮，乘车到第一路总指挥部去拜访何应钦。那时南京只有一条马路，其他街道都不能通汽车。我车抵该部巷口，忽然发现人声嘈杂，行李拥塞满巷，似乎正在做撤退的准备。第一路指挥部人员见我来了，均让路敬礼。我问道："你们的总指挥呢？"他们齐声回答说："在里面，在里面。"

当我走进第一路总指挥部时，只见何应钦正在办公室内吩咐各参谋整理文件和行囊。

"何敬公！"我说，"为什么搬行李出发呢？"

何应钦一抬头，看见是我，脸上即现出忸怩的样子，说道："德公这样早，我原打算就到你那里去辞行，我要出城收容部队。"

我说："现在战局这样紧急，收容部队，应由师长负责，何须总指挥亲自出马？况且你行李都捆绑好了，集合巷里，这不是准备出发开拔了吗？"

何说："你看，我的军队不能打了，我怎么办呢？总司令下野之后，军心涣散，他们不打，我有什么办法？"

我说："首都存亡所系，你不能一走了事！"

何说："德邻兄，我的军队打不得了呀！你看栖霞山两得两失，还都是你的军队夺回来的！"

我说："敬公，你真要走，我可对你不客气了！"

何见我辞色俱厉，连忙道："你要我不走，我不走就是了。你要我怎么办？"

我说："你的军队不能打，让我的军队来打，好吗？我们生要生在一起，死也要死在一起。你绝不能离开南京！在这紧要关头，你一走，必然影响民心军心，南京就守不住了。……你快叫他们把东西搬回总指挥部来。"

何便吩咐他的副官："不走了，不走了。叫他们搬回来。"

那些运输兵又急急忙忙地把行李担挑了回来。我与何应钦遂同车往军事委员会，与李烈钧等商讨指挥反攻的大计。

此次我如去何的总指挥部迟三十分钟，他必已撤离南京，大局便不堪设想了。我平时极少往该部访何，有事只打电话，或在军委会见面。不意一时心血来潮，竟发生如此重大作用。

抵达军委会后，何仍然说他的第一军打不得了。我请他把第一军暂时调离战场，让我第七军与第十九军，除留少数部队监视河面外，一齐向东出击。适此时白崇禧自镇江拍无线电报来，约我军迅速出击，夹攻孙军于龙潭。我便向何应钦说："现在我七军、十九军子弹缺乏。出击之前，能否请你补充一点子弹呢？"因此时军委会在南京尚存有七九子弹七八百万发，由何氏负责保管，须他下条子，才可领用。

何说："你要多少呢？"

我说："六十万发！"

何氏皱皱眉头说："德公，太多了。"

我说："你预备发给我多少呢？总是拿出去打敌人的啊！"

何氏笑笑道："我看，三十万发，三十万发。"

"好了，好了。"我说，"就是三十万发吧。"这时我心里实在觉得何应钦小气得可笑。南京战局紧张到如此程度，何氏自己也准备逃命了。我向他要六十万发子弹去打敌人，他还要讨价还价地给我三十万。何氏在军中，原有"何婆婆"之名，从这点小事上，也可看出"何婆婆"之所以为"何婆婆"了。

先是，我军将栖霞山再度夺回后，仍交第一军防守。不久，栖霞又被敌军夺去，我遂令第七军与第十九军再向栖霞山进攻，并占领之，不必再交予第一军。同时以军委会名义电白崇禧，约定三十日东西两方同时向龙潭之敌反攻。

计划既定，何应钦乃派员持军委会命令到南京城郊，制止第一军退却的部队。凡退下官兵已到麒麟门的，即在该地待命，不得入城；其尚在陆续退却中的，均各就现地停止。何总指挥并通令第一军，即刻准备反攻，渠本人且将亲赴前线指挥。号令一出，军心复振。各机关也暂停迁移，城内秩序，遂得安堵如常。

当晚东线我方第一军的第一（王俊）、第三（顾祝同）、第二十一（陈诚）等师援军均已到达龙潭附近。三十日拂晓，我军三路全线反攻。第七军的第一、三两师和第十九军的第一、二两师在夏威和胡宗铎指挥之下，自栖霞山向东进攻。沿铁路及江边前进，目标为龙潭镇及青龙山、黄龙山的敌军阵地。何应钦则亲自指挥第一军的第二、第二十二、第十四师的一部，自东阳镇进发，会攻龙潭。

此时敌军已渡江的部队，和栖霞山等地溃败之敌，都聚集在龙潭一隅。计其兵力，有孙传芳联军的第二、四、七、八、九、十、十一、十二、

十三、十四等师，及第十五、二十七、二十九、补充第一各混成旅，约达六万余人。依据龙潭以西的黄龙山，以南的青龙山、虎头山，和东西的大石山、雷台山等险隘，编成坚固不拔的根据地，严阵以待，进可以攻，退可以守。孙传芳驻节水泥厂，亲自督战。其悍将李宝章、上官云相、梁鸿恩、崔锦桂、段承泽、郑俊彦等都在龙潭前线指挥。孙军官兵俱带数日干粮。船只在部队渡河后，悉数开往北岸，以示全军有进无退的决心。我国古代名将项羽的"破釜沉舟"，韩信的"背水为阵"等孤注一掷的战略，孙氏已并而有之。三军悬的以赴，志在必逞。故我军于三十日晨发动拂晓反攻时，敌军也全线逆袭。龙潭周围数十里地，炮火蔽天，血肉模糊。战斗的惨烈，实为笔墨所难形容。激战终朝，敌军渐不支，乃退守山隘，我军乃逐渐形成三面合围之势。唯敌据山顽抗，深得瞰制之利，我军仰攻，死伤极大，尤以青龙、黄龙二山的争夺战，最为惨烈，我七军第一师损失尤大。然士气极旺，至下午三时，遂占领二山。敌军仓皇向江岸溃退，所有扼守山险的机枪百余挺，及山炮十多门俱不及携走，我军遂于午后五时克复龙潭。

我军因连日奋战，均已疲惫不堪，乃在龙潭彻夜警戒，俾翌日拂晓再歼残敌。孰知三十一日清晨五时，我军正在部署追击，敌忽反攻，来势极为猛烈。情势险恶，较前尤甚，幸我军将士均极奋勇；何应钦、白崇禧均已抵达龙潭督战，卒将敌人攻势阻截，并向敌反攻。自晨至午，卒将敌军迫至长江南岸，包围缴械。孙传芳仓皇登上小汽艇逃命，仅以身免。到午后二时，不及渡江之敌，遂全部被俘。孙军此次倾巢南犯，血战七昼夜，至是终于全军覆没。

计此役孙军渡江的不下六七万人，除窜逸和伤亡溺毙者外，为我军所俘的约四万余人，缴枪三万余支，炮数十门；高级军官，师、旅长等被擒的亦数十员。俘虏自龙潭押返南京明孝陵时，分四路纵队前进，排头已抵南京城郊，而排尾犹在龙潭，人数之众，可以想见。唯战后我军官兵疲惫已极，尚须担任警戒，故每一千俘虏仅持枪兵数名押送。既无火车输送，又无给养，途中食宿均随遇而安，致乘机逃遁的极多。抗战期中，前孙军第四师孙旅长曾在我五战区任少将高级参谋。我们谈到当年龙潭之战的往事。孙高参说，他那时与其他孙军师长均在龙潭被俘，唯在解赴南京途中逃脱云。

此役我一、七、十九三军伤亡也达八千余人，敌人死亡当倍于我军，实我国内战史上罕有的剧战。

综观此役我军虽获全胜，其得之于微妙的契机的，实有甚于作战的努力。第一，我自九江东返，如不在兔耳矶遇敌军偷渡，我便不会将八团预备队调往乌龙山后方集结，则敌军二十五日夜偷渡后，必能攻占乌龙山而直趋南京，则大局不堪设想了。

第二，如白崇禧不因事去上海，则东线便无兵增援，更无人统一指挥。再者，如白崇禧返京的专车，不因金融界巨子的推宕观望而避开，则必陷入敌人便衣队的陷阱，白氏或因此而遭不测，则战局也不可收拾了。

第三，二十九日晨，如我不因情绪紧张，心血来潮，亲往何应钦总指挥部探视，则何氏可能径自向杭州方面撤退去了。何氏一走，不特第一军无法收束，第七、第十九军的士气亦将大受影响，南京秩序必愈陷于混乱，则大势也去了。有此三点的巧合，卒能使我军转败为胜，孙军一败涂地，虽云人事，岂非天命哉！

第三十七章　宁汉复合的困难
与特委会的风波

壹

龙潭之敌既为我全部消灭，江南遂无敌踪。九月一日我军更渡江追击。此时孙军残部已如惊弓之鸟，闻风溃退。江北浦口、扬州等要隘，一时俱克。我军复向苏北猛追，残敌望风披靡，已绝无卷土重来之力，江南遂安如磐石。

唯此时西线忽告紧张，唐生智的"东征军"分江左、江右两路东下。江左军三十五军军长何键已于九月一日奉唐生智之命，出任"安徽省政府主席"，并委派各厅长。江右军刘兴所部第三十六军的前锋且已抵达当涂，距南京仅六十里。九月六日刘兴本人也进驻芜湖，简直有一举而下南京之势。

唐生智本与孙传芳约定东西夹击我军，然后平分东南。唯唐氏暗怀鬼胎，拟俟我军败后，收编我残部，再消灭孙军。孰知孙传芳也是一代枭雄，深知唐氏意图，故仅借唐氏东下之势，牵制我军，不待唐军到达，便先期发动攻势。冀师"先入关者为王"的故事，独吞东南。我军如被消灭，则区区唐生智实不足道了。

孙、唐两氏既同床异梦，遂为我军各个击破。孙军败后，军委会乃严令唐生智自安徽克日撤兵。唯唐氏于九月十一日曾亲赴芜湖视察，仍拟伺机而动。然此时我军新克强敌，士气正旺。六朝金粉，虽使唐胡子垂涎不止，然终不敢妄动。我们闻报，曾由何应钦、白崇禧、李烈钧和我联衔，电请渠来南京一晤，唐氏也不愿东来。时我海军"决川"、"浚蜀"两舰，适在芜湖江面停泊，遂为唐氏胁迫强掳而去。

南京国府的威胁既除，京沪路也完全修复，党中重要领袖乃仆仆于京、沪、汉之间，谋求宁汉复合、继续北伐的大计。我们在南京，更急电汪兆铭和汉方诸领袖，克日来宁，主持大政。

当时我们在南京负责的军事首领，以及党中央无数忠实同志，都有一种相同的想法。我们认为宁、汉分立的症结所在便是共产党问题，今宁方既已"清党"，汉方也已"分共"，则宁、汉便应重归于好，合而为一。南京方面成立政府原是从权，今宁、汉合一，则应当仍以武汉的中央为正统。

根据这种赤胆忠心的想法，所以我们欢迎武汉的国民政府汪主席早日东下，来南京办公；蒋总司令也应早日复职，继续领导北伐。我们的意见颇获当时党内忠贞之士，乃至全国人民的同情。李济深自广州且专为此事发出通电，力劝蒋、汪化除前嫌，继续合作，领导中央。

我们这种想法，后来才逐渐发现太天真和幼稚了。当时党内的重要领袖，如汪、蒋、胡等，及其私人的党羽与小政客等的想法，却和我们忠实同志们完全两样。他们对党国前途根本置之脑后，一切考虑纯以个人和小团体的政治前途为出发点。

我党至此，非蒋、汪、胡三人赤诚合作，不足以谈复兴，但是他们三人相处有年，他们自己均深知他们三人绝无合作的可能，因此从未打算真正长期合作。偶尔合作，彼此都知是相互利用，得机则必然又来一个你死我活。

但是当时使我们忠实党员们所最感痛苦的，便是他们三人的度量德性均不足以表率全党，领袖群伦，而使党员大众一致归心。

汪兆铭的为人，堂堂一表，满腹诗书。言谈举止，风度翩翩，使人相对，如坐春风之中。初与接触，多为折服，故颇能号召一部分青年。然汪氏黔驴之技，亦止此而已。其真正的个性，则是热衷名利，领袖欲极强；遇事又躁急冲动，欲达目的，既不择手段，也不顾信义。每临大事，复举棋不稳，心志不定。此种心神，常在会议席上充分表现。汪氏每次主持重要会议时，神志多不安定，周身摆动，两手搓个不停，一反其平时雍容和穆的风度。再者，汪的处人，亦极虚伪。凡汪氏所不喜的人赴其寓所访问，汪氏亦均屈尊接见，娓娓倾谈，状至亲昵。然客甫出门，汪便立现不愉之色，顿足唾弃。转瞬之间，态度判若两人，凡此均足以表示汪的为人。

所以吴敬恒曾骂汪是"伪君子"和"花瓶"，足见许多老同志也认为他不能负实际责任。总理在世时，汪总是受命出使四方，从未负过党政专责。但是汪氏却是个心比天高，热衷权利的人，中山逝世后，汪氏一意"左"倾，与蒋中正互为表里，不择手段地揽权夺位。谁知他的合作者蒋氏，也是个热衷权力不择手段的人。他二人各取得党权、军权之后，竟又短兵相接，火拼起来，经历多次，汪氏自知非蒋的敌手。故此次我们诚心诚意地请他留在南京主持党政，他总以为沪、宁一带是蒋的老巢，上山则见虎，下泽则见蛇，断非彼久恋之乡。他如要掌握党政，必须回广东另起炉灶。这便是汪氏的基本观念，也是嗣后宁、汉不能合流的基本原因。

蒋中正的为人，因其幼年混迹上海的黑社会，颇受其熏染。对同事，御部属，一以权诈为能事。在在均使贤者裹足，壮士离心；而攀龙附凤之徒则蚁附帷幕。因此，在蒋氏独断专行之下，终使一领导革命的政党，逐渐变为争权夺利的集团。此种转变，在"清党"后，已日益显著。唯当时我辈仍痴心妄想促成汪、蒋合作，完成国民革命，今日回思，实不胜其叹息耳。

至于胡汉民，则确为一守正不阿，有为有守的君子。然胡氏的器量亦极狭隘。恃才傲物，言语尖刻，绝无物与民胞的政治家风度。当时党内自元老以至普通党员，没有人对展堂先生不表示尊敬，然也没有人觉得展堂先生足以为全党一致归心的领袖。因胡氏的天赋，为治世的循吏则有余，为乱世旋乾转坤的领袖却不足。

在这种世局人事不调和的情况下，我们一心一意想把党务国政纳入正轨的同志，均左右失其依据，而有无能为力之感。偶有主张，均必然被卷入旋涡而无法自拔。甚至昔日并肩作战，出生入死的袍泽，如四、七两军，后来在广东亦竟至自相残杀，伤亡逾万，言之实深痛心。

贰

汪兆铭在我们一再电促之下，终于九月五日偕徐谦、顾孟余、何香凝、陈公博、朱培德、程潜等自武汉抵达南京。我们赤诚地欢迎他从此长住南京，主持中枢大政。此时蒋总司令如即复职，则军政恢复统一，我们便可继续北伐，直捣北京。无奈汪氏心志不定，绝不愿在南京久住。

再者，此时宁、汉破镜重圆，诚心为党为国的领袖们本当相容相让，才可化除前嫌。孰知一部分不识大体，甚或别有怀抱的党务负责人，竟于汪氏抵京之日，遍贴反汪标语，辞句极尽尖酸刻薄的能事。但是这些标语并无正式机关署名，事实上，仅是一些无头招贴。不幸汪氏正是一位极易冲动的人物，忿愤东来，其心本虚，一见这些招贴，不禁又肝火大动。

在我们欢迎他的会议席上，汪氏便质问我说："你们既然欢迎我到南京来，为什么又要贴标语骂我呢？"

"汪先生，"我说："谁敢贴标语骂你呢？只是宁、汉刚恢复合作，局势尚未安定，一部分下级党员，不识大体，擅自贴出这些标语来——你看这些标语，不都是不署名的吗？"

但是汪仍旧气愤不已。

我又说："汪先生，做个政治家，有人拥护，有人反对，总是难免的。你看美国选举总统时，不是也有人反对吗？我希望你能淡然处之，并长住中央，继续领导。"

汪氏不论我如何的苦口婆心的劝告，也是不听。在南京稍一勾留，便径往上海。汪氏一去，在南京的中央执监委，遂亦联袂去沪。谭延闿、孙科等且坚决邀我一同于九月九日乘京沪车去上海。一时冠盖云集，中央执监委，乃至西山会议派诸领袖齐集上海。九月十日乃由谭、孙、汪等出面邀请在沪各同志，在戈登路伍朝枢寓所开谈话会，交换全党大团结的意见。到会者计有：汪兆铭、谭延闿、孙科、李烈钧、李宗仁、程潜、张人杰、蔡元培、吴敬恒、李煜瀛、于右任、朱培德、杨树庄、伍朝枢、褚民谊、叶楚伧、邹鲁、张继、谢持、覃振、许崇智、王伯群、傅汝霖、甘乃光、居正、刘积学、缪斌等二十余人。可说是集党中各派领袖之大成。唯胡汉民、蒋中正二人，因与汪不洽，拒不出席。

谈话会共开三天，各方均甚融洽，无大辩论。会中一致决议于三个月之内举行本党三次全国代表大会，解决一切党内纠纷。在三全大会开会前，以各处代表合组的"特别委员会"为党的最高执行机关。同时宁、汉两中央政府亦合并改组，由"特委会"另行选举国府委员，并委派军事委员会暨各部部长。中央政治会议，则暂时撤销。

九月十五日，互选结果，所有参与谈话会的各方代表均当选为特别委员会委员，或候补委员。其因故未及参加的党中重要领袖，蒋中正、胡汉民、李济深、白崇禧、何应钦、冯玉祥、阎锡山、唐生智等，亦均当选。

九月十六日，复由特委会决议，改组宁、汉双方的国民政府，并于翌日通过国府委员四十六人，以谭延闿、胡汉民、蔡元培、李烈钧、汪兆铭、于右任等人为常务委员，轮流担任主席。军事委员会也改组，蒋中正、李烈钧、李宗仁、白崇禧、冯玉祥、阎锡山、何应钦、程潜、朱培德等高级将领均当选。

特委会的成立，就事论事，本是最适当的过渡时期的办法，暂时使各方有一团结的中心，以待三全大会的召集。所以我当时对"特别委员会"甚为拥护。

在构成特委会的分子中，值得特别一提的，便是所谓"西山会议派"的一群元老，如：张继、林森、邹鲁、谢持、邓泽如、肖佛成等。这些都是总理同盟会时代的老同志，辛亥革命的元勋，在民国初年便享盛名。如张继在民元、二年间便任国会议长，名满全国。这批元老因不满于"容共"政策，在中央颇受"左"倾分子的排挤。到总理逝世后，党权入于汪、蒋二人之手。彼二人借国际共产之助，对这批元老排斥尤力。张继等乃在北京西山碧云寺总理灵前集议，自成组织，以与广州的汪、蒋相对抗。是为"西山会议派"的由来。他们与汪、蒋表面上所争执的，是共产党问题。西山派坚决反共，而蒋、汪则实行"容共"。

到宁汉分裂后，宁方亦已反共，唯蒋总司令对西山派公开诋毁攻讦，犹如往昔。有时在总理纪念周上，他简直把西山派骂得狗血喷头。

我个人对西山派毫无恩怨之可言。因自北伐开始时，我便以纯军事人员自矢，服从命令，指挥作战。对政治既无兴趣，对党争尤感厌恶，因此对任何方面的政客都抱着"敬鬼神而远之"的态度。为避免引起不必要的误会，我对西山会议派也存着很大的戒心。当我们占领京、沪之初，即有人在我面前说刘峙是西山会议派。我说刘峙自北伐开始便一直在军中担任指挥，戎马倥偬，怎么会是西山会议派呢？那人说："他的思想是西山会议派！"这一顶"莫须有"的思想帽子到处乱加，真使人有啼笑皆非之感。

此次在上海，我第一次与"西山派"人士晤面。我发现他们都是一批年高德劭的老同志，为人正派，名利之心比较淡泊，颇有令人尊敬之处。这批元老对我个人素昧平生，然站在客观的立场，对我这样一位战绩辉煌而仍极守本分的将领，亦殊表敬爱之意，处处对我表示好感，存心拉拢。但我为避免党中误会，加以生性不喜与政客接近，对他们只是虚与委蛇，没有深一层的往还。其时外界不明底蕴，曾有我与西山派接近的传说。事实上，若辈存心拉拢我则有之，而我却绝对无心与西山派采取任何联络的。

不过在特委会组织过程中，西山派分子大为活动也系事实。因特委会的组织，表面上是"清党"后的国民党各派大团结，西山派以其在党内的历史与资望，在此新的大团结形成之中，必然要取得重要位置。而汪、蒋二人原均是西山派的死敌，今西山派借"清党"机会卷土重来，则汪、蒋均不能坐视，自是必然的道理。

以故在特委会成立后，西山派声势大张。原来希望在蒋中正下野后便可重操党权的汪兆铭，在特委会成立后，仅获一国府委员的空衔，而其昔日政敌，今均扶摇直上，重据要津，汪氏未免大失所望。他原为特委会的发起人之一，到特委会成立后，汪氏却一变而反对特委会。汪派人士也纷纷离开京、沪，汪兆铭、顾孟余等西去汉口，陈公博则南下广州。

九月二十日，特委会所选的国府委员和军委会委员在京就职。而汪兆铭于九月二十一日抵达武汉，与唐生智组织武汉政治分会，竟宣布反对特委会。汪氏反对的呼声一出，原先便反对西山派的亲汪、亲蒋的各省党部，也纷纷声言反对特委会。特委会前途的荆棘，也就不言可知了。

叁

在此党内纠纷无法解决之际，参加党争的人，大半只顾目的，不择手段。流风所及，国民道德、社会风气均蒙受极不良的影响。其中最显著的一个例子，便是上海流氓的社会地位的提高，终至与党国要人相颉颃。

上海原是一五洋杂处的国际都市，将近百年的帝国主义者殖民地的统治，使其畸形发展成为一世界流氓、盗匪、娼妓和投机、冒险家的乐园。我国旧式社会中淳朴忠厚的民风固已一扫无遗，而西方民主、自由、法治的政体，以及活泼、积极的民风毫无所染。因此上海的租界遂成为一个流氓横行的社会。中国流氓做帝国主义者不法商人和官吏的鹰犬，对中国商民极尽其鱼肉之能事。

民国二十年代，上海流氓分青、红两大帮，最有名的流氓头为杜月笙和黄金荣。他们在租界内倚靠洋人保护，包庇烟赌、盗匪、娼妓，无恶不作。以上海租界为巢穴，青、红两帮流氓的势力简直笼罩长江中、下游的所有码头。商民旅客畏之如蛇蝎。

但是在军阀时代，这批黑社会的流氓们尚有一种自卑感，不敢与正人君子和士大夫明目张胆地称兄道弟。旧时代社会上的正当绅士官、商也羞与为伍。那时纵系贪赃枉法的军阀，也向不与流氓往还，他们还多少有点旧式士大夫的头巾气。卢永祥于民国十一年任上海护军使时，他的儿子卢筱嘉和黄金荣曾有一段趣事：

相传卢筱嘉某次进租界看戏，见一女戏子色艺均佳，便大声喝彩。筱嘉自以为是护军使的大少爷，向一个女戏子喝彩，固为一极寻常的事。孰知他彩声方息，身边便走来一矮胖的中年人，指着筱嘉厉声骂道："你是什么人，敢在此放肆！"未等筱嘉回话，他噼噼啪啪便打了筱嘉几个耳光。筱嘉正待发作，招呼便衣卫士回打，他的随员连忙上前说："大少爷，算了，算了。"筱嘉见势不妙，乃忍气吞声离开了。原来这个矮胖子便是大流氓头黄金荣，这女戏子就是他包起来的姘妇。慢说是护军使的少爷，就是护军使本人，也休想在租界内染指分毫。

卢筱嘉受辱之后，只好匆忙逃回闸北华界。事过不久，黄金荣因朋友请酒，到了闸北。事为卢筱嘉所悉，乃派持枪卫士十余人，将黄金荣押至护军使署。

卢大公子自设法庭，验明正身，令健壮卫士将黄金荣按倒在地，棍杠交加，一顿毒打，把黄金荣打得皮开肉绽，伏地惨号乞怜。打过之后，卢筱嘉才叫卫兵把他放出去。此时黄金荣已不能行走，从护军署爬了出来，幸免于死。

黄金荣被打的消息一出，人心大快。因黄党流氓在上海一带作奸犯科，欺压善良，商民衔之入骨，而莫奈他何。今番遭此毒打，实罪有应得。此一消息，当时曾哄传国内。我们广西方面自上海回来的人，都津津乐道，引为快事。此事足征军阀时代，官方尚不屑与流氓往还，黄金荣还可随时被抓来打屁股！

后来蒋中正回到上海，流氓们的社会地位便上涨了。蒋氏于民初不遇时，曾列名黑社会，加入青帮。因其加入的迟，故"辈分"不高，上海甚多老流氓还是他的"长辈"。今番蒋氏衣锦荣归，贵为革命军总司令，他以前的"阿兄"、"阿弟"们，自然都难免有"鸡犬升天"之感。十六年夏初"清党"之时，蒋便利用他们以前的关系，由青、红帮流氓头代为组织工人，对付租界内的共产党。事实上，那时"清党"的主力还是军队，得力于流氓的究竟不多。不过他们自以为与蒋有旧，于"清党"更有微劳，遂居然以绅士姿态出现，周旋于党国要人之间。而我党中枢领袖，不自觉其在政府中地位的尊严，竟与这批流氓称兄道弟，不以为耻。官箴全失，斯文扫地，以视北洋军阀，犹等而下之，实堪浩叹！

我初到上海时，杜月笙、黄金荣竟然也来拜候。我一概回绝，未许入见。龙潭战后，我又因公去沪，杜、黄二人曾两度联衔请宴。我均置之不理，也未向其说明理由。我自思身为国府委员及革命军高级指挥官，忝统数十万将士，国家名器所关，何可与这批作奸犯科的黑社会中的流氓为伍。

一日，我因事去见当时的国府主席胡汉民。见胡氏办公桌上有杜、黄联衔的请柬一张，我不免诧异地问道："展堂先生，杜月笙和黄金荣居然也来请你吃饭吗？"

胡氏说："敷衍敷衍他们。"

我说："你真去吗？"

"我去的。"胡沉默了半晌。又说："上海是他们的势力范围，不好得罪他们。"

胡氏这句话真使我冷了半截。我又问："胡先生，难道你竟要我们的革命政府向黑社会的恶势力低头吗？"

胡说："不过他们对我们的'清党'运动，多少也有点功劳！"

我对胡氏的态度真感觉失望之至。胡公此时身为国府主席，竟不顾国家元首之尊而迁就事实，可叹孰甚。

胡汉民见我态度迟疑，便劝我道："他们最近几次请客，你都没有到。我看你也太认真。在上海这种环境里，我们应该敷衍敷衍他们，免得让他们给别人利用了。"

胡氏的解释真使我不寒而栗！我们革命政府的作风，竟军阀之不如！

其后，杜、黄又联名请客，胡氏在赴宴时，特地叫人打电话给我，说："胡先生已去了，请你务必就去。"我不得已，也只好乘车前去。我车到之时，中门大开，杜、黄二人均在门外迎接，执礼甚恭。他们大概认为我居然肯来，是件很难得的事。我走进餐厅，见瘦削的胡汉民，戴着眼镜，坐在上首。我立刻想到胡先生是国民政府主席，而请客的主人却是一群大流氓，我心头真有说不出的感觉。

这是我和杜月笙、黄金荣第一次见面。杜氏瘦长，黄氏矮胖。表面看来，二人均是守本分的人，不像个流氓头。据说他们在他们自己的流氓社会里，很讲义气，爱打抱不平，是所谓"盗亦有道"。嗣后他们曾特地来拜看我两次。他们知识甚低，说不出什么来，一口上海土话，我也不大听得懂。二人稍坐即辞去，我们遂未再见面。

第三十八章　唐生智、张发奎之异动

壹

当上海方面正在商讨组织特别委员会之时，武汉方面的唐生智仍在蠢蠢思动。因自南昌共产党八月一日起义之后，张发奎以追击贺、叶为名，已将其第二方面军（原第四军扩充）悉数开往广东，两湖遂变成唐生智的势力范围。嗣后，唐又乘我与孙传芳交兵，取得安徽地盘。所以当特委会所选的国民政府于九月二十日在南京成立时，唐生智已坐拥两湖、安徽三省，声势显赫。国民政府一再电令其自安徽撤兵，唐皆抗不从命。

到了九月二十一日汪兆铭返汉组织其"武汉政治分会"，唐生智更是如虎添翼；并假借"护党"之名，通电反对特别委员会，否认南京中央政府。其时唐生智入党尚不足一年有半，便以"护党"自诩，亦殊为滑稽。

南京国民政府在谭延闿领导之下，对唐均极愤慨，一致主张讨伐，其中尤以程潜、谭延闿、孙科等为激烈。那时唐派叶琪为代表来南京，声言渠绝不放弃安徽。叶琪为我辈老友，来京后住在夏威家中，和我们不断磋商。我告诉叶琪说，南京中央对唐生智的跋扈极为不满，唐生智如不让出安徽，兵争将所难免。叶说，唐总司令最多只答应让出芜湖，渠绝不放弃安庆，因为何键已出任安徽省主席，省政府在安庆办公已久，南京政府如坚持收复安徽，唐总司令将不惜以武力周旋云云。

事态发展至此，用兵已成必然的趋势，因唐生智的蛮横已引起公愤，中枢党政军领袖一致主张讨伐。十月中旬国民政府乃密令军委会组织"西征军"，讨伐唐生智。

溯自唐生智加入革命以来，国民政府待他不为不厚。孰知渠一旦羽毛丰满，竟得意忘形，不特不饮水思源，且图利用党中矛盾而逞其私欲。在渠私心妄想之中，如我等老辈不除，则渠必将久居人下，永无唯我独尊之望。先是，当我军于十五年底抵达武汉之时，唐生智即戏呼我们自两广来的革命军人为"老长毛"。因从前洪杨革命金田起义时的老辈太平军，也有这样的称呼；而两湖、三江一带的附义者，则为"新长毛"。唐氏显然以"新长毛"自居了。嗣后宁汉分裂，唐生智预备"东征"时，即时常以"打倒老长毛"来鼓励其部属。在他看来，"老长毛"一旦打倒，唐氏便可唯我独尊，而其部属也均将"鸡犬升天"。无奈生智野心虽大，而见识德望不足。在武汉时，自恃坐拥重兵，气焰咄咄逼人，武汉党政军重要领袖，对唐均侧目而视，口虽不言，心实非之。唐氏固亦深知武汉方面的"老长毛"对渠不满，竟一不做二不休，秘密和孙传芳勾结，倒行逆施，达于极点。孙军龙潭败后，我方所获敌军秘密文件中，都载有"友军唐生智部自上游夹击南京"字样。所以现在国民政府决定讨伐，实在是唐生智自召覆灭。

十月十九日国民政府正式决定讨伐唐氏，我遂受命为西征军总指挥，白崇禧为第三路军前敌总指挥，分三路向武汉进兵。三路军所辖番号暨进兵路线，略如下：

西征军总指挥　李宗仁

　第三路总指挥　李宗仁（兼）

　　第七军军长　夏　威

　　第十九军军长　胡宗铎

第三十七军军长　陈调元

第四路总指挥　程　潜

第六军军长　程　潜（兼）

第十三军军长　陈嘉佑

第四十四军军长　叶开鑫

第五路总指挥　朱培德

第三军军长　王　均

第九军军长　金汉鼎

航空队司令官　张静愚　曹宝清（副）

第二舰队司令　陈绍宽

楚有舰　楚同舰　永健舰　永绩舰　江贞舰

除以上战斗序列之外，冯玉祥亦奉命派樊钟秀、方振武、吴新田向鄂北挺进，中央并密令驻宜昌的第二军军长鲁涤平、湘、黔边境的黔军师长李燊、两广的黄绍竑、范石生、方鼎英、李福林各军，及湖北省防军相机出动袭击。因战事迅速结束，故上述军队未及参预战斗。

此时唐生智部也很强大，所辖计有第八军（军长李品仙）、第三十五军（何键）、第三十六军（刘兴）、第十八军（叶琪）、第十九军（高桂滋）、第三十军（赵振国）、暂编第五军（庞炳勋），以及十个暂编师，总计有兵力十余万人，颇堪一战。所以军委会所订西征第一期作战方略，拟先肃清皖境之敌，陈调元的第三十七军占领皖西后，即停止西进，担任警戒皖北任务，然后协同上游各军，会攻武汉，肃清两湖。

我方计划既定，三路大军乃于十月中旬发动。第三路军奉令沿长江北岸西进，扫荡盘踞西梁山、巢县、合肥、舒城一带之敌，进占安庆。第四路军则沿长江南岸，扫荡芜湖、湾址、大通、贵池一带之敌，进占东流、秋浦。第五路则以主力集结九江、湖口，阻绝汉、皖交通，相机截击西退之敌，并以一部沿萍株路威胁长沙。唯朱培德的第五路军因受汪兆铭的影响，态度暧昧，唐军乃得安全撤退，只三、四两路大军向指定地点集中，此是后话。

时唐生智的代表叶琪仍住在第七军军长夏威家中，毫不知情。我对夏威说："你可别把军事机密泄露给叶琪呀！"夏威笑道："这种军国大事如何能泄露呢？"所以夏威和叶琪仍终日游山玩水，若无其事。

最后，叶琪看出真相，知我军已发动西征，不觉勃然大怒，说不应该瞒着他。他并根据中国"两军交战，不斩来使"的传统，要求立刻回武汉。我们也不强留，遂送他到下关，搭外国轮船上驶，回部队指挥堵截我军。我也于同日乘轮西上，指挥部队出击。彼此握手言别，明知即将在战场上拔刀相见，所以江干送别，也颇富浪漫滑稽的意味。

我军三、四两路沿大江两岸齐头并进，海军则溯江而上，所向势如破竹。唐军士气沮丧，不堪一击。十月二十五日我军克安庆，敌军第三十五、三十六两军狼狈西窜，敌十九军则被我俘缴殆尽。我乃于十月二十六日乘舰到安庆，指挥追击。

这时据报，敌三十五、三十六两军已退据广济、武穴之线。武汉唐军也逐渐向东线增加，似有在鄂东地区与我军一决雌雄的模样。

我到安庆后，即拟定第二期进攻武汉计划。决以第三路的第十九、第七、第四十四等军，分途自太湖、潜山、安庆、舒城、望江等据点向西追击。第四路则自秋浦、东流一带乘轮往九江，自赣北向湘、赣边境截断武长路，再北上攻武昌。

第二期攻势于十一月初旬发动。我军攻击前进，敌军则节节后退。在广济附近，敌曾一度强烈抵抗，但旋即溃败。十一月八日我再破敌于薪春，九日进抵兰溪附近时，敌军第三十六军曾作困兽之斗，抵抗极烈，与我军相持一昼夜，卒被击破。我军俘获敌军官兵数千人，枪三千余支。我方第十九军也死伤八百余人，为西征中的第一恶战。这时，长江南岸我军也节节推进，未遭强烈抵抗。

蕲春、兰溪激战后，敌军向西逃窜，已溃不成军，再无抵抗能力。且冯玉祥也派所部方振武、樊钟秀、吴新田向鄂北挺进。唐生智见士无斗志，武汉已成四面楚歌之势，乃在汉口召集师长以上将领会议，商讨善后方针，渠表示决心下野，基本部队则退守湘境，徐图再举。遂于十一月十一日通电去职，并以巨金收买日本军舰，东驶出国。所部分水陆向岳州撤退。唐氏此一措置，不失为明智之举，地方幸免糜烂。我海军乃于十一月十四日进泊武汉。我第三路的第七、第十九两军也于十五日先后到达汉口；旋第四路的第四十四军则进克武昌，第六军也克咸宁，第十三军克通山、崇阳，均停止待命。

我军此次向鄂进兵之速，第十九军胡宗铎部实功不可没。胡部多鄂人，久戍思归，故作战格外勇猛。据说，唐生智在下野前，曾拟调其精锐第八军第一师张国威部死守汉口外围，以掩护大军撤退。唯张师长见大势已去，死守无益，故反劝唐氏迅速撤退为愈，唐颇为不怿。后竟将张氏在其私宅勒毙以泄愤。此举充分表现出唐生智性格的毒辣。嗣后，据目击此事的唐部军、师长李品仙、廖磊等告我，其故事的惨毒，实令人咋舌。

原来唐生智在决定下野时，曾数度召集各军、师长在其私宅会议。最后一次会毕，各将领正纷纷下楼，唐氏忽对张国威说："张师长你留一下，我有话跟你说！"张氏遂遵命留下。到其他将领均已走出大门不远时，唐又告诉张说："没什么事了，你走吧！"张遂一人单独走向楼梯，刚到楼梯口，唐生智的弟弟唐生明忽率士兵数人，拿了一根麻绳，自张氏身边出现。不由分说，便将绳子向张国威颈上一套。张氏情知不妙，乃大力挣扎，然终被按倒地上。张氏在地上大呼："唐总司令饶命呀……"这时，李品仙等离去不远，闻声急忙回头探视，只见张师长已被勒毙地上，惨不忍睹。李品仙等后来和我谈及此事，犹摇头叹息，似乎余悸尚存。

唐生智通电去职时，我正自安庆乘舰西上。在马当附近，见日舰两艘疾驶而下，初不知唐生智即在其中。我于十一月中旬抵达武汉。时唐氏旧部均已退入湖南，李品仙部第八军暨叶琪部第十八军布防汨罗河，守长沙。何键、刘兴的第三十五、三十六两军则守岳州，与我军相持。适此时京、沪方面，中央领袖人物汪兆铭、蒋中正、胡汉民等，均在上海集议召开四中全会预备会，解决党内纠纷。同时何应钦在津浦路上，与直鲁军鏖战亦烈，南京军委会亟需有人坐镇，主持各项要务。再者，广州方面于十一月十七日忽又发生张发奎的叛变，事态正逐日扩大，全国哗然。因此，我遂和程潜计议，委第十九军军长胡宗铎为"武汉卫戍司令"，监视湘境内唐军残部的行动，一面派员入湘，劝唐部归顺中央。西征军事至此遂暂告一段落。十一月下旬我和程潜、白崇禧乃联袂返京，听候中央计划解决张发奎的叛变。

贰

民国十六年十一月十七日张发奎部在广州的叛乱（嗣后又引起十二月十一日共产党在广州的起义），可能系汪兆铭、张发奎二人经过长期缜密计划而后发动的。

当唐生智七月间发动"东征"时，张发奎实已面从心违，汪兆铭也深知唐生智终非囊中物，不可久恃。汪、张二人似已有秘密计划，转返广东革命根据地，然后再卷土重来。适贺龙、叶挺、朱德三人各率所部于八月一日在南昌叛变，张发奎遂在九江以追剿叛军为名，全军南撤。唯贺、叶等叛军于八月八日抵达赣南抚州，有窜入粤东模样时，张发奎便停止追击；并取道新淦、吉安、泰和、赣州、南安、南雄、始兴、韶关，径向广州前进。会贺、叶南下，潮、梅吃紧，广州第八路军总指挥李济深乃派前第四军副军长陈可钰，迎张于途，嘱其向东江尾追贺、叶，与两广部队夹击叛军。张发奎坚不从命。李济深不得已，乃檄调驻广西的第十五军（原七军留守部队改编）兼程赶往粤东，与第八路军的陈济棠等会剿叛军。在李济深、黄绍竑二人亲自指挥之下，数度血战，卒将叛军消灭，贺、叶自汕头乘俄舰秘密出国。朱德则率残部回窜江西边地，为范石生所收编，粤东共患始平。

谁知正值李、黄"会剿"共军胜利时，张发奎、黄琪翔等部率其第二方面军数万人，乘间于九月下旬进入广州，加以盘踞，并散发充满火药气味的回粤宣言，公开攻讦南京国民政府，并扬言打倒一切"篡窃党权"的分子。一时不满意南京中央的党人，如陈公博等，均纷纷南下入粤。汪兆铭也于十月二十九日自上海返抵广州。

先是，汪兆铭既已赞成组织特别委员会，其后又反悔食言，于九月二十一日自南京到汉口，策动唐生智反对特别委员会。汪到了汉口，见唐生智别有怀抱，而南京中央政府已决定讨唐，且张发奎也已进入广州，汪氏乃于十月二十四日自武汉抵沪。翌日便搭轮南下，于十月二十九日抵广州，与张发奎合流。汪氏抵穗之日，即在葵园官邸召集南下中央委员陈公博、何香凝等开会，谋在广州设立中央执监委员会，与南京的国民政府相对抗。

此时南京中央政府谭延闿、孙科等，屡电汪氏，恳其克日来京，召集四中全会，解决党内问题，均为汪氏所拒。因汪那时正在计划以武力统一两广，作为政治资本。然欲统一两广，则首先须铲除李济深、黄绍竑二人。唯李济深德望素著，张发奎、黄琪翔等中、上级干部，均其多年部曲，颇难遽下毒手，加以翦除。汪、张二人乃决定先用权术，将李济深骗离广州；并将黄绍竑骗来广州，加以逮捕、枪杀。李、黄二人一除，则以汪兆铭、张发奎的资望与历史相号召，两广可传檄而定。有两广做基础，前途便大有可为了。这个如意算盘，也可谓极阴险毒辣的能事了。

汪、张计划既定，适蒋中正于十一月十日自日本返国到沪，来电请汪北上，会商党事。（当特委会成立之初，汪氏自汉东下时，曾电蒋求一晤，为蒋所峻拒；今蒋氏自日返国，反而移樽就教。其前倨后恭，曲折奥妙的手腕，实一言难尽。）会南京方面谭、孙等再度致电汪氏，主张在沪召开四中全会预备会，商讨召集四中全会及停止特委会各问题。

这两项邀请，对汪说来可谓适逢其会。汪氏乃于十一月初旬电邀黄绍竑自南宁来广州一晤，并商谈李济深一同赴沪，参加四中全会预备会。李、黄二人固不知汪氏笑里藏刀，其后别有文章在也。黄绍竑遂于十一月十五日中午自南宁应召抵穗。当即往葵园谒汪，适汪与李济深正整装待发，彼此匆匆略谈数语，汪、李便联袂乘轮去沪。

黄尚拟于翌日与张发奎聚晤，孰知夜十一时半，广东财政厅长黄的老友冯祝万匆匆亲来黄氏寓所告密，谓夜半将有兵变，嘱黄速避。绍竑得报，连夜化装潜出寓所。未几，全市即枪声大作，街头巷尾贴满"打倒黄绍竑，实现汪主席救党主张"的一类标语。李济深的公馆也于同时被缴械劫掠。叛军包围黄氏寓所及其他军政机关，搜捕黄绍竑甚急。黄氏乃潜上一粤港轮船，终于逃出广州。

张发奎在广州叛变的消息一声，全党大哗。李济深在上海至是始知受骗，乃呈请中央剿办张发奎、黄琪翔，并痛斥汪兆铭。而张、黄二人乃一不做二不休，竟将其第二方面军的精锐溯西江入桂，拟一举戡平广西，实现其统一两广的计划。黄绍竑此时已潜行返桂，指挥第十五军集中梧州，筹谋抵抗。双方虽尚未短兵相接，唯剑拔弩张，大战迫在眉睫。

孰知正当第四军悉数西调，广州空虚之时，前第四军将领共产党人叶挺偕著名共党首领张太雷、彭湃等潜返广州。利用原赤色工会作基础，联合第四军参谋长共产党员叶剑英，利用苏俄领事馆的掩护与接济，鼓动第四军的教导团和警卫团起义（该两团干部多系共产党分子），改称"红军"，以叶挺为总司令，于十二月十一日实行全市大起义。

广州起义后，全国舆论大哗，粤人身受切肤之痛，群起吁请讨伐，张发奎、黄琪翔固罪不容逭，而汪兆铭尤为众矢之的。李济深以被骗离粤，积愤尤多，乃急电在东江的陈济棠、徐景唐、钱大钧等，和在闽的第十一军蒋光鼐部，在桂的第十五军，分路向广州出击。张发奎、黄琪翔知众怒难犯，大势已去，均通电离职。由朱晖日继任第四军军长[①]，率部离穗，向东北方面撤退，与粤、桂进剿各军大战于五华、岐岭等地。战斗的惨烈，为北伐诸役中所鲜有，双方共死伤万余人。第四军勇将许志锐战死，黄镇球受伤。昔为比肩作战，同生共死的袍泽，此次竟自相砍杀，一至于此，言之实堪痛心。

汪兆铭此时自知不能见谅于党内同志，乃于张、黄叛变时，竭力鼓吹，促使蒋中正复职。在汪氏看来，反对南京中央政府，蒋实与渠利害一致，休戚相关，如果汪、蒋合作的局面实现，必能左右大局，重握党权。到了广州起义之后，汪氏受各方攻击益烈，乃一意拥蒋以自救。唯全党上下攻击汪氏，并不因此稍懈。汪氏自知无地容身，乃于十二月十五日宣言引退出国，旋即离沪赴法。汪氏一去，党争顿失一巨擘，大局乃急转直下，呈现一新局面。

---

① 据当时参加粤桂战争的黄绍竑说："陈公博、张发奎、黄琪翔于离开广州时，把军队交给了第四军军长缪培南指挥作战。"（见全国政协编《文史资料选辑》第三辑，第 49 页）

第三十九章　重建中枢、绥靖两湖

壹

汪兆铭的再度下野，虽为促成蒋中正复职的重要原因之一，然蒋氏这次访日归来，传闻携有日本政府秘密借款，资本雄厚。复职实系必然趋势，毋待汪的下野而后定的。

据说，蒋先生在日住于黑龙会首领头山满家中，利用头山氏在日本军、政两界中的潜势力，以游说日本朝野。嗣后复因头山满介绍，与日本首相田中义一、陆军大臣向川义则、参谋总长金井范三，及参谋次长南次郎，都有秘密商谈。始终参与其事的日方要角，为田中义一的心腹——南次郎。商谈的内容，据日本少壮军人透露的秘密报道，约为：（一）蒋氏承认日本在"满洲"有特殊权益，履行中山先生早年对日本的诺言（据日本传说，中山在辛亥前，曾以"满洲特殊权利"作为日本援助中国革命的交换条件）。（二）蒋决反共到底。（三）日本支持蒋政权。（四）日本借予蒋氏四千万日元，以助蒋安定中国后，中、日两国进行经济合作等项。密约共两份，蒋、日双方各持一份，以为后日交涉的张本。签署既毕，蒋先生遂挟巨资返国，以图东山再起。

唯蒋氏的手腕也很灵活，渠出让"满洲"权益，系以"统一中国"为先决条件。嗣后直至"九一八"事变时止，中国迄未"统一"，故蒋氏有所借口，不履行其个人诺言。而日本官方也因此密约系由少数个人所签订，未便予以公布。蒋氏既自食其言，日本政府也"哑子吃黄连"，有苦说不出。到"九一八"前夕，日本少壮军人积愤已深，蒋氏如再推宕，少数不更事的军人可能公布此蒋、日密件。日内阁为检讨对华全盘政策，曾召集所谓"东方会议"以胁蒋。蒋不得已，乃允日人派代表来南京密商，唯事先声言，渠所持的文件已在上海遗失，嘱日方将所签原件携来。

民国十八年十月，日本政府乃特派驻华公使佐分利贞男为专使，来华与蒋密商有关满、蒙事项。佐分利贞男一行于十月四日抵达上海。蒋乃令上海市长竭力招待，网罗上海的交际名花，举行大规模酒会。日专使一行喝得酩酊大醉，然后搭坐挂车晋京。车行至中途，所有日人均烂醉如泥，南京特务乃乘机将此密件窃去。

翌晨，日使一行酒醉醒来，到日使馆整理行装，拟拜晤蒋氏时，才发现此密件已不翼而飞，未免大惊失色，然又不敢声张。与蒋晤谈数日，自然毫无结果。佐分利贞男于十一月二十九日返日，自觉无面目见人，未几，遂于箱根温泉旅邸吞枪自裁。日本政界曾为此起一小风波，因佐分利贞男无故自杀，群疑莫释，知其内幕的，口虽不能明言，然内心的愤懑实不能自抑，而见之于言辞。这一内幕才逐渐为外人所知。

这故事虽系传闻，而日本军人却言之凿凿，似确有其事。再者，蒋氏于民国十六年在日时，确曾与田中及南次郎等会谈。会谈内容如何，蒋先生讳莫如深，也是事实。再证之以北伐完成后，蒋氏不断制造内战，以及养痈贻患，任令赣南共产党坐大的情形，似均在制造"中国尚未统一"的借口，以抵制日人的要挟。凡此种种迹象，对上述传闻俱不无蛛丝马迹可寻。

在"九一八"事变后，全国民气沸腾，各地学校罢课，要求中央出师抗日，是时两广民气尤为激昂，广西省府并密令民众团体，组织纠察队彻查日货，雷厉风行。日政府希图缓和两广民情，曾派大批文武官员及民众代表来两广活动，借资联络感情；并劝诱两广当局效法中央，阻止民众的过激排日行动。值此时期，我在广州私宅接见这批日籍访客，先后不下百余人之多。接谈之下，我力辟日本侵华政策的错误，希其改正。

那些日本访客听了我的分析，都很动容，唯土肥原贤二少将和台湾司令官松井石根中将的态度，极为倔强。他二人强辩说，"沈阳事变"时，日本关东军司令本庄繁，固处置失当，但是你们的委员长对我们日本人也太无信无义了。我们当即追问，我们的委员长究竟有什么地方对日本无信无义，以致激起他们对中国动武呢？我愿闻其详！然土肥原与松井二人坚不吐实，似颇有难言之隐。

嗣后，我便根据此一线索，嘱我方谍报人员及与日方接近的友人，多方自日本少壮军人集团中设法探听，才获得如上的情报。事虽迹近荒诞，然证之以蒋先生在"九一八"前，对内对外扑朔迷离的作风，实难断言此事的必无。

贰

蒋先生自日返国后，遂一意与汪言归于好。蒋既有意负荆，汪更无心拒客，双方都已半推半就，共产党十二月十一日广州起义后，汪曾腆然公开宣言，吁请蒋同志复职，领导中枢，渠本人则从旁消极协助云云。汪氏的话一出，蒋的复职几成定局，而攀龙附凤之徒，乃乘机推毂，上海四中全会的预备会遂正式通过请蒋氏复总司令职的议案。蒋氏本已有"别人不请我自来"的腹稿，一月九日乃在南京正式宣言复任国民革命军总司令职。

在蒋总司令复职的酝酿中，外界传闻，白崇禧和我曾有反对的表示。此种谣言，可说是毫无根据的揣度之辞。在两广统一，出师北伐之初，我们以一股革命热忱，服从中枢，拥护胡、汪、蒋的领导，完成革命大业，可说是出于赤诚。到了共事日久，发现他们彼此之间，钩心斗角，争权夺利，置国家利益于脑后的作为，始则忧虑，继则惋惜，终则彷徨。试想历年以来，数万将士断头流血，肝脑涂地，所换得的，徒为若辈植党营私，揽权窃位的资本，宁不令人痛心。故对汪、蒋的作风，心至不悦则有之。至于蒋总司令复职与否，权在中央执监委员会，我等统兵将领唯当服从中枢决策。且蒋先生的复职也断不会因我等反对而中止，我们心纵不悦，也雅不愿作徒招反感而于事无补的笨事的。

不过蒋先生于十二月一日在沪与宋美龄女士结婚之前，特于报章发表声明，其内容大略是说，他与毛氏、姚氏、陈氏的结合，并无婚约，从今起断绝一切关系。并申述他以前的革命是假的，今与宋女士结婚后，才是真正开始革命工作云云。（此谈话的原来措辞可能较报纸所载为委婉。）蒋、宋结婚时，我已由武汉乘轮东下，正在赴沪途中。当时阅报及此，我心中有无限的感慨。自思我们革命军全体将士在蒋总司令领导之下，打了一年多的仗，死伤数万人，难道都为"假"革命而牺牲？我们此后再追随蒋总司令，冒锋镝矢石，去"真"革命，也岂视一女子为转移？内心悒悒不乐之下，我遂决定不送婚礼。殊不知党、政、军各政要均奉赠厚礼，即与蒋先生最为格格不入的程潜，也未能免俗。唯我一人，始终未送礼物。当时年轻，阅世未深，颇易任性，今日思之，也觉毋乃过分些吧。

蒋、宋婚礼的次日，我偕内子到达上海。蒋先生知道我们抵沪，当晚即送来请吃饭的帖子，三日下午七时，我和内子乘汽车去谒见蒋先生夫妇于其住宅，也照例说几句道喜吉利话。只见满客厅都是各界赠送的丰厚礼物，琳琅灿烂，光耀照人，睹此情景，我反觉此心坦然，毫不感到难为情。蒋先生夫妇也落落大方，殷勤招待，言谈甚欢。

蒋氏复职后，胡汉民、孙科、伍朝枢等，因不直蒋与汪合作，先后离京出国。宁、汉两个国民政府对峙之局，至是复定于一。党内政潮重归平静。中央政治会议也恢复办公于南京，并筹备召开四中全会。经过数星期的筹备，四中全会乃于十七年二月一日集会于南京。汪派人物，何香凝、顾孟余、陈树人等七八人，也照常出席，唯汪兆铭则避居海外。大会决定改组国民政府，及恢复军事委员会，唯人选则大体如旧；国府仍采常务委员制。大会并通过，整饬党务，完成北伐，十七年八月一日召开第三次全国代表大会，及在广州、武汉、开封、太原设政治分会各议案。

四中全会于二月七日圆满闭幕。宁汉分裂以来，不少省份有分崩离析现象，至是总算表面重归统一了。

叁

当中央正在筹开四中全会时，唐生智的基本部队残部均退回湖南。当时我军所以未衔尾追击，乃为顾虑地方糜烂，故派西征军参谋长张华辅入湘，洽商收编。唯唐军残部不愿受编，反竭力招兵买马，与各方勾结，企图扩大叛乱。一月初旬，国民政府乃电令白崇禧（为第三路前敌总指挥）、程潜自武汉督师南下，继续讨伐。白、程奉命后，即分两路入湘，程潜率第六、第四十四等军，自武长路南下；白崇禧则指挥第七、第十九两军，由通城向平江会攻长沙。我军于一月十五日发动，十七日占领岳州，程潜即进驻岳州；白崇禧也亲往通城指挥。一月二十一日我军发动全线总攻，冀一举而下长沙。此时敌军也背城借一，拼死抵抗。双方在汨罗河两岸鏖战正酣时，我右翼第四十四军叶开鑫部忽然叛变，乘午夜由黄沙街向左翼第六军和十三军的侧背猛袭。两军猝不及防，损失很大，正面之敌复乘机出击。第四路的第六、第十三两军已溃不成军，形势极为危殆。此时我左翼白崇禧所指挥的第三路军，正向平江急进中，得报知右翼我军失利，遂不敢孤军深入，并急电南京，建议两策：（一）回师营救第四路军，巩固武汉；（二）不顾第四路军的失利，突破正面敌军，直捣长沙。此电报到达国民政府后，谭延闿、何应钦、李烈钧和我当即研究战况。他们一致主张檄调白氏所部回援，巩固武汉。但是我的判断，与他们三人却大异其趣，我主张一面令程总指挥收容第四路军，逐步抵抗，迟滞敌军北进；一面令白崇禧不顾一切，努力击破当面之敌，迅速向长沙推进。长沙如克，武长路上的敌军自然不战而溃，此即古人"围魏救赵"的战略。李烈钧等颇为踌躇，渠意若我军攻长失利，武长路上的敌军势必乘虚直取武汉，则魏赵俱失，前途不堪设想了。我说，敌军统帅唐生智早经宣告下野，所属屡败之余，军心涣散，如按我的计划执行，白崇禧必克长沙，湘局指日可定，不出旬日当有捷报。李、何、谭三位将信将疑，蒋总司令时因事赴上海，不及请示。最后，大家同意我的计划，令白前敌总指挥不顾一切，急攻长沙。白氏在前线奉到电令后，乃挥军出击，连战皆捷。我军伤亡虽重，然第七、第十九两军卒于一月二十七日攻入长沙。长沙既破，武长路上敌四十四军遂不敢恋战，越洞庭湖向湘西逃窜。敌将李品仙、叶琪、刘兴、何键等匆率残部，逃往湘南宝庆一带，我军衔尾追击，占领衡州。未几，全部敌军便接受改编。湘省战事不到半月，遂圆满告一段落。李品仙的第八军、叶琪的第十二军、廖磊的第三十六军被调到湖北整训。叛变的第四十四军军长叶开鑫已潜逃，由副军长邹鹏振率领归编，调至武昌，旋即解散。

当长沙克复，敌军全线溃败的捷报到达南京，李烈钧翘起大拇指对我说："德公，还是你行，还是你行！"我们相对大笑。湘局粗定之后，二月二十八日我仍回武汉坐镇。两湖因军事行动的影响，若干边区地带土匪益炽，我乃计划派军队清乡，以安闾里，并积极准备北伐。

先是，当我西征军于十六年十一月十四日攻克武汉时，唐生智所组的湖北省政府自然无形解体，新的省府急待组织，第十九军军长胡宗铎，以身为鄂人，每思毛遂自荐。一次，他竟笑着向我说："德公，这一次我应该当仁不让了。"

我也笑着回答说："你是一位现役军人，为什么要分心去搞省政呢？你知道我是一向主张军民分治的，我曾有机会一手掌握全省军民两政大权，而我还预先表示不干，竭力婉辞呢！你应该向我学习……"接着，我便举当年统一广西之初，我邀约黄、白二人均不做省长，及北伐军底定安徽时，我又力辞兼任安徽省主席的前例，希望他也能学习我们，不要以现役军官兼任省府首长。经我这一解释，胡君以我确是以身作则，也就不再多言了。

胡宗铎，湖北黄梅人。毕业于保定军校第三期，与白崇禧、黄绍竑均有同窗之雅。嗣后随我参加统一广西及北伐诸役，骁勇善战。我军军令虽严，而我们个人之间的私交则如兄如弟，彼此相处甚得，毫无官场习气。胡君落落大方，知兵善战，是一将才。惜一生一帆风顺，未受折磨。自击破孙传芳军，底定长江之后，各种恶习，一时俱来。并认为武力可以决定一切，天下事也不过如是而已。我虽屡诫以"骄兵必败"的古训，渠不甚体会。故其个性难免粗鲁而轻浮，容易冲动。我军北伐之初，尚无"师"的编制，我任军长，夏威、胡宗铎则分任第一、二两路指挥官兼旅长，肃清长江一带之敌后，我军为谋与友军编制渐趋划一，编制也略有变更。我本人事前已由江左军总指挥改为第三路总指挥。占领徐州后，夏威升任第七军副军长，我本人仍兼军长，胡宗铎升任第十五军副军长（军长刘佐龙抱病武汉）。两路指挥官撤销，夏、胡并兼师长，旅制仍暂保留。栖霞之役，第七军实际上由副军长指挥。龙潭战后，我遂辞去七军军长，保荐夏威继任。同时因胡氏所部鄂籍居多，故将胡宗铎部队改编为第十九军，即以胡为军长。（时刘佐龙已病故于汉口。）

当十九军成立之初，胡宗铎曾要求将第七军精锐分出一部编入第十九军。我说，此事可以考虑，待与夏军长商量后再决定。宗铎认为我有意推宕，竟一怒而携眷去上海。最后还是白崇禧亲往上海，把他找回来，并将第七军中一部精锐，拨归第十九军，宗铎才无话。嗣第十九军经过整训以后，其战斗力实与第七军不相上下。举凡重要战役，我均令该两军当其要冲，而以其他作战能力较差的部队作为辅助，故颇能收相辅相成之效。

我军既克武汉，收编部队很多，乃另成立第十八军。军长人选，白崇禧和胡宗铎力保资历甚浅的旅长陶钧逾格超升，资望较深的师长，如钟祖培、李明瑞等，反而向隅。陶钧系湖北黄冈人，保定军校三期毕业，骁勇善战，也是一员猛将。唯陶君治军，失之于严，有时竟达残酷程度。作战行军时，遇有士兵落伍，陶氏有时竟枪杀以示儆，亦殊不近人情。其用兵布阵，乃至平时训练，均善独出心裁，标新立异，处处表现，皆似一匹不羁之马。当时第四军的作风便是如此，我七军中胡、陶二人的作风，则颇与四军相似。此种人才，最为白崇禧所赏识。以故十八军成立时，白氏竟力荐陶钧为军长。不按资历升迁，实违体制。我第七军自广西北上时，共有旅长四人。夏、胡之外，李明瑞、钟祖培，亦均战功赫赫。此番弃钟、李二人，而逾格擢升陶钧，不平之鸣自所难免，钟祖培因此挂冠求去。再者，湖北久处北洋军阀统治之下，"鄂人治鄂"的呼声已非朝夕，今一旦如愿以偿，则鄂人以乡土情谊，对具有实力的胡、陶二氏不免过分阿谀奉承，以图一官半职。而胡、陶于得意忘形之余，也不觉以鄂省主人翁自居，是亦人情之常。然第七军的地位，遂无形中成为客卿了。而野心政客又从旁激荡之，到民国十八年第四集团军不战而瓦解消灭，此实为主要原因之一，这是后话。

钟、李二人俱随我甚久。民国十年我军避入六万大山时，钟任营长，李任连长。嗣后统一广西及北伐，两人亦无役不与。平时因我军军纪严肃，所至秋毫无犯，各级将士均事劳俸薄，而每临剧战，又均亲冒矢石，首当其冲。所幸上下一心，甘苦与共，尚无怨言。钟君为人四平八稳，临阵勇敢，治事也从无陨越。此次求去，我未便强留，因军中服役的辛劳，转不若悠游泉林的自若。钟君返籍后，曾自营一农场，度其真正解甲归田的生活。民国三十八年共军入桂时，闻钟君曾组织游击队，与之对抗。其后果如何，无从获悉。多年相从，今日缅念贤劳，犹不免若有所失之感。

陶钧升任第十八军军长后不久，率所部深入鄂西清乡。斯时宜昌有一禁烟督察局，每月税收平均逾百万元。陶军长即擅自委其军需处长为该局局长，前往接收。嗣后我查悉此事，深不以为然。盖我军自桂北伐，向不与闻地方政事，转战数千里，未尝委派或推荐地方官吏，深为党内外人士所称许。今陶军长接手，不久，即擅委地方税收官吏，不特有违体制，而军人干政之风尤不可长。我遂拟请财政部另行委员接长该税局。陶钧闻风大惧，央请白崇禧向我说项。最初我坚持不可，嗣后白崇禧一再代为恳求，我恐白氏多心，遂未深究。然此一马虎将事，其后颇有恶果。因该项特税收入甚丰，而无规定比额，任由局长自行填报，解款多少，无法稽查，故大部收入，除以一部分为十八、十九两军公积金，并贴补两军将士服装及饷额外，其余概入陶钧私囊。斯时各军饷糈均虞不足，而新成立的十八和十九军的官兵生活，反优于他军，以致七军将士极感不平，军心颇受影响，此风的形成，不能不怪白崇禧，白氏虽精干，然缺乏冷静的考察，因此其丰富的感情遂易为不肖者所利用。

底定武汉时，我既以身作则，说服胡宗铎不兼湖北省主席，因此其人选颇费周章。我们既不愿乱荐私人，只有在湖北本省贤能之中，择人而荐。几费思量，才想到湖北籍第一届中委张知本君。张君虽以接近"西山派"，不为党中有成见的领袖所喜，然渠究系法学界中人，久享清誉，甚为当时湖北各界人士所推重。当我提出张氏时，鄂籍人士，及军人如胡宗铎、陶钧等，均甚折服。众望所归，我遂向国府保荐张君为湖北省政府主席。时人咸知我是张主席的保荐人，但鲜有知道我与张氏固素昧平生。

张氏奉派主鄂之后，我们更助其遴选省府各厅人选。民政厅长严重，建设厅长石瑛，财政厅长张难先等俱负一时之名，张知本到职后，励精图治，严、张两厅长并常微服出巡，探听民隐，侦察县吏，不期年而湖北省政积弊一扫而空，为全国所称誉。

民国十七年秋间，李四光、王世杰、彭学沛等鄂籍知名教授回到武汉，和我磋商，拨款兴建武汉大学于珞珈山，我亦深觉建国之道，首需人才，故在军费极其支绌之时，慨然先拨二十万元，以资提倡。省府不甘落后，也筹拨相同之数。后来该大学的校舍竟成为全国最壮丽的学府建筑。

湖南唐生智残部改编后，我们也将湘省政府改组，并荐程潜兼任主席。事前，我曾派员征询程氏对湖南省政府改组的意见，并请其推荐一位有才气、孚众望的人出任主席。他力陈湖南情形复杂，不比湖北的简单，非有权力者任主席不可。我明白他已决心当仁不让。为避免有伤感情，发生误会起见，我乃保荐程潜兼任湖南省主席。由湘、鄂两省政府改组的人选看，可知我当时对人处事的大公无私的态度。殊不知仍因此招忌，而惹出后来战祸，实非始料所及。因此后不久，我便奉命出任武汉政治分会主席（事详下章）。孰知在武汉政治分会治理之下，两湖省政首先发生问题的，便是程潜。

程氏无论在军中党中，均属老资格，自出任湖南主席之后，更倚老卖老，目无余子，根本忘记武汉政治分会还是他的上级机关。按当时的制度，省政府只征收地方税，至于烟、酒、盐等国家税收，应由政治分会财政处直接征收。然程氏主湘后，竟将所有税收完全归省库，致政治分会虚拥其名。湘省军队有限，税款支用不尽，而武汉政治分会所辖部队甚多，开支浩繁，各军索饷，均无法发放。我一再口头或派人向程潜疏通，他一概置之不理。因此武汉政治分会中诸委员乃一致主张对程潜采取行动。有时我将程氏横蛮态度向中央吐露，中央方面人物，如吴忠信等，竟怂恿我将程潜撤职。

在各种因素累积之下，程潜与武汉政治分会的关系，逐渐发展至非决裂不可的程度。武汉政治分会为此事数度开会密议，大家一致主张将程潜扣留撤职，并敦促我从速执行。一次，在程氏来汉开会时，武汉政治分会遂将程氏扣留，并呈请中央将其撤职，改派鲁涤平为湖南省政府主席。程潜所部在湘驻防的第六军，闻主帅在汉被拘，乃自动向江西撤退。鲁涤平在中央明令发表后，也率其第二军入湘，接任主席。湘局既定，程氏即恢复自由，武汉政治分会乃拨巨额川资，送其东下，寓居上海。

此次拘押程潜，虽系程氏咎由自取，然事后，我对武汉政治分会此一孟浪行为深觉过分。颂老受一时之屈，事后对我未尝有片言的抱怨，其胸怀的豁达，实属可钦，而我本人则引为终身之疚，至今悔之。

第四十章　完成北伐

壹

南京国民政府既经重建，唐、张之变也已平息，所部均奉令整编，预备继续参加北伐。由于宁汉分裂而左右为难的川、云、贵各省，至是也表示绝对服从中央。全国除东三省、热河、察哈尔、河北等省尚为奉军所盘踞外，余概在国民政府管辖之下了。为彻底统一全国，国民政府乃决定完成北伐。

国民政府职权，名义上虽由蔡元培、李烈钧、谭延闿、张人杰、丁惟汾五位常务委员负责，但是中央实际权力则操于蒋先生一人之手。然蒋先生复职伊始，为避免国人骂他是军事独裁者起见，特于南京中央政治会议中提议于广州、武汉、开封、太原设立四个"政治分会"，由李济深、李宗仁、冯玉祥、阎锡山分任政治分会主席。

中央政治会议又决定将冯、阎所部番号改为"国民革命军"。成立四个"集团军"，以资划一①，并以蒋中正（兼任，何应钦代行）、冯玉祥、阎锡山、李宗仁分任第一、二、三、四集团军总司令。其余不属于四个集团军战斗序列的部队，则由国民政府直接指挥。

此项新任命的发表，表面上虽为中央政治会议所通过，事实上则为蒋先生一人所策划。当时我适因公在京，但是我并非政治会议委员，不便参加讨论。因而在政治会议开会前，蒋先生特地约我到他官邸谈话，并告知我此项意图。这多少含有市恩之意，而四人之中，当然以我受惠最多。蒋先生事先以此告我，以为我一定受宠若惊，谁知完全出乎他的意料之外。

因为当蒋先生正在告诉我此项决策时，我一面静听，一面揣测其含义的本质。这新措施显然与蒋先生大权独揽的作风背道而驰。蒋先生何以忽然要将中央的权力分散到我们四人身上呢？他无非想利用冯、阎为北伐卖力，挥军北进击破奉军。至于我和李济深，不过是被用作陪衬而已。因冯、阎二人都是军界老前辈，资望在蒋先生之上。如番号统一，二人均将受蒋节制，颇使他自觉不安。所以蒋先生要把我超迁，与冯、阎并列，一则可以表示蒋总司令大公无私，不究资历，唯才是视；再则因为我原系他的部下，今日擢升与冯、阎平等，可对冯、阎起规范作用，使蒋总司令便于指挥。我同时想到

① 据陶菊隐著的《北洋军阀统治时期史话》中说：国民党领导下的四个集团军是在不同时期建立的，（一）一九二七年四月六日，武汉国民政府分任蒋介石与冯玉祥为国民革命军第一、第二集团军总司令。（见第八册 125 至 126 页）（二）同年五月十七日，武汉国民政府任命唐生智、阎锡山为第三集团军总司令。（见第八册 140 页）（三）同年六月十六日，武汉国民政府任命唐生智为第四集团军总司令。（见第八册 146 页）（四）唐生智被打倒后，一九二八年四月六日，南京国民政府任命李宗仁接充第四集团军总司令。（见第八册 208 页）从上面的历史记载，可见国民革命四个集团军不是蒋介石一次计划组成的。

我个人的名位，蒋先生今日与之，异日又取之，何必多此一举呢。所以我毅然表示不同意。

我对蒋先生陈述我不同意的理由，大意是说，设置政治分会的省份，概在交通便利，中央政令可以朝发夕至之区，并非中央鞭长莫及的边疆；而且政治分会的组织和权力，有甚于北洋政府的巡阅使制度，颇易形成尾大不掉之局，为国家长治久安计，似不宜有此一骈枝的机构，请慎重考虑，然后决定。

至于集团军的设置，也不必把我和冯、阎并列。在冯、阎附义之初，冯氏已自称"国民联军总司令"，阎氏也称"革命军北方总司令"。今不久即将会师燕京，数十万大军向同一战场前进，中央将各军番号划一，委冯、阎为第二、三两集团军总司令，不失为明智之举。唯我本人现任第三路军总指挥，统率战斗序列内的部队原可多可少；何况北伐已近尾声，一旦战事结束，则"总司令"、"总指挥"等战时名称，即应撤销，故不宜升我为第四集团军总司令，以免改弦更张。对我个人来说，也正符合总理昭示革命党人"要做大事，不要做大官"的遗训，请勿建议我担任此项新职务。

蒋先生却说，处今日的情势下，非如此措施不可。并说："他们北方既有两个'总司令'，我们南方也应有两个'总司令'，方为公允"云云。蒋先生身负全国军事的重任，而私心仍存南北梦域之见，我闻言不禁毛骨悚然。蒋先生复一再声言："你可以担任武汉政治分会主席，一定升你为第四集团军总司令。当仁不让，你不必谦辞。"可是我已决定坚持自己的意见。再三辩论，竟相持不下，颇觉难以为情。

彼此默然有顷，我只好说，倘你认为政治分会必须设立，则不如请谭延闿担任主席，因为他是湖南人，德望素著，出任斯职，可谓人地两宜。蒋先生说，谭先生在中央另有借重。最后，我只得表示，中央即使发表此项新任命，我也必坚辞不就，务请从长考虑，乃辞退回寓。

次日早晨，我的副官喜气洋洋的手执两张报纸，递给我看，说："总指挥，恭喜你高升了总司令和政治分会主席。"我展开报纸一看，果然第一页头号大字标题登载我为第四集团军总司令和武汉政治分会主席。当日许多朋友登门道贺。我内心郁郁不乐，其中苦闷，实非可为外人道的。我并非故意沽名钓誉，表示清高，其中实有难言的苦衷。嗣后，我只好一再滞留南京，不往武汉就职，表示消极的抗议。我既一再谦辞，蒋先生乃选派吴忠信来寓敦劝。最后一次，他说："你如不就职，蒋先生说他就不能继续北伐了。"一听此言，使我恐慌万状。在吴氏苦劝之下，我说："吴先生，蒋总司令既把事情说得如此严重，那我不敢再推辞，只有遵命首途去就职了。"以故在冯、阎就职后一个多月，我才在汉口宣誓就任第四集团军总司令职。

我自京返汉不久，正在整饬部队，预备北伐。蒋氏忽又派吴忠信来汉，劝我就武汉政治分会主席之职。我说："吴先生，我是军人，对打仗尚粗有经验，对政治则既无经验，更无兴趣。并且我已转推谭组庵先生，以谭氏担任此职实最为理想。"

吴忠信说，蒋先生一定要你做，你如不做，蒋先生说，你就是不愿意和他合作了。依我看，你还是应该和蒋先生合作的。现在其他政治分会主席都早已就职，独你不就，也容易引起外界的误会，你就立刻就职吧。

我说，吴先生，你提到与蒋先生合作与不合作的问题，事情太严重了，那我只有遵命就职了。吴氏见我答应了，他也可不辱君命，当然大为高兴。

我又说："吴先生，自古只有逼人丢官的，尚未闻有逼人做官的事，蒋总司令现在居然逼我做官，也为少有的奇闻。"我就职后，吴忠信遂欣然返京复命。

出任武汉政治分会主席，实非我所愿，何况政治分会的设立，原就是非驴非马的制度。政治分会的权力极大，有任命所辖区内地方官吏，及处理政、军、财、教、建各要政的全权。然政治分会并非中央政府以下的二级机关，管辖地区有限，凡不属于政治分会掌握的省份，却又直属于中央，与各政治分会错综而治，形成一极奇特的政治制度，实与素主中央集权的蒋先生的意旨大相径庭。蒋先生复职后，忽然搞起这种制度来，或系一种权术的运用。因蒋氏下野之前，党内党外曾一致攻讦其为新独裁者。今番故意奠立此一分权制，或借以表白而已。

贰

第四集团军的编制是直辖第七、第十八、第十九军等基本部队，以及唐部改编的各军。我既担任总司令，白崇禧也奉派为第四集团军前敌总指挥。四月中旬，整编就绪，乃由白崇禧率领李品仙第十二路军，沿京汉线北上，参加北伐。

那时，北伐战事已接近尾声。（北洋军阀中所余的唯一实力派张作霖，已无心恋战，华北传檄可定。）先是，当我军于十六年底发动西征时，孙传芳残部仍在津浦线蠢动，有乘我西征时向南京发动反攻模样。军事委员会为减少后顾之忧，乃决定同时命令何应钦率第一路军，循津浦线继续北上。十月中旬，何应钦部遂向徐、蚌及淮河两岸发动攻势；并电约冯玉祥自陇海路东进，会攻孙军。

孙军一经接触即向北溃退。十一月十六日我第一路军遂克复蚌埠。时直鲁军张宗昌部向孙传芳增援，自徐南下反攻。双方相持经月，我第一路军卒于十二月十六日克复徐州，俘获甚众。以故，当我西征军事结束时，何部正抵徐州待令，北伐战事也暂告一段落。直至十七年春初，蒋总司令复职，四个集团军重行部署之后，才继续发动攻势。

完成北伐的最后阶段的战略部署，大体上以第一集团军沿津浦路北上，循泰安、济南、沧州而直薄天津。第二集团军则任京汉路以东，津浦路以西地区的攻击任务，自新乡向彰德、大名、顺德一带北上，右与第一集团军，左与第四集团军联系，会攻京、津。第四集团军则循京汉路，经郑州、新乡，向正定、望都一带集中，直捣保定和北京。第三集团军则自太原循正太路，出娘子关，截断京汉线，北上与第四集团军会师北京。

此时敌军应战的策略，系以张宗昌的直鲁军与孙传芳残部据守津浦线，以阻截我第一集团军的北进。奉军主力则后撤，以缩短战线，并以保定为轴心，向西线集中，拟乘我第四集团军尚未到达正定时，一举将我突出的第三集团军包围歼灭，然后回师截击其他各路革命军，以达其各个击破的战略目的。

我军攻势系于十七年四月中旬发动，第一集团军贺耀祖、方振武两军于五月二日克复济南。孰知日本山东驻屯军福田师团，竟出兵阻扰，围攻济南。蒋总司令不欲与日军扩大冲突，乃派交涉员蔡公时及随员十余人到福田师团部交涉，希望和缓此一严重局面，不料蔡等竟为日军所枪杀。我军迫不得已，忍辱乘夜突围。日军旋在济南城恣意捕杀平民，遭难者数千人，酿成"五三"济南惨案。第一集团军贺、方两军自济南脱险后，协同一部分友军绕道鲁西，越黄河，北进占领沧州、德州，因之颇受稽延。时我三、四两集团军已克京、津，第一集团军遂未续进。

攻势发动后，第二集团军冯玉祥部防区并无强敌，本可兼程而进，唯冯氏却稽延不进，并撤回原驻博野、安国一带的部队，仅留置少数骑兵警戒前线地区。冯军既无意急进，我第四集团军尚远在豫南，奉军乃得乘隙实行对阎锡山第三集团军的包围。五月中旬，阎部几陷入三面被围中，阎锡山见形势危急，乃电请冯玉祥迅速北上解围。孰知冯玉祥不但不派兵赴援，反而通令所部，略谓"不遵命令擅自退却者，枪决！不遵命令擅自前进者，亦枪决！"他意在禁止其驻在京汉线上的部队，擅自北上，解阎部之危。冯氏此项通令，后来在北伐军中传为笑谈。因在向敌人发动总攻时，"擅自前进者，枪决！"实是骇人听闻。

冯玉祥见友军危难而不救，实在出于意气用事，欲报阎锡山的旧恨。原来当民国十四年冬，冯军在南口战败西撤时，阎锡山曾应吴佩孚、张作霖之请，陈兵晋北，企图腰击冯军。因而冯氏怀恨在心，得机乃一泄私愤。

冯玉祥既不赴援，阎锡山在危急中，无以为计，适白崇禧率叶琪第十二军乘车赶到定县、新乐一带增援。奉军由其飞机侦察，知我第四集团军已赶到，乃改变计划，向关外撤退。我军即乘势追击，于五月三十一日克复保定，并向北京挺进。

我第四集团军原定于四月底在武汉乘车北进，唯以车少轨坏，运输困难，乃由前敌总指挥白崇禧率第十二（叶琪）、第三十（魏益三，河南收编）、第三十六（廖磊）各军，及第八独立师（刘春荣）先期北上。经过将近一个月的运输，先头部队第十二军才抵正定附近。五月三十一日克复保定后，乃沿京汉路直捣北京。第三集团军也于六月一日占领宣化、花园，向怀来追击。第二集团军也向高阳、雄县、永清、固安、河间挺进。第一集团军同时占领沧州，概未发生激烈战斗。

各路大军齐头并进，孙传芳知大势已去，乃于六月三日通电下野。所部归郑俊彦统率，向革命军输诚。张作霖不敢恋战，于孙氏下野的次日，偕吴俊陞等文武官员出关，车至皇姑屯，被日军河本大佐预埋的地雷炸死。所部奉军仍由"少帅"张学良统率，继续向关外撤退。六月八日我军遂进占北京。六月十一日阎锡山、白崇禧联袂进入北京。

唯此时张宗昌所部，除徐源泉率万人归顺中央外，尚有三万人稽留于冀东一带。本拟随奉军撤入东北，但是奉方因宗昌部队纪律废弛，恐其反为东北之累，故不让张部出山海关。宗昌所部乃麕集于滦东一带，要求我军收编，同时准备作困兽斗。此时蒋总司令与我已抵北平，知该部已无可改造，乃令白崇禧率第四集团军及第二集团军鹿钟麟部，第三集团军商震部进剿。不久即全部缴械肃清，驰名一时的大军阀张宗昌遂一蹶不复起了。

在此期间，东北张学良也派遣代表入关，接洽服从国民政府。于是，东北显无用兵必要。北伐至此，乃大功告成，军事上所余的，只是一些善后问题，有待处理了。

第四十一章　善后会议与东北易帜

壹

在我国历史上，凡是大兵之后，善后问题总是难处理的。北伐完成，自然也不能例外。

平津克复时，由于中央任命文武官员实际上均为蒋先生一人所操纵，有欠公允，致心怀怨恚。而表示沉默反抗的，便是第二集团军总司令冯玉祥。因直隶（旋改称河北省）、察哈尔两省及北京（旋改北平）、天津两市的光复，实系第二、三、四各集团军协力作战的战果。然战后中央政府对光复地区地方军政机关人事的安插，除第四集团军保持一贯作风不荐人外，几乎全是阎系人物；冯玉祥仅分得北平特别市市长和崇文门统税局一所。此税收机构原为北京政府历任总统私人占据的肥缺，每月收入约二十万元。这数目对拥兵十余万的冯玉祥说来，简直是"杯水车薪"，无济于事。面对坐拥河北、察哈尔两省暨平、津两市的阎锡山，难免感觉不平，因而发生怨言。

蒋先生这种措施，事实上也是一种权术。意在挑拨本已互相嫉忌的冯、阎二人，使其发生龃龉，以便控制。阎锡山对蒋先生的厚己固然感到心满意足，但是久历官场的冯玉祥，对蒋先生的用意岂有不知之理。因此他对阎氏尚无甚恶意，而对蒋先生的运用诡谲伎俩，却积愤很深。

因此蒋先生于六月中旬，电邀我和冯、阎到北京举行善后会议时，冯玉祥遂托病复电不来参加，并电令其驻汉口代表李鸣钟向我解释，希望对他原谅，顺便探测我对善后会议的态度和意见。冯氏此时坐拥重兵，虎踞西北陕、甘各省和中原河南四战之区。他的消极态度，不特对蒋先生面子上极为难堪，而中央政令在全国即将统一之时，遭受极大的阻力，尤损威信。

冯氏的消极抗命，就事论事，也情有可原。因冯军所驻西北各省均极贫瘠，地方收入不足以养重兵。今平、津光复，地方税收甚丰，冯军几一无所获，安得不怨？

事实上，军事新胜之后，诸将争功，本不易应付。而蒋先生不但不善加处理，反想扩大其矛盾，促成其恶化，以收渔利，实有失全国军事统帅的风度，居心也不可恕。我当时在武汉目击这种事态的演变，内心颇引为隐忧。因一面电中枢，主张裁兵，移军费作工农建设，以政治方式解决国内的纷争（此一裁兵电报曾传播各地，颇为舆论界所赞扬）；一面派曾在冯处任职的高级参谋黄建平偕李鸣钟前往河南新乡，慰问冯先生的病状，并代为恳切陈述我对善后会议的意见。略谓，民国成立以来，外有帝国主义的侵凌，内有军阀的割据，北征南讨，扰攘经年，民苦已久。今赖将士用命，人民输将，北伐既已完成，国家统一在望。倘善后会议遭受挫折，中央固有责难，人民也不会谅解，则吾人何以自处？深盼冯公顾全大局，忍辱负重，扶病北上，参加善后会议，则公私两利，实国家之幸。旋接冯氏复电，略谓，黄、李两君莅临，并出手示，情谊拳拳，铭感肺腑，至分析时局，洞若观火，尤为钦佩。我兄如北上参加善后会议，弟当扶病奉陪末座云云。我接此电后，极感快慰，随即拍电报告蒋先生。中央诸公获此清音，一天云雾顿时消散，欢忭可知。那时，蒋先生已派吴忠信来汉，拟请我居中调处。因我实是担任这项任务最适当的人选。论攻克平、津的战功，我第四集团军或在第二、三两集团军之上，但我军功成不居，禄亦弗及，我辈也从无怨言，殊足以为冯玉祥作规范。不意我已自动从旁疏解，并已获得了圆满的结果。

南京接电之后，蒋总司令乃决定约我同道往新乡，亲约冯玉祥往北平开会。这是蒋氏舍近求远，取道武汉，前往北平的原委。

民国十七年六月下旬，国民政府乃正式通过设立裁兵善后委员会，并决定于北平召开善后会议。六月二十八日蒋总司令率总参谋长李济深、中委蔡元培、吴敬恒、张人杰、戴传贤及随员张群、陈布雷等一行二十余人，自京抵汉。我既为武汉政治分会主席，少不得带了文武官员暨各民众团体到江畔欢迎。旗帜招展，锣鼓喧天，为蒋总司令复职以来难得的盛会。当晚设宴为诸公洗尘。谁知在此宴会上，竟发生一项不愉快的小事件，后来蒋先生的歧视第四集团军，可能便种因于此。

原来在宴会举行时，我第四集团军中的夏威、胡宗铎、陶钧三军长俱未出席奉陪。盘箸虚陈，情形颇为尴尬。我发觉之后，立即派人去催，他们竟都托故不来。此事使位居首座而气量褊狭的蒋总司令颇为难堪，心头自然不悦，可能更疑窦丛生。

其实，夏、胡、陶的缺席并无恶意。只是他们三人都是习于战场的生活，粗迈豪爽，不拘小节。性喜高谈阔论，大碗斟酒，大块吃肉，对于蒋总司令特意装模作样，严肃静穆的官场应酬，感觉乏味和不惯。我间或有款待上宾的正式宴会，他们三人也往往不参加，并说："有总司令在招待难道还不够光辉，要我们去干什么呢？"我也不以为意，因一般宴会他们本可不必参加。

但是这次的情形便不同了。我们的主客是复职不久的最高统帅——蒋总司令。在这场合，他们三人一致不参加，就容易引起误会了。事后，我深悔没有事先关照他们三位粗枝大叶的莽汉，致造成不愉快的场面。

更坏的是，宴会的翌日，蒋总司令循例检阅第四集团军驻汉部队。我首先致简单欢迎词，然后恭请蒋总司令训话。训词当然冠冕堂皇。大意谓，革命军人应忠诚拥护中央政府，应尽阶级服从天职和确守军风纪，不惜为国家牺牲云云。蒋氏辞毕，不料身为阅兵总指挥官的胡宗铎，心血来潮想出风头，突然站出阅兵台前，对中央来宾诸公和官佐士兵，提高嗓子，大放厥词。略谓，革命北伐军在进展期中，中央政府政潮迭起，致影响军事，屡受波折。自今以后，深盼中枢开诚布公，赏罚分明，用人唯才，造成政府廉洁风气，俾武装同志为国牺牲才有代价，才有意义等语。这番话显然与蒋总司令的训词针锋相对，使我骤然陷于诚惶诚恐的境地。宗铎此种言论，发之于私人谈话之间，尚无不可，在这种场面下，公开演说，实在太为不雅。蒋先生当然大为不快。此事可能也是他后来决定消灭第四集团军的原因之一。

这两不幸事件发生后，我曾因夏、胡、陶三人不识大体，认真地训斥了他们一番，然究有何补?

夏、胡、陶三人都是革命军中第一流的战将。然因百战功高，本已有骄蹇之态，一旦战事平息，住入繁华的大都市，经不起声色犬马的诱惑，都娶了年轻的新欢，宴安鸩毒，目无余子；及卷入政治旋涡，又因缺乏政治素养，难免误事。言念及此，益觉秉政当国，用人行事的不易。

贰

六月三十日我们一行在蒋总司令率领之下，自汉口专车北上。原拟径赴新乡访问冯玉祥，但冯氏来电约在郑州晤面。翌日早晨，我们车抵郑州时，冯氏已自新乡赶到，在车站迎接，握手相谈甚欢。

此时是七月上旬，中原天气已渐燠热。冯氏设午宴款待我们。我见冯身躯结实，满面红光，无丝毫病容。然他在宴会席上，仍频频咳嗽。望其人，听其声，分明是假咳嗽。我就用膝盖碰了碰坐在我身旁的李济深。散席后，我问李："你看冯先生在害病吗？"李微笑道："他在扮戏！"

与冯小聚后，我们仍搭原来专车北上，冯则另乘一车随后。翌日，当车抵北平郊外的长辛店站，阎锡山、白崇禧等都亲自来迎。这是我和阎锡山第一次晤面。阎是中等身材，皮肤黧黑，态度深沉，说的一口极重山西土音，寡言鲜笑，唇上留着八字胡须。四十许人，已显苍老，一望而知为工于心计的人物。渠为山西晋北人，生于清光绪九年（一八八三年）。早年留学日本士官学校，据阎的同学程潜告我，渠在日本留学时成绩平常，土气十足，在朋辈之间，并不见得有任何过人之处。谁知其回国之后，瞬即头角峥嵘，驰名全国，为日本留学生回国后，在政坛上表现最为辉煌的人物。民国初年历任山西都督、山西督军等职，励精图治，革命军北伐至长江流域，渠即向国民政府输诚，成为中国政坛上的不倒翁。锡山为人，喜愠不形于色，与冯玉祥的粗放，恰成一对比。

我们一行抵平后，于七月六日齐赴北平香山碧云寺总理灵前，举行祭告典礼。由蒋先生主祭，我和冯玉祥、阎锡山任襄祭。祭告典礼开始时，蒋先生忽抚棺恸哭，热泪如丝。冯、阎二襄祭也频频抆泪，状至哀伤。我本人却在一旁肃立，虽对总理灵柩表示哀悼，但并未堕泪。窃思总理一生，事功赫赫，虽未享高寿，然亦尽其天年。如今北伐完成，中国统一于青天白日旗下，功成告庙，也足慰总理和诸先烈的英灵于地下。抚棺恸哭，抆泪相陪，都似出于矫情，我本人却无此表演本领。

我们到北平去，原以开北伐善后会议为标榜。当时参与会议的，计有：蒋总司令、冯总司令、阎总司令、李济深、蔡元培、张人杰、李煜瀛、吴敬恒、李烈钧、戴传贤和我，一共十一人。而事实上，并没有议事细则，更无预定提出讨论的大政方针，只是一个座谈会而已。说话最多的是吴敬恒，其次是戴传贤。东拉西扯，不着边际，开了四天的会，毫无结果可言。吴敬恒屡于席上诙谐地说："好在国民党惯于会而不议，议而不决，这次的会议当然无伤大雅。"不过我由各种迹象推测，蒋总司令利用这场合来造成他的中央党政军领袖的地位，确实相当成功。最后，大家同意先成立编遣委员会，再续议裁兵。蒋总司令乃取出一份拟好的裁兵计划，阎、冯和我都一致副署，拟于五中全会时，作为议案提出。

蒋总司令驻节北平日子虽短促，但做了两件富戏剧性的事，令人玩味。第一件，他忽然以总司令名义通缉前曾历任国务总理和执政的段祺瑞。此公年迈，隐居天津，不问政治已有五年。门生满全国，革命军中将领均多呼段氏为"老师"。某次，我特对蒋先生说，段祺瑞不问政治已久，何必通缉他。蒋先生回答说，段为北洋军阀的巨头，不把他的威信打击一下，对我们国民革命很有妨碍。

第二件是关于蒋先生学历上的一段趣事。蒋先生原名志清，弱冠时曾考入保定陆军速成学堂，因不守堂规而被开除。后往日本进陆军振武学校，接受军士教育程度的训练。回国后，却说他是日本士官第六期毕业生。此次到了北京，乃派曾一度任其副官长的陈铭阁（河南人）到米市胡同南兵马司和士官学生同学总会负责人刘宗纪（士官第六期，曾充孙传芳的参谋长）接洽，并捐五万元，作为同学会经费。那时有些人，像四期的蒋作宾、雷寿荣，六期的杨文凯、卢香亭等，就向刘宗纪质问，哪里出来这个叱咤风云的大同学呢？刘说，捐巨款还不好吗，何必深究呢？本来"英雄不问出身"，蒋先生实在是多此一举。

在北平除开编遣会议之外，其余时间则消磨于联络感情的社交饮宴。一次，冯玉祥作东，在故宫宴请中央要人和四个集团军的高级袍泽，与宴的凡百余人。酒酣耳热时，忽有百余位大小职员和工友排队走进餐厅前的天井里。与宴者均不知这群人究为何事而来，不免相顾愕然。

他们站定后，做主人的冯玉祥乃起立发言说：我冯玉祥在民国十三年将清废帝溥仪赶出故宫时，外界谣传都说我冯某曾乘机偷窃故宫财宝。刚才进来的这一批人，都是在故宫内做事的人，知道溥仪出宫的情形最为详细，冯氏越说声音越洪亮，大声问道："你们都是在故宫做事很久的人。你们直说，宣统出宫时，我冯玉祥偷过东西没有？"

冯氏问毕，站在天井中的百余人都大声回答说："我们都知道冯总司令没有偷东西！"

冯又大声问："你们说话诚实不诚实？"

众人又大声回答说："我们说话是诚实的！"

冯氏乃转身向众宾客行一鞠躬礼，然后说："诸位现在已知道我冯玉祥并未偷过故宫宝物吧！"

冯氏的话，引起哄堂大笑。那一大群"证人"遂又整队退出。一场喜剧才告收场。

一九五七年，纽约一位中国古董巨商曾到我家里闲谈。我把上述的故事告诉他，并问他，古董商场上有无冯先生出售古物的痕迹。他说，在若干年前，有一美国大古董商请他考证并估价一个长约一英尺、高约五吋的中国式花舫，是整块翡翠雕琢而成的。人物生动，花草逼真，确是精致绝伦。他用放大镜细看，证实系乾隆朝代的贡品。据说，这宝物原属冯玉祥所有，这洋人用二万金元购得的。这位中国商人对我说，该花舫诚稀世的宝物，至少值十万元以上，原售主以两万金割爱，殊为可惜云。

又抗日胜利后，我任北平行辕主任，时孙连仲任河北省主席兼绥靖主任。某次，我问孙说："人们都传说，民国十三年冯先生携取故宫的宝物，据你推测，有无此事？"孙说，当时他任冯的卫队旅旅长，派部队保护故宫。后来听说，有一士兵误以为一只大铁箱里藏有金银，乃用斧头铁锤把它打开，发现其中贮藏的全系历代瓷器，已震碎无余。至于冯先生曾否携带宝物出故宫一事，孙君并未作答。

不过，冯氏的为人也有殊足为人称颂的。据说，民国十三年第二次直奉战争，冯氏和张作霖勾结，赶走直系首脑曹锟和吴佩孚后，奉张应玉祥约请，只身入北京相晤，磋商善后问题。然直系倒台后，张、冯二人的政治利害又直接冲突，无法协调，善后商谈，自然没有结果。因而在欢宴张作霖之夜，玉祥曾约其股肱胡景翼（国民军第二军军长）和孙岳（国民军第三军军长）密议，终无善策可循。胡、孙二人一致认为张作霖将为西北军的大患，不及早除去，将噬脐莫及，故力主将张作霖即刻逮捕为质，然后出师驱逐奉军出关。冯氏以合作未逾匝月便下此毒手，将召物议。无奈胡、孙坚持，以为时机稍纵即逝，不可畏首畏尾。辩论到最后，胡景翼竟代书手令，逼玉祥签字。冯氏拒不握笔。胡、孙二人，一执手令，一执毛笔，和冯玉祥在中南海居仁堂中往返追逐，作团团转，直如演戏一般。三人争辩彻夜，玉祥卒未下令，张作霖才能于翌日平安离京。孙连仲时任冯玉祥的卫队旅旅长，是晚因身负拱卫居仁堂之责，故能目击这一戏剧性的会议。抗战期间，我受任第五战区司令长官，连仲为副。偶尔闲谈往事，孙氏对我说来绘影绘声，听了为之捧腹不止。

叁

　　善后会议期中，关乎全局的最重要一项决策，厥为接受张学良的和平解决方案，对关外停止用兵。

　　当革命军进驻平、津，张作霖为日人谋杀之后，我即电陈中央，主张对东北停止用兵，以政治方式谋求统一。我的想法是，全国统一大势已定，张作霖已死，张学良断不敢作负隅顽抗之想，和平接受中央领导，将为必然的后果。再者，此次日人谋杀张作霖，其处心积虑侵略东北的计划已如箭在弦上，我们如出兵东北，日军加以阻挠，可以断言，济南惨案的血迹未干，出兵东北更应特别慎重。

当善后会议在北平开会时，张学良果派来代表三人——邢仕廉、王维宙、徐祖诒——接洽东北易帜，归顺中央诸问题。然冯、阎两方人士认为东北已失领导中心，士气涣散，故力主乘机进兵，一举削平奉系，以除后患。他们的主张盖基于两种心理：一、冯、阎二人和奉系都有素怨，此时正可报复；二、戡平东北后，我一、四两集团军都是南方人，不耐严寒，则白山黑水之间，沃野千里，必系他二人的天下。

他二人态度既很坚决，蒋总司令也为之举棋不定。因此奉方代表在六国饭店住了十来天，尚未蒙总司令接见，心有不悦，乃决意遄返奉天复命，三代表之一的徐祖诒且已先行离平赴津。

我目击此事发展的危机已著，而蒋总司令腹案仍未定，乃单独去见蒋先生，分析对东北继续用兵的非计。蒋也深以我言为然，并叮咛说，本晚约冯、阎谈话时，你可将此意见提出。

就在同日，前广西国会议员王季文忽到我的住处来告我说，东北代表因久未蒙总司令接见，自觉和平无望，决意于明日离平返奉。季文并说，他们非常愤慨，因为他们曾收到恫吓信，并不时受到言辞间的侮辱，其情形直如亡国贱俘，颇觉难堪。

我听了，知此事关系重大，乃请王君去六国饭店代为致意，请各代表再住数日，敢保必有佳音相告。如各代表感觉安全堪虞，请即搬到北京饭店和我的朋友同住，我并当派便衣人员保护。并告诉他们，此次和平使命关乎国运至大，希望他们为国忍辱，以大局为重。至于就内战来说，实是胜不足武，败也不为辱，希望他们不必介意。

季文去了不久，便来回报说，邢、王二代表感激我的盛意，愿再住下，但搬往北京饭店及派便衣保护等事，俱不必要。

与季文谈后，我立即往见蒋总司令，告以所闻种种。蒋说："你听谁说的？"言下颇为诧异。

我说："王季文说的！"

王季文和蒋也很熟稔，前中山先生定桂时，季文曾受中山委任为桂林清乡督办，和蒋颇有往还。

蒋先生既知此讯确实，立刻便派员往六国饭店，约东北代表晤谈。东北易帜的大计由是遂定，其余细节留待以后再行磋商了。

第四十二章　编遣会议的纠纷

壹

在北平方面的事务已粗告结束，蒋总司令便于七月二十五日启节南旋。冯玉祥与吴敬恒旋亦联袂离平。吴先生是冯玉祥约他到其军中小住的。冯氏素以刻苦耐劳，粗衣淡食出名，吴氏此次特地随冯前去，尝试其"苦生活"。

七月二十八日，阎锡山、李济深、戴传贤和我也结伴专车南下，自平汉路转陇海路到开封小游。开封为冯玉祥驻节之地，渠以地主之谊，亲来车站迎接，并导游名闻全国的开封博物馆。其后，我们又同车到徐州，转津浦路返京，预备出席正在筹备中的五中全会。

五中全会于八月八日在南京正式揭幕。会中，除一般党务议案外，最重要而亟待解决的实际问题，便是各地政治分会的存废问题。政治分会的设立原为蒋先生的意思，现在才施行数月，蒋又欲把它取消。冯、阎二人和一部分党中元老，如李煜瀛、张人杰等，则主张暂时保留。于是，由政治分会的存废而牵涉到党的理论问题来：三民主义的政治体制，究系中央集权抑系中央和地方均权？蒋派人士主中央集权；李煜瀛、张人杰等元老则说，总理遗教地方自治理论中明白规定中央地方均权。后者主张有步骤的削藩，逐渐削

411

减政治分会的权力，然后加以裁撤。如生吞活剥地加以撤销，恐怕要出乱子。这一问题闹得满城风雨，结果还是无疾而终。

五中全会所通过最重要的决议，便是实行五院制，并推选蒋中正为国民政府主席，谭延闿为行政院长；并成立编遣委员会，设法裁减全国兵额。

蒋先生同时并发表冯玉祥为军政部长，阎锡山为内政部长，我为军事参议院院长，并希望我们三人长期住京。我曾向蒋先生建议说，我长期住京，决无问题。因为武汉政治分会可由程潜、胡宗铎、张知本各委员负责处理大政。第四集团军也可由参谋长代拆代行。但是我深深感到冯、阎二人绝难长住京畿，因为他们二人的军中大小事务悉由他们亲自裁决，参谋长形同虚设。他们二人不在军中，则军中一切事务都要停顿。强留他们长住南京，反不若让他们常去常来比较好些。

至于裁兵问题，我向蒋先生说，裁兵不难，裁官难，裁高级军官尤难。

因士兵均系招募而来，军中逃亡风气很盛，任何部队如停顿一年不招兵，则士兵人数便可能降至半数。如着意裁兵，则下降速度自更快了。至于下级军官，退伍后转业也不难，如强迫他们退伍，尚不致引起严重抗拒行为。而师长以上将领就不同了。军人到少将以上，便成为一纯粹的职业军人，正如一只桐油桶，除盛油外，别无他用。如对他们任意裁撤，而不予适当安插，他们兵符在握，必然不肯就范，那就反使中央为难了。

为今之计，莫若由政府提出一笔巨额经费，将各军中的高级将领分批派遣出洋考察军事。一则可以增长他们的见闻，再则可以作一旋回的步骤。他们回国后，可令入高级研究机关深造。其可继续任用的，仍给以军职，其不堪造就或自愿退伍的，则由国家优给退休金，使能优游林泉，或转务他业。国家所费虽巨，然亦革命军人于革命成功后，所应得的报酬。再退一步想，万一因裁兵不慎而招致内乱，所耗军费将更不止此数了。

蒋氏闻言唯唯，未置可否。其实，他这时已另有腹案。他的第一集团军断难裁减；至于其他各军，他意对第二集团军首先开刀，然后再及其他，庶可各个击破。

贰

编遣会议表面上系根据五中全会的决议案而成立。会中设常务委员九人至十一人。蒋总司令、各集团军总司令和前敌总指挥等都是常务委员。民国十八年一月一日，编遣会议举行成立典礼。嗣后连续开会达一月之久。

在这些会议中，蒋总司令便首先提出编遣第二集团军的计划。但据当时中央的统计，各集团军的人数却以第一集团军为最多，约二十个军、四个独立师，共五十余万人。第二集团军共十个军、八个独立师，合计四十二万余人。第二集团军总司令冯玉祥因蒋氏未提到第一集团军的编遣计划，殊感不服，遂提出辩难。

冯氏首先提出裁兵的原则：（一）裁弱留强；（二）裁无功留有功。他因而指出，第一集团军内所收编的南北部队十余万人，应该首先是裁撤的对象。如今这些收编的部队留而不裁，反要裁北伐有功的正规部队，实有欠公平云云。

冯氏语毕，蒋先生便说，第一集团军也有编遣的计划。他要何应钦回答这一问题。何氏起立，说了些不着边际的话，未提到任何具体方案。冯氏颇有不愉之色。此后不久，冯氏便称病不到军政部办公。冯氏未称病前，阎总司令已像热锅上的蚂蚁一般，急于回防，但又不便说出口。然此公工于心计，结果，蒋先生留他不住，勉强允许他回太原一趟。于是冯的内心更为着急，"病"也转剧。我们有时到冯的住处去"探病"，只见他卧房里炭火熊熊，冯氏则卧在床上，盖了两张棉被，满头是汗，呻吟不止，好像真有大病的样子。

蒋先生有时也亲往探望冯氏，并嘱他好好静养。孰知一日，冯氏竟秘密渡江往浦口，乘事先预备的铁甲车返回原防，并留书蒋主席道别。

冯氏一去，所谓编遣会议，自然就无疾而终。仅就原先通过的议案，成立南京、武汉、太原、开封、沈阳五个编遣区，缓图编遣，大会乃匆匆结束。